本书为国家社会科学基金项目

《进步主义运动与美国规制国家的兴起研究（1887-1917）》（16BSS027）的结项成果，

并得到江苏师范大学世界史重点学科建设经费出版资助

进步主义运动与
美国规制国家的源与兴

JIN BU ZHU YI YUN DONG YU
MEI GUO GUI ZHI GUO JIA DE YUAN YU XING

赵辉兵 著

上海三联书店

目　录

导论

"历史是一座浩瀚的经验巨塔,是时光从历世历代的无尽原野中兴建起来的。想要登上这座古老建筑的顶端,获得饱览全景的优势,并非易事。这座巨塔没有电梯,但年轻的双脚只要有力,总能攀爬到顶。"

——亨德里克·威廉·房龙①

"一个世纪前,限制政府职能是自由主义者的共同呼声;而现在,它已成为保守主义者的座右铭了。"

——J. 爱伦·史密斯(1907 年)②

"'什么是进步主义运动?'这一简单的描述性问题,通过不同的方式提了出来,它在诸多的争论中雄踞显要位置,消耗着史学家们的耐心,孵化了一系列的专著与文章,并且令数代学者困惑不已。进步主义(Progressivism)的周围充斥着形形色色的学术争论:它源自农村,还是城市? 是自由主义的复兴,还是自由主义的失灵? 还是根本上就是自由主义? 是恋旧的,还是瞻前的? 止于何时及其原因? ……本文试图证明后一种猜疑——更准确地说是,力图证明'进步主义运动'根本就是子虚乌有。"

——彼得·G. 弗利纳③

---

① [美]亨德里克·威廉·房龙著:《人类的故事》,邓嘉宛译,天津:天津人民出版社,2017 年,第 4 页。

② J. Allen Smith, *The Spirit of American Government*: *A Study of the Constitution*: *Its Origin*, *Influence and Relation to Democracy*, New York: The Macmillan Company, 1907, pp. 308 – 309.

③ Peter G. Filene, "An Obituary for 'The Progressive Movement'", *American Quarterly*, vol. 22, no. 1, 1970, p. 20.

　　"无论是在进步主义者,还是在进步主义史学家中间,围绕着进步主义目标,有着无尽的分歧,鉴于其如此摇曳不定,'运动'这个概念看起来更像是海市蜃楼。"

——彼得·G. 弗利纳[1]

　　本书在时间跨度上,主要研究 1877 年以来至 1917 年这个中时段的美国从传统质朴的农业社会向现代复杂工业社会转型的历史;在研究内容上,拟以政治社会学家乔尔·S. 米格代尔(Joel S. Migdal)的"社会中的国家"[2]为研究进路,梳理 19 世纪晚期到 20 世纪初美国历史上发生的进步主义运动与规制国家的根源、发轫与兴起的历程,进而探究其复杂而深远的历史影响,以便更好地理解今日美国的社会与政治。"进步主义运动"是指该时期美国,甚至是自内战结束以来的工业化进程中,主要由美国社会中产阶级发起、各阶级广泛参与的、各种复杂多元的社会改革运动与思潮,旨在批判、限制、改造乃至反对自由放任式资本主义。换言之,本课题中的"进步主义运动"与美国历史研究中习惯使用的该术语用法有三点不同。其一,时间跨度更大。以往的研究,"按照阿瑟·林克的意见,从 20 世纪 90 年代开始,各种改革运动便在各个领域展开,但大部分研究者都倾向于将 1900—1917 年这一时期,称为'进步主义时代'。……众所周知,自19 世纪 70 年代以来,中西部各州的改革趋向即甚为明显,后来又得到共和党反叛运动的推动,在平民党运动中达到兴盛。1896 年,平民党合并入民主党;与此同时,各种改革细流开始汇聚于同一渠道,形成汹涌浩荡的大潮,到 1901 年前后,终于席卷全美国。1905—1916 年是进步主义运动最活跃的年月,改革的主要成果就是在此期间取得的。1917 年美国参加第一次世界大战,举国的关注转移到了战争与和平问题上来,政府政策也进入战时的运转轨道,进步主义改革的高潮已然过去"[3]。部分是出于研究方便,部分是缘于中国学者的视角,可以在一定程度上跳出"只缘身在此山中"的美国中心观,"冷眼向洋",更加客观地研究

---

① Peter G. Filene, "An Obituary for 'The Progressive Movement'", *American Quarterly*, vol. 22, no. 1, 1970, p. 24.

② [美]乔尔·S. 米格代尔著:《社会中的国家:国家与社会如何相互改变与相互构成》,李杨等译,江苏人民出版社,2013 年;Joel S. Migdal, *State in Society: Studying How States and Societies Transform and Constitute One Another*, Cambridge: Cambridge University Press, 2004。

③ 李剑鸣:《大转折的年代——美国进步主义运动研究》,天津:天津教育出版社,1992 年,第 4 页。

这段历史,本课题的时间起讫为 1877 年至 1917 年。①1877 年,既是美国重建时代结束之时,即 1877 年大妥协,同时也是美国最高法院宣判"芒恩诉伊利诺伊"案(*Munn v. Illinois*)与 1877 年美国铁路工人大罢工之际。"芒恩"案的宣判,不仅意味着美国迈入转移支付型社会(transfer society)的第一步,而且"确立了政府作为一项制度除了旨在保护公民权利外,还要推进公民的经济福利"②。该案是"公共规制私人企业斗争的分水岭"。换句话说,这是美国从消极无为的限权国家走向积极有为的规制国家的重要一步。而"1877 年夏天发生的铁路大罢工以及随之而来的骚乱导致了美国数个地区的人员伤亡与破坏行为的发生,而且只是在联邦军队到来帮助州民兵后,才得以压制住"③。这就迫使美国政府要调整自由放任的立场,规制工业化进程中的劳资冲突。④ 其二,包容的社会运动相对更广,涵盖了重建结束以来到 1917 年这 40 年间美国社会转型过程中的批判、限制、改造与反对资本主义的重大社会改革运动。唯有在实践上往前回溯 10 年左右,我们才能更加清楚地看清进步主义运动与进步主义者在种族主义、本土主义等方面所具有的退步的、病态的、非自由主义(illiberal)属性。⑤ 其三,从社会与国家关系的角度,

---

① 笔者注:采用这一历史分期的学者主要有伊丽莎白・桑德斯、斯蒂芬・斯科夫罗内克、罗伯特・H. 威布等。可参见:Elizabeth Sanders, *Roots of Reform: Farmers, Workers, and the American State, 1877 - 1917*, Chicago & London: The University of Chicago Press, 1999; Stephen Skowronek, *Building a New American State: The Expansion of National Administrative Capacities, 1877 - 1920*, Cambridge: Cambridge University Press, 1982; Robert H. Wiebe, *The Search for Order, 1877 -1920*, New York: Hill and Wang, 1967。

② Randall G. Holcombe, *From Liberty to Democracy: The Transformation of American Government*, Ann Arbor: The University of Michigan Press, 2002, pp. 151 - 152; "Munn v. Illinois," retrieved from https://www. britannica. com/event/Munn-v-Illinois, at Feb. 13, 2021.

③ Robert Higgs, *Crisis and Leviathan: Critical Episodes in the Growth of American Government*, Oxford: Oxford University Press, 1987, p. 91.

④ 参见陆镜生:《美国社会主义运动史》,天津:天津人民出版社,1986 年,第 146—153 页;梁大伟:《论 19 世纪末 20 世纪初美国社会主义运动的历史性转折——以 1877 年铁路工人大罢工为中心的考察》,《社会主义研究》2016 年第 4 期,第 142—145 页。

⑤ 笔者注:"illiberal",尽管学界通常将其译为"非自由主义",但笔者更倾向于将其在"非自由主义"的基础上加入"病态的自由主义"的意涵,目的在于将该词本身所涵盖的范围扩大到自由主义的身上,在美国历史的语境下,笔者以为这基本上还是说得通的,用以表明 19 世纪晚期 20 世纪初那些所谓的"进步派"与改革家们,以"民主""自由""科学""进步""效率"等名义或思或行种种野蛮的、与现代文明、启蒙运动所高擎的理性主义相去甚远的思潮与行径。在美国历史的语境下,是"病态自由主义"和"非自由主义"的合体,不仅强调自由主义之外,更强调自由主义本身在造成反对或缺乏自由主义方面难辞其咎,甚至其本身作为自由主义者或自以为是自由主义者,却行非自由主义之实,即自由主义者从理性的自由主义转向理性与非理性杂然的自由主义的这样一种状态。在梅里亚姆—韦伯斯特辞典中该词的主要意涵包括:a. 心胸狭隘的,不开明的;b. 反对自由主义的;c. 不要求具有博雅人文教育背景(转下页)

规制中国家的研究路径与理念,既注重社会运动与规制国家的内在统一性,也强调二者的差异性。传统的研究中,往往侧重于二者的统一性,容易造成在社会运动与政治改革尤其是规制国家之间画等号,不利于我们"找回国家"。① "规制国家"是指该时期美国各级政府,特别是联邦政府,通过国会立法、行政监管、司法审判等手段,对社会中的组织(特别是企业)和个人行为进行相对积极的规范与约制,对社会冲突进行适度调处的国家治理模式与实践。对此,美国学者斯蒂芬·斯科夫罗内克(Stephen Skowronek)写道:"当代美国政治中弥漫着一种'国家意识'。它是对超出我们直接控制并侵入我们生活中方方面面的一种带有强制力组织的感知。我们称这种组织为'行政国家''官僚国家''资本主义国家''法团国家'(corporate state),'后工业国家''规制国家''福利国家',但我们还没有对逡巡于这些标签背后的宏大的历史反讽进行考量,毕竟国家意识的缺失一度是美国政治文化的伟大标志。"② 而有关规制国家的基本功能,麦迪逊似乎早在《联邦论》中就有论析:"人类相互为敌的秉性如此强烈,没有实质的敌对因素时,最为琐碎、凭空想象的差异,就足以挑起人们的对立情绪,激发人们投入暴烈冲突。然而,党派活动最为常见、最为持久的根源,在于千差万别、互不均等的产权分配。有产者和无产者,总是形成社会中各不相同的利益。放债的人和欠债的人,相互排斥。拥有土地的人,制造业业主,经商谋利的人,以钱赚钱的人,还有许多次要利益,作为文明国家的必备,成长起来,分化为不同的阶层,活动中展现出不同的感情和观念。为这些千差万别而又相互交织的利益,制定规则,成为现代立法的首要任务,在政府必要和正常的运作中,势必卷入党派精神。"③ 换句话

(接上页)的;d. 吝啬的;e. 没有文化教养的、目不识丁的、粗鄙的。"illiberalism"意指"反对或缺乏自由主义",即"非自由主义"之意。参见:[美]弗里茨·斯特恩著:《非自由主义的失败:论现代德国政治文化》,孟钟捷译,北京:商务印书馆,2015 年;Thomas S. Leonard, *Illiberal Reformers:Race, Eugenics, and American Economics in the Progressive Era*, Princeton and London:Princeton University Press, 2016; "illiberal", retrieved https://www.merriam-webster.com/dictionary/illiberal, at Feb. 16, 2021; "illiberalism", retrieved from https://www.merriam-webster.com/dictionary/illiberalism, at Feb. 16,2021。

① [美]彼得·埃文斯,迪特里希·鲁施迈耶,西达·斯考切波编著:《找回国家》,方力维等译,北京:生活·读书·新知三联书店,2009 年。

② Stephen Skowronek, *Building a New American State:The Expansion of National Administrative Capacities, 1877-1920*, Cambridge:Cambridge University Press, 1982, p. 3.

③ 笔者注:传统上一般翻译为《联邦党人文集》,本文采用我国学者尹宣的译法。可参见:[美]亚历山大·汉密尔顿,詹姆斯·麦迪逊,约翰·杰伊著:《联邦论:美国宪法述评》,尹宣译,南京:译林出版社,2016 年,第 59 页。本研究中"阶级"与"阶层"大体上是互为通用的。

说,规制国家的核心就是通过制定规则,政府与国家对相互交织又彼此冲突的不同群体和利益集团进行规范与约制。也就是说,国家的规制活动与功能实际上自国家与政府建立之时就已经存在了,但直到传统农业社会向现代城市工业社会转型之时,现代规制国家才逐渐兴起。

一、　研究缘起

本课题的缘起大体上有两点:其一,是对今日美国社会与政治的现实关怀下的一系列追问,即:"美国的大政府是从哪里来的?""何以发展成为今天这个样子?""美国这样的民主帝国会不会像历史上的古罗马帝国一样垮掉?"20世纪以来美国大政府的兴起,与20世纪以前,特别是内战以前的美国限权政府有何关联? 易言之,19世纪美国人的生活与20世纪美国人生活有什么不同,都是什么样子的? 在这方面,相关的对照性描述并不少见。比如,美国史学家亨利·斯蒂尔·康马杰写道:"90年代(笔者注:19世纪)是美国历史的分水岭。……在分水岭的一边,主要是一个农业的美国;它关心的是国内事务;至少在理智上遵守17、18世纪承袭下来的政治、经济和道德原则。这个美国在物质和社会方面尚处于发展过程中;就整体来看,它自信,自强,自给自足,并且意识到它的独特性格和独特命运。在分水岭的另一边,是现代的美国;它主要是一个城市化的工业国家;它同世界经济和政治有不可分割的联系;它也为以前旧世界所特有的那些困难问题所烦扰;它在人口、社会组织、经济和技术诸方面经历着深刻的变化;而且试图改变传统的组织机构和旧观念,以适应新情况,其中一部分是外国情况。"①当代美国学者罗伯特·希格斯(Robert Higgs)这样描述道:

"很久以前,那个时候,当普通美国人忙于生计时,几乎意识不到政府,尤其是联邦政府的存在。作为一个农场主、商人或生产制造者,他可以决定买卖何物、买卖物品的方式、时间和地点,除了受制于市场力量,几乎没有任何其他限制。试想一下:没有农业补贴、价格扶持或种植土地面积的管制;没有联邦贸易委员会;没有各项反托拉斯法;没有州际商业委员会。……没有一个中央银行发行全国的纸币,人们通常使用金币进行交易。没有普通

---

① [美]亨利·斯蒂尔·康马杰著:《美国精神》,杨静予等译,北京:光明日报出版社,1988年,第63页。

的消费税、没有社会保险费、没有个人收入所得税。……公民个人的开支是所有政府开支的 15 倍之多。

唉，所有这些都是老皇历了。现在，几乎方方面面，我们的生活都以政府权威所设定的严格限制为中心。我们持续受到大政府的掣肘，它几乎无处不在。规制在这片土地上丛丛簇簇。政府开支几乎占国民生产总值的 4 成。"①

有趣的是，司马迁在《史记》中写道：

"夫神农以前，吾不知已。至若《诗》《书》所述虞、夏以来，耳目欲极声色之好，口欲穷刍豢之味，身安逸乐而心夸矜势能之荣。使俗之渐民久矣，虽户说以眇论，终不能化。故善者因之，其次利道之，其次教诲之，其次整齐之，最下者与之争。"②

从"利道之"的自由放任、无为而治的治理模式到"整齐之"的积极有为的治理模式似乎与美国消极的、限权政府到积极的、大政府的发展历程有异曲同工之处。老子也提到："太上，下知有之。其次亲而誉之，其次畏之，其次侮之。"③从普通民众对政府的"下知有之""亲而誉之"到"畏之"的过程，是不是也与这段美国现代化转型中的社会与国家的关系有点相似之处呢？对此，斯科夫罗内克也进行过类比，从过去典型的美国人没有国家意识的"美国例外"意象到当今美国政治国家意识弥漫的"美国症状"的图景。老子、司马迁与罗伯特·希格斯、斯蒂芬·斯科夫罗内克，相隔万水千山，相去 2 千多年，何以得出了类似的结论？其二，与 2012 年笔者访学美国内华达—里诺大学政治学系有关。热情接待我的约翰·马睿尼(John Marini)教授，尽管其对进步主义政治哲学有着多年的、精深研究，但他对美国的大政府却颇有微词。既然认为当前的美国不那么美好，甚至很糟，由此，我请教道："那么，您认为美国最美好的时代是什么时候？"他几乎是不假思索地答道："19 世纪 30、40 年代。"至于为什么呢？我并没有进一步追问，

① Robert Higgs, *Crisis and Leviathan: Critical Episodes in the Growth of American Government*, Oxford: Oxford University Press, 1987, p. ix.
② (汉)司马迁:《史记·货殖列传第六十九》,北京:中华书局,2006 年,第 751 页。
③ (汉)河上公注,严遵指归,(三国)王弼注:《老子》,上海:上海古籍出版社,2013 年,第 37 页。

但在我的心里却还是打上了一个大大的问号。至于这个大问号,无论如何,至少
是同进步主义运动与美国现代规制国家的兴起有关联的。

二、 研究依据

(一) 国内外相关研究的学术史梳理及研究动态

1. 国外相关研究的学术史梳理与研究动态

从研究重点与研究取向的角度看,以 1970 年美国北卡罗来纳大学学者彼
得·G. 弗利纳(Peter G. Filene)发表文章《"进步主义运动"的讣告》为节点①,国
外学术界对本课题的相关研究大体可分为两大阶段:

(1) 一元主义时期

即进步主义运动研究主导时期。1970 年以前,有关转型期美国历史的研究
主要是从社会运动的角度切入,侧重对进步主义运动的研究。学者们大都赞同:
进步主义运动推动了美国的现代化转型,是现代美国的基石。就研究重点与研
究取向而言,主流的研究大都秉承"社会中心论"的取向。社会中心论是指在国
家偏好与社会偏好出现冲突时,国家行为与公共政策按照社会偏好行事或制定,
而其自身不具有自主性。具体而言,美国规制国家的兴起乃是美国进步主义运
动的产物与逻辑结果。这样有关 19 世纪末 20 世纪初美国历史的研究重心自然
而然就是进步主义运动;而从社会阶级或阶层的角度探究这场运动的主体即领
导者与参与者或"谁是进步主义者?"的考察就显得尤为迫切了。其主要分歧在
于:是谁领导并参与了这场社会政治改革运动。因为"谁是进步主义者?"问题决
定着这场运动的性质,由此从社会阶层的角度探究这场运动的主体就显得尤为
迫切了。

从该角度看,本课题的相关研究大体上有四家之言:

---

① 笔者注:该文开门见山地指出:进步主义运动(the Progressive Movement)引发了太多的争议,由此引
发作者的怀疑,要么进步主义运动是"异常复杂",要么就是"历史学家们正在提出假问题",即"'进步主
义运动'根本就是子虚乌有。在证明了从进步主义运动角度研究 19 世纪末 20 世纪初转型期美国历史
的种种弊端后,彼得·G. 弗利纳主张放弃使用'进步主义运动''进步主义'等过于笼统的术语,而应该
对具体的社会政治改革运动进行微观研究与个案研究,即没有一元的、单一的进步主义运动;如果有的
话,也是复数形式的、是持续不断的分分合合的运动,时而相互合作,转而各自为战。因此,研究这段历
史要"远离方便好用的综论,转向多样性"。参见 Peter G. Filene, "An Obituary for 'The Progressive
Movement'", *American Quarterly*, vol. 22, no. 1,1970, pp. 20 - 32;33 - 34。

第一，社会底层论，强调进步主义运动是由农场主、工人以及小商人等普通民众发起的，旨在反对特权与富豪，并从其手中夺回权力的大众民主运动。代表性的研究成果有本杰明·帕克·德·威特（Benjamin Parke De Witt）的《进步主义运动：一项当前美国政治趋势的客观全面的讨论》、约翰·D. 希克斯（John D. Hicks）的《平民主义者的反抗：农场主联盟与人民党的历史》、罗素·B. 奈（Russel B. Nye）的《中西部进步主义政治：一项其起源与发展的历史研究，1870至 1950 年》等①。反映此类研究的新近研究成果：伊丽莎白·桑德斯（Elizabeth Sanders）的《改革的根源：农场主、工人与美国，1877 至 1917 年》，运用了马克思主义的阶级分析法与政治经济学的分析理念，研究了美国工农运动与行政国家之间的关联②；谢尔顿·斯特伦奎斯特（Shelton Stromquist）的《重新拟制"人民"：进步主义运动、阶级问题与现代自由主义的起源》则梳理了工人阶级与劳资冲突在进步主义运动与规制国家兴起中的重大作用。③

第二，社会中层论，进步主义运动乃是缘于中产阶层不满于工业化与城市化所带来的社会失序，力图给予这个新生的资本主义世界以秩序的社会政治运动。代表性的成果有理查德·霍夫斯达特（Richard Hofstadter）的《改革时代——美国的新崛起》、萨缪尔·P. 海斯（Samuel P. Hays）的《因应工业主义，1885 至 1914 年》、罗伯特·威布（Robert Wiebe）的《探求秩序，1877 至 1920 年》。④

第三，社会上层论，进步主义运动实际上是美国社会中以企业精英与大富豪为代表的保守主义的胜利，其目的就是利用政府来保护自身免于竞争，同时阻遏

---

① Benjamin Parke De Witt, *The Progressive Movement: A Non-Partisan, Comprehensive Discussion of Current Tendencies in American Politics*, Seattle and London: University of Washington Press, 1968 (1915 1st edition); John D. Hicks, *The Populist Revolt: A History of the Farmers' Alliance and the People's Party*, Minneapolis: The University of Minnesota Press, 1955 (1931 1st edition); Russel B. Nye, *Midwestern Progressive Politics: A Historical Study of Its Origins and Development, 1870 – 1950*, East Lansing: Michigan State College Press, 1951.

② Elizabeth Sanders, *Roots of Reform: Farmers, Workers, and the American State, 1877 – 1917*, Chicago & London: The University of Chicago Press, 1999.

③ Shelton Stromquist, *Reinventing "The People": The Progressive Movement, the Class Problem, and the Origins of Modern Liberalism*, Urbana and Chicago: University of Illinois Press, 2006.

④ ［美］理查德·霍夫斯达特著：《改革时代——美国的新崛起》，俞敏洪等译，石家庄：河北人民出版社，1989 年；Richard Hofstadter, *The Age of Reform: From Bryan to F. D. R.*, New York: Knopf, 1955; Samuel P. Hays, *The Response to Industrialism, 1885 – 1914*, Chicago: The University of Chicago Press, 1956; Robert H. Wiebe, *The Search for Order, 1877 – 1920*, New York: Hill and Wang, 1967。

激进的社会变革。代表性的研究有加百列·柯可（Gabriel Kolko）的《保守主义的胜利：重释 1902 至 1916 年的美国历史》、詹姆斯·温斯坦（James Weinstein）的《自由主义国家的法团主义理想，1900 至 1918 年》、马丁·J. 斯嘉勒（Martin J. Sklar）的《美国资本主义的法团主义重建，1890 至 1916 年：市场、法律与政治》等。①

最后，全民论，"进步主义运动并不是一场阶级运动；它不攻击构成我们现有社会与工业体系中的任何一个不可或缺的阶级。相反，它力图科学而又哲理地发现一条途径，依照所有因素的相互关联与相互依赖重新进行调试，其结果将会最大限度地造福全体人民"②。换句话说，这是一场来自社会各个阶级的运动，"到处都能发现关切人民的权利与辛苦劳作者的福利之男男女女"③。对此，西奥多·罗斯福在 1913 年 9 月 12 日为该书《进步主义运动：其原则与计划》所写的导言中阐释道："我们努力使我国在经济上与政治上成为真正的民主国家。"④因此，"我们的目标是托马斯·杰斐逊创建民主党时的目标，诚然，一个世纪的岁月流逝已经表明那时用来服务于达成其目标的极端个人主义和最少的政府管制（minimized government control），今日已经不再适用。我们的目标与原则既是亚伯拉罕·林肯的目标与原则，也是那时共和党人的。我们的全部努力就是要将这些原则实事求是地运用于今日活生生的问题当中去"⑤。也就是说，但凡那时支持、认可、推行杰斐逊与林肯民主理念之士，都是进步主义者。

简言之，这些研究是一种社会中心论的路径与取向，在某种程度上，侧重自下而上地研究民众与形形色色的利益群体，在发现 19 世纪晚期 20 世纪初美国现代化转型的根源以及取得的成就方面，功不可没。

与此同时，这一时期也有为数不多的有关规制机构与规制国家的历史研究，

---

① Gabriel Kolko, *The Triumph of Conservatism*：*A Reinterpretation of American History*，*1900 - 1916*，New York：Free Press，1963；James Weinstein, *The Corporate Ideal in the Liberal State*，*1900 - 1918*，Boston：Beacon Press，1968；Martin J. Sklar, *The Corporate Reconstruction of American Capitalism*，*1890 - 1916*：*The Market*，*the Law*，*and Politics*，New York：Cambridge University Press，1988；亦可参见赵辉兵：《进步主义政治思潮与实践研究》，北京：中国社会科学出版社，2013 年，第 11—14 页。

② S. J. Duncan-Clark, *The Progressive Movement*：*Its Principles and Its Programme*（*with an Introduction by Theodore Roosevelt*），Boston：Small，Maynard & Company，1913，pp. 1 - 2.

③ Ibid. ，p. 316.

④ Ibid. ，Introduction，p. xiii.

⑤ Ibid.

代表性研究成果有：1940 年出版的弗雷德里克·F. 布莱克利（Frederick F. Blachly）和米利亚姆·E. 奥特曼（Miriam E. Oatman）的《联邦规制行动与管控》①、1941 年出版的罗伯特·E. 库什曼（Robert E. Cushman）的《独立规制委员会》②、1942 年詹姆斯·E. 费斯勒的《州级独立规制机构》③、1955 年出版的马弗·H. 伯恩斯坦（Marver H. Bernstein）的《以独立委员会规制商业》④、1962 年詹姆斯·E. 安德森（James E. Anderson）的《现代规制国家的形成》⑤。不过，"国家被视为过时的概念，代表着对民族国家特定的宪政原则的干瘪无味的法律形式主义的研究。……'国家'主要被视为一个平台，经济性的利益集团或规范化的社会运动在其中或者互相斗争或者彼此结盟，从而塑造公共决策。这些决策被理解为是对需求群体（demanding groups）间利益的分配。相关研究则集中于社会对政府的'输入'（inputs）以及政府'产出'（outputs）的分配效果。政府本身并没有被认真地看作是一个独立的行为主体"。⑥尽管该分析本来是用来描述 20 世纪 70 年代中期以前的美国的政治学研究的，但这对美国进步主义运动研究来说同样是适用的。"国家"，要么被视为"守夜人"，成为统治阶级，尤其是资产阶级的统治工具，要么被当作一个各种利益角逐与分配的"中立性舞台和角逐场所"。⑦总之，无论角逐者与解放者是自由主义者、保守主义者、民主主义者、还是进步主义者，"国家"始终处在被动的位置，是一个有待角逐与解放的对象。因

① Frederick F. Blachly and Miriam E. Oatman, *Federal Regulatory Action and Control*, Washington, DC：Brookings Institution，1940.

② Robert E. Cushman, *The Independent Regulatory Commissions*, New York：Oxford University Press，1941.

③ James W. Fesler, *The Independence of State Regulatory Agencies*, Chicago, Illinois：Public Administration Service，1942.

④ Marver H. Bernstein, *Regulating the Business by Independent Commission*, Princeton：Princeton University Press，1955.

⑤ James E. Anderson, *The Emergence of the Modern Regulatory State*, Washington D. C.：Public Affairs Press，1962. 笔者注：该书源于詹姆斯·E. 安德森的攻读政治科学的博士学位论文：《现代规制国家的形成：美国规制经济企业思想研究，1885 至 1917 年》，参见：James E. Anderson, "The Emergence of the Modern Regulatory State：A Study of American Ideas on the Regulation of Economic Enterprise，1885 – 1917", The Dissertation of the University of Texas，1960。

⑥ ［美］埃文斯，鲁施迈耶，斯考切波编著：《找回国家》，方力维等译，北京：生活·读书·新知三联书店，2009 年，第 3 页。

⑦ 曹海军：《"国家学派"评析：基于国家自主与国家能力维度的分析》，《政治学研究》2013 年第 1 期，第 68 页；李新廷：《社会中心主义·国家中心主义·政党中心主义——西方比较政治学研究视角的演进与中国关照》，《国外理论动态》2016 年第 2 期，第 23 页；别红暄：《对社会中心主义理论范式的彻底清算——埃里克·A. 诺德林格的国家自主性理论评析》，《理论月刊》2016 年第 9 期，第 111 页。

此,这些研究往往既没能系统考察这些社会运动所依托的社会政治思潮,也未能深入探究国家与政府本身在转型期美国历史中所发生的治理模式与实践的重大变迁,进而忽略了国家的主观能动性(即国家能力或国家治理能力)与自主性(即国家自主或国家治理体系),也就无法更加全面认识与理解该时期美国的现代化转型历程。

(2)多元主义时期

从20世纪60年代开始,特别是进入到20世纪70年代,随着一批政治学家加入到对19世纪晚期20世纪初美国现代化转型的研究队伍中来,本课题的相关研究真正进入了百花齐放,百家争鸣的繁荣时期。

一方面,原有的社会中心取向的历史研究继续推进,并呈现出了三大特色。第一,有关进步主义运动的综合性研究继续推进。诸如,阿瑟·S.林克与理查德·L.麦考密克(Arthur S. Link and Richard L. McCormick)合著的《进步主义》①、凯伦·帕斯托雷洛(Karen Pastorello)的《进步主义者:1893至1917年美国社会中的积极行动主义与改革》②、迈克尔·E.迈戈尔(Michael E. McGerr)的《忿忿不平:美国进步主义运动的兴衰,1870至1920年》③等。第二,对进步主义时代、进步主义社会政治改革运动与实践以及美国现代化转型的微观研究与个案研究,灿若星河,层出不穷。这很大程度上归功于彼得·G.弗利纳对进步主义运动一元性或统一性的解构,对其多样性的强调。通过挖掘过去被忽视的该时期的本土主义、移民、阶级、种族、社会性别、社会生活等方方面面的美国现代化转型历史以及州和市层面上的进步主义运动,夯实了原有的历史研究;进步主义运动从其单数形式演化为复数形式。例如,布里安·N.弗赖(Brian N. Fry)的《本土主义与移民:规制美国梦》④、贝丽尔·萨特(Beryl Satter)的《一心

① Arthur S. Link and Richard L. McCormick, *Progressivism*, Wheeling, Illinois: Harlan Davidson, Inc., 1983.

② Karen Pastorello, *The Progressives: Activism and Reform in American Society, 1893 - 1917*, Chichester, West Sussex: Wiley Blackwell, 2014;[美]凯伦·帕斯托雷洛著:《进步派:行动主义和美国社会改革:1893—1917》,张慧娟译,北京:社会科学文献出版社,2022年。

③ Michael E. McGerr, *A Fierce Discontent: The Rise and Fall of the Progressive Movement in America, 1870 -1920*, New York: Free Press, 2003.

④ Brian N. Fry, *Nativism and Immigration: Regulating the American Dream*, New York: LFB Scholarly Publishing LLC, 2007.

灵,一国度:美国妇女、性纯洁与新思潮运动,1875 至 1920 年》①、罗伯特·F. 赛德尔的《移民、进步派与排斥政治:迪林厄姆委员会,1900 至 1927 年》②、托马斯·S. 莱昂纳德(Thomas S. Leonard)的《非自由主义改革家:进步主义时代的种族、优生学与美国经济学》③、琼·菲尔泽的《驱逐:被遗忘的美国排华战争》④、凯瑟琳·本顿-科恩(Katherine Benton-Cohen)的《拟制移民问题:迪林厄姆委员会及其遗产》⑤、马克斯·舒尔曼与 J. 克里斯·韦斯特盖特(Max Shulman and J. Chris Westgate)合编的《展演进步主义时代:舞台上的移民、都市生活与民族主义》⑥、内尔·欧文·佩因特(Nell Irvin Painter)的《立于善恶大决战之地:1877 至 1919 年间的美国》(又名为《立于善恶大决战之地:进步主义时代的草根史》)⑦。第三,对进步主义社会政治改革思潮的综合研究逐渐成为进步主义运动研究中的新亮点,学者们从不同角度梳理了转型期社会政治改革思潮。实际上,这方面的研究早在 1957 年西德尼·法恩(Sidney Fine)的《自由放任国家与普遍福利国家:一项对美国思想冲突的研究,1865 至 1901 年》⑧就对该问题进行了探究。但系统性的大规模研究始于 20 世纪 70、80 年代以后。主要成果有:詹姆斯·T. 克洛彭堡(James T. Kloppenberg)的《不确定的胜利:1870 至 1920 年间欧美社会民主主义与进步主义思潮》⑨、约翰·马睿尼和肯·马苏吉(John

① Beryl Satter, *Each Mind a Kingdom: American Women, Sexual Purity, and the New Thought Movement, 1875 – 1920*, Berkeley, Los Angeles, London: University of California Press, 1999.

② Robert F. Zeidel, *Immigrants, Progressives, and Exclusion Politics: The Dillingham Commission, 1900 – 1927*, DeKalb: Northern Illinois University Press, 2004.

③ Thomas S. Leonard, *Illiberal Reformers: Race, Eugenics, and American Economics in the Progressive Era*, Princeton and London: Princeton University Press, 2016.

④ Jean Pfaelzer, *Driven Out: The Forgotten War against Chinese Americans*, Berkeley, Los Angeles, London: University of California Press, 2008;[美]琼·菲尔泽著:《驱逐:被遗忘的美国排华战争》,何道宽译,广州:花城出版社,2016 年。

⑤ Katherine Benton-Cohen, *Inventing the Immigration Problem: The Dillingham Commission and Its Legacy*, Cambridge, Mass.: Harvard University Press, 2018.

⑥ Max Shulman and J. Chris Westgate eds., *Performing the Progressive Era: Immigration, Urban Life, and Nationalism on Stage*, Iowa City: University of Iowa Press, 2019.

⑦ Nell Irvin Painter, *Standing at Armageddon: The United States, 1877 – 1919*, New York and London: W. W. Norton & Company, 1987; Nell Irvin Painter, *Standing at Armageddon: A Grassroots History of the Progressive Era*, New York and London: W. W. Norton & Company, 2008.

⑧ Sidney Fine, *Laissez Faire and the General-Welfare State: A Study of Conflict in American Thought, 1865 – 1901*, Ann Arbor: The University of Michigan Press, 1956.

⑨ James T. Kloppenberg, *Uncertain Victory: Social Democracy and Progressivism in European and American Thought, 1870 – 1920*, New York and Oxford: Oxford University Press, 1986.

Marini and Ken Masugi)合著的《政治与政治科学中的进步主义革命:改造美国政体》[1]、艾尔顿·J.艾森那赫(Eldon J. Eisenach)主编的《美国进步主义社会政治思潮》[2]、南希·科恩(Nancy Cohen)的《美国自由主义的重建,1865至1914年》[3]、马克·斯蒂尔斯(Marc Stears)的《进步主义者、多元论者与国家问题,1909至1926年间英美改革意识形态》[4]、丹尼斯·J.马奥尼(Dennis J. Mahoney)的《政治与进步:美国政治科学的形成》[5]、罗纳德·J.佩斯特里托(Ronald J. Pestritto)的《伍德罗·威尔逊与现代自由主义的根源》[6]、查尔斯·R.小麦卡恩(Charles R. McCann, Jr.)的《美国社会经济思潮中的秩序与管制:社会科学家与进步主义时代改革》[7]以及弗兰克·小塔里耶罗(Frank Tariello, Jr.)的《美国政治意识形态的重建,1865至1917年》[8]等。

　　另一方面,该时期的研究也出现了社会中心论取向与国家中心论取向并驾齐驱,甚至后者的势头更为强劲,乃至居于主导地位的趋势。所谓的国家中心论则是指国家,作为一种对特定领土和人民拥有控制权的组织,可能会确立并追求一些并非仅仅反映社会集团、阶级或社团之需求与利益的目标,这就是通常所说的"国家自主性"(state autonomy)。换句话说,国家中心论者认为,国家是一个独立的行为实体,在民主国家里,即便是它与公民社会中强势团体的诉求发生冲突时,国家也能自主行动。简言之,国家比社会更重要。具体到19世纪末20世纪初美国历史的研究当中,奉行国家中心论取向的研究者们重点关注的是民族国家的制度建设与规制国家兴起的问题;易言之,主要着眼于美国政府干预社会

① John Marini and Ken Masugi, *The Progressive Revolution in Politics and Political Science: Transforming the American Regime*, Lanham: Rowman & Littlefield Publishers, Inc., 2005.

② Eldon J. Eisenach ed., *The Social and Political Thought of American Progressivism*, Indianapolis and Cambridge: Hackett Publishing Company, Inc., 2006.

③ Nancy Cohen, *The Reconstruction of American Liberalism*, 1865-1914, Chapel Hill & London: The University of Northern Carolina Press, 2002.

④ Marc Stears, *Progressives, Pluralists, and the Problems of the State: Ideologies of Reform in the United States and Britain*, 1909-1926, Oxford and New York: Oxford University Press, 2002.

⑤ Dennis J. Mahoney, *Politics and Progress: The Emergence of American Political Science*, Lanham: Lexington Books, 2004.

⑥ Ronald J. Pestritto, *Woodrow Wilson and the Roots of Modern Liberalism*, Lanham: Rowman & Littlefield Publishers, Inc., 2005.

⑦ Charles R. McCann, Jr., *Order and Control in American Socio-Economic Thought: Social Scientists and Progressive-Era Reform*, London and New York: Routledge, 2012.

⑧ Frank Tariello, Jr., *The Reconstruction of American Political Ideology*, 1865-1917, Charlottesville: University of Virginia Press, 1982.

经济生活的机制与进程。进入到 20 世纪 80 年代,社会中心主义取向的研究日益不能解释美国是弱国家这一神话,特别是自罗斯福新政以来美国国家机构不断扩张与国家权力无所不入的事实,由此,越来越多的学者们在对 19 世纪后期20 世纪初美国历史的研究中逐渐开始重视国家及其对当时美国社会经济生活的规制问题。

个中缘由,从黄冬娅对比较政治学视野下国家的分殊性、自主性与有效性的分析中可见一斑。她认为:作为一门独立学科的政治科学形成于 19 世纪末 20 世纪初,受古典传统影响很深,重点研究"不同国家的宪法和其他政治制度的具体起源和运行方法";及至"二战后随着行为主义的兴起,对于国家的关注逐步转移到经济发展、政治文化、利益集团等相关研究上去。在结构功能主义和系统分析中,国家逐步丧失了其相对于社会的独立性,政治系统的概念取代了'国家'的概念,政治系统的存在和发展不过是社会系统的功能性需要的产物"①。鉴于国家与社会混淆不清的状况,在 20 世纪 70、80 年代,政治学研究者开始转向"找回国家"。这是其学理上的逻辑。而其现实的逻辑则是 20 世纪 70、80 年代以来,福利国家与大政府的弊端日益凸显,政府与国家本身俨然成了"问题",是症结所在。这不由得让人想起托马斯·潘恩那振聋发聩的话语:"社会在各种情况下都是受人欢迎的。但说到政府,即使是在它最好的情况下,也是一件免不了的祸害,而一旦碰上它最坏的时候,它就成了不可容忍的祸害。"②这可以说是内战之前美国自由主义的核心理论预设:社会是善,政府是恶,而且是免不了的恶。然而,内战以后,随着自由资本主义的发展,工业社会的到来,人们逐渐发现社会各种弊端肆虐,依靠看不见的手根本解决不了问题,因为市场与社会本身就是问题。因此,人们逐渐诉诸国家与政府,来解决工业文明综合征。由此人们的社会与政府的善恶观念也发生了某种翻转,是为现代自由主义。而这种理论与思维的心理预设随着大政府与福利国家的弊端日趋明显,再度发生了颠倒。这也是20 世纪 70 年代以前美国进步主义运动研究以及现代化转型研究中社会中心主义的研究取向如此风行的历史大背景与心理基础。当代美国学者马克·艾伦·艾斯纳写道:"20 世纪 70 年代后期和 80 年代早期,全国糟糕的宏观经济表现决定了政治议题。高通货膨胀率、停滞的经济增长以及日趋激烈的国际经济竞争

---

① 黄冬娅:《比较政治学视野下的国家分殊性、自主性和有效性》,《武汉大学学报》(哲学社会科学版)2009年第 4 期,第 488 页。
② [美]托马斯·潘恩著:《常识》,何实译,北京:华夏出版社,2003 年,第 2 页。

结合在一起,迫使政策制定者重新考虑许多政策的合理性。政府官员和政策分析人士将监管归结为导致滞涨的因素之一。"[1]随着规制国家或行政国家本身的问题,特别是规制的成本与收益失衡问题日益严重,由此,研究转型期美国规制国家的兴起问题也日益引起学术界的关注,学者们希望能够从历史中找到答案,以便揭开规制国家的面纱。对此,斯蒂芬·斯科夫罗内克分析道:

> "进步主义改革的主要解释倾向于强调环境的失常与社会利益群体,促进了美国制度的进步,并创建了行政国家以作为一种适应性回应机制,在适时的改革方针的导引下提供了合适的制度工具。通过强调国家建设的各种外在力量——强调社会相互依存的意蕴、海量的制度需求、公司的政治利益、新兴职业阶层的改革冲动——留下了一个多种因素决定而又很少能够理解的新国家的形成。"[2]

这方面的代表性研究成果有:斯蒂芬·斯科夫罗内克(Stephen Skowronek)的《缔造一个新美利坚国家:1877 至 1920 年间国家行政能力的扩张》、伊丽莎白·桑德斯(Elizabeth Sanders)的《改革的根源:农场主、工人与美国,1877 至 1917 年》、塞缪尔·德卡尼奥(Samuel DeCanio)的《民主与美国规制国家的起源》[3]、冈山裕(Hiroshi Okayama)的《行政国家司法化:美国独立规制委员会的兴起,1883 至 1937 年》[4]、莫顿·凯勒的《规制新经济:1900 至 1933 年间的美国公共政策与经济变迁》[5]、丹尼尔·R.恩斯特(Daniel R. Ernst)的《托克维尔的梦魇:行政国家在美国的形成,1900 至 1940 年》[6]、罗伯特·L.拉宾(Robert L.

---

[1] [美]马克·艾伦·艾斯纳著:《规制政治的转轨》,尹灿译,北京:中国人民大学出版社,2014 年,第 5—6 页。

[2] Stephen Skowronek, *Building a New American State*: *The Expansion of National Administrative Capacities*, *1877-1920*, Cambridge: Cambridge University Press, 1982, p.17.

[3] Samuel DeCanio, *Democracy and the Origins of the American Regulatory State*, New Haven and London: Yale University Press, 2015.

[4] Hiroshi Okayama, *Judicializing the Administrative State*: *The Rise of the Independent Regulatory Commissions in the United States*, *1883-1937*, London and New York: Routledge, 2019.

[5] Morton Keller, *Regulating a New Economy*: *Public Policy and Economic Change in America*, *1900-1933*, Cambridge, Massachusetts and London, England: Harvard University Press, 1990.

[6] Daniel R. Ernst, *Tocqueville's Nightmare*: *The Administrative State Emerges in America*, *1900-1940*, Oxford: Oxford University Press, 2014.

Rabin)的重量级长篇论文《历史视阈下的联邦规制》[①]以及爱德华·L.格莱泽与安德烈·施莱弗(Edward L. Glaeser and Andrei Shleifer)的论文《规制国家的兴起》[②]等。此外,还有许多相关性研究涉及转型期美国的规制国家兴起的问题,诸如,马克·艾伦·艾斯纳的《规制政治的转轨》[③]、兰德尔·霍尔库姆(Randall G. Holcombe)的《从自由到民主:美国政府的转型》[④]和《政治资本主义:经济与政治权力的生成与维系方式》[⑤]、罗伯特·希格斯的《危机与利维坦:美国政府发展的重大时刻》[⑥]、理查德·L.麦考密克的《政党时期与公共政策:从杰克逊时代到进步主义时代的美国政治》[⑦]、约翰·F.沃克与哈罗德·G.瓦特合著的《美国大政府的兴起》[⑧]、迈克尔·莫兰(Michael Moran)的《英国式规制国家:高度现代主义与超级创新》[⑨]、詹多梅尼科·马佐尼的《规制欧洲》[⑩]、规制俘获理论的提出者乔治·斯蒂格勒(George Stigler)的原创性论文《经济规制理论》[⑪]、茱莉亚·布莱克的《规制国家的张力》[⑫]。

就多元主义时期有关规制国家兴起研究的内容而言,大体上可以分为三类:第一,有关该时期规制国家兴起的历史与制度建设进程研究。在该领域研究中

① Robert L. Rabin, "Federal Regulation in Historical Perspective", *Stanford Law Review*, vol. 38, no. 5,1986.

② Edward L. Glaeser and Andrei Shleifer, "The Rise of Regulatory State", *Journal of Economic Literature*, vol. 41, no. 2,2003.

③ [美]马克·艾伦·艾斯纳著:《规制政治的转轨》,尹灿译,北京:中国人民大学出版社,2014 年;Marc Allen Eisner, *Regulatory Politics in Transition*, Baltimore and London: The Johns Hopkins University Press, 2000。

④ Randall G. Holcombe, *From Liberty to Democracy: The Transformation of American Government*, Ann Arbor: The University of Michigan Press, 2002.

⑤ Randall G. Holcombe, *Political Capitalism: How Economic and Political Power is Made and Maintained*, New York: Cambridge University Press, 2018.

⑥ Robert Higgs, *Crisis and Leviathan: Critical Episodes in the Growth of American Government*, Oxford: Oxford University Press, 1987.

⑦ Richard L. McCormick, *The Party Period and Public Policy: American Politics from the Age of Jackson to the Progressive Era*, New York and Oxford: Oxford University Press, 1986.

⑧ [美]约翰·F.沃克与哈罗德·G.瓦特著:《美国大政府的兴起》,刘进等译,重庆:重庆出版社,2001 年。

⑨ Michael Moran, *The British Regulatory State: High Modernism and Hyper-Innovation*, Oxford: Oxford University Press, 2003.

⑩ Giandomenico Majone, *Regulating Europe*, London and New York: Routledge, 1996.

⑪ George Stigler, "The Theory of Economic Regulation", *The Bell Journal of Economics and Management Science*, vol. 2, no. 1,1971.

⑫ Julia Black, "Tensions in the Regulatory State", *Public Law*, no. 1,2007.

最为出色的成果当属 1982 年出版的斯蒂芬·斯科夫罗内克的《缔造一个新美利坚国家：1877 至 1920 年间国家行政能力的扩张》。该书从美国文官制度与官僚机构建设、军队建设与规制商业三大层面梳理了 1877 年至 1920 年间美国规制国家的兴起与制度建设的历史进程。丹尼尔·R. 恩斯特、罗伯特·希格斯等学者也对规制国家兴起的历史过程进行了梳理。伊丽莎白·桑德斯、塞缪尔·德卡尼奥等学者侧重对规制国家兴起的经济与社会历史根源的考察。莫顿·凯勒全面考察了 1900 至 1933 年美国主要行业当中的公共政策与经济规制情况。丹尼尔·P. 卡彭特（Daniel R. Carpenter）考察了 1862 至 1928 年间美国官僚机构自主性形成的历史。[①]杰拉尔德·伯克（Gerald Berk）则考察了路易斯·D. 布兰代斯（Louis D. Brandeis）在规制国家形成过程中的重要作用。[②]斯科特·C. 詹姆斯则从政党体系的角度考察了规制国家问题。[③]马克·艾伦·艾斯纳、詹多梅尼科·马佐尼、迈克尔·莫兰、兰德尔·霍尔库姆、爱德华·L. 格莱泽（Edward L. Glaeser）与安德烈·施莱弗（Andrei Shleifer）等学者也就 1887 至 1917 年间美国规制国家的主要特点、表现形式与规模进行了梳理。加百列·柯克（Gabriel Kolko），保罗·S. 博耶（Paul S. Boyer）等学者考察了该时期美国联邦政府对铁路业、新闻出版业等商业机构的规制活动。[④]希瑟·A. 哈夫曼（Heather A. Haveman）等学者考察了进步主义运动与新兴的官僚机构之间的关系问题。[⑤]第二，有关该时期规制国家理论的研究。该方面极具原创性的研究成果当属乔治·斯蒂格勒的规制俘获理论。罗纳德·J. 佩斯特里托、丹尼斯·J. 马奥尼等学者则从三权分立、政治与行政二分法的角度梳理了美国规制国家兴起的理论基础。凯斯·R. 桑斯坦（Cass R. Sunstein）等学者则从宪政理论层面探讨

①　Daniel R. Carpenter, *The Forging of Bureaucratic Autonomy: Reputations, Networks, and Policy Innovation in Executive Agencies, 1862 - 1928*, Princeton and Oxford: Princeton University Press, 2001.

②　Gerald Berk, *Louis D. Brandeis and the Making of Regulated Competition, 1900 - 1932*, Cambridge, New York: Cambridge University Press, 2009.

③　Scott C. James, *Presidents, Parties, and the State: A Party System Perspective on Democratic Regulatory Choice, 1884 - 1936*, Cambridge: Cambridge University Press, 2000.

④　Gabriel Kolko, *Railroads and Regulation: 1877 - 1916*, New York: W. W. Norton & Company, 1970(1st edition 1965); Paul S. Boyer, *Purity in Print: Book Censorship in America from the Gilded age to the Computer Age*, Madison, Wisconsin: The University of Wisconsin Press, 2002.

⑤　Heather A. Havenman etal., "The Winds of Change: The Progressive Movement and the Bureaucratization of Thrift", *American Sociological Review*, Vol. 72, No. 1, 2007.

了规制国家的兴起及其给美国法律与政府带来的积极与消极影响。[①]第三，有关规制国家的运行机制尤其是独立规制机构的研究。马克·艾伦·艾斯纳在《规制政治的转轨》中探讨了 19 世纪末 20 世纪初美国的规制国家的运行机制，他称其为"市场体制的规制政治"；威廉·E. 尼尔逊（William E. Nelson），威廉·墨菲（William Murphey），冈山裕等学者则考察了该时期官僚机构、各独立规制机构的形成、运作与影响。[②]

此外，还有一些学者编辑、整理了有关进步主义运动与美国规制国家与规制机构兴起的原始资料。例如，伯纳德·施瓦茨编辑的《工商业的经济规制：美国诸规制机构的立法史》[③]，其中第 1 至 3 卷主要搜集了联邦商业委员会、联邦贸易委员会与联邦动力委员会（Federal Power Commission）等机构建立与发展的相关原始文献，包括成文法、总统咨文、参众两院各委员会的报告、国会记录等，共计 2042 页。

不过，这些多样化的研究往往各自为战，未能将三者更好地结合起来，以便进行整合研究。就学科背景而言，学科专业化与科学化造成的学科壁垒是整合性研究较为匮乏的原因之一。就研究的取向与理念而言，当今人类生活——尤其是美国人生活——的社会政治经济环境与现实关怀是造成从"社会中心"到"国家中心"转向的现实原因。就研究本身而言，无论是"进步主义运动"，还是"规制国家"，就这些术语本身而言，它们都是某种分析上与历史研究中的建构物，在一定程度上是建构与拟制（或发明，即"invent"）出来的概念。其本身既带有实证的历史性质，也具有规范的价值观念与思想属性。这也是何以彼得·G. 弗利纳于 1970 年带着心灰意冷又似有"峰回路转"的心情宣布"进步主义运动"概念之讣告的哲理因素。

简言之，如果说一元主义时期本课题研究的最大特色在于其几乎无所不包、宏大叙事的综合性研究的话，那么进入到多元主义时期，其最重要的进展则在于

---

① ［美］凯斯·R. 桑斯坦著：《权利革命之后：重塑规制国》，钟瑞华译，北京：中国人民大学出版社，2008 年。

② William E. Nelson, *The Roots of American Bureaucracy*, *1830 - 1900*, Cambridge, Massachusetts and London, England: Harvard University Press, 1982; William Murphey, "Theodore Roosevelt and the Bureau of Corporation: Executive-Corporate Cooperation and the Advancement of the Regulatory State," *American Nineteenth Century History*, vol. 14, no. 1, 2013.

③ Bernard Schwartz (ed.), *The Economic Regulation of Business and Industry: A Legislative History of U. S. Regulatory Agencies*, Vol. 1 - 3, New York and London: Chelsea House Publishers, 1973.

其事无巨细、近乎"碎片化"的微观研究与个案研究。当然,这更多是针对"进步主义运动"而言的,"规制国家"的研究在某种意义上不过是换了个规范的概念,前门拒掉了"进步主义运动"之"狼患",后门又引来了"规制国家"之"虎忧"罢了。对于此种困境,美国学者乔·古尔迪与英国学者大卫·阿米蒂奇痛心扼腕道:"一个幽灵,短期主义的幽灵,正困扰着我们这个时代。"尽管"我们生活的时代危机呈加速上升之势,而就在此时,却缺少了长时段的思维。"①

　　2. 国内相关研究的学术史梳理及研究动态

　　改革开放尤其是 20 世纪 90 年代以来,国内学术界对本课题的相关研究取得了很大的进展。

　　一方面,李剑鸣、张友伦、杨生茂、陆镜生、李世安、吴必康、资中筠、王锦瑭、钟文范、李世洞、原祖杰、梁茂信、洪朝辉、石庆环、余志森、黄贤全、王孝询、李庆余、侯波、欧阳惠、肖华锋、杨长云、赵辉兵等学者从不同角度、不同程度上历史地考察了或涉及转型期美国社会政治改革运动与思潮以及联邦政府干预社会经济活动的历史过程。主要研究成果有:李剑鸣的《大转折的年代——美国进步主义运动研究》②、张友伦和李剑鸣主编的《美国历史上的社会运动和政府改革》③、杨生茂与陆镜生主编的《美国史新编》④、李世安的《一只看得见的手:美国政府对国家经济的干预》⑤、吴必康的《美英现代社会调控机制——历史实践的若干研究》⑥、资中筠的《20 世纪的美国》⑦、王锦瑭、钟文范、李世洞的《美国现代大企业与美国社会》⑧、原祖杰的《进步与公正:美国早期的共和实验及其在工业化时代遭遇的挑战》⑨、梁茂信的《都市化时代:20 世纪美国人口流动与城市社会问题》⑩、洪朝辉的《社会经济变迁的主题——美国现代化进程新论》⑪、石庆环的

① [美]乔·古尔迪,[英]大卫·阿米蒂奇著:《历史学宣言》,孙岳译,上海:格致出版社,2017 年,第 1 页。
② 李剑鸣:《大转折的年代——美国进步主义运动研究》,天津:天津教育出版社,1992 年。
③ 张友伦,李剑鸣:《美国历史上的社会运动和政府改革》,天津:天津教育出版社,1992 年。
④ 杨生茂,陆镜生:《美国史新编》,北京:中国人民大学出版社,1990 年。
⑤ 李世安:《一只看得见的手:美国政府对国家经济的干预》,北京:中国当代出版社,1996 年。
⑥ 吴必康:《美英现代社会调控机制——历史实践的若干研究》,北京:人民出版社,2002 年。
⑦ 资中筠:《20 世纪的美国》,北京:商务印书馆,2018 年。
⑧ 王锦瑭,钟文范,李世洞:《美国现代大企业与美国社会》,武汉:武汉大学出版社,1995 年。
⑨ 原祖杰:《进步与公正:美国早期的共和实验及其在工业化时代遭遇的挑战》,北京:中国社会科学出版社,2020 年。
⑩ 梁茂信:《都市化时代:20 世纪美国人口流动与城市社会问题》,长春:东北师范大学出版社,2002 年。
⑪ 洪朝辉:《社会经济变迁的主题——美国现代化进程新论》,杭州:杭州大学出版社,1994 年。

《二十世纪美国文官制度与官僚政治》①、余志森等主编的《崛起和扩张的年代，1898—1929》②、李庆余的《美国现代化道路》③、黄贤全和王孝询的《美国政治与政府调控——美国历史评述》④、王书丽的《政府干预与1865—1935年间的美国经济转型》⑤、李颜伟的《知识分子与改革：美国进步主义运动新论》⑥、侯波的《学术与政治：美国进步时代专家参政现象（1900—1920）》⑦、欧阳惠的《伟大的平民：威廉·詹宁斯·布赖恩研究》⑧、肖华锋的《美国黑幕揭发运动研究》⑨、杨长云的《公众的声音：美国新城市化嬗变中的市民社会与城市公共空间》⑩、赵辉兵的《美国进步主义社会政治思潮与实践研究》⑪等。大体说来，史学界的学者侧重于从经济与社会的角度考察19世纪晚期到20世纪初这一转型期的美国历史，历史地考察了该时期的社会政治改革运动以及取得的主要成就。在很大程度上，与社会中心取向的美国学术界的研究有很多相近之处；不同之处在于，我国史学界的研究成果更多地以马克思主义唯物史观为指导，注重经济基础对上层建筑的决定作用，强调其维护资本主义制度的实质。

另一方面，规制国家的相关问题也引起了一大批国内学者的关注。王希、任东来、王绍光、马骏、竺乾威、王涵、郭晓燕等研究者则从司法与行政层面涉及或考察了转型期美国治理观念、模式与实践的变迁⑫；景跃进、张梦中、乔耀章等学

① 石庆环：《二十世纪美国文官制度与官僚政治》，长春：东北师范大学出版社，2003年。
② 余志森：《崛起和扩张的年代，1898—1929》，北京：人民出版社，2002年。
③ 李庆余等：《美国现代化道路》，北京：人民出版社，1994年。
④ 黄贤全，王孝询：《美国政治与政府调控——美国历史评述》，北京：中国社会科学出版社，2008年。
⑤ 王书丽：《政府干预与1865—1935年间的美国经济转型》，北京：人民出版社，2009年。
⑥ 李颜伟：《知识分子与改革：美国进步主义运动新论》，北京：中国社会科学出版社，2010年。
⑦ 侯波：《学术与政治：美国进步时代专家参政现象（1900—1920）》，北京：中国社会科学出版社，2020年。
⑧ 欧阳惠：《伟大的平民：威廉·詹宁斯·布赖恩研究》，长沙：湖南人民出版社，2012年。
⑨ 肖华锋：《美国黑幕揭发运动研究》，上海：上海三联书店，2007年。
⑩ 杨长云：《公众的声音：美国新城市化嬗变中的市民社会与城市公共空间》，厦门：厦门大学出版社，2010年。
⑪ 赵辉兵：《美国进步主义政治思潮与实践研究》，北京：中国社会科学出版社，2013年。
⑫ 王希：《原则与妥协：美国宪法的精神与实践》，北京：北京大学出版社，2014年；任东来等：《在宪政舞台上——美国最高法院的历史轨迹》，北京：中国法制出版社，2007年；王绍光：《美国进步时代的启示》，北京：中国财政经济出版社，2002年；马骏等主编：《美国进步时代的政府改革及其对中国的启示》，上海：格致出版社，2010年；竺乾威，马国泉主编：《公共行政学经典文选》（英文版），上海：复旦大学出版社，2000年；王涵：《美国进步时代的政府治理（1880—1920）》，上海：上海社会科学院出版社，2013年；王玮：《美国进步主义时代政府改革研究》，东北财经大学博士学位论文，2012年；邹大千：《美国进步主义时期的政府管制研究》，东北财经大学硕士学位论文，2012年；郭晓燕：《美国进步主义时期联邦政府的制度建设》，中国人民大学硕士学位论文，2004年等。

者则梳理了美国规制国家兴起的理论基础①；谭克虎、方堃、张红凤等学者梳理了该时期美国各独立规制机构的运行状况与主要规制的领域与行业②；黄冬娅、史焕高、杨光斌、荣剑、王衡等学者从不同角度分析了社会中心论与国家中心论的利弊，也探讨了马克思主义的国家观与社会观。③

可以说，有关进步主义运动、政府规制活动、规制机构等方面未能列举的硕士、博士论文、学术论文、论著、译著等，不胜枚举。

伴随着研究成果日趋深广、研究队伍日益壮大、研究者专业背景不断跨学科化、研究方法愈益多样化，可以说国内的进步主义运动研究，大体上初步形成了带有"中国特色、中国风格、中国气派"的进步主义运动学术研究队伍，建立了有着"中国话语"的学术研究体系。但与国外学界相比，国内学术界不仅需要加强对转型期美国社会政治思潮的研究，而且对社会政治改革思潮、社会政治改革实践与规制国家三者的整合研究存在着很大的上升空间。

综上，无论是从进步主义运动角度，还是从规制国家的角度考察转型期美国的历史都会造成顾此失彼的情形，因此，从社会与国家联动共生的角度重新梳理转型期美国的历史就显得日益迫切了。而国外学界较新的研究视角与最新的研究成果为本课题的开展提供了可行性。

就宏观理论层面上的方法论而言，美国学者乔·古尔迪与英国学者大卫·阿米蒂奇给出了他们的化解之道：

> "长时段历史须将历史发展的历程进行分段或分层处理（scaled），而不是像微观史那样深究个案、点到为止。为此，长时段历史研究者必须在既有

---

① 景跃进：《"行政"概念辨析——从"三权分立"到"政治与行政二分法"》，《教学与研究》2003 年第 9 期；乔耀章：《行政学美国化：理论支点及其引发的批评与启示——为纪念伍德罗·威尔逊〈行政学研究〉发表 120 周年而作》，《湘潭大学学报》（哲学社会科学版），2007 年第 5 期；张梦中：《美国公共行政学百年回顾》（上），《中国行政管理》2000 年第 5 期等。

② 谭克虎：《美国铁路业管制研究》，北京：经济科学出版社，2008 年；方堃：《论美国独立管制委员会的兴衰》，华东师范大学博士学位论文，2012 年；张红凤，杨慧等著：《西方国家政府规制变迁与中国政府规制改革》，北京：经济科学出版社，2007 年。

③ 黄冬娅：《国外比较政治学研究的发展及其内在逻辑》，《中山大学学报》（社会科学版）2009 年第 3 期；黄冬娅：《比较政治学视野下的国家分殊性、自主性和有效性》，《武汉大学学报》（哲学社会科学版）2009 年第 4 期；史焕高：《权力与国家：评迈克尔·曼〈社会权力的来源〉》，《政治与法律评论》2011 年第 1 期；杨光斌：《被掩蔽的经验　待建构的理论——社会中心主义的经验与理论检视》，《社会科学研究》2011 年第 1 期；荣剑：《马克思的国家和社会理论与改革》，《马克思主义研究》1987 年第 1 期；王衡，《超越"左"与"右"——国家自主性视角下的美国进步主义运动》，《天津行政学院学报》2013 年第 4 期等。

微观史研究的基础之上审慎考察多个历史事件,然后确定某些事件为历史发展的节点或分水岭,即那些带来机构、气候和社会重大变迁的历史时刻。这种长时段的历史研究显然必须参考条分缕析的微观史个案研究成果,因为后者对短时期内社会权力的构架、分层状况和时人的想象力有更精微细致的探讨。"①

采用此种兼采长时段和短时段的研究方法的学术价值就在于它"让我们能够跳出民族国家史的藩篱,并进一步探问长时段——数十年,数世纪,甚至数千年——形成的复杂关系格局,只有这样分层断代,我们才有望真正理解当代世界种种不满的缘起和根由"②。这种研究理念无疑是在新形势下对法国年鉴学派代表人物之一的费尔南·布罗代尔的长、中、短三时段理论的新发展。布罗代尔认为,短时段大致可等同于白驹过隙般的事件,"所对应的是个人、日常生活、我们的错觉、我们的瞬间印象,特别是编年史作者和新闻记者的时间"③。尽管短时段事件的"迷人烟雾填满了当代人的心灵,但是它不可能持久,人们刚刚勉强看到它的光亮"④。中时段描述的是"局势、周期,甚至'中周期'(intercycle),可涵盖 10 年、25 年乃至康德拉捷夫(Kondratiev)的经典周期——50 年"。⑤长时段主要有两个层面:一是长期趋势,即"在比周期和中周期更高的层次上,有一个经济学家所说的长期趋势……。它们是对长时段历史学的有用的介绍。它们提供了第一把钥匙"。⑥二是结构,即"在我们历史学家看来,一个结构自然是一种集合、一座建筑物,但更重要的是,它是在一段长时期里由时间任意支配并连续传递的现实。某些结构有很长的寿命,因而它们成为经历无数代人而稳定不变的因素"⑦。

就社会学层面的研究方法而言,就是社会学家罗伯特·K.默顿发明的"中层理论"。他描述道:

---

① [美]乔·古尔迪,[英]大卫·阿米蒂奇著:《历史学宣言》,孙岳译,上海:格致出版社,2017 年,第 37—38 页。
② 同上书,第 39 页。
③ [法]费尔南·布罗代尔:《论历史》,刘北成等译,北京:北京大学出版社,2008 年,第 30 页。
④ 萧功秦:《危机中的变革:清末现代化进程中的激进与保守》,上海:上海三联书店,1999 年,第 323 页。
⑤ [法]费尔南·布罗代尔:《论历史》,刘北成等译,北京:北京大学出版社,2008 年,第 32 页。
⑥ 同上书,第 33 页。
⑦ 同上书,第 34 页。

"中层理论既非日常研究中广泛涉及的微观但必要的工作假设,也不是尽一切系统化努力而发展出来的用以解释所能观察到的社会行为、社会组织和社会变迁的一致性的统一理论,而是指介于这两者之间的理论。

中层理论原则上应用于社会学中对经验研究的指导。中层理论介于社会系统的一般理论和对细节的详尽描述之间。社会系统的一般理论由于远离特定类型的社会行为、社会组织和社会变迁而难以解释所观察到的事物,而对细节的详尽描述则完全缺乏一般性的概括。当然,中层理论也涉及抽象,但是这些抽象是与观察到的资料密切相关的,是结合在允许进行经验检验的命题之中的。中层理论涉及的是范围有限的社会现象,正像它的名称所表明的一样。"[①]

就本课题研究的实际操作层面而言,笔者以为他们所提出的方法究其实质是一种中观研究,即对宏观与微观的中和。基于此,本课题的研究关注的是数十年的中时段的情势或格局的考察,即从传统质朴农业社会向现代城市工业社会转型过程中兴起的进步主义运动与规制国家(1877—1917)。

对此,中观研究的理念不仅得到了历史学界和社会学界理论的滋养,也受到了政治学界研究路径的启发。美国学者乔尔·S. 米格代尔(Joel S. Migdal)在研究第三世界的国家与社会关系时,提出了"社会中的国家"的研究视角。在他看来:国家和社会都不是一成不变的、铁板一块的实体,都存在着碎化与多样的性质,包括国家在内的这个社会组织混合体内部彼此间是联动共生的关系;它们在相互作用与相互形塑的过程中改变着各自的机制、目标与规则。[②]"国家是无法做到完全改造社会,以消解其同时既独立于社会之外又是社会中的一部分这一悖论。而且,国家同社会的接触,在社会中造成了各种斗争与差异之处(sites),这就颠覆了其整齐划一(uniformity)的种种努力,而这反过来也改造了国家。国家与社会的相互改造产生了彼此争斗的合纵连横的联盟(contending

---

① [美]罗伯特·K. 默顿著:《社会理论和社会结构》,唐少杰等译,南京:译林出版社,2008年,第50—51页;杨念群著:《中层理论:东西方思想会通下的中国史研究》,北京:北京师范大学出版社,2016年,第50—51页。

② [美]乔尔·S. 米格代尔著:《社会中的国家:国家与社会如何相互改变与相互构成》,李杨等译,南京:江苏人民出版社,2013年,第58页。

coalitions),而这些联盟不仅贯通了,而且也模糊了国家与社会的边界。"①

就本课题而言,美国进步主义运动与规制国家的兴起存在着一种联动共生关系,二者相互改变,相互形塑。而运用"社会中的国家"视角研究美国历史的最新研究成果是 2015 年塞缪尔·德卡尼奥(Samuel DeCanio)的专著《民主与美国规制国家的起源》。该书在导论中探讨了民主社会中的国家问题,进而从理论上探讨了 1865 至 1887 年间美国规制国家兴起的根源。不过,作者未能将该理念拓展到美国规制国家的兴起当中去。而此种中观研究的努力实际上早在 1999年就由历史学家伊丽莎白·桑德斯提出来了。在《改革的根源:农场主、工人与美国,1877 至 1917 年》中,她写道,"本书特意采取了一种相互作用的互动式研究路径(interactive approach),要避免(内心)时常造成的人为的分庭抗礼:'国家中心'(state-centered)与'社会中心'(society-centered)之争"②。

简言之,以中观的研究进路与理念,兼采社会中心主义与国家中心主义之所长,势必会为转型期美国历史的研究注入新活力,也是该时期美国历史研究发展的逻辑结果。如果说 20 世纪 70 年代以前侧重进步主义运动研究的社会中心取向是现代化转型期美国历史研究的正题的话,那么,20 世纪 70 年代以来学术界的国家中心取向则是反题,而以塞缪尔·德卡尼奥、伊丽莎白·桑德斯为代表的学者,无论是从社会中的国家视角出发,还是以社会国家互动为研究路径,则是在试图进行合题。换句话说,将本课题的研究比拟为"登山"的话,那么,社会中心取向的研究路径采用的是自下而上的"迎难而上的攀登"方式,而国家中心取向的研究路径则是自上而下的"居高临下的俯视"手段,社会中的国家取向的中观或中层研究则需要"上下求索""瞻上顾下",类似由山脚抵达山巅,返至下山中途的"俯仰","仰观山之巍峨,俯察归途之未远",是一种可望而又可及的"中道"。

(二) 本课题研究中争论的主要问题

本课题的研究可谓十分艰巨,相关研究成果极为丰富,介入到研究当中的学者众多,往往来自不同学科背景,有着不同的现实关怀与学术旨趣。尽管国内外专门探讨本课题的专题研究相对有限,但相关研究成果的著述甚丰,新成果不

---

① Joel S. Migdal, *State in Society*: *Studying How States and Societies Transform and Constitute One Another*, Cambridge: Cambridge University Press, 2004, pp. 263 - 264.

② Elizabeth Sanders, *Roots of Reform*: *Farmers*, *Workers and the American State*, *1877 - 1917*, Chicago and London: The University of Chicago Press, 1999, p. 6.

断涌现,研究队伍日益国际化、多元化与多学科化。因此,力图面面俱到地准确梳理本研究中涉及的所有问题,对笔者来说,犹如蜀道"危乎高哉! 蜀道之难,难于上青天"! 即便如此,出于研究的需要,笔者还是要以不算有力的脚步,始终不渝的"吾将上下而求索"的学术初心与至善之止,来攀登转型期美国这座"浩瀚的经验巨塔",挂一漏万与无可避免的错误之处,敬请各位专家学者,不吝指正。

1. 进步主义运动与规制国家的名实以及二者的关系问题

《论语·子路》有言:"名不正,则言不顺;言不顺,则事不成;……故君子之名必可言也,言之必可行也。"①治史一如治国理政,治史之端在正名。尽管学者彼得·G. 弗利纳直言:必须要将"带来如此众多内涵混淆不清与错误百出的'进步主义的'参照框架弃置一旁。是时候要扯下这个标签,而后从其先入之见中解放出来"②;纵然学者约翰·D. 宾克(John D. Buenker)"坚持认为,进步主义运动从严格意义上讲根本就不是一场'运动'";即便杰克·柯比(Jack Kirby)坦言"覆盖面极广的'进步主义'这一术语经不起精确的定义",但是著名史学家丹尼尔·T. 罗杰斯(Daniel T. Rogers)写道,"不借助于'进步主义'(progressivism)或'进步主义运动'(progressive movement),很少有历史学家能够安之若素"。尽管"在如何定义其融贯性(coherence)问题上众说纷纭。不过,这一术语是美国史学脚手架至关重要的组成部分,如同'共和主义'(Republicanism)或'杰克逊民主'(Jacksonian Democracy)"③。

因此,我们还是有必要探究"进步主义运动"与"规制国家"的名实以及二者的关系问题。从"名"的规范与价值判断的角度看,二者都是某种观念建构的产物;从"实"的实证的、叙述的历史经验维度看,二者又都是美国历史发展,特别是自由资本主义向垄断或有组织的资本主义或"法团资本主义"转型过程中的历史现象。无论是进步主义运动,还是规制国家的兴起,在历史发展长河中,一如"自由主义"一样,往往都是未有其名之前,它们就已经有其实,这些客观的历史经验与事实是无可否认的。对此,我国学者李剑鸣指出:"至于'Progressive

---

① 爱新觉罗·毓鋆:《毓老师说论语》,陈絅整理,石家庄:花山文艺出版社,2019 年,第 336 页。
② Peter G. Filene, "An Obituary for 'The Progressive Movement'", *American Quarterly*, vol. 22, no. 1, 1970, p. 34.
③ Daniel T. Rodgers, "In Search of Progressivism", *Reviews in American History*, vol. 10, no. 4, 1982, pp. 113 – 114.

Movement'一词出现于何时,则难以稽考。早在 1905 年,便有改革派自称'进步派',此后这一词汇便广泛流传开来,标榜'进步主义'成为一种时尚。1916 年大选后,人们更多地使用'自由派'(Liberal)一词。"①但阅读进步主义运动的早期文献,我们至少可以感受到"进步主义运动"一词在 1912 年前后就已经十分流行,以致那时的政论性作品径直以其为名。例如 1913 年出版的 S. J. 邓肯-克拉克的《进步主义运动:其原则与计划》和 1915 年出版的本杰明·帕克·德·威特(Benjamin Parke De Witt)的《进步主义运动:一项当前美国政治趋势的客观全面的讨论》。可以说在 1912 年美国总统大选中成立了以西奥多·罗斯福为首的进步党(Progressive Party)或通称的"公麋党"(Bull Moose Party)后,使得人们日益关注进步党背后更为广泛、更为基础的进步主义运动。对此,丹尼尔·T. 罗杰斯认为:"'进步主义的'(progressive)这个标签是在 1910 年的选举活动中开始流行的,1911 年 1 月伍德罗·威尔逊依然将其作为'新术语'(new term)加以解释。'进步主义运动'这一习语是 1912 年的产物。不过'进步主义'(progressivism)这一现代标签是 1912 年作为托利主义和社会主义的反义词而启用的,它从来都不是一个有着自我认同的共性的标签;它并不怎么流行,偶尔会被新闻记者与史学家拿来使用,才慢慢传播开来。"②

就"规制"(regulation)而言,当代著名的意大利知识分子、欧盟问题专家詹多梅尼科·马佐尼指出:"就其为了管制私人与公共企业运行方式而发布规则而言,它同政府一样历史悠久。"就规制的正当性而言,"当今称之为是纠正'市场失灵',例如垄断权力",这也不是什么阳光底下的新鲜事。"例如罗马帝国皇帝弗拉维·芝诺·奥古斯都(Flavius Zeno Augustus,约公元 425 年—491 年)颁布一项敕令,禁止任何形式的垄断、合并(combination)与价格协定。"③

"规制国家"这一词语的出现则是比较晚近的事情。对此,笔者孤陋寡闻,尚未见到有学者进行词源学上的探讨。大体说来,有关美国"规制国家"的历史研究,就专著而言,仅就笔者所知,詹姆斯·E. 安德森的《现代规制国家的形成》是 1962 年才出版的,该书源于其攻读政治科学的博士学位论文:《现代规制国家的

---

① 李剑鸣:《大转折的年代——美国进步主义运动研究》,天津:天津教育出版社,1992 年,第 3 页。
② Daniel T. Rodgers, "In Search of Progressivism", *Reviews in American History*, vol. 10, no. 4,1982, p. 127.
③ Giandomenico Majone, *Regulating Europe*, London and New York: Routledge, 1996, p. 9.

形成:美国规制经济企业思想研究,1885 至 1917 年》。[①]而有关"规制国家的兴起"这一欧美,特别是欧洲历史现象与学术研究来说,是 20 世纪最后几十年里的事情。对此,已故英国曼彻斯特大学(University of Manchester)的迈克尔·莫兰教授(1946—2018)写道:"现在通常所说的规制国家,存在着广泛的地理与体制背景:作者们谈及英美的规制国家、欧洲的规制国家,更有甚者会细化为'国家内部的规制国家'(a regulatory state inside state)。"[②]进而,一如进步主义运动研究所产生的众说纷纭,有关 20 世纪最后 25 年里规制国家的兴起,莫兰问道:

> "在此,我们正在看到的是否是一些共性的国家组织的特征?我们正在看到的是有关国家研究的新思维方式的兴起,以便摆脱传统政治科学的学科藩篱(经常有一种说法,拟将'规制'概念本身作为一个研究领域)?或者是我们正在看到的是一种语言学'抽搐'(tic)的扩散——政治科学传统探究的焦点,即国家,在其前加个形容词用以支撑国家这一癖好的一部分?如果规制国家的确存在的话,它真的是某种新事物吗?而且在各地声称所观察到的这种新事物是否有相似之处?不同的文献中所强调的问题迥然不同,则更加剧了这种困惑。正如我将要表明的,受到较多讨论的美国规制国家,普遍认为其等级性与指令性过强。相比之下,有关英国与欧洲其他地方的规制国家的共识是将其与消解政府指令为互不统属、自主行事的体系联系在一起的。"[③]

就欧洲而言,规制国家是 20 世纪 40 年代至 70 年代中期的福利国家出现了种种弊端之后而形成的新治理形式。如果说福利国家强调的是国有化与政府积极干预的话,那么,规制国家强调的则是私有化与去管制。而美国的规制国家是伴随着进步主义运动的兴起而形成的,唯有在市场失灵的情况下,政府才会进行

---

① James E. Anderson, *The Emergence of the Modern Regulatory State*, Washington D. C.: Public Affairs Press, 1962; James E. Anderson, "The Emergence of the Modern Regulatory State: A Study of American Ideas on the Regulation of Economic Enterprise, 1885 - 1917", The Dissertation of the University of Texas, 1960.

② Michael Moran, "Understanding the Regulatory State", *British Journal of Political Science*, vol. 32, no. 2, 2002, p. 391.

③ Ibid.

干预与规制。①对此,美国学者阿瑟·曼特意对规制国家与福利国家进行了区分,前者"扩大政府职能以便保持经济稳定;而后者扩大政府职能则是为了救济受苦受难的穷人"②。国外学术界研究主流的观点是,1887 年伴随着州际商业委员会的建立,美国的规制国家开始兴起。大体上,与学术界提出的 19 世纪 90 年代进步主义运动兴起的说法是一致的。③

就"进步主义运动"与"规制国家"的关系来说,以 1915 年出版的纽约大学的学者本杰明·帕克·德·威特的《进步主义运动:一项当前美国政治趋势的客观全面的讨论》为例,根据美国学者阿瑟·曼(Arthur Mann)的说法,德·威特本来是考虑修改书名的,计划改为《治理新趋势:美国政治中的进步主义运动》(*New Tendencies in Government*:*The Progressive Movement in American Politics*),但最终并没有成功,具体原因则无从得知。④即便如此,我们从这个要改动的书名中,还是能够感受到进步主义运动与规制国家之间的密切关系。

为了解决这个问题,我们有必要回到那个时代当中,感受那个时代有识之士的感知与认识。邓肯-克拉克在 1913 年给出了进步主义运动兴起的自然而然的、合乎逻辑与现实生活的理由:"我们不再是由多个自足的共和体(commonwealths)松散地捆在一起的联邦,而是一个民族(people)。通过快捷的相互沟通方式与商业纽带,48 个州(笔者注:阿拉斯加和夏威夷是在 1959 年加入的。)紧密地联结在一起。华尔街不再是纽约的金融中心,甚或不单单是东部的中心,它是全国(the Nation)金融脉搏的跳动。而只有全国的政策才能应对这种新情况。"⑤特别是横贯美国东西的铁路线的建成,极大地推动了现代美国的到来:"铁路造就了美国。它们先将国家联合起来,然后刺激了经济发展,使其成为世界上最富庶的国家。铁路也改造了美国社会,在 19 世纪短短的数十年里,将其从农本经济改造为工业强国。简单地说,没有铁路,美国本来就不能成

---

① Giandomenico Majone, *Regulating Europe*, London and New York:Routledge, 1996, p. 10.

② Benjamin Parke De Witt, *The Progressive Movement*:*A Non-Partisan*, *Comprehensive Discussion of Current Tendencies in American Politics*, Seattle and London:University of Washington Press, 1968 (1915 1ˢᵗ edition), Introduction by Arthur Mann, p. xviii.

③ [美]亨利·斯蒂尔·康马杰著:《美国精神》,杨静予等译,北京:光明日报出版社,1988 年,第 63 页。

④ Benjamin Parke De Witt, *The Progressive Movement*:*A Non-Partisan*, *Comprehensive Discussion of Current Tendencies in American Politics*, Introduction by Arthur Mann, p. xx.

⑤ S. J. Duncan-Clark, *The Progressive Movement*:*Its Principles and Its Programme*(*with an Introduction by Theodore Roosevelt*), Boston:Small, Maynard &. Company, 1913, p. 31.

其为现在的美国。"①

　　但与此同时,伴随着铁路全国化,经济发展的全国化而来的,不仅仅是财富的极大增长,"最富庶的国家"的到来,工业化也裹挟着各种问题呼啸而来。"进步主义运动坚持主张只有通过联邦政府才能给人民带来权力。……早年那些地方化的,归州管控的问题,现在已经成长起来,超出了其狭隘的界限,并成了全国关切的问题,显而易见,唯有大众权威的联邦中心才能够有效地处理这些问题。"②因此,这些全国性的问题,往往超出了州管辖的范围;即便是个别州进行管辖,相应地却往往让其利益受损。诸如,"不利于州规制工作时间、工资与劳作条件最有力的理由就是这一事实:那些受到规制的企业在同其他不受管控的其他州企业的竞争中,会处于不利地位"③。此外,消除社会中的各种州与联邦法律中的真空地带也是规制国家兴起的重要理由。"所谓的'灰色地带'(twilight zone)的存在,即州与联邦权威含混不清的领域,为剥削者们的种种运作提供了不受干扰的机会。"④因此,克拉克的结论是:"在不侵犯州自主的情况下,进步主义运动要求澄清'灰色地带'。它主张在个体的州表明力所不逮之处,联邦政府应有权代表共同福利发挥其功能。它提议以此种方式增益州权,以便消除形成剥削者天堂的真空地带。"⑤

　　对于工业化或大商业、进步主义运动与政府或规制国家的关系问题,1913年西奥多·罗斯福写道:"它(笔者注:进步主义运动)是大众抗议的理智表达;它是实现人民更广大的经济、社会与政治生活目标的工具;它承认:基于伦理、政治与工业角度,我们取得的进步带有不平等性质,因此政府这件衣服需要改大,以便适合我们不断发育的身体,我们不断变迁的经济需要。政府与工业是我们社会有机体的主要功能。政治与经济的功能是不可能完全分割开来的。它们是休戚与共、相互依赖的。在构成它们的各个部分之间的各种力量不仅相互作用,而且相互改变(interplay and interchange)。进步党(the Progressive Party)承认这一事实,而不仅仅是一种华丽的概括或是一种理论抽象的哲学,而是务实地处理

---

① Christian Wolmar, *The Great Railroad Revolution: The History of Trains in America*, New York: Public Affairs, 2012, p. xix.

② S. J. Duncan-Clark, *The Progressive Movement: Its Principles and Its Programme (with an Introduction by Theodore Roosevelt)*, p. 31.

③ Ibid., p. 32.

④ Ibid.

⑤ Ibid.

一些具体的事务。"①也就是说,以达尔文的生物进化论观之,民族国家也是有机体,进步主义运动与政府和工业是一种密不可分、相互作用与相互改变的关系。"民族国家(The nation)是一个有机体,由各种紧密相联与相互依赖的功能构成的。为了保持其健康的活力,推动其和平与繁荣,并向着更大程度上人人安居乐业进发,这些功能必须承认其相互责任——它们对彼此以及整个共同体的义务。"②

我们再来看看面对 1894 年芝加哥普尔曼工人大罢工时,赫尔之家的创建人之一珍妮·亚当斯(Jane Addams)所面临的困境,对此史学家谢尔顿·斯特伦奎斯特鲜活地予以再现:"在 1894 年普尔曼卧铺车厂工人(Pullman car shopworkers)罢工的过程中,珍妮·亚当斯面临令人望而生畏的挑战。在同情罢工者与她想要弥合罢工所显露出来的阶级对立之间,她感到心力交瘁。令她沮丧的是,芝加哥公民联合会(Chicago Civic Federation)所进行的种种仲裁努力都付之东流。在仲裁委员会委员当中,她是惟一的一位委员:既会晤了罢工的普尔曼卧铺车厂雇员并听取了他们的种种不满,也尽职尽责地听取了普尔曼卧铺车厂经理们的官方声明,后者'坚称没有仲裁这回事。'"③珍妮·亚当斯明显地感觉到,阶级战争似乎是无可避免的,因为"即便是作为表面托词,装腔作势地承担上层社会对底层社会应尽的义务,我们也不愿开诚布公地认可美国的公民们已经分裂为若干阶级"④。为此,在亚当斯看来,"睦邻安置之家(the settlement houses)以及整个改革运动致力于改善的,不是'某类人或某个阶级之人,而是公共利益(common good)'"⑤。当依靠个人、社会团体,甚至是州政府的力量都不足以完全纠正工业社会之恶时,联邦政府与规制国家的出现,就是自然而然的事情了。

有鉴于此,笔者认为,进步主义运动与规制国家是一种联袂共生的关系。对

① S. J. Duncan-Clark, *The Progressive Movement: Its Principles and Its Programme* (*with an Introduction by Theodore Roosevelt*), Boston: Small, Maynard & Company, 1913, Introduction, p. xiv.

② Ibid., p. 7.

③ Shelton Stromquist, *Reinventing "The People": The Progressive Movement, the Class Problem, and the Origins of Modern Liberalism*, Urbana and Chicago: University of Illinois Press, 2006, p. 1.

④ Jane Addams, *Twenty Years at Hull-House, with Autobiographical Notes*, New York: The Macmillan Company, 1927, pp. 41 - 42.

⑤ Shelton Stromquist, *Reinventing "The People": The Progressive Movement, the Class Problem, and the Origins of Modern Liberalism*, p. 2.

此,无论是伊丽莎白·桑德斯或理查德·富兰克林·本塞尔(Richard Franklin Bensel)所提及的"政治经济学"(political economy),还是我国学者李剑鸣、李世安、洪朝辉有关的"大转折年代"等有关美国现代化的社会转型与政府转型(扩大政府的经济社会干预)的研究成果,都注意到了这种共生共存的历史现象。[①]桑德斯写道:"这种研究(笔者注:指 interactive approach 互动式研究)最为贴切的标签就是'政治经济学',因为它强调在政治诉求生成中,经济利益的首要性,而这就要求不仅要承认法律以及由国家官员进行的行政治理,而且也形塑了经济以及其他方面利益群体的演进与表达。"[②]

2. 进步主义运动与规制国家兴起的历史分期

由此,有关二者的历史分期问题相对来说就看似变得容易了。似乎我们大体上只要根据学术界有关进步主义运动的历史分期来进行梳理即可了。

有关进步主义运动开始的时间,大多是倾向于以 1900 或 1901 年为开端,即 1901 年 9 月美国总统威廉·麦金莱遇刺身亡,副总统西奥多·罗斯福继任美国总统。[③]第二种比较流行的说法就是 19 世纪 90 年代前后说,比如美国学者亨利·斯蒂尔·康马杰、阿瑟·林克和理查德·麦考密克、马克·艾伦·艾斯纳、莫琳·A.弗拉纳根(Maureen A. Flanagan),刘易斯·L.古尔德、我国学者李剑鸣等。[④]这种说法更多依据的历史事件是边疆的消逝、19 世纪 90 年代发生的经济大萧条、1887 年的州际商业委员会的建立、1887 年伍德罗·威尔逊的论文《行

① Richard Franklin Bensel, *The Political Economy of American Industrialization*, *1877 - 1900*, Cambridge: Cambridge University Press, 2000.

② Elizabeth Sanders, *Roots of Reform*: *Farmers*, *Workers and the American State*, *1877 - 1917*, Chicago and London: The University of Chicago Press, 1999, p. 6.

③ Richard Hofstadter ed., *The Progressive Movement*, *1900 -1915*, Englewood Cliffs, N. J.: Prentice-Hall, 1965; John Whiteclay Chambers II, *The Tyranny of Change*: *America in the Progressive Era*, *1900 -1917*, New York: St. Martin's Press, 1980; James Weinstein, *The Corporate Ideal in the Liberal State*, *1900 - 1918*, Boston: Beacon Press, 1968; Gabriel Kolko, *The Triumph of Conservatism*: *A Reinterpretation of American History*, 1900 -1916, New York, Free Press, 1963; 李剑鸣:《大转折的年代——美国进步主义运动研究》,天津:天津教育出版社,1992 年,第 4 页。

④ Arthur S. Link and Richard L McCormick, *Progressivism*, Wheeling, Illinois: Harlan Davidson, Inc., 1983, p. 1; Marc Allen Eisner, *The American Political Economy*: *Institutional Revolution of Market and State*, New York and London: Routledge, 2011, p. 39; Maureen A. Flanagan, *American Reformed*: *Progressives and Progressivisms*, *1890s - 1920s*, New York: Oxford University Press, 2007; Lewis L. Gould, *America in the Progressive Ear*, *1890 -1914*, New York: Pearson Education Limited, 2001; [美]亨利·斯蒂尔·康马杰著:《美国精神》,杨静予等译,北京:光明日报出版社,1988 年,第 63 页;李剑鸣:《大转折的年代——美国进步主义运动研究》,天津:天津教育出版社,1992 年,第 4 页。

政管理研究》发表、平民党人威廉·詹宁斯·布赖恩（William Jennings Bryan）
的崛起以及平民主义运动对美国政治的冲击、考克西大军。更具体地说，侧重进
步主义运动研究的学者往往将时间定位在 1896 年；侧重研究该时期规制国家或
国家新治理形式变迁与制度建设往往将时间定格在 1887 年州际商业法的通过。
第三种说法是 1877 年说，代表性的学者是斯蒂芬·斯科夫罗内克、伊丽莎白·
桑德斯、罗伯特·H. 威布、加百列·柯可、内尔·欧文·佩因特等。①这一年美国
最为重大的政治事件就是 1877 年大妥协。当然还有 1870 年说、1865 年说、
1862 年说，②在此不再展开。

　　对此，笔者倾向于认可 1877 年，在研究缘起中已有较为详细的论证。1877
年，既是美国重建时代结束之时，即 1877 年大妥协，同时也是美国最高法院宣判
"芒恩诉伊利诺伊"案（Munn v. Illinois），1877 年美国铁路工人大罢工以及
《1877 年荒地法》颁布之际。

　　有关进步主义运动衰落的时间，有 1914 年说、1916 年说、1917 年说以及 20
世纪 20 年代说，目前较为流行的看法是 1917 年的一战说和 20 世纪 20 年代说。
尽管随着美国介入一战以及伍德罗·威尔逊离开了白宫，进步主义者几乎耗尽
了其激情与能量，但这场运动所创建或增强的规制国家及其相关机构却保留了
下来，成为当代美国政治中重要的力量。③

　　3. 进步主义运动与规制国家兴起的性质

　　有关进步主义运动与规制国家兴起的性质问题，实际上在上文中已经有所

---

① Elizabeth Sanders, *Roots of Reform: Farmers, Workers, and the American State, 1877 - 1917*, Chicago & London: The University of Chicago Press, 1999; Stephen Skowronek, *Building a New American State: The Expansion of National Administrative Capacities, 1877 - 1920*, Cambridge: Cambridge University Press, 1982; Robert H. Wiebe, *The Search for Order, 1877 - 1920*, New York: Hill and Wang, 1967; Gabriel Kolk, *Railroads and Regulation, 1877 -1916*, New York: W. W. Norton & Company, Inc., 1965; Nell Irvin Painter, *Standing at Armageddon: United States, 1877 -1919*, New York and London: W. W. Norton & Company, 1987; Nell Irvin Painter, *Standing at Armageddon: A Grassroots History of the Progressive Era*, New York and London: W. W. Norton & Company, 2008.

② Michael E. McGerr, *A Fierce Discontent: The Rise and Fall of the Progressive Movement in America, 1870 -1920*, New York: Free Press, 2003; Nancy Cohen, *The Reconstruction of American Liberalism, 1865 - 1914*, Chapel Hill & London: The University of Northern Carolina Press, 2002; Daniel R. Carpenter, *The Forging of Bureaucratic Autonomy: Reputations, Networks, and Policy Innovations in Executive Agencies, 1862 - 1928*, Princeton and Oxford: Princeton University Press, 2001; 李剑鸣：《大转折的年代——美国进步主义运动研究》，天津：天津教育出版社，1992 年，第 4 页。

③ 赵辉兵：《美国进步运动研究评述》，《史学集刊》2006 年第 1 期，第 93 页。

涉及,进步主义运动的领导者与参与者,即进步主义者(或译为"进步派")是判断二者性质的重要依据。换言之,政治权力或政府主要掌握在谁的手中。

社会底层论者强调进步主义运动是一场大众民主运动,是一场广大普通民众反抗少数的政治与经济精英,成功实现还政于民的民主运动。既然国家与政府的权力掌握在了人民的手中,进步主义运动与规制国家的性质必然具有进步与民主性质。

社会中层论者则注意到了进步主义运动中存在的保守与落后性质,更多是有特权的商人、专业人员、律师、官员、大学教授等组成的中产阶层,为了维持现状,或是出于找回失去的昔日权力与地位,或是维护自身现有的利益。其中塞缪尔·亨廷顿(Samuel Huntington),马弗·H. 伯恩斯坦、加百列·柯可、西奥多·洛维(Theodore Lowi)等学者特别强调规制国家的独立性与自利性,即为了维护官员与规制机构自身而进行规制。[1]

社会上层论者则更进一步,发现了许多商人,尤其是大商人,出于维护法团资本主义的理想,混进了进步派的队伍,主导了规制国家,因此,本质上是一场保守主义的胜利,即斯蒂格勒后来所提出的规制俘获理论。[2]他写道:"通常来说,是工业要求规制,而且规制的目的与运行基本上也是为了工业的利益。"[3]美国学者兰德尔·霍尔库姆认为,规制国家兴起的本质是政治资本主义,是实现了法团自由主义的理想,本质上是政商的互利合作。他写道:"经济精英影响政府的经济政策,通过规制、政府开支以及税收制度的设计来维系其在经济中的精英地位。然后,经济精英支持政治精英所实施的那些政策,来帮助政治精英维系其地位:这是一种政治与经济精英彼此获益的交换关系。"[4]

全民论者强调进步主义运动的全民性、全国性与公共性,规制国家的目的也

---

① Randall G. Holcombe, *Political Capitalism*: *How Economic and Political Power is Made and Maintained*, New York: Cambridge University Press, 2018, p. 291.

② 赵辉兵:《美国进步运动研究评述》,《史学集刊》2006 年第 1 期,第 89—91 页;George Stigler, "The Theory of Economic Regulation," *The Bell Journal of Economics and Management Science*, vol. 2, no. 1, 1971, p. 3; Randall G. Holcombe, *Political Capitalism*: *How Economic and Political Power is Made and Maintained*, New York: Cambridge University Press, 2018, p. 287。

③ George Stigler, "The Theory of Economic Regulation", *The Bell Journal of Economics and Management Science*, vol. 2, no. 1, 1971, p. 3.

④ Randall G. Holcombe, *Political Capitalism*: *How Economic and Political Power is Made and Maintained*, New York: Cambridge University Press, 2018, p. 1.

是为了公共利益,而不是单单为了哪个阶层,或是多数派,或是少数派。①

4. 进步主义运动与规制国家兴起的历史进程

关于进步主义运动与规制国家兴起的历史过程,詹姆斯·E. 安德森、埃米特·S. 雷福德(Emmette S. Redford)等学者认为美国规制国家的兴起是 1887 至 1917 年间。具体来说,"尽管国家对银行的规制始于 1863 年,但是国家立法层面上这一运动首次的持续性影响则是始于 1887 年规制商业的法律。""1887 年的规制商业法(The Act to Regulate Commerce)和 1890 年的反托拉斯法(the Antitrust Act)开启了一场全国性规制国家的运动,而且在西奥多·罗斯福总统的任期内,步伐开始加快,而在威尔逊总统执政时则如离弦之箭"。最终,"许多规制国家的基本模式与手段到 1917 年则戛然而止了"。②

与此相似观点,诸如马克·艾伦·艾斯纳。他将 1880 年至 1920 年这一时期称之为市场体制的规管体制时期,"市场体制根源于 19 世纪后期的经济转型。然而,对变化的需求只有在它们与进步主义改革议程相关联时才能转化为政策"。③ 不过,他并未对进步主义运动与规制国家兴起的过程展开更为细致的研究。

以斯蒂芬·斯科夫罗内克、伊丽莎白·桑德斯为代表的学者则将 1877 至 1920(或 1917 年)作为进步主义运动与规制国家兴起的历史时期。前者将 1877 至 1920 年的规制国家(笔者注:斯科夫罗内克采用的是"行政国家"的说法)的兴起历程,分为两个阶段:第一个阶段是 1877 至 1900 年间,是"修修补补的国家建设"模式,"这些年里,早期的美利坚国家四处蔓延,限制着国家的治理能力。新制度开始出现,以满足对政府最紧迫的新需求,但政府精英并不能提供持久的支撑,无法威胁并削弱长期以来确立的政治与制度联结"。第二个阶段,1900 至 1920 年,是"系统重建的国家建设"模式,"这些年中,权力的大门最终向发展全国性行政机构的拥护者们开放;而随之而来发生的新斗争主要围绕官员特权的再分配与制度关系的重建"。尽管这个新兴的规制国家"开始拥有了强有力的行

① S. J. Duncan-Clark, *The Progressive Movement: Its Principles and Its Programme* (*with an Introduction by Theodore Roosevelt*), Boston: Small, Maynard & Company, 1913, pp. 1 - 2;31.

② James E. Anderson, *The Emergence of the Modern Regulatory State*, Washington, D. C.: Public Affairs Press, 1962, Introduction by Emmette S. Redford, pp. vi - viii; Preface, p. ix.

③ [美]马克·艾伦·艾斯纳著:《规制政治的转轨》,尹灿译,北京:中国人民大学出版社,2014 年,第 8;35 页。

政臂膀,但对这种权力的制度控制依然封印在宪政僵局(constitutional stalemate)之中"。① 尽管后者与前者的侧重点与研究方法有所不同,但在有关规制国家的兴起方面还是有共同之处的。她写道:"19 世纪晚期美利坚民族国家(national state)开始获得合法权威与行政能力,用来规制一个成熟的工业经济体,并保护其公民免受公认的大规模资本主义种种病变侵害,它如此为之乃是出于对政治上动员起来的农场主的因应。"而规制国家或者是"国家行为人尤其是行政与司法机构行为人",受到农场主与工人外部压力的推动,采取了多样化的应对方式,扩张了国家权力,对猖獗资本主义进行了公共管制。实际上,规制国家的兴起并非农场主之所愿;在此过程中,"资本家们对这一挑战是被动应战,大体上是消极的,然而他们的确建立了改革的外部边界,在重大领域中成功地调整了主张均等论的国家集权主义(agrarian statist)农业议程"。可以说,在进步主义运动与规制国家之间或者是社会运动与政府规制之间存在着十分复杂的纠缠关系。但无论如何,"及至 1917 年,美利坚国家已经初具现代国家的形态——通过各种行政机构、立法授权(statutory entitlements)与司法强制执行的方式——监管了交通运输、银行交易、商品存储与买卖、商业竞争行为以及劳资关系的进程"。②

5. 进步主义运动与规制国家兴起的历史影响

进步主义运动与规制国家兴起的历史影响无疑是极其深远的。如果说内战与重建是美国"第二次建国"③的开始的话,那么,其初步的完成应该说是在 19 世纪晚期到 20 世纪初。而此前的美国则是一个传统的农业共和国,"国家意识"比较淡薄,商业精神十分浓烈。对此,1844 年,拉尔夫·W. 爱默生(Ralph W. Emerson)抱怨道:"在美国,只要一出门,看似到处都是市场,……可以假定我是在通常的意义上谈论这些机构的。他们受到许多传统的美德的欢迎,不论如何挣得与维护财产,他们终归是资本家;大学、教堂、医院、剧场、宾馆、道路、轮船,都是资本家的——凡是维护、崇拜、扩展这些事物的,就是好的;凡是危及这些

---

① Stephen Skowronek, *Building a New American State: The Expansion of National Administrative Capacities, 1877-1920*, Cambridge: Cambridge University Press, 1982, p. 16.

② Elizabeth Sanders, *Roots of Reform: Farmers, Workers, and the American State, 1877-1917*, Chicago & London: The University of Chicago Press, 1999, pp. 1-6.

③ [美]埃里克·方纳著:《第二次建国:内战与重建如何重铸了美国宪法》,于留振译,北京:商务印书馆,2020 年。

的,就是该受谴责的。"①在此之后,则是赫然耸立的、我们并不怎么陌生的现代工业帝国的美国,因此,进步主义运动与规制国家兴起所留下的影响,尤其是规制国家依然存留于美国的社会政治生活之中,而且与20世纪初相比,美利坚国家的身影不仅在美国无处不在,即便是在世界上许多其他国家和地区亦都能感受到其淫威。

进步主义运动与规制国家的兴起,一如笔者对它们名与实的分析与描述一样,因其复杂多变与诸多的含糊暧昧之处,既令学者们如痴如醉地上下求索,也让研究者们困惑不已。在此,笔者仅就研究者的立场以及进步主义运动与规制国家兴起所带来的利弊的角度,进行粗浅的梳理。

就共性而言,大体说来,有以下四点积极影响:

第一,二者在经济方面的主要影响是,以往自由放任的发展模式经历了重大的调整,政府尤其是联邦政府"开始干预经济运作与规范社会中的个人与公司的行为"。②这为后来的罗斯福新政、公平施政、新边疆、伟大社会等改革政策的实施提供了历史依据与制度基础。

第二,在政治上,最为重要的就是规制国家增进了美利坚国家的民主化进程。如果用兰德尔·霍尔库姆的观点的话,就是完成了美国政治从自由政治向民主政治的转型,自此以后,美国的民主不仅仅是一种政治制度,是一种统治工具,更是治理的目的。③

第三,在社会上,提供了一系列规范与约束社会与个人行为的政治机制。尽管进步主义运动的理想与取得的成效之间存在着很大的落差,但这些机制及其运行实践为后来的改革者提供了不少经验与教训。

最后,或许也是最为重要的遗产就是进步主义运动与规制国家兴起所留下的进步主义意识形态及其传统,或称之为"进步自由主义"或"现代自由主义"。④学者詹姆斯·T.克洛彭堡写道:"政治的进步往往是以讽刺而不是凯旋作为注脚的,因为社会民主主义和进步主义理论中激进的动力在一定程度上已经

---

① Thomas C. Cochran, "The 'Presidential Synthesis' in American History", *The American Historical Review*, vol. 53, no. 4, 1948, p. 756.

② 赵辉兵:《美国进步运动研究评述》,《史学集刊》2006年第1期,第93页。

③ Randall G. Holcombe, *From Liberty to Democracy: The Transformation of American Government*, Ann Arbor: The University of Michigan Press, 2002, p. 180.

④ 笔者注:现代自由主义是对古典自由主义的反向之动,而新自由主义(neo-liberalism)则是对现代自由主义的反向之动,即从古典的限权政府到大政府再复归消解规制与大政府的思想与行动。

渗入到政治进程当中,而这种动力使得建立在原则迥异基础之上的福利资本主义体制得以持久。"①

但是,也存在着不少批评的声音,这些批评在罗纳德·里根总统上台后变得更加有力,形成了一股反对进步主义与规制国家的新保守主义思潮。而这种批评声音,早在 1912 年美国政治学者查尔斯·M. 霍林斯沃斯(Charles M. Hollingsworth)就忧虑到:进步主义运动实际上既非进步,也非民主,而是"政治权力高度集中的第一步"。②在一些保守主义者看来,"进步主义运动与法西斯运动是姊妹关系,而今日的自由主义是进步主义之女。打一个不恰当的比方,一个人可以说:今日的自由主义是对欧洲法西斯主义怀有善意的侄女"。③ 在当代,上承进步主义运动的、以巴拉克·奥巴马等人为代表的"进步社会主义"是"通往奴役之路",必须"重铸上帝赐予我们的资本主义基石"。④此外,进步主义运动与规制国家兴起过程中所依托的本土主义、种族主义等各种非自由主义思潮绝不可忽视。⑤最后一点就是,规制国家兴起所造成的大政府问题依然幽灵般困扰着当代美国,由此产生了行政部门权力过大、官僚机构臃肿等诸多挥之不去的政治难题。

(三) 本课题的学术与现实意义

在充分利用国内外最新研究成果的基础上,结合历史学、社会学、政治学的研究方法与进路,本课题拟系统考察美国进步主义运动与规制国家的源起、发轫、兴衰与影响的全过程,进而相对于已有研究具有以下三个方面的价值与意义:

---

① James T. Kloppenberg, *Uncertain Victory: Social Democracy and Progressivism in European and American Thought, 1870 - 1920*, New York and Oxford: Oxford University Press, 1986, p. 11.

② Charles M. Hollingsworth, "The So-Called Progressive Movement: Its Real Nature, Causes and Significance", *The Annals of the American Academy of Political and Social Science*, 1912, vol. 43, no. 1, pp. 33 - 40.

③ John Goldberg, *Liberal Fascism: The Totalitarian Temptation from Mussolini to Hillary Clinton*, New York: The Doubleday Broadway Publishing Group, 2007, p. 2;参见:赵辉兵:《美国进步主义运动研究中的新趋势》,《学海》2015 年第 5 期,第 207 - 208 页。

④ Zester and Marilyn J. Hatfield, *Progressivism: Our Road to Serfdom: Arise America: Rebuild Your God-Given Capitalist Foundations*, Bloomington: Trafford Publishing, 2010, p. ix;参见:赵辉兵:《美国进步主义运动研究中的新趋势》,《学海》2015 年第 5 期,第 208 页。

⑤ Thomas S. Leonard, *Illiberal Reformers: Race, Eugenics, and American Economics in the Progressive Era*, Princeton and London: Princeton University Press, 2016.

1. 可更好地推动 19 世纪末 20 世纪转型期美国历史的学术研究。本课题拟撷取国内外史学界进步主义运动与政治学界、法学界有关规制国家兴起的最新成果,运用跨学科的研究方法,首次将社会中国家的研究视角系统全面地引入到转型期美国历史的研究当中去,可更加全面、客观地了解 19 世纪后期 20 世纪初的美国历史。

2. 可更好地理解与认识当代美国的社会政治。通过对进步主义运动与规制国家兴起的来龙去脉的梳理,彰显二者间的联动共生关系,不仅有助于深入认识 21 世纪以来美国兴起的形形色色的社会政治改革运动、行政国家的积弊和改革方向,也有助于我们理解当今美国政治极化与社会撕裂背后的体制缘由。

3. 可为当代中国特色的社会主义政治制度建设与改革提供历史参照。以马克思主义的辩证唯物史观为指导,通过对美国进步主义运动与规制国家兴起的探究,有助于我们充分认识社会与国家关系的复杂性、共生性与联动性,进而为中国特色的社会主义治理体系与治理能力现代化提供参考。

三、 研究内容

(1) 基本框架

本研究由导论、4 章 12 节和结语构成,依照溯源、发轫、理论、实践与影响的历史逻辑推进:

第 1 章　进步主义运动与规制国家兴起的根源(1776—1861)

为溯源篇,分 3 节,通过对内战前美国的经济、社会运动与国家演变的考察,可以发现:在殖民地时期,伴随着大英帝国的治理与殖民地人民的自力更生的开拓,北美殖民地经济逐渐繁荣起来。但是,17 世纪至 18 世纪中期,在英国“财政—军事国家”制度建设与国家治理体系现代化的影响下,1763 年以后英帝国强化了对北美殖民地的治理与规制,意外触发了帝国边陲的去中央集权化与反规制的社会运动,而这种帝国强化中央治权的溢出效应与最终后果就是美国革命。脱离了英国管制的美国,伴随着西部扩张,在经济上日益发展壮大,逐渐形成了以南方奴隶种植园经济为主要依托的战争资本主义经济和以自由劳动为主要特征的工业资本主义并驾齐驱的势头。在这一经济发展的进程中,反国家规制,尤其是反中央治权的社会政治运动与主张国家规制、强化中央治权的社会政治运动之间展开了持续的博弈。不过,在古典自由主义强调政府是“必要之恶”

的镇制下,前者更胜一筹。然而,随着废奴运动的兴起,战争资本主义与工业资本主义之间、汉密尔顿主义与杰斐逊主义、美国体系与杰克逊民主之间的冲突因建国共识的破裂,造成了一个国家两种体制(奴隶社会与自由社会)的大厦终归轰然坍塌,进而迎来了对国家特别是中央治权持欢迎——至少是不反对——态度的进步主义运动与规制国家兴起的新时代。可以说,内战前,美国社会上的各种社会改革运动就已经随着市场革命的不断推进而兴盛起来,这些社会改革运动的领导者与参与者往往来自中产阶层,有着清教的背景,在政治上往往与辉格党人、共和党人有着密切的交集。不过,这些社会改革运动背后依托的是世俗的个人主义精神和宗教大觉醒运动中强调的灵魂救赎与道德自觉。那时的美国政府相对来说对人民的经济与社会活动影响也比较小。政府负责保护人民的权利,收的税很少,政府的开支也不大,而且很少参与规制活动;那时的联邦政府受到极大的限制与防范,州和地方政府在社会经济生活中发挥着更大的作用;相对而言,联邦政府即便是介入到经济生活中来,其发挥的主要作用也是促进和推动经济发展而更少规制经济的职能。

第 2 章　内战、重建与进步主义运动和规制国家的发轫(1861—1877)

为**发轫篇**,分 2 节,随着内战与重建时期的到来,社会运动的主要关注点也都转移到反对奴隶制这一社会运动上来,一大批争取妇女权利的改革家们也暂停了对自身权益的维护转而加入到反奴隶制的事业中来。其结果是喜忧参半,1848 年就已发布《情操宣言》的女性在内战与重建中并没有能够迎来自身的解放;而以 1863 年林肯总统发布的《解放奴隶宣言》为开端的反奴隶制事业在这一时期开花结果,通过了 3 项宪法修正案,黑人至少在法律上和形式上获得了自由与平等的公民权,迎来了自身的解放。美国的妇女们在完成了废奴大业后,“而今迈步从头越”,继续致力于争取自身权益的事业。与此同时,内战与重建形成了一场宪政革命,促成了以地方为基础的、等级制度的法律文化向至少是表面上致力于所有美国人的平等、并受到全国性政府保护的法律文化的转型;二元联邦制中联邦与州的关系发生根本性的变化:公民的政治平等取代了各主权州的平等,国会从“不能制定法律到国会将有权力”的转变,联邦政府观与人们的认同从“一个过于强大的国家政府是自由的主要威胁”转变为“自由的捍卫者”;重建带来了一个日益强大的联邦政府与行政机构,联邦政府的权力获得了极大的扩展。联邦政府逐渐介入到社会经济生活中来,特别是染指以往属于州与地方政府的管辖范畴。

第 3 章　进步主义思潮与规制国家观念的兴起(1877—1917)

为**理论篇**,分 5 节,在考察内战结束以来美国经济转型、社会变迁以及由此产生的各种自由资本主义问题的基础上,重点梳理进步主义思潮与规制国家观念的兴起:面临着工业资本主义之恶,大体来说,进步主义者大都不同程度反对自由放任主义的学说,主张对工业资本主义,特别是大企业进行规制。就规制国家的不同主张而言,以塔夫脱为首的保守主义者强调在现有宪政秩序与法律框架下进行低度的司法规制国家;以德布斯为首的社会党人则推出了激进的全面规制乃至直接控制的社会主义版本的规制国家;罗斯福等人则提出了行政规制主导的、以规制垄断为核心的、新国家主义的规制国家;威尔逊则针锋相对地提出了以规制竞争为核心的、有利于有待成功之人的新自由主义的规制国家。通过进步主义社会学家爱德华·A. 罗斯的社会控制论,我们能够清楚地看到,被视为必要之恶的国家观如何转向为积极的善的国家观,进而引领了规制国家的到来;通过沃尔特·李普曼从社会主义者转向进步主义者,而后继续右转,成为后来称之为"法团自由主义者"的经历,大体上反映了进步主义本身具有复杂多变与边界模糊的特点;换言之,进步主义思潮是介于自由放任主义与社会主义之间的一条中间道路。向左转,比如后来的沃尔特·韦尔从进步主义者转向了社会党人;也可向右倾斜,成为道德学家与法团自由主义者。简言之,古典自由主义的政府为"必要之恶"的观念向进步主义的政府为"积极之善"的观念转型,打通了此前国家与市场、政府与公民社会之间的分立与区隔,促成了进步主义运动与规制国家的联袂同行。

第 4 章　进步主义运动与规制国家实践的兴起(1877—1917)

为**实践篇**,分 2 节,综上,在 1877 至 1900 年的第一阶段内,针对自由资本主义之恶与自由放任主义之弊,美国社会各阶层中的一部分代表纷纷提出了批判、限制、改造,乃至取代自由资本主义与自由放任主义的理论主张与社会运动,设计了不同程度国家干预的规制国家主张。在这些原初的进步主义运动的推动下,美国的各级政府,特别是国会与最高法院,甚至包括行政部门在一定程度上也采取了立法规制、司法规制与行政规制的行动,特别是 1877 年的"芒恩诉伊利诺伊州案"、1887 年的《州际商业法》和 1890 年的《谢尔曼反托拉斯法》,为 20 世纪初进步主义运动与规制国家的全面推进修直了道路,为下一阶段的进步主义框定了许多政策议程。进入 20 世纪初的第二阶段,进步主义运动的全速推进,以中产阶级为首的进步主义者发起了四大战役:改造其他阶级的美国人;消弭阶级冲突;规制大商业;并将社会分而隔离之。而这些中产阶级人士打造"人间天堂"的计划很大程度上要有赖于积极有为国家的介入;在罗斯福、威尔逊等一批进步主义政治家的策动下,规制国家得以全面推进,建立了一批规制委员会,交通运输、银行、反托拉斯、竞争行为、农业以及消费者等领域都成了联邦规制的对象。在自由放任主义与社会主义之间,进步主义者走出了一条中间道路,借助集体力量对工业化时期的不同利益群体之间的关系进行了调整,在很大程度上修正了自由竞争式资本主义恶性发展的负面影响,启用了公共福利与社会正义的原则,恢复了市场的"自由"与"秩序",扩大了政府(尤其是联邦政府)在管理市场、干预经济、保护公共福利方面的职权范围,形成了一套行政机构主导的协调和化解利益冲突的管理机制。当然,也不必过高估计这一时期规制国家的兴起,毕竟最高法院拥有规制国家广度与深度的终极决定权,即司法审查权。

结语　进步主义运动与规制国家兴起的双重遗产

为影响篇,在 40 年间,进步主义者扫家屋,管市政,经州务、理国事,乃至要变天下,极大地推进了美国从传统农业社会向现代工业社会的现代化转型,奠定了现代美国的社会、经济、政治与文化的根基。就其理想与行动而言,称其为"二次建国"或"第二次美国革命"似乎也不为过。不过,进步主义者也存在着傲慢、痴迷、贪婪、嗔怒、嫉妒与异化的六宗罪。当然,19 世纪后期到 20 世纪初的美国规制国家就如一头贪得无厌的怪兽利维坦,它的头和一条腿已然伸进了美国社会政治生活的帐篷之中,然而,其在美国无所不在与挥之不去的影响力与渗透力尚需一次又一次重大的危机时刻才能缓慢而有力地逐渐解除其封印。

(二) 研究重点与难点

研究重点是从社会政治改革思潮与社会政治改革实践两大层面,恢宏叙事的宏观研究与微观梳理的个案研究相结合,考察进步主义运动与规制国家的根源、发轫、兴衰与影响的全过程。

难点之一是进步主义运动与规制国家兴起的根源;难点之二是进步主义思潮与规制国家理论同自由放任主义与最小国家理论之间的博弈过程。

(三) 研究思路、方法与理念

本课题以马克思主义的辩证唯物史观为指导思想,以"社会中的国家"的中观进路,结合有关社会中心与国家中心研究中的有益成果与理念,例如,迈克尔·曼有关国家自主性权力的研究①，宏大叙述与微观考察相结合，梳理美国进步主义运动与规制国家溯源、发轫、理论、实践与影响的全过程。社会中国家的取向贯穿于整个研究之中：具体来说在考察进步主义运动与规制国家兴起的经济根源与社会变迁方面，主要运用马克思主义的唯物史观，也会兼采迈克尔·曼有关基础性权力的分析；在梳理社会运动特别是进步主义运动环节，主要运用阶级分析法进行考察；在考察美国国家，尤其是规制国家发展的不同阶段，主要运用马克思主义的社会与国家观进行研究；在评析进步主义运动与规制国家兴起的历史影响方面，主要运用辩证唯物主义与历史唯物主义尽可能客观地考察进步主义运动与规制国家兴起所带来的双重遗产。

无论仅从社会角度，还是单从国家角度，研究 19 世纪后期 20 世纪初美国现代化的转型历程均易造成顾此失彼的状况。因此，笔者引入国外新兴的社会中国家的研究方法，冀望折衷社会中心与国家中心，超越左与右，以中观之进路，尽可能全面地运用史学、政治学、社会学、法学等学科的较新研究成果与研究理念，对进步主义运动与规制国家的兴起进行跨学科的整合研究。

在研究与写作的过程中，眼高手低，隔靴搔痒，凭空而论，言不符实之处在所难免，在此先表歉意。"寄国家兴亡、君子小人、成败死生之大故，贯穿往覆，挥洒淋漓。大旨要归，眼如注矢；凄音楚调，声似回澜。纪事处，忽尔钟情；情尽处，忽尔见道。""眼看他起朱楼，眼看他宴宾客，眼看他楼塌了。"②—并送与诸君。

（四）相关术语界定

1. 国家

"国家"，使用米格代尔的定义，即"国家是一个权力的场域，其标志是使用暴力和威胁使用暴力，并为以下两方面所形塑：（1）一个领土内具有凝聚性和控制

---

① Michael Mann, "The Autonomous Power of the State: Its Origins, Mechanism and Results", *European Journal of Sociology*, vol. 25, no. 2, 1984; Michael Mann, "Infrastructural Power Revisited", *Studies in Comparative International Development*, vol. 43, No. 3 - 4, 2008; Michael Mann, *The Sources of Social Power*, *vol. 1*, *A History of Power from the Beginning to AD 1760*, Cambridge: Cambridge University Press, 2012; Michael Mann, *The Sources of Social Power*, *vol. 2*, *The Rise of Classes and Nation-States*, *1760 -1914*, Cambridge: Cambridge University Press, 2012; Michael Mann, *The Sources of Social Power*, *vol. 3*, *Global Empires and Revolution*, *1890 -1945*, Cambridge: Cambridge University Press, 2012; [英]迈克尔·曼著：《社会权力的来源. 第 2 卷. 阶级和民族国家的兴起(1760—1914)》，陈海宏等译，卷上，上海：上海人民出版社，2016 年。
② (清)孔尚任：《桃花扇》，(清)云亭山人评点，上海：上海古籍出版社，2016 年，第 186；176 页。

力的、代表生活于领土之上的民众的组织的观念";(2)国家各个组成部分的实际实践"。① 就国家观念或"国家的想象"而言,它特别是指"根源于15世纪至17世纪、并在20世纪后半叶席卷全球的现代国家的想象,往往趋于相同"。但就国家的"实践"而言,"则趋于异质,尽管即使有可辨识的比较模式,但尚未进行认真分类"。② 而"观念意味着感知。这里,对国家的感知存在于那些生活在其领土内外的合法的规制制定者和各色头脑中。在这种情况下,这一感知假设出一个单一的实体,它相对自治、统一且集权。虽然每个人都认识到这一组织的复杂和懒散——它的各部分并不总是能协调运转,它的'观念'是一幅不会展现所有缺陷的肖像——但国家的这种观念仍然诱使人们去感知其各个机构之间的高度整合以及彼此间行为的高度一致性"。③ 而国家观念的边界有两个层面:"(1)一国与其他国家之间的边界;(2)国家——尤其是(公共的)人员和机构——与服从于其所制定规则的(私人的)群体间的社会边界。"④ 而"公共和私有的分离"是"现代官僚制国家的标志"。而公法和私法的抽象化分离不仅意味着"'国家'作为统治特权的抽象持有人",而且也意味着国家作为"'法律规范'的创立者与所有个体的私人'授权'之间分离"。由此,国家不仅独立于社会,而且往往是"居高临下的"。国家由此成为了"人民公共利益的总代表者",而社会的其他部分充其量是"特殊利益的实体"。⑤

而国家的"实践"(practices)则是指"国家人员与机构的常规工作,即它们的实践,能够强化或削弱国家的观念;它们可以支撑或削弱有关领土与公司界限的观念"。⑥ 由此我们就会看到更为具体的、反映日常生活中的国家。"无数的国家实践强化了一个观念,即地图上的领土标记是真实且有效的。一国领导人使用签证、护照、界标、警戒线、电网、边防警察、军队、地图、教科书以及其他很多方式来对国家所统辖的领土进行标记。这个清单表明国家诸多行为背后都存在着暴力的使用和威慑。"⑦而且,国家的实践还让人们实实在在地感知到了国与国

① [美]乔尔·S.米格代尔著:《社会中的国家:国家与社会如何相互改变与相互构成》,李杨等译,江苏人民出版社,2013年,第16页。
② 同上书,第16—17页。
③ 同上书,第17页。
④ 同上。
⑤ 同上书,第18页。
⑥ 同上。
⑦ 同上。

之疆界,国家与社会之分野。

2. 社会运动

"社会运动"这个术语在 20 世纪 50 年代因美国的社会学家和政治学家的使用而变得流行;在史学家中,埃里克·霍布斯鲍姆在《原始的叛乱:十九至二十世纪社会运动的古朴形式》率先进行了"社会运动"的研究。[①]研究社会运动的著名学者查尔斯·蒂利(Charles Tilly)认为:社会运动就是"一种独特的实现大众政治的方式和手段","肇始于 18 世纪后期的西欧,在 19 世纪早期的西欧和北美获得了广泛的承认,在 19 世纪中期凝结成为综合了诸多要素的稳固的复合体"。[②]换言之,它是"一套独特的、相互关联的、逐渐演化的、历史的政治交互行为和政治实践活动,是运动、常备剧目和 WUNC 展示的特殊结合体"。[③] 通过 WUNC 往往表达了三类政治诉求:身份诉求、立场诉求和行动诉求。[④]对此,杰克·A. 戈德斯通(Jack A. Goldstone)认为:这种分析范式"视社会运动为'挑战者',寻求进入惯于使用权利手段的制度化'政制成员'的世界"。这忽视了社会运动和国家之间的相互作用与影响。因此,他指出:社会运动"是现代社会规范政制的基本要素,制度化政治和非制度化政治之间的界限是模糊不清而且容易穿透的"。它"并非仅仅是政治表达(通常伴随着法院、政党、立法机构和选举)的另一个平台或方法,更确切地说,社会运动已经成为社会环境和社会结构的一部分,规制政党、法院、立法机构和选举,而且,不仅西方民主国家如此,……非西方社会,也是如此"。[⑤] 换句话说,社会运动应该包含体制内以及体制内外之间的改造社会与国家的运动。英国学者安东尼·吉登斯(Anthony Giddens)和菲利普·萨顿(Philip W. Sutton)给出的定义则更为简洁,"社会运动是改变社会的各种集体努力,比如工会运动、女权运动、环保运动、反堕胎运动、同性恋运动等"。作为集体行为最有利的表达方式,社会运动如果"组织得当且持续时间长"

---

① [英]彼得·伯克著:《历史学与社会理论》,李康译,上海:上海人民出版社,2019 年,第 149 页。

② [美]查尔斯·蒂利著:《社会运动,1768—2004》,胡位钧译,上海:上海人民出版社,2009 年,第 9 页。

③ [美]查尔斯·蒂利著:《社会运动,1768—2004》,第 10 页。注:WUNC 是指参与社会运动者所表现出来的共相:价值(worthiness),统一(unity),规模(numbers)以及参与者和支持者所作的奉献(commitment)。参见[美]查尔斯·蒂利著:《社会运动,1768—2004》,胡位钧译,上海:上海人民出版社,2009 年,第 5 页。

④ [美]查尔斯·蒂利著:《政权与斗争剧目》,胡位钧译,上海:上海人民出版社,2012 年,第 219 页。

⑤ [美]杰克·A. 戈德斯通著:《国家、政党与社会运动》,章延杰译,上海:上海人民出版社,2015 年,第 XVII—XVIII 页。

的话,能够实现"惊人的目标"。①

　　作为改造社会的集体行为,社会运动意味着思想意识与行为两大方面的改变。就思想意识的转变而言,往往包含三个方面:首先是人们感到体制的某种不公与错误,而以往则是"接受统治者的权威与制度安排的正当性";其次,人们开始维护权利,而以往则是逆来顺受,"认为现有的制度安排是必然的";第三,人们"开始相信自己有能力改变他们的命运",而以往则认为自己是无力改变这种制度安排的。就行为上的转变而言,"至少是其以民众罢工或游行或骚乱形式出现之时",主要体现在两个方面:一是,"人民大众变得不服管教;他们违反平日里他们认可的传统和法律,而且他们挑衅平时震慑着他们的权威"。二是,他们的挑衅"是通过集体行动来实施的"。②

　　英国著名史学家彼得·伯克认为,社会运动可以分为两类:一类是"行动型的(active)",即积极主动进取的类型,"它们积极采取行动,追求明确目标,比如国族独立、废奴或女性投票权"。另一类是反应型的(reactive),即被动应战或反戈一击的类型,"是对已经发生的变革做出反应,试图抗御外部的威胁,维持某种传统生活方式。""这类反应采取的形式是'退出'而不是'呼吁',是撤退并创建一座圣城"。③而有关社会运动的研究至少要包括三项探究的任务:运动的领导者是谁? 采取了哪些目标来实现集体目标? 哪些运动在"资源"动员方面更成功?④

　　笔者以为这四种解读皆有可取之处,就社会运动的诉求与斗争形式而言,本课题接受蒂利的观点;就社会运动的范围而言,本课题采用吉登斯和萨顿的定义;就社会运动与国家的关系而言,本课题赞同戈德斯通的主张;就运动的类型而言,笔者认同伯克的说法。

　　3. 进步主义运动

　　"进步主义运动",一方面是指我们一般意义上所理解的狭义上通常所说的强调融贯性的"the Progressive Movement"与强调多元化与多样性的"the

①　〔英〕安东尼·吉登斯,菲利普·萨顿著:《社会学基本概念》,王修晓译,北京:北京大学出版社,2019年,第296页。
②　Frances Fox Piven and Richard A. Cloward, *Poor People's Movements*: *Why They Succeed*, *How They Fail*, New York: Vintage Books, 1979, pp. 3-4.
③　〔英〕彼得·伯克著:《历史学与社会理论》,李康译,上海:上海人民出版社,2019年,第149—150页。
④　同上书,第150—152页。

Progressive Movements"或强调进步主义思潮与改革实践的"Progressivism"。另一方面,在本研究中,笔者特意提出了一个广义上的、在空间上有所扩展且在时间上向前延伸了的进步主义运动,即是指该时期美国,甚至是自内战结束以来,在美国工业化进程中,主要由美国社会中产阶级发起、各阶级广泛参与的各种复杂多元的批判、限制、改造乃至反对自由放任式资本主义的社会改革运动与思潮。为此,笔者试图将广义上的进步主义运动分为两个阶段:第一阶段的进步主义运动从1877至1896年或1900年,这一阶段的进步主义运动,为了区别于我们所熟知的、狭义上的进步主义运动,我们不妨暂且称之为"原初的"(在笔者看来,与之对应的英文形容词"primordial",大体上能够表达笔者的初衷)进步主义运动;第二阶段的进步主义运动,即从1896或1900年到1917年,就是大家耳熟能详的进步主义运动。诚如詹姆斯·麦迪逊所言,"人们从不允许原告、被告担任法官;因为他们的利益,肯定会使他们的判断带上偏见,可能腐蚀他们的人格"。① 从社会运动的角度看,自称"进步主义者"的改革人士,无法保证在从事社会运动的过程中,个人不带偏见,以己为是,以人为非。

4. 规制国家

"规制国家"在一般意义上与学界通常所说的"行政国家""福利国家"是可以通用的,但侧重点又有所不同。大体上是指该时期美国各级政府,特别是联邦政府,通过国会立法、行政监管、司法审判等手段,对社会中的组织(特别是企业)和个人行为进行相对积极的规范与约制,对社会冲突进行适度调处的国家治理模式与实践。对此,美国学者阿瑟·曼特意对规制国家与福利国家进行的区分而言,前者"扩大政府职能以便保持经济稳定;而后者扩大政府职能则是为了救济受苦受难的穷人"。在本文中的规制国家,既包含了前者,也容纳了后者,是相对于自由放任式国家而言的,积极适度的规范与约制的国家形态,而基于的原则不是某个阶级或特殊利益群体,而是公共利益或普遍的公正或公义,至少是以此名义。

5. 社会中的国家

有关"社会中的国家"的理念与研究进路,麦迪逊似乎在《联邦论》第10篇中已然勾勒出了其大致的形态。他写道:

---

① [美]亚历山大·汉密尔顿,詹姆斯·麦迪逊,约翰·杰伊著:《联邦论:美国宪法述评》,尹宣译,南京:译林出版社,2016年,第59页。

"同理，不，更为有理，一伙人不宜同时担任法官和原告、被告；可是，议会从事的最重要的活动，有许多不就是司法判断吗？的确，这些判断，不是涉及单个的人的利益，而是涉及公民大众的利益。议员不是来自不同的阶层吗？不是正在制定一项关于私人债务的立法吗？可是，对此问题，放债的人，是涉事一方，欠债的人，是涉事的另一方。正义应该使双方平衡。然而，政党总是，而且必然是，自己担任自己的法官；而且，人数最多的党，换句话说，势力最大的派，势必指望占上风。国内的制造业，是否需要立法加以鼓励？用多大力度？是否要限制外国制成品的进口？这些问题，对拥有土地的人和制造业老板来说，答案不同；如果只许考虑公平和公益，前者后者多半都答不上来。对千差万别的产权如何征税，看来，是一项最需要最精确的不偏不倚，才能制定的立法；可是，或许没有一项议会立法，不把更多的机会和诱惑，给予一个占据优势的政党，践踏公平原则。他们把过重负担，压到弱势少数身上，每压出一块钱，就把这一块钱装进自己的口袋。"①

通过麦迪逊的描述，我们能够在一定程度上感受到社会与国家、社会运动与政治治理、进步主义运动与规制国家、私人利益与公共利益之间既相互对立又密不可分的复杂纠缠，单纯地通过社会运动或是规制国家的视角，往往可以让我们看到"枝叶"与"树木"，却无法见到"森林"。

---

① ［美］亚历山大·汉密尔顿，詹姆斯·麦迪逊，约翰·杰伊著：《联邦论：美国宪法述评》，尹宣译，南京：译林出版社，2016 年，第 59—60 页。

第1章

进步主义运动与规制
国家兴起的根源（1776—1861）

> "美国啊，您的每一个州，每一个城市哟，
>
> 多些反抗，少些顺从吧，
>
> 一旦无条件地顺从了，您就会沦为奴隶，
>
> 一旦沦为奴隶，地球上就再没有一个民族，一个国家，一个城市，
>
> 可以重新夺回他们的自由。"
>
> ——沃尔特·惠特曼①

　　1877 至 1917 年间，美国大地上掀起了由中产阶级领导的、各阶级广泛参与的、渐趋强劲的社会改革运动。其间，"愤怒的农场主要求提高农产品价格，规制铁路，并摧毁他们认为的恶势力，即银行家、中间商和腐败的政客。城市居民的改革运动希望改善城市服务并提高市政府的工作效率。许多来自不同行业的人们争取改善那些人口密集、十分危险且有害健康的生活与工作环境。商人们也不断游说，争取他们所定义的改革"。② 尽管对这场改革运动的起止时间、主要目标、基本内容、历史影响，甚至是名称与实质都存在着诸多争论，但史学家们往往称其为"进步主义运动"。伴随着进步主义运动的生发与壮大，美国的国家与

---

① [美]查尔斯·博哲斯著：《美国思想渊源：西方思想与美国观念的形成》，符鸿令，朱光骊译，太原：山西人民出版社，1988 年，第 151 页。注：该诗名为《对各州》（顾真译为《致各州》），赵萝蕤的翻译："对各州，对其中的任何一个，或各州中的任何一城，应该说，'要多抗拒，少顺从'，一旦无条件顺从，一旦完全受奴役，这个大地上的任何国家，州，城市，就将永远不会重获自由。"[美]沃尔特·惠特曼：《对各州》，《草叶集》，赵萝蕤译，上海：上海译文出版社，1991 年，第 25 页。

② Arthur S. Link and Richard L. McCormick, *Progressivism*, Wheeling, Illinois: Harlan Davidson, Inc., 1983, p. 1.

政府的治理模式也发生了重大变化,实现了由传统的限权政府向现代的集权政府的转变,即规制国家的兴起。

无风不起浪,空穴不来风。那么,进步主义运动与规制国家是从何而来的呢? 1877 年以前美国的经济发展、社会运动与国家治理是如何预备了进步主义运动与规制国家的兴起呢? 为此,我们有必要回溯那个不算遥远的美国过往。

第 1 节　进步主义运动与规制国家兴起的经济根源

"经济关系反映为法的原则,同样必然是一种头足倒置的反映。这种反映是在活动者没有意识到的情况下发生的;法学家以为他是凭着先验的原理来活动的,然而这只不过是经济的反映而已。这样一来,一切都头足倒置了。而这种颠倒——在它没有被认识以前构成我们称之为意识形态观点的那种东西——又对经济基础发生反作用,并且能在某种限度内改变经济基础,我认为这是不言而喻的。"

——恩格斯[①]

进步主义运动与规制国家的兴起很大程度上源于美国的经济增长与进步,尤其是美国经济从传统农业社会向现代城市工业社会的转变,一方面为进步主义运动与规制国家的兴起奠定了物质基础;另一方面,快速工业化与城市化进程中所引发的诸多弊端与问题也成为了后者兴起的经济根源。而这种工业化进程早在内战前,甚至是在建国之时就已经启动了;可以在反对大英帝国规制政策的行动中寻到进步主义运动的源头;在大英帝国管制殖民地的重商主义中看到规制国家的影子。

---

① 恩格斯:《恩格斯致康·施米特(1890 年 10 月 27 日)》,《马克思恩格斯选集》,第 4 卷,北京:人民出版社,1995 年,第 702 页。

一、殖民地时期的美国经济

自 1607 年第一个永久性英属北美殖民地在弗吉尼亚的詹姆斯敦建立以来，经过一个多半世纪的发展，殖民地时期的美国经济已经发生了根本性变化，迅速从"渔猎和粗放种植"阶段，"进入到以私人占有制为基础、以市场牟利为取向的阶段"。① 美国也从一个"弱小、孤立的欧洲殖民边陲转变为一个日益繁荣的经济体，其人口的体量几乎相当于英国人口的 40％"。② 而英属北美的白人居民生活水平比较高，在美国革命前"在整体上已成为世界上最富足的人群之一"。③ 具体来说，主要体现为以下方面：

1. 初具规模的地域性经济

殖民地时期，北美殖民者大约有 90％的人口从事农业活动。这与当时世界各地的大多数地区从事农业的人口比例不相上下，大约在 80％—90％。④ 在新英格兰地区主要的土地制度是小土地占有制，在南部和中部殖民地则流行大土地占有制。⑤ 在 1790 年，即在北美白人殖民者定居了 150 多年之后，居住在城镇中的人口大概在 5％左右。拥有 2500 人以上的城镇是 24 个。⑥

受土壤、气候等自然环境以及宗教等人文因素的影响，大体上形成了地域特色鲜明的三大区域：新英格兰、中部与南部殖民地。新英格兰地区冬季较长、夏季偏短，只适合生长周期不太长的农作物，如玉米、马铃薯等。该地区原本普遍饲养猪和牛，却不适合养羊。⑦ 不过，当地居民后来"引进新的牧草品种，解决了牲口过冬的问题，马、牛、羊和猪等牲畜的饲养"也渐趋兴旺。⑧ 17 世纪末开始，不少村镇甚至放弃了种粮，改为大力发展畜牧业。因其土地贫瘠，土地多山石，且

---

① 李剑鸣：《美国的奠基时代(1588—1775)》，北京：中国人民大学出版社，2010 年，第 200 页。

② Joshua L. Rosenbloom, "The Colonial American Economy", Economics Working Papers：Department of Economics, Iowa State University, retrieved from https://lib. dr. iastate. edu/econ _ ag _ workingpapers/1, at June 28, 2021.

③ 李剑鸣：《美国的奠基时代(1588—1775)》，北京：中国人民大学出版社，2010 年，第 200 页。

④ [美]加里·M. 沃顿，休·罗考夫著：《美国经济史》，王珏译，北京：中国人民大学出版社，2018 年，第 17 页。

⑤ 参见杨生茂，陆镜生：《美国史新编(1492—1989)》，北京：中国人民大学出版社，1990 年，第 51 页。

⑥ 参见[美]乔纳森·休斯，路易斯·P. 凯恩著：《美国经济史》，邸晓燕等译，北京：北京大学出版社，2011 年，第 92 页。

⑦ 参见杨生茂，陆镜生：《美国史新编(1492—1989)》，北京：中国人民大学出版社，1990 年，第 53 页。

⑧ 李剑鸣：《美国的奠基时代(1588—1775)》，北京：中国人民大学出版社，2010 年，第 201 页。

不平坦,故该地区不利于农业耕作;其粮食生产尚不能自给,遂逐渐退居为副业。这反过来迫使其发展制造业。"与人们日常生活密切相关的木工、制皮、打铁、纺织、屠宰和烘焙等行业随处可见";而"糖类加工、朗姆酒蒸馏、磨面、造船等产业也渐成规模"。① 再有就是,自 17 世纪 40 年代开始,捕鱼业及其相关产业也逐渐发展起来,并向欧洲和西印度群岛出口鳕鱼和鲸等相关产品。其中,上等的鳕鱼会出口到欧洲,次等的鳕鱼则"发往西印度群岛给奴隶吃"。②这样,新英格兰形成了以畜牧业、捕鱼业和进出口贸易为主的三大支柱产业。③

自 17 世纪中期以来,马萨诸塞海湾殖民地越来越富庶,波士顿则成为当时最大的港口之一。新英格兰的商人与船主发现朗姆酒和奴隶有利可图,就开始了历史上有名的"三角贸易"。这些商人用朗姆酒交换来非洲海岸的黑人,将他们作为奴隶卖到西印度群岛,在那里买来糖果,带到殖民地交给当地的朗姆酒生产商来销售。④对此,我国学者李剑鸣这样描述 17 世纪 30 年代中期的波士顿商人:他们"把巴巴多斯的糖、弗吉尼亚的烟草和新阿姆斯特丹的毛皮运往伦敦,把本地的渔业产品、食品、木材制品和马匹运销到其他英属殖民地,并把西印度群岛生产的葡萄酒、水果、盐、糖、糖蜜、朗姆酒、棉花、染料及其他产品运到北美大陆"。⑤ 相应地,与进出口贸易相关的造船业也逐渐发展壮大。造船所需要的主要材料,如橡木、松树、沥青等,都来自东北部地区。到 1700 年,新英格兰的船队就有 2,000 多艘,"美国的造船业不仅为国内的大型商船队提供船只,也大量销往国外,主要是销往英国"。⑥ 到殖民地末期的美国,英国船只的 1/3 是新英格兰建造的。⑦"到了 1775 年,300 多艘大大小小的船从马萨诸塞的港口驶出。"⑧对此,有英国人在 1671 年预言,"新英格兰不出 20 年就很可能变得强大而富足,不再注重保持他们对母国的依赖了"。⑨

---

① 李剑鸣:《美国的奠基时代(1588—1775)》,北京:中国人民大学出版社,2010 年,第 201 页。

② [美]加里·M. 沃顿,休·罗考夫著:《美国经济史》,王珏译,北京:中国人民大学出版社,2018 年,第 53 页。

③ 李剑鸣:《美国的奠基时代(1588—1775)》,北京:中国人民大学出版社,2010 年,第 200—201 页。

④ Michael Friedman etc. , *Outline of U. S. History*, Bureau of International Information Programs, U. S. Department of State, 2011, p. 25.

⑤ 李剑鸣:《美国的奠基时代(1588—1775)》,北京:中国人民大学出版社,2010 年,第 202 页。

⑥ [美]加里·M. 沃顿,休·罗考夫著:《美国经济史》,王珏译,北京:中国人民大学出版社,2018 年,第 55 页。

⑦ Michael Friedman etc. , *Outline of U. S. History*, Bureau of International Information Programs, U. S. Department of State, 2011, p. 25.

⑧ [美]加里·M. 沃顿,休·罗考夫著:《美国经济史》,王珏译,北京:中国人民大学出版社,2018 年,第 53 页。

⑨ 李剑鸣:《美国的奠基时代(1588—1775)》,北京:中国人民大学出版社,2010 年,第 202 页。

　　大西洋沿岸英属北美中部殖民地"土地肥沃,林木茂密,河流纵横",因此有着得天独厚的自然条件,可以发展农业,也可从事商业。^①该地的主要农作物是小麦,此外也种植玉米、黑麦、燕麦、大麦等,因其以大量的制作面包为主的谷物为主业,又被称为"面包殖民地"。^②到 17 世纪后期,"小麦及制成的面粉的充足产量允许这些产品向外出口,特别是出口到西印度群岛"。^③ 中部殖民地发展出来的、规模一般的私人农场,劳动力主要依靠家庭成员,不怎么雇佣帮手,蓄奴更是少见。这种"农业单位后来成了美国中西部大食物带的典型"。而且,"北部较短的生产季节也降低了奴隶劳动力在田地里的经济效益"。^④

　　另一方面,纽约、新泽西、宾夕法尼亚和特拉华的商业条件也很好。其中,"纽约和费城这两个最大的海港在商贸上繁荣起来。宾夕法尼亚和新泽西的炼铁业在 18 世纪发展得热火朝天。制鞋、制陶、玻璃制造、木工、鞣革之类的行业满足了这一蓬勃发展地区的内部需求"。^⑤ 其中,费城的教友会商人因"勤劳、节俭、诚实、谨慎和友爱"的美德与商业头脑兼备,"很快在贸易方面崭露头角"。他们既从事殖民地内部贸易,"把当地所产小麦和面粉运销到新英格兰等地,从那里换回英国的制成品",也从事海外贸易,"最初主要与西印度群岛开展贸易",后来也同欧洲有着广泛的贸易关系。^⑥

　　南部殖民地自然资源优越,其得天独厚的土壤和气候条件"使其能够种植人口众多的欧洲工业化地区需求量很大的作物"。烟草、水稻、靛青为主要作物,此外还生产许多其他商品,如鹿皮、松脂、甘草、玉米、小麦、蔬菜等。^⑦这里的殖民地既能生产自给自足的粮食和牲畜,也从事对外销售的商业性农业。因此,其规模经济得到了发展。鉴于其地广人稀,契约仆难以满足南方发展的劳动力缺口,因此"来自于大西洋上的奴隶贸易"就成为了其劳动力的重要组成部分。其中,佐治亚是典型的奴隶劳动力的规模经济。本来,英国政府是不允许佐治亚的种植园主使用奴隶劳动的,但"连续多年各种作物均告欠收之后,英国方面终于在

---

① 李剑鸣:《美国的奠基时代(1588—1775)》,北京:中国人民大学出版社,2010 年,第 202 页。
② 参见杨生茂,陆镜生:《美国史新编(1492—1989)》,北京:中国人民大学出版社,1990 年,第 53 页。
③ [美]加里·M. 沃顿,休·罗考夫著:《美国经济史》,王珏译,北京:中国人民大学出版社,2018 年,第 49 页。
④ 同上书,第 49 页。
⑤ [美]乔纳森·休斯,路易斯·P. 凯恩著:《美国经济史》,邸晓燕等译,北京:北京大学出版社,2011 年,第 36 页。
⑥ 李剑鸣:《美国的奠基时代(1588—1775)》,北京:中国人民大学出版社,2010 年,第 203 页。
⑦ [美]加里·M. 沃顿,休·罗考夫著:《美国经济史》,王珏译,北京:中国人民大学出版社,2018 年,第 46—49 页。

1749 年同意他们使用奴隶"。结果,佐治亚的殖民者很快就迎来了农业上的大丰收。到 1753 年,"佐治亚有了 1,066 名奴隶和 2,381 名白人";到 1770 年,其人口就达到了 23,400 人,其中 45％为奴隶。[1]

简言之,作为面向世界市场发展起来的北美殖民地,"从某种程度上讲,市场需求决定了殖民地的成长道路。新英格兰人出口渔业产品、小的制造业产品、船只,并提供航运服务,同时进口粮食。南方则出口大米、烟草、靛青和林产品,同时进口制造业品"。[2]

2. 殖民地经济与大英帝国的联系

北美英属 13 个殖民地根据自身所处环境,因地制宜,形成了比较明显的地域性经济。不过,这种地域分工受到了"与帝国之间的联系"的影响。[3]在管理殖民地方面,英国基本上贯彻了重商主义的原则。"殖民地向母国输出原料和半成品,而大量进口母国的制成品,在贸易上始终存在入超。"[4]可以这样说,在 1763 年以前,大体上大英帝国对北美殖民地的政策与殖民地的发展之间是相向而行的,"英国的重商主义政策也促进了北美商品经济的发展",这使得"北美社会一开始便建立在商品与市场经济的基础之上"。[5]因此,欧洲特别是英国市场的需要是北美殖民地首先要考虑的因素。殖民地时期美国经济增长的主要动力就是为海外市场特别是为其母国生产产品。大西洋在其中起到了连结殖民地与海外市场的桥梁作用。"在 18 世纪六七十年代,殖民地居民将大量农产品与手工业品销往海外,这占他们收入的约 20％。"当然,国内市场也在不断扩大,逐渐形成了"以大城市如波士顿、费城、纽约和查尔斯顿为中心的贸易网络辐射到内陆,而本地与地区贸易也发展起来,最终国内贸易赶上并超过了海外贸易"。[6]为了维持其统治地位,英国政府在对待北美殖民地方面,在促进殖民地经济发展的同时,又要采取诸多规制与限制殖民地制造业发展的措施,进而更好地为其服务。就整体而言,"北美为母国创造的价值远不及西印度群岛,它对母国经济的意义,主要体现在购买母国生产和在出口的产品方面,也就是说,美国作为母国的消费

---

① 〔美〕乔纳森・休斯,路易斯・P. 凯恩著:《美国经济史》,邸晓燕等译,北京:北京大学出版社,2011 年,第 36 页。笔者注:"欠收"应为"歉收"。

② 同上书,第 34 页。

③ 同上。

④ 李剑鸣:《美国的奠基时代(1588—1775)》,北京:中国人民大学出版社,2010 年,第 207 页。

⑤ 张少华:《美国早期现代化的两条道路之争》,北京:北京大学出版社,1996 年,第 23—24 页。

⑥ 〔美〕曼塞尔・布莱克福德著:《美国小企业史》,刘鹰译,杭州:浙江大学出版社,2013 年,第 13 页。

品市场,其重要性超过了西印度群岛"。① 由此造成的问题就是,殖民地贸易的入超或逆差越来越严重,但也没有达到许多学者们想象中那么严重的地步。②到1760年,"殖民地的总债务为200万英镑;1772年英国发生信用危机,导致北美债务激增,一跃而至400万英镑"。③

3. 交通、通讯等基础设施与殖民地经济发展

殖民地时期的很长一段时间里,商人们大多从事多种经营活动,狭小分散的市场、落后的金融业、有限的分销能力等因素都制约着商人们的专业化进程。"但是大约到了18世纪50年代以后,商业、工业、农业和交通运输的发展使专业化开始成为可能。原来面向多个市场贩卖多种商品的商人发现,他们可以专门从事单一商品的买卖,如棉花、小麦和铁等。"④另一些商人则进入到工业和金融业,但这一进程直到内战时尚未完成。其主要的生意形态依然是"乡间小店和流动货郎",商人们"仍然进行多种经营"。⑤

而"英属北美长期缺乏硬通货,货币流通量不足,交换媒介受到很大限制"。这样,纳税、日常的交换、费用的缴纳等都要借助实物。"常见的货币替代物有烟草、河狸皮、贝壳、铁钉和弹药等。"而乡村店主卖货时收到的也"多为黄油、奶酪、亚麻籽、谷物、羽毛和蜂蜡等当地的产品",而不是硬通货。例如,弗吉尼亚支付官员、牧师等人的薪水用的是烟草;"1640年以后的一段时间,马萨诸塞曾实行实物货币标准",纳税和偿付公共债务的手段是采用"玉米、小麦、裸麦、大麦、豌豆、大麻和亚麻籽等"实物形式,统称为"本地支付"(country pay)。⑥而造成这种硬通货短缺的主要原因之一就是英国的重商主义政策。"殖民地不出产贵金属,而英国政府又对贵金属和硬币的出口加以严格限制,不允许向北美出口纯金银。"⑦为了缓解流通的压力与货币的紧缺,"殖民地当局有时自铸硬币或发行纸币"。但围绕着货币问题,"由此引发了激烈的争端,并在英国商人、英国贸易委员会、殖民地议会和总督几方之间,衍生出复杂的政治纠葛"。⑧ 可以说,货币支

---

① 李剑鸣:《美国的奠基时代(1588—1775)》,第209页。
② 同上书,第210页。
③ 同上书,第212页。
④ [美]曼塞尔·布莱克福德著:《美国小企业史》,刘鹰译,杭州:浙江大学出版社,2013年,第14页。
⑤ 同上书。
⑥ 李剑鸣:《美国的奠基时代(1588—1775)》,北京:中国人民大学出版社,2010年,第212页。
⑦ 同上书,第213页。
⑧ 同上书,第215页。

付问题始终是影响殖民地经济发展的重大问题之一。

此外，销售能力、交通运输和通讯的速度与成本等方面的问题也对殖民地的经济发展与经济形态有着重大影响。"风力和畜力长期以来一直是交通运输的主要能量来源。跨越大西洋的船运贸易需要耗费数月的时间，而要想航行到中国，则需要一年多。"①在殖民地的内部贸易中，道路交通状况也是比较糟糕，"以至于很多时候都无法通行"。②

4. 多元化人口、劳动制度与经济生活水平

在 1610 年，弗吉尼亚有 300 名殖民者，1690 年，北美十三殖民地人口已达 25 万人，及至 1770 年"有 170 万欧洲血统和 50 万非洲血统的人定居在 13 个殖民地上"。③ 其中，自 1690 年开始，每 25 年其人口就翻一番，至 1775 年，人口达 250 多万人。殖民地人口在空间分布上密度不高，"只在少数主要港口城镇有稠密人口"。④

就劳动制度而言，殖民地的劳动力可分为三类：自由劳动力、强制劳动力和半强制劳动力。其中，自由劳动力包括自由持有者和工资劳动者；"强制劳动表现为种族奴隶制，而半强制劳动则盛行于欧洲裔居民中间，这种劳工通常被称作'仆役'。"⑤

根据著名经济学家安格斯·麦迪逊（Angus Maddison）的计量史学研究，殖民地时期结束前，英属北美殖民地白人居民在当时世界上是人均收入水平最高的，比其宗主国英国的生活水平更高。⑥对此情况，生活在魁北克的法国官员赫克托·圣约翰·德·克雷夫科尔（Hector Saint-John de Crevecoeur）在 1782 年发表的《一位美国农夫的信札》（*Letters from an American Farmer*）中描述道：

　　　　"苏格兰某地仅能勉强为生的一百户人家，在来到这里的六年之中，每年都出口 10,000 蒲式耳的小麦。100 蒲式耳只是一个勤劳家庭的普通出

① ［美］曼塞尔·布莱克福德著：《美国小企业史》，刘鹰等译，杭州：浙江大学出版社，2013 年，第 15 页。

② 同上书。

③ ［美］加里·M. 沃顿，休·罗考夫著：《美国经济史》，王珏译，北京：中国人民大学出版社，2018 年，第 37 页。

④ 同上书。

⑤ 李剑鸣：《美国的奠基时代（1588—1775）》，北京：中国人民大学出版社，2010 年，第 168 页。

⑥ Joshua L. Rosenbloom, "Colonial America", Claude Diebolt, Michael Haupert (eds.), *Handbook of Cliometrics*, p. 787, https://doi.org/10.1007/978-3-030-00181-0_60.

口量。如果他们能在肥沃的土地上耕作……那么（雇工就可以）从雇主那得到极好的待遇，并且他们的工钱是欧洲的四到五倍。"[1]

埃德温·珀金斯（Edwin Perkins）的研究有力地印证了这一说法："殖民地美国不仅富裕，而且那里的人民享受着高质量的生活。"健康的环境，衣食丰足与物美价廉使得"殖民地美国的出生率高，而不论婴儿还是成人的死亡率都较低"。[2]尽管殖民地末期社会财富和收入分配不怎么均衡，但根据彼得·林德特和杰弗里·威廉森（Peter Lindert and Jeffery Williamson）的估计，在 1774 年，北美自由白人的基尼系数是 0.4，远低于 4 个西北欧洲国家的平均值 0.57；即便是将非自由人口统计在内，也不过是 0.44。相较而言，北美殖民地社会财富分配更为均衡。[3]

简言之，到 18 世纪 70 年代中期，北美 13 个殖民地已经拥有人口 250 多万。"经济的不断成长，自然也壮大了殖民地的社会文化势能，使他们不仅在同印第安人的生存竞争中拥有愈益显著的优势，而且最终具备了与母国分庭抗礼的物质基础。"[4]

二、1776 至 1861 年间的美国经济

内战前的美国，相对说来，是一个简单的、同质的、分散的农业社会。其主体是农民（自耕农或农场主）与小生产者。其政治经济组织的主要特征是组织机构规模较小，且具有强烈的地方主义。它植根于小城镇与乡村的各种风俗习惯与价值观念，关注地方性事务，在伦理上信奉自力更生与新教信仰。[5]

尽管在 1860 年以前，大多数美国人都还居住在农村，"且大多数工人都是在

① Henry Steele Commager, ed. , *America in Perspective*, New York：Mentor Books, 1964, pp. 34 - 35,转引自[美]乔纳森·休斯，路易斯·P. 凯恩著：《美国经济史》，邸晓燕等译，北京：北京大学出版社，2011 年，第 56 页。
② 同上书。
③ Joshua L. Rosenbloom, "Colonial America", Claude Diebolt, Michael Haupert（eds.）, *Handbook of Cliometrics*, p. 788, https://doi. org/10. 1007/978-3-030-00181-0_60.
④ 李剑鸣：《美国的奠基时代（1588—1775）》，北京：中国人民大学出版社，2010 年，第 150 页。
⑤ Jerome M. Mileur, "The Legacy of Reform：Progressive Government, Regressive Politics", Sidney M. Milkis and Jerome M. Mileur（eds.）, *Progressivism and the New Democracy*, Amherst：University of Massachusetts Press, 1999, p. 259.

农场和工匠作坊里自己经营",但是,"在 1812 年战争之后,快速推进的工业化和城市化——尤其是在东北部和大西洋中部各州——改变了许多以劳动为生的美国人的工作条件和生活水平"。[①] 而美国的经济结构也发生了转变,"并为成为一个工业大国奠定了坚实的基础"。[②] 在内战前夕,美国农业产值占工农总产值的 63.8%。[③]尽管 1860 年的美国在大多数情况下"仍然是一个农业国",但"许多重要的转变已经发生,这标志着工业化的到来"。[④]

1. 地域性经济全面展开

无论是称为"美国早期工业化"(1790—1860),"美国工业革命""市场革命",还是称为美国"市场扩张与第一次产业转型",学者们都承认:新英格兰和中大西洋各州引领了美国早期的工业化,其工业、商业和金融业比较发达。[⑤]在此次欧美的工业革命进程中,中心是英国;尽管在 1774 和 1781 年英国为了维持其技术垄断地位,"通过了禁止出口新型工业机械的法律",但是"工业家们总是会前往有钱的地方,并将英国的工业革命传播到那里"。[⑥] 美国无疑是这种技术转移的受益国之一,并在这场技术革命的过程中进行了因地制宜的改进与创新。促成美国工厂或美国制造体系的两件重要事情是:"一个是动力纺织机被成功引进美国制造业;另一个则是生产的有序组织使得棉布制造的四个过程,即纺、织、染、剪,可以在同一个工厂中完成。"[⑦]不过,按照亚历山大·汉密尔顿在 1791 年的估算,当时"全国有 2/3 到 4/5 的服装是由家庭生产的。食品加工业大多数是在

① [美]加里·M.沃顿,休·罗考夫著:《美国经济史》,王珏译,北京:中国人民大学出版社,2018 年,第 180 页。

② 同上书,第 163 页。

③ 张友伦,李剑鸣:《美国历史上的社会运动和政府改革》,天津:天津教育出版社,1992 年,第 83 页。

④ [美]加里·M.沃顿,休·罗考夫著:《美国经济史》,王珏译,北京:中国人民大学出版社,2018 年,第 163 页。

⑤ 洪朝辉:《社会经济变迁的主题——美国现代化进程新论》,杭州:杭州大学出版社,1994 年,第 82 页;张友伦等:《美国的独立和初步繁荣(1775—1860)》,北京:人民出版社,2002 年,第 193—194 页;[美]埃里克·方纳著:《美国自由的故事》,王希译,北京:商务印书馆,第 93 页;[美]加里·M.沃顿,休·罗考夫著:《美国经济史》,第 163 页。

⑥ [美]加里·M.沃顿,休·罗考夫著:《美国经济史》,王珏译,北京:中国人民大学出版社,2018 年,第 219—220 页。

⑦ 同上书,第 165—166 页。注:美国制造体系主要强调其工业制造的特性,即设计简单、标准化、可互换性和大规模生产;在 19 世纪 30 年代"标准化、可互换性、生产过程中的分工等概念已经在美国工业中广泛运用",到 19 世纪 40 年代已经在锁、钟、表、缝纫机、鞋类、马具、服装制造等领域应用,并在轻型消费品领域居于主导地位。参见[美]加里·M.沃顿,休·罗考夫著:《美国经济史》,王珏译,北京:中国人民大学出版社,2018 年,第 221—222 页。

家里完成。水力还尚未被运用到纺织生产中,而主要是被用于碾磨谷物和切割木材以及其他用途。城镇的工匠依靠手工生产鞋子、帽子、壶、锅以及各种工具"。① 只是到了 1830 年,因为"产业组织和现代交通的发展",东部的家庭手工业才开始衰退;"只要有汽船行驶,或者运河、公路和铁路被建造起来,其家庭和手工工匠的制造业都迅速衰退。"②即便是在内战前已经有一些制造厂运用美国制造体系,实现了规模生产,但美国制造业生产主要还是受"独立运营或者在手工作坊的工匠的影响"。③ 不过,美国制造体系的出现和法人组织的逐渐兴起——由特许经营的公司向普通注册公司的转型、美国商业公司从"公共机构"转变为"私人组织",从拥有特权的组织转变为自由竞争的公司或美国公司的民主化(即从特许公司制到一般公司法)和自由化(即从人造之物到具有法律人格的自然实体)推动了美国工业化进程的提速与升级。④到 1860 年,尽管制造业主要集中在新英格兰和中大西洋地区,但部分产业已开始向西部和南部转移,在中西部的"俄亥俄山谷的工业快速增长以及芝加哥地区的工业萌芽"趋势已然显现;美国已经从一个建国初期仅有几家小型工厂的国家转变为制造业仅次于英国的第二大国。⑤可以说,一个倡导"自由劳动"的北方工业资本主义帝国已经羽翼渐丰。

南部则兴起了一个棉花王国,形成了生产棉花、大麻、蔗糖和稻米的种植园经济。18 世纪末美国建国之时,适值棉纺工业革命发生之际,1787 年制宪会议上的大妥协尤其是五分之三条款"将美国变成了外部'棉花帝国'网络中的关键一环。1793 年惠特尼轧棉机的发明、19 世纪上半叶的领土扩张和国内贩奴贸易的兴起,都为美国奴隶制的飞速蔓延提供了土地、劳动力和技术支持"。⑥ 在美国革命后"南方各州出现了一些机械化棉花制造业,在 19 世纪 30 年代和之后,一些纺织厂建立了"。⑦ 不过,按照斯文·贝克特的说法,直到 19 世纪 80 年代之

① [美]加里·M.沃顿,休·罗考夫著:《美国经济史》,王珏译,北京:中国人民大学出版社,2018 年,第 163—164 页。

② 同上书,第 164 页。

③ 同上书,第 164—165 页。

④ 韩铁:《试论美国公司法向民主化和自由化方向的历史性演变》,《美国研究》2003 年第 4 期,第 47—57 页;董瑜:《商业公司的建立与美国建国初期政治文化的转型》,《中国社会科学》2015 年第 6 期。

⑤ [美]加里·M.沃顿,休·罗考夫著:《美国经济史》,王珏译,北京:中国人民大学出版社,2018 年,第 169;163 页。

⑥ [美]斯文·贝克特著:《棉花帝国:一部资本主义全球史》,徐轶杰、杨燕译,北京:民主与建设出版社,2019 年,王希所作中文版序一,第 8 页。

⑦ 同上书,第 153 页。

前,美国的南方"很少有棉花工业化可言";战争资本主义——殖民主义、拥护奴隶制、攫取土地——这种典型的经济模式尽管"为工业化提供了所需要的资源(尤其是原棉)",但它往往还处于前工业化家庭生产阶段。[①]战争资本主义不仅"本身不适合下一步:大量生产棉纺织品",而且在争取国家权力的支持方面"是出了名的迟钝和软弱"。[②]可以说,"位于战争资本主义核心的私人党派之间的战争状态与新兴工业资本主义的需求相矛盾",而美国却偏偏成为"世界上唯一分属战争资本主义和工业资本主义的国家,这个独特的现象最终将引发一场破坏性空前的内战"。[③]对此,后来成为美国国务卿的威廉·西沃德将二者之间的冲突称之为"无法遏制的冲突"。[④]

西部则是生产粮食的商业农场经济。在 1787 年宪法达成之前,邦联国会就通过 1785 和 1787 年的《土地法令》,解决了向俄亥俄以北地区开拓的问题。实际上,在 18 世纪中期的殖民地时期,拓荒者们就开始越过阿巴拉契亚山脉。到 1790 年,"100 万人中或许有 1/4 居住在山谷或山谷以西的地方";到 1812 年,"仅有超过 100 万人(大约为总人口的 15%)居住在阿巴拉契亚以西。到 1860 年时,西部人口从 15% 增长到了几乎全国人口的一半",西部人口为 1,300 万人,而全国人口为 3,140 万人。[⑤]在向西北和西南迁移的过程中,自由劳作的州与使用奴隶劳动的州基本上保持着齐头并进的势头。经过几十年的发展,西部各州逐渐成为猪、玉米、小麦和棉花的主产地。[⑥]由此,地域性经济的专业化趋势日益明显。

按照美国学者塞缪尔·埃利奥特·莫里森等人的看法,19 世纪 50 年代的经济变动对后来美国政治发展进程有着至关重要的影响:

"美国经济发展的力线日益转为东—西轴向,而不是西—南轴向。当

① [美]斯文·贝克特著:《棉花帝国:一部资本主义全球史》,徐轶杰,杨燕译,北京:民主与建设出版社,2019 年,第 153—154;140 页。

② 同上书,第 140;153 页。

③ 同上书,第 152;153 页。

④ William Seward, "The Irrepressible Conflict", Elizabeth Cobbs Hoffman, Edward J. Blum, Jon Gjerde eds., *Major Problems in American History*, *Volume I*: *To 1877*, *Documents and Essays*, Boston: Wadsworth, Cengage Learning, 2012, p. 397.

⑤ [美]加里·M. 沃顿,休·罗考夫著:《美国经济史》,王珏译,北京:中国人民大学出版社,2018 年,第 131 页。

⑥ [美]加里·M. 沃顿,休·罗考夫著:《美国经济史》,王珏译,北京:中国人民大学出版社,2018 年,第 135—139 页。

然,密西西比河贸易很兴盛,伊利诺斯中央铁路连接了南部和西北部,棉花仍在南、北贸易中起着很大的作用。但是,棉花再也不能称王了。东北部这时粮食生产尚不足以自给,因而为西部的农民提供了最重要的市场。西北部已不再像过去那样仰仗南部,它的视线已从那些使用奴隶耕作的种植园转移开来,移向于地势平缓的草原和大平原那一大片领地。"①

2. 交通与技术革命

随着向西部迁移的推进,对改善交通运输系统的需求势必会越来越大。蒸汽动力船、运河、铁路、电报将各地区与国内市场和国际市场连接了起来。"随着南北、东西市场的逐渐扩展,投资少、周期短的公路建设首先出台。"②从19世纪90年代开始到1821年,建成的收费公路达4,000英里,将东部沿海城市连接了起来;而国会在1806年也通过法案,开始建造始于马里兰州坎伯兰到俄亥俄河的州际公路,历经13年修建到了弗吉尼亚的惠尔灵(Wheeling)。③尽管"后来这条国道延伸到了西部的伊利诺伊州的万达利亚市",但受制于国会的政治争论,在19世纪美国并没有进一步开展全面的公路建设。④鉴于州际公路和收费公路进展缓慢,根本无法满足市场扩张的需求,"随着蒸汽机的发明与应用,运河时代开始取代公路时代,主导美国交通业发展的新潮流"。⑤到19世纪40年代,美国建成了13条大型运河;在1840年运河总长达3326英里。⑥在汽船抵达西部以前,内河运输十分艰难、危险且成本高。1807年,罗伯特·富尔顿(Robert Fulton)发明了汽船"克莱蒙特号",并试航哈德逊河成功。内河航运在1815年以后的20年里发展迅猛,直到19世纪80年代,"西部河流上的汽船航行量才出现明显的下降"。⑦在1820年以前,从新奥尔良到路易斯维尔的航程,每100磅

①　[美]塞缪尔·埃利奥特·莫里森,亨利·斯蒂尔·康马杰,威廉·爱德华·洛伊希滕堡合著:《美利坚共和国的成长》,上卷,南开大学历史系美国史研究室译,天津:天津人民出版社,1980年,第764页。
②　洪朝辉:《社会经济变迁的主题——美国现代化进程新论》,杭州:杭州大学出版社,1994年,第87页。
③　同上书,第87—88页。
④　[美]马克·C.卡恩斯,约翰·A.加勒迪著:《美国通史》,吴金平等译,济南:山东画报出版社,2008年,第206页。
⑤　洪朝辉:《社会经济变迁的主题——美国现代化进程新论》,杭州:杭州大学出版社,1994年,第88—89页。
⑥　同上,第89页;[美]马克·C.卡恩斯,约翰·A.加勒迪著:《美国通史》,吴金平等译,济南:山东画报出版社,2008年,第305页。
⑦　[美]加里·M.沃顿,休·罗考夫著:《美国经济史》,王珏译,北京:中国人民大学出版社,2018年,第135—148页。

货物,逆流而上的实际成本是 5 美元,顺流而下的实际成本是 1 美元;到 19 世纪 50 年代,则分别为 0.25 美元和 0.32 美元。①但是内河航运既不能解决所有的交通问题,也受季节、水量等自然因素和意外事故的影响,且主要集中在东部和中西部各州。在运河如日中天之时,铁路建设也开始起步,而且进展神速。"1830 年,美国铁路几乎是个空白,而运河长度已达 1,500 英里;至 1840 年,铁路与运河之比为 2.8:3.3,1850 年后铁路迅速赶上运河,到 1860 年,铁路与运河长度之比已悬殊到 30.6:4.3。"到 1860 年,铁路的总长度已达 30,626 英里。②

内战前,美国的交通革命既令"商品、人口、商业信息、邮件的流动更具可预知性,并且快速、廉价",也"刺激了农业扩张和区域专门化"。③

当然这种交通领域的持续进步有赖于技术创新与革命。从农业领域的铁犁、轧棉机、收割机械的发明与改进、割草机、小麦播种机、玉米种植机,到运输领域的汽船、火车,到通讯领域的电报的发明与应用,再到消费领域的钟表;这场交通与技术革命"以一种新方式使整个国家联系在一起,它们为农民、商人和制造商提供了进入市场和获得商品的可靠途径,并鼓励美国人民去边疆定居,开垦田地"。最终导致西北部和东部地区的人们"拥有了共同的政治观念"。④

特别是电报的发明与应用,其"作用也是相当巨大的。塞缪尔·F. B. 莫尔斯(Samuel F. B. Morse)在 1844 年的发明彻底改变了时间和空间的关系,第一次在人类历史上让消息的传递速度远远快过了信使。电报可以让人们散居到广阔辽远的空间上,但同时又能同时同步地生活。……莫尔斯希望电报能让'整个国家近若比邻'"。⑤

不过,在 19 世纪 30 年代到 40 年代,当时美国的国内经济尽管彼此联系,但尚未进行协调统一:"存在不同区域间的贸易往来,但它又未曾实现整合,种种地方经济圈汇聚一堂,在跨越全国的空间范围内从事商业活动,但却没有变身为一种统一的全国性经济体。甚至不曾有一种流通全国的货币。"⑥

---

① [美]加里·M. 沃顿,休·罗考夫著:《美国经济史》,王珏译,北京:中国人民大学出版社,2018 年,第 135—149 页。

② 洪朝辉:《社会经济变迁的主题——美国现代化进程新论》,杭州:杭州大学出版社,1994 年,第 90 页。

③ [美]加里·纳什等编著:《美国人民:创建一个国家和一种社会》,上卷,刘德斌等译,北京:北京大学出版社,2008 年,第 317 页。

④ 同上书,第 316 页。

⑤ [美]托马斯·本德著:《万国一邦:美国在世界历史上的地位》,孙琇译,北京:中信出版社,2019 年,第 191 页。

⑥ 同上书,第 172 页。

3. 人口增长、阶层分化与生活水平

在 1790 年,美国的土地面积为 864,764 平方英里,人口为 3,929,214 人;及至 1860 年土地面积为 2,969,640 平方英里,人口为 31,443,321 人。[①]这一时期,美国的经济发展进入到了一个"从以农业为主要经济增长源转向以工业和科技为主要增长源"的新阶段。在 1820 至 1840 年间"人均实际产量以平均 2% 的速度逐年递增,而在 1840 至 1860 年这一比例有所降低"。由此表明"多数美国人的生活水平正不断提高"。[②] 在 1820 年,"大约有 9% 的美国人住在城区(人口超过 2,500 人的地区称为城区)。四十年后,大约有 20% 的美国人居住在城市"。其中,"居住在东北部的人口 1/3 以上都是城市居民,相比而言,西部和南部的城市人口仅占 14% 和 7%"。[③] 在 1820 年,移民美国的人口是 128,502 名,到 1850 年,美国的移民已经达到了 280 万人,主要为欧洲移民,其中在 19 世纪 40、50 年代,爱尔兰人和德意志人是两大重要的移民群体。[④]

就城市生活而言,在 19 世纪上半叶的早些时候,当大多数的白人依然有着自己产业的农场主或手工工匠之时,"中产阶级"这个术语就没有多大意义。因为绝大多数人的生计就是种植或生产自己所需或是在地方市场中从事买卖工作,或许可以称为"中层"(middling sort);他们就介于沿海城市少数商人群体与日益增长但尚不足为患的穷人和临时工中间。[⑤]

1823 年,一位匿名作者罗列了美国的一些优势,展现了杰斐逊式美国图景:

> "……我们的领域有着各式各样的土壤和气候,所以我们可以独立于任何一个外国。
>
> 我们蕴藏的煤、铁、铅、铜和木材所有重要的物资取之不竭……
>
> 我们的人民积极、勤劳、朝气蓬勃且心灵手巧。

---

① U. S. Bureau of the Census, *Historical Statistics of the United States, Colonial Times to 1970*, Part 1, Washington, D. C.: Government Printing Office, 1976, p. 8.

② [美]加里·纳什等编著:《美国人民:创建一个国家和一种社会》,上卷,刘德斌等译,北京:北京大学出版社,2008 年,第 314 页。

③ 同上书,第 328—329 页。

④ 同上书,第 325—326 页。

⑤ Cindy Sondik Aron, *Ladies and Gentlemen of the Civil Service: Middle-Class Workers in Victorian America*, New York and Oxford: Oxford University Press, 1987, p. 14.

我们的政府是现有政府中最为自由开明的⋯⋯

我们的债务是微不足道的,还不到一些其他国家所要偿付债务的年息。

税收之轻以至于感觉不到其存在⋯⋯

我们没有贵族或绅士,就是那些有着庞大的年收入者也是劳力者,出自普罗大众。

我们的农场主和种植园主大体上是他们所耕作土地的地主⋯⋯

我们的公民可以无拘无束地选择职业。

我们拥有宽阔的空间,足以容纳所有欧洲富余的人才。"①

但是,及至 19 世纪上半叶的后半段(即第二个 25 年里),经济变迁造成的阶级分化开始明显,进而影响到了美国工人阶级和中产阶级。在 1820 至 1860 年间,"有酬雇用的人数占总人数的比例从 33％上升到 36％,增幅为 9％";城市人口的比例在 1840 年占总人口的 10.8％,到 1860 年为 19.4％。②工商业资本主义(mercantile and industrial capitalism)的壮大使得不少机械工与工匠(mechanics and artisans)加入到了挣工资的工人阶级行列,而这些机械工与工匠曾经属于中等阶级行列。由此,这一变迁在造成阶级分化的同时,也促成了中产阶级的形成。③

以俄亥俄的辛辛那提市为例,在 1810 年,辛辛那提还是一个人口只有 2,540 人的小城镇;到 1840 年,已成为有着 40,382 人口的美国第三大工业中心。在内战前的几十年里,辛辛那提市的工人们感到其独立地位正在丧失,贫富分化也变得明显。在 1817 年,该市 10％的上层人口占有全市一半以上的财富,50％的下层民众拥有 10％的财富;及至 1860 年,前者的财富占总份额的 2/3,后者则降至 2.4％。④以 1840 年的费城为例,由商人、律师、经纪人、银行家和工厂主组成的上层人士,其所占人口的比例为 4％,拥有的财富则为该市的 2/3。⑤

---

① Daniel Aaron, *Men of Good Hope: A Story of American Progressives*, New York: Oxford University Press, 1961, pp. 3 - 4.

② [美]加里·M. 沃顿,休·罗考夫著:《美国经济史》,王珏译,北京:中国人民大学出版社,2018 年,第135—190 页。

③ Cindy Sondik Aron, *Ladies and Gentlemen of the Civil Service: Middle-Class Workers in Victorian America*, New York and Oxford: Oxford University Press, 1987, p. 14.

④ [美]加里·纳什等编著:《美国人民:创建一个国家和一种社会》,上卷,刘德斌等译,北京:北京大学出版社,2008 年,第 327—328 页。

⑤ 同上书,第 331 页。

　　工厂与车间生产的产品需要在日益扩大的国内市场进行流通,因此为店主、批发商、经纪人(jobbers)与代理商全面敞开了新商机。①许多农场主见证了不断增长的小城市中存在一个农产品市场后,转而从早先主要是为自己消费而进行生产的农夫,摇身一变为企业主。同时,居住在这些城市中的人口也需要日益扩大的专业与商业服务。那些从事着各式各样相关服务的人们也就成为了19世纪中产阶级的培育基地。②

　　玛丽·瑞恩(Mary Ryan)认为中产阶级不仅形成于不断扩张的工商业资本主义经济,而且也形成于家庭内部特定的变迁之中。③18世纪以家长和社会为中心的家庭让位于更加私人化的维多利亚式家庭。后者开始限制其家庭规模,因此能够为其孩子提供更多的经济与教育资源。在一家之内,母亲们越来越多地承担了养育孩子的职责,给孩子们灌输审慎、诚实以及勤劳的价值观念——这种价值观对培养出人头地而又受人尊敬的小商人来说是必要的。④的确,19世纪初兴起的中产阶级迅速养成了追求飘忽不定的、充满竞争与珍视好名声的价值观。⑤在1820年,不同性别的分工,男主外女主内的观念已然形成,开始强调男人主要负责挣钱创收,女人则作为家庭主妇操持家务。而且,女性"作为自己家庭道德和文化的守卫者,甚至扩展为整个社会文化道德的捍卫者,她们还被赋予了更大的责任"⑥。在19世纪30年代,托克维尔看到美国人中间燃起了一股渴望财富与物质占有的欲望。⑦内战前数十年里,中产阶级人士的新经历与新体验点燃并促成了新的生活态度,汲汲于出人头地。⑧一方面,来自"老"中产阶级的占有式、个人主义的专职人员、小商人(small businessmen)和文职人员,在内战后数十年里,联邦政府将他们纳入到自己的劳动大军当中。⑨另一方面,这种维多利亚的家庭观与中产阶级的生活与理想也

---

① Cindy Sondik Aron, *Ladies and Gentlemen of the Civil Service：Middle-Class Workers in Victorian America*, pp. 14 – 15.

② Ibid.

③ Ibid. , p. 16.

④ Ibid.

⑤ Ibid.

⑥ [美]加里·纳什等编著:《美国人民:创建一个国家和一种社会》,上卷,刘德斌等译,北京:北京大学出版社,2008年,第333页。

⑦ Cindy Sondik Aron, *Ladies and Gentlemen of the Civil Service：Middle-Class Workers in Victorian America*, New York and Oxford：Oxford University Press,1987, p. 16.

⑧ Ibid.

⑨ Ibid. , p. 17.

与该时期的废奴运动、禁酒运动以及内战后社会改革运动的兴起有着密切的关系。

从阶级分化与贫富差距的角度来看,杰斐逊所期望的那个自由、平等的农业共和国离现实渐行渐远;尽管"穷人并没有变得更穷,但和这个社会的富人相比,其收入增加的速度明显更慢"。[1] 此外,值得一提的是,内战前的 20 多年里,南方农业经济的增长速度要比北方快。"1860 年,南方的个人收入比老西北各富裕州高出 15％,如果南方在 1860 年变成一个独立的国家,那么它将成为世界上人均收入最高的国家之一。"[2]对此,威廉·西沃德说道:

> "人口的增加正在充实到各州中去,并推进到其边界;与之并驾齐驱的是,一种全新的、扩展了的铁路网以及其他各类通道的不断推进。这二者与日益紧密的国内商业活动正在迅速地令各州成为一种更高层次、更加完善的社会统一体或联合体。由此,这两个对抗性的体系正在持续密切接触,并会导致冲突……
>
> 这是一种持续敌对的力量之间无法遏制的冲突,而且这意味着合众国早晚必将要么变成一个全部蓄奴,要么全部推行自由劳动的国家。"[3]

第 2 节　内战前美国的社会运动

> "诚然,审慎之心使人觉得:长期建立起来的政府,不宜因轻微短暂的理由而更改;过去所有的经历表明:人类往往趋于忍耐,只要邪恶还能忍得下

① ［美］加里·M. 沃顿,休·罗考夫著:《美国经济史》,王珏译,北京:中国人民大学出版社,2018 年,第 135—191 页。

② ［美］加里·纳什等编著:《美国人民:创建一个国家和一种社会》,上卷,刘德斌等译,北京:北京大学出版社,2008 年,第 350 页。

③ William Seward, "The Irrepressible Conflict", Elizabeth Cobbs Hoffman, Edward J. Blum, Jon Gjerde eds. , *Major Problems in American History*, *Volume I*: *To 1877*, *Documents and Essays*, Boston: Wadsworth, Cengage Learning, 2012, pp. 397 - 398.

去，直到迫不得已，才自我授权，废除他们已经习惯的政府形式。"

——《独立宣言》①

"为什么躺在那里反复盘问？为什么我自己和所有的人都在打瞌睡？

是怎样的黄昏时刻——水面上漂着浮渣，

在国会大厦斜着眼睛充当蝙蝠和守夜犬的是些什么人？

多么肮脏的一届总统选举！（啊，南方，你们的灼热太阳！啊，北方，你们的北极冰冻！）

那些真是国会议员吗？那些是大法官吗？那位是总统吗？

我还是再睡一会儿吧，因为我看见了某种原因，这个国家还在睡觉；

（随着天色的逐渐变黑，随着低沉的雷声和闪亮的光箭，我们都及时地醒了过来，南、北、东、西，内地和沿海地区，我们一定会苏醒过来。）"

——沃尔特·惠特曼，1860 年②

为了更好地理解进步主义运动的兴起，我们有必要了解内战前美国发生的形形色色的社会运动。

一、 殖民地时期美国的社会运动

尽管有关美国革命前的社会运动研究比较散乱，但考察这一时期的社会运动对于我们理解美国革命以来的社会运动还是十分有必要的。考虑到研究重点、篇幅的限制，笔者只能以列举的方式扼要地提及这一时期的社会运动。

1. "以弗吉尼亚各郡人民的名义"：培根事件

1676 年弗吉尼亚爆发的培根事件可以说是典型的、以骚乱形式展开的社会运动。国内美国史研究中大多采用了"培根起义"的表述，美国史学界大多采用培根叛乱（Bacon's rebellion）的提法。对此，我国著名美国史专家齐文颖教授指出："培根'叛乱'一词首见于弗吉尼亚总督伯克莱（笔者注：Governor William

---

① 《独立宣言》，[美] 亚历山大·汉密尔顿，詹姆斯·麦迪逊，约翰·杰伊著：《联邦论：美国宪法述评》，尹宣译，南京：译林出版社，2016 年，第 601 页。

② [美] 沃尔特·惠特曼：《致这个国家》，载自惠特曼著：《草叶集》，赵萝蕤译，上海：上海译文出版社，1991 年，第 477 页。

Berkeley)于 1676 年 5 月 10 日颁布的《声明》称,培根未经总督同意而率众讨伐印第安人的行为为'培根叛乱',并撤销他的弗吉尼亚大会委员一职。从此,'培根叛乱'的提法便与他反对伯克莱,特别是反对伯克莱制定的'保护'印第安人的政策连在一起。"①站在伯克莱的角度,培根的行为就是犯上作乱;而在"叛乱者"培根看来,这是一次正当的革命,"叛国者"恰恰是伯克莱之流。实际上,该运动是 17 世纪 70 年代弗吉尼亚殖民地社会"积压许久的社会矛盾与对伯克莱腐败政府的普遍不满"相结合的产物。其导火索是围绕"印第安人和殖民者就弗吉尼亚西部边疆发生的一场小小的争执"。②弗吉尼亚的西部边民希望总督消灭生活在该地区的印第安人,即萨斯奎哈诺克人(Susquehannocks),以便获取更多肥沃的土地。但伯克莱既无意同相处融洽的印第安人开战,也想要继续与印第安人做利润丰厚的鹿皮交易,因而总督谴责了西部边民挑起的袭击当地印第安人部落的事件。对于伯克莱的做法,在纳撒尼尔·培根(Nathaniel Bacon)领导下发生了暴乱,"从对印第安人的一系列屠杀开始,迅速演变成一场对伯克莱及其统治制度的全面反叛"。③ 对此,伯克莱解释道,他所面对的是"7 个人里至少有 6 个贫穷、负债、不满且带有武器的人"。④尽管该事件最终被平定了,但"白人社会在战争期间孕育的对印第安人的仇恨成为弗吉尼亚生活中不变的特征"。1711 年,弗吉尼亚立法机关决定拨款 2 万英镑军费"用于消灭所有印第安人,不论敌友"。这就使得该地区的印第安人"或向更远的西部迁徙,或委身于白人社会的边缘,充当佃农、日工或家奴"。⑤ 在被迫对印第安人采取强硬政策,放弃了印第安人保留地政策的同时,殖民地政府为避免"白人之间的内战",降低了税收,向小农场主开放了西部土地,减少了契约奴的使用,还其自由,给其 50 英亩土地,并加速转向奴隶劳动的使用。此外,殖民地政府还恢复了被培根宣布废除的"选举权的财产资格要求"。⑥此次事件中,培根发布了《以弗吉尼亚人民名义的纳撒尼尔·培根宣言》,历数了总督伯克莱的种种"胡作非为",谴责其厚印第安人而

① 齐文颖:《关于培根"起义"的提法问题》,《史学月刊》2008 年第 2 期,第 24 页。
② [美]埃里克·方纳著:《给我自由:一部美国的历史》,王希译,上卷,北京:商务印书馆,2010 年,第 134 页。
③ 同上书,第 134—135 页。
④ [美]加里·纳什等编著:《美国人民:创建一个国家和一种社会》,上卷,刘德斌等译,北京:北京大学出版社,2008 年,第 75 页。
⑤ 同上书。
⑥ [美]埃里克·方纳著:《给我自由:一部美国的历史》,上卷,第 135—136 页。

薄白人的政策。①他在宣言中辩护道:"设若美德是一种罪恶,设若虔诚是一种罪过,那么,所有的道德、善良与正义的原则就会被篡改;我们必定会坦白承认:那些被称为'叛乱者'的人士有被构陷之虞。"②他们处在水深火热的压迫之中,是为了国王陛下的荣耀与公共利益,不想自己的基督教的兄弟们被出卖才挺身而出。③如果以历史的后见观之,此次事件与后来的美国革命有诸多异曲同工之处;不同的是,造反的对象从殖民地总督威廉·伯克莱转为英王乔治三世。

2. 第一次宗教大觉醒运动、启蒙运动与作为社会运动的美国革命

(1) 第一次宗教大觉醒运动

在 18 世纪,宗教在北美英属殖民地人民的生活中占据着中心位置。"殖民地印刷商们的最大宗产品是各种各样的布道文、神学论著及《圣经读本》。宗教问题的争论往往比政治问题引起更多的公众关注。"④大体来说,在新英格兰地区,加尔文教的公理宗(Calvinist Congregationalism)居于主导地位。不过,其权威地位受到了来自长老宗(Presbyterianism),圣公宗(Anglicanism)以及其他类似浸信宗(Baptists),贵格宗(Quakers)等独立教派的挑战。与此同时,公理宗内部围绕着神学体系、教义与实践方面的分歧也越来越大。⑤宗派主义造成了宗教多元化的格局,但"如此五花八门的宗教派别彼此共存,使人们不得不怀疑究竟哪一宗哪一派(包括自己的一派)才是真理和仁慈的唯一拥有者"。⑥

另一方面,殖民地不断向西部的扩张,造成了许多社区脱离了宗教组织的问题;与此同时,殖民地的发展日益商业化和世俗化,连同欧洲启蒙思想尤其是理性主义世界观的传播,使得许多殖民者感受到了"世风日下"的宗教信仰危机。⑦这种世俗化的倾向不仅体现在普通信徒身上,而且也出现在牧师的言行当

---

① "Declaration of Nathaniel Bacon in the Name of the People of Virginia, July 30,1676", from Elizabeth Cobbs Hoffman, Edward J. Blum, Jon Gjerde eds. , *Major Problems in American History*, Volume I:To 1877, *Documents and Essays*, Boston:Wadsworth, Cengage Learning, 2012, pp. 35;40—41.

② Nathaniel Bacon, "Nathaniel Bacon ESP'R His Manifesto Concerning the Troubles in Virginia", *The Virginia Magazine of History and Biography*, vol. 1, no. 1,1893, pp. 55—56.

③ Ibid. , p. 56.

④ [美]埃里克·方纳著:《给我自由:一部美国的历史》,上卷,王希译,北京:商务印书馆,2010 年,第 200 页。

⑤ John Howard Smith, *The First Great Awakening:Redefining Religion in British America, 1725 - 1775*, Madison:Fairleigh Dickinson University Press, 2015, pp. 1—2.

⑥ [美]艾伦·布林克利著:《美国史(1492—1997)》,邵旭东译,海口:海南出版社,2009 年,第 86 页。

⑦ 同上书。

中。这些内外因素的综合作用引发了一场宗教的大觉醒运动,后者旨在"恢复
17 世纪的宗教虔信与牧师的奉献精神"。① 这场大觉醒运动萌芽于 18 世纪初,
兴于 18 世纪 30 年代,盛于 40 年代。其代表人物是来自马萨诸塞北安普敦的乔
纳森·爱德华兹(Jonathan Edwards of Northampton, Massachusetts)和来自英
国本土的乔治·怀特菲尔德(George Whitefield)。前者采用了"白话式"的布道
方式,"重新强调传统加尔文派清教徒学说,即人与生俱来的堕落、全然无能为力
与上帝有罪必究的全能(implacable omnipotence)"。② 爱德华兹在其著名的布
道文《愤怒上帝手中的罪人》(Sinners in the Hands of an Angry God)中以一种
"带有极度感性风格"的方式,振聋发聩地描述了有原罪之人的状况:他是"一个
'令人极度憎恨的虫害',被一个细线悬挂在一个望不到底的火罐之上,细线随时
就要断掉"。③ 爱德华兹强调天堂是"关于幸福"的观念,地狱也并非"一个'地
方',而是变成了关于使人们走上痛苦的概念。天堂与地狱的分界线不在天上,
也不在地下,甚至也不在'最后的审判'中,而是在人类的知觉中"。他强调侍奉
上帝"要心脑并用,即信仰和理智并用,仅仅靠热情和冲动是不够的"。他不仅
"严格对待参加圣餐礼的资格",而且"热心向印第安人传教",因而遭到他服务
23 年之久的北安普敦教会的驱逐。④不过,其布道却收获了大量的信徒,因其建
立了博大精深的新神学体系而被推举为新泽西学院(即后来的普林斯顿大学)的
校长。怀特菲尔德则是巡回布道于各个殖民地之间,强调既然原罪所带来的惩
罚无可避免,那么就应该通过忏悔来实现救赎;而这种自我救赎只需要"献身于
上帝以弥补罪孽,无须依赖牧师而获得宽恕"。⑤ 他的布道相比于建制派牧师
"更具有感情和个人色彩"。⑥换句话说,其传道的核心是:"除非一个人经过内心
的痛苦反省,承认人之罪恶和上帝在救赎上的慈悲,从而得到再生,否则,任何人

① John Howard Smith, *The First Great Awakening : Redefining Religion in British America*, 1725 -
　1775, p. 2.
② Ibid.
③ [美]埃里克·方纳著:《给我自由:一部美国的历史》,上卷,王希译,北京:商务印书馆,2010 年,第 200
　页。
④ 张友伦,李剑鸣:《美国历史上的社会运动和政府改革》,天津:天津教育出版社,1992 年,第 28—29 页。
⑤ [美]埃里克·方纳著:《给我自由:一部美国的历史》,上卷,王希译,北京:商务印书馆,2010 年,第
　201—202 页;[美]艾伦·布林克利著:《美国史(1492—1997)》,邵旭东译,海口:海南出版社,2009 年,
　第 87 页。
⑥ [美]埃里克·方纳著:《给我自由:一部美国的历史》,王希译,北京:商务印书馆,2010 年,第 201 页。

都不可能真正得救。"①怀特菲尔德早年受循道宗创始人约翰·卫斯理和查理·卫斯理影响很深,卫斯理二兄弟"试图复兴宗教,并转化印第安人和黑人"。② 英国学者朱利安·威尔森(Julian Wilson)如是评价卫斯理兄弟在佐治亚的传教活动:"作为传教士,约翰和查理在佐治亚的经历是失败的,但这段经历却为未来的循道会在这片殖民地的发展打下基础。1736 年春,约翰建立了美国版圣洁会,他们一周聚会一两次。约翰和查理尝试了即兴祷告和布道,小组或小班交流,诗歌敬拜,以及使用未经正式按立的传道人。"③在他们的巡回布道的影响下,出现了许多非科班的、野路子的巡回牧师;尽管他们"既没有受过大学的专业训练,也没有获得政府的执照",但他们认为自己有权布道。④相比于那些体制内的"工薪"牧师("hireling" ministers),这些巡回牧师更加关切拯救信众的灵魂,而较少在意他们的薪水和社会地位。对此,新光派(New Lights)的牧师基本上保持欢迎的态度。由此,围绕着宗教"热忱"、复兴运动(revivalism),牧师的专业素养(clerical professionalism)以及巡回布道(itinerancy)问题,新光派(即复兴派)与旧光派(即建制派)之间借助讲坛与报纸展开了激烈的意见争锋,造成了教派林立。⑤尽管在 1745 年之后,大觉醒运动渐渐退潮,但 18 世纪 50、60 年代长老会和浸信会中的新光派在南方的边疆地区与黑人群体中收获了大量听众。当然,爱德华兹称之为的"这场伟大而普遍的觉醒"引发的激进的新光派与保守的旧光派之争依然持续,但大觉醒的民众热情开始退潮,旧光派逐渐恢复了对基督教的掌控。⑥

　　这场大觉醒运动是"美利坚历史上第一件全国性的事件";"它标志着先前拥有不同历史的新英格兰、中部殖民地和南部殖民地开始发生联系。强有力的链

---

① 张友伦,李剑鸣:《美国历史上的社会运动和政府改革》,天津:天津教育出版社,1992 年,第 24 页。

② 〔美〕艾伦·布林克利著:《美国史(1492—1997)》,邵旭东译,海口:海南出版社,2009 年,第 87 页。注:卫斯理兄弟作为 18 世纪英国宗教复兴运动的引领者,不仅促进了英国本土的社会改革运动,而且,他们在 18 世纪 30 年代北美殖民地的传教激发了北美的大觉醒运动。

③ 〔英〕朱利安·威尔森著:《两个人改变世界:卫斯理兄弟传》,吴慧晶译,北京:东方出版社,2018 年,第 73 页。

④ John Howard Smith, *The First Great Awakening*: *Redefining Religion in British America*, 1725 - 1775, Madison: Fairleigh Dickinson University Press, 2015, pp. 2 - 3.

⑤ John Howard Smith, *The First Great Awakening*: *Redefining Religion in British America*, 1725 - 1775, 2015, p. 3. 笔者注:公理会和长老会分裂为"老光"(坚持传统观点)和"新光"(复兴的观点)两派。可参见杨生茂,陆镜生:《美国史新编》,北京:中国人民大学出版社,1990 年,第 63 页。

⑥ John Howard Smith, *The First Great Awakening*: *Redefining Religion in British America*, 1725 - 1775, p. 3.

条正在形成。"而早在 1691 年,一个"贯穿殖民地的基本的邮政系统就已建成"。之后,在 1754 年,本杰明·富兰克林"开始推动将殖民地联合起来的阿尔巴尼计划,以解决诸如在边疆地区抵御印第安人的进攻等共同面临的问题。从北到南,再到西的 13 个曾经相互隔绝的殖民地,开始联合起来"。① 对此,我国著名学者杨生茂和陆镜生先生也敏锐地指出:这场运动"沟通和加强了北美 13 个殖民地之间的联系和交流,它超越了各殖民地的边界,在思想上对后来的北美的统一事业和美利坚民族意识的形成具有推动作用"。② 尽管大觉醒运动的目标是"精神上的拯救,而不是社会和政治革命,但他们所提倡的拥有独立性的心灵框架将会产生重要的政治结果"③。这场运动不仅打击了两个最强大的官方教会(注:指安立甘宗和公理宗)的基础,有利于人民的思想解放,削弱了殖民地人民对英国宗主国的感情和尊敬,而且也扩大了宗教信仰自由,促进了北美殖民地的民主化进程:"种族不宽容态度有所削弱。人人有原罪,但都可得到拯救。这就意味着一切人,在道德上包括黑奴,在上帝面前都是平等的。"④

此外,不得不提及的是,已经从英属北美殖民地佐治亚返回英国本土的约翰·卫斯理在 1772 年开始考虑公开辩论奴隶制问题;在 1774 年出版了《关于奴隶制的思考》;1775 年出版《一篇致美国殖民地的平静演说》(笔者注:"美国"应为"美洲")。他谴责奴隶交易与奴隶制,认为这两者是"所有恶行之总和"。他督促奴隶贩子,"神帮助你们逃离,去得那生命,不要考虑金钱! ……无论你失去什么也不要失去灵魂;这种损失没有什么可以弥补"。他警告奴隶主,"不管付出什么代价,都停止吧,以免为时太晚……你的手、你的床、你的家具、你的房屋、你的土地、现在都已沾染了血"。⑤ 他劝诫道,"不要让别人来服侍你,他们会通过主动自愿的行事作为给你提供服务,不要鞭子,不要锁链,也不要强制! 温柔以待所有的人,你会发现,你一直如何待人,他们也会如何待你"。⑥ 他如是说:"你、我,还有所有英国人,我们想去哪里就去哪里,我们享受自己的劳动果实,这是自

① [美]马克·C.卡恩斯,约翰·A.加迪斯著:《美国通史》,济南:山东画报出版社,2008 年,第 77 页。
② 杨生茂,陆镜生:《美国史新编》,北京:中国人民大学出版社,1990 年,第 64 页。
③ [美]埃里克·方纳著:《给我自由:一部美国的历史》,王希译,上卷,北京:商务印书馆,2010 年,第 203 页。
④ 杨生茂,陆镜生:《美国史新编》,北京:中国人民大学出版社,1990 年,第 63 页。
⑤ [英]朱利安·威尔森著:《两个人改变世界:卫斯理兄弟传》,吴慧晶译,北京:东方出版社,2018 年,第 253—254 页。
⑥ 同上书,第 257 页。

由。黑奴却不能,这就是被奴役。"①他坚信,参与奴隶买卖的人"没有权利来讨论自由的原则是什么,在美国(笔者注:美洲殖民地)出现的冲突,肯定是神审判英国参与这样邪恶贸易的结果"。② 可以说,北美的循道会熟知约翰·卫斯理的反奴隶制立场,拥有奴隶的循道会信徒会被扫地出门。而"在美国,这样的论文(指:《关于奴隶制的思考》)'对公众良知的影响力可能超过了任何一本书,包括《汤姆叔叔的小屋》,此文起到了先驱作用'"。③ 可以说,英国本土的反奴隶制运动的发展与美国革命前夜有关奴隶制的辩论,一定程度上是南方奴隶主决意借助美国革命,争取独立,实现与大英帝国切割的内在动因之一。一如 1763 年《王室公告》阻止北美殖民者向西殖民扩张所引发的后者之不满与骚动。

(2)启蒙运动在北美殖民地的传播与进展

大觉醒运动使得北美殖民地内部教派分立的同时,也造就了宗教多元并存的格局。如果说大觉醒运动令北美的殖民者们从宗教信仰与精神层面感知到了美利坚民族意识的话,那么启蒙运动则从理性层面促进了殖民地人民追求改善世俗的生活。

启蒙运动很大程度上源于 17 世纪欧洲科学与文化的伟大成就。艾萨克·牛顿、弗朗西斯·培根、约翰·洛克、巴鲁赫·斯宾诺莎、勒内·笛卡尔随着货物与人员漂洋过海来到了美洲大陆。到 18 世纪,"许多有影响的美洲人开始接受阿米尼乌斯主义(Arminianism)的立场,这种教义强调只有理性才能够建立起宗教的精髓。其他人则信仰了自然神论(Deism),这种教义认为上帝在创造世界之后便退出了人间社会,让世界在不受神意的干扰下按照科学的规律而运行"。④ 随着上帝这位伟大的"钟表匠"君临天下的统而不治,启蒙哲学家和公民社会则成为了"现世神"。这些哲学家"大加鞭挞社会现状","以其正直、恪尽职守与甘于奉献,向[公民]社会焚香膜拜",由此"成为受人景仰之士";他们"经常依照理性而行,融反省而正确之心智、入世之生活方式与友善之品质于一身"。⑤ 对此,著名社会学家涂尔干在《宗教生活的基本形式》中宣布:"神与社会

---

① [英]朱利安·威尔森著:《两个人改变世界:卫斯理兄弟传》,吴慧晶译,北京:东方出版社,2018 年,第256 页。

② 同上书。

③ 同上书。

④ [美]埃里克·方纳著:《给我自由:一部美国的历史》,王希译,上卷,北京:商务印书馆,2010 年,第199—200 页。

⑤ [美]林恩·亨特著:《全球时代的史学写作》,赵辉兵译,郑州:大象出版社,2017 年,第 66 页。

是一回事,是同一事物。"正是"社会创造了诸神(而不是相反),因为社会'对各个心智(笔者注:人心或人的心灵)施加影响而使其感知到神,进而拥有唤醒各个心智所需要的一切事物'"。① 接踵而来的美国革命恰恰是为"涂尔干的'社会具有自封为神或造神的这种天资'提供了栩栩如生的范例"。由此,"所有宗教只不过是社会的内在逻辑之表达"。而"社会植根于人类的需求与欲望并不必然使得超自然现象成为累赘"。② 在继承与发扬这种启蒙运动的传统上,本杰明·富兰克林、托马斯·杰斐逊、托马斯·潘恩、詹姆斯·麦迪逊等人在其中起到了至关重要的作用。

可以说,与宗教大觉醒运动相比,启蒙运动"号召人们关照自身,而不是上帝;通过关照自身指导生活、发展社会"。与此同时,它强调教育的重要性,"主张提高人们对政治和政府的兴趣(这些理性的崇拜者认为,只有通过政府,社会才能获得最佳的改良机会)"。③ 启蒙运动促进了北美教育事业的发展,牧师逐渐失去了知识的垄断权,"18世纪40年代出现在殖民地的律师很快就取得其在公共事务方面的主导权,物理学教授和一帮自然史教授宣称自己比牧师更能解释新的自然科学发现"。④ 而大觉醒运动和启蒙运动的共性在于:它们都削弱了传统权威,无论是世俗的,还是宗教的。二者都是"为了一些实际问题,是人为的",它们顺应了殖民地的现实,表达了殖民地人民的性格特点,是其"经验的实录和性格的反映"。同时,二者还是"一种积极的手段,一种促进因素,一种激发行动的理论。……它必须证明人类的幸福是依靠美德、实干、自由和承认道德律是高于一切的主宰"。⑤ 而后来在美国革命中向全世界庄严发布的《独立宣言》不过是大觉醒运动和启蒙运动在社会政治领域中的表达而已。

(3) 作为社会运动的美国革命

卢梭在《论人类不平等的起源和基础》中的开篇《致辞:献给日内瓦共和国》就写道:

---

① [美]林恩·亨特著:《全球时代的史学写作》,赵辉兵译,郑州:大象出版社,2017年,第66—67页。

② 同上书。

③ [美]艾伦·布林克利著:《美国史(1492—1997)》,邵旭东译,海口:海南出版社,2009年,第88页。

④ [美]马克·C.卡恩斯,约翰·A.加迪斯著:《美国通史》,吴金平等译,济南:山东画报出版社,2008年,第78页。

⑤ [美]亨利·斯蒂尔·康马杰著:《美国精神》,杨静予等译,北京:光明日报出版社,1988年,第34—35页。

"我情愿出生在一个法度适宜的民主政府之下。"

"我想要寻找一个幸福、安宁的共和国……那里的公民早就习惯明智的自由,他们不仅是自由的,而且是值得获得自由的。"

"我会选择这样一个共和国。

在那里,每个个体都享有法律的批准权,能够根据首领的提议,亲自参与重大公共事件的抉择;他们会建立起有威信的法庭,慎重地划分国家的不同省份,每年选举最有能力、最公正廉洁的公民来掌管司法和治理的国家。在那里,政府官员的道德足以证明人民的智慧,官员和人民之间可以说是相得益彰。因此,当出现扰乱公共和谐的致命过失,人们即使在忙乱和错误中,也都能保持一定的节制,依然互相尊敬,共同遵守法律。"①

而作为一个自由的民族,"你们除了要**保持一颗虔诚的心和适当的信心,根据自己真正的利益和义务,从理性出发去做你们经常应该做的事情**之外,还有什么其他可考虑的呢?"②对此,卢梭进一步展望:

"我希望公正、节制的美德和最具敬意的坚强意志能够继续支配你们的一切行动,并且能够继续由你们自身,向全世界展现出一个既英勇又谦逊、既热爱名誉也热爱自由的民族的榜样。"③

假如在 1754 年 6 月 12 日卢梭写作《致辞》时,美国革命已然发生,《独立宣言》已经向全世界庄严宣告的话,这位自称"最谦卑、最顺从的仆人和同国的公民"是否还会毫不犹豫、毫无保留、发自肺腑地将一个民主、自由、幸福、安宁、公正、审慎的民族与共和国的荣誉献给日内瓦,而不是远隔千山万水、大洋彼岸的美利坚合众国呢?无论如何,北美 13 个殖民地人民在宣布独立的过程中,在缔造一个共和国的过程中,启蒙运动的原则与理想,特别是卢梭、洛克等哲学家的印记,是挥之不去的。

关于美国革命,学术界流连于从自由主义(或辉格主义)、进步主义、平民主义、多元主义、女性主义、共和主义、王权主义(royalist)、精英主义、激进主义、保

---

① [法]卢梭著:《论人类不平等的起源和基础》,邓冰艳译,杭州:浙江文艺出版社,2015 年,第 2、4、6 页。
② 同上书,第 9 页。笔者注:加黑部分,译文如此。
③ 同上书,第 9 页。

守主义的话语与意识形态之间,令人目不暇接。①尽管如此,从社会运动角度来系统考察美国革命的成果似乎并未得到人们更多的关注。因此,当 1925 年 12 月,美国杰出的史学家 J. 富兰克林·詹姆森(J. Franklin Jameson)"把美国革命说成只是一场社会运动"之后,就"遭到了随后一代历史学家的广泛抨击,但他至少有一件事说对了:'革命的洪流一旦爆发,就不会只流淌在狭窄的河道里,势必会波涛滚滚,漫及四野'"。② 一如美国著名史学家戈登·S. 伍德所言,美国革命既没有出现一个恐怖时期,也不存在明显的"社会罪恶、阶级冲突、贫困化以及严重的社会分配不公"等革命的诱因。伍德不禁感叹道:

> "美国在 1760 年仅是一些拥挤在大西洋沿岸狭长地带的殖民地,是处于文明世界边缘、经济不发达的边区村落。居住在这些殖民地的不足两百万人口的君主制臣民仍旧理所当然地认为社会就是,也应该是等级制和不同程度的从属制的,大多数人都是由这种或那种人伦关系联系在一起的。然而,不到 50 年的时间里,这些无足轻重的边疆省份发展成了广阔的、几乎横贯大陆的有近千万人口的共和制国家。这些活跃的具有平等观念的国民不但充当了历史的急先锋,而且彻底改变了社会以及他们的社会关系。他们不再是在文明边缘深受君主制和等级制重压下的臣民,美国人几乎一夜之间,成了世界上最自由、最民主、最具经济头脑以及最现代的人民。"③

当然,实际上作为社会运动的美国革命并非是一蹴而就的,而"美国人不是生来就拥有任何现代意义上的自由和民主的,他们是逐渐变得自由和民主的"。④ 美国革命首先是此前宗教大觉醒运动、启蒙运动甚至是西进运动合乎逻辑的结果之一,而后在革命当中,"政治斗争释放出许多经济欲求,许多社会抱负;而这些松绑了的社会力量深刻地改变了殖民地社会的许多方面。社会阶级之间的关系、奴隶制、土地持有制、商业进程、各种思想与宗教的形式与精神,所有这些方面

---

① 李剑鸣:《意识形态与美国早期政治史研究》,载自李剑鸣:《"克罗齐命题"的当代回响:中美两国美国史研究的趋向》,北京:北京大学出版社,2016 年,第 96—169 页;[美]埃里克·纳尔逊著:《王权派的革命:美国建国的一种解读》,吴景键译,北京:中国政法大学出版社,2019 年。
② [美]戈登·S. 伍德著:《美国革命的激进主义》,傅国英译,北京:商务印书馆,2011 年,第 6 页。
③ 同上书,第 6—7 页。
④ 同上书,第 1 页。

都感受到了革命的翻覆之手(the transforming hand of revolution)"①。可以这样说,经济的自由化(或民主化进程),社会民主化与政治民主化进程彼此相互促动,相互成就。美国的革命是一场双元革命,既是一场摆脱大英帝国的殖民统治,争取"地方自治"(home rule)的革命,也是一场内部建国,完成"内部谁来治理"的革命。②而且美国革命还是一场有待完成的、尚未完全成功的革命。对此,李剑鸣教授写道:"后来,一批新的历史学家继承他们(笔者注:进步主义史学家)的思想遗产,基于'冲突史观'来考察美国革命,认为美国革命不仅是一场争取独立的外部革命,更重要的是一场争夺统治权力、寻求建立更民主的政治秩序的'内部革命'";然而,由于革命精英与革命群众的目标往往会发生冲突,尤其是进入到革命后期,按照精英所设定的革命目标往往意味着"对民众诉求的'背叛'",所以,从社会运动或"从民众的角度来看,美国革命是一场未完成的革命"。③

在美国建国后,杰克逊时代男子普选权的运动、制造业的扩张与 19 世纪 40 年代的市场革命、"革命释放的美国经济的新生力量"运动、"看不见摸不着的思想情感领域"的运动无不源于美国革命。④1789 至 1861 年间美国历史上兴起的各种改革运动——废奴主义运动、西进运动、禁酒运动、乌托邦运动、女权运动、第二次宗教大觉醒运动等,往往也是作为社会运动的美国革命的逻辑衍生物。借用伯克的"行动型"(active)与"反应型"社会运动的说法,作为社会运动的美国革命,在后一种类型上完成了;而在前一种类型上依然有待完成,即便在今日美国依然是未竟之事业。

二、 建国后的美国社会运动(1789—1876)

在托克维尔看来,建国后美国出现了两股重要的全国性的推动力量与社会

---

① J. Franklin Jameson, *The American Revolution Considered as a Social Movement*, Princeton: Princeton University Press, 1967, Introduction by Frederick B. Tolles, p. ix.

② J. Franklin Jameson, *The American Revolution Considered as a Social Movement*, Introduction by Frederick B. Tolles, p. ix. 有关内部革命与外部革命、精英革命与民众革命等二元美国革命史观的细致梳理可参见:李剑鸣:《意识形态与美国早期政治史研究》,载自李剑鸣:《"克罗齐命题"的当代回响:中美两国美国史研究的趋向》,北京:北京大学出版社,2016 年,第 149—153 页

③ 李剑鸣著:《学术的重和轻》,北京:商务印书馆,2017 年,第 131—133 页。

④ J. Franklin Jameson, *The American Revolution Considered as a Social Movement*, Princeton: Princeton University Press, 1967, Introduction by Frederick B. Tolles, pp. xi‑xiii.

运动:走向民主的社会运动与走向资本主义(自由市场化)的社会运动。大部分美国人"必然会是赞成资本主义的,而且资本主义连同其广为传播的精神,也必然会是民主主义的"。[①]不过,在托克维尔的眼中,他更多看到的是二者的联合性质。而实际上在内战前,正如美国学者路易斯·哈茨在《美国的自由主义传统:独立革命以来美国政治思想阐释》中看到的则是民主与资本主义这两股巨大的全国性力量彼此排异的方面,而这两种力量与运动不可兼容到了最终通过"一场可怕的政治较量"来一决雌雄的地步。[②]而这两种力量与社会运动是通过领土的不断扩张与西进运动来推进的。因此,事实上是存在着三股推动力量:即领土扩张、走向资本主义的社会运动(或经济自由市场化)和走向民主的社会运动(即社会政治民主化)。

1. 领土扩张与西进运动

西进运动实际上早在殖民地时代就已经开始,"土地公司已经出现,并驻扎在阿利根尼山脉(Alleghenies)以西,人口也逐渐涌到山脉那边去定居"[③]。美国革命促进了国家主义的形成与发展。而且,革命派"必然要被请去从新的角度——有关国家命运的观念——考虑宗教、伦理、自然科学、政治、经济、教育、文学和人文主义等一切问题"。[④]伴随着领土的扩张,西部的崛起,美国人相信:美国是一个特殊的国度,它有着"天定命运",是一座照亮世界的"山巅之城",是追求自由者的"希望之乡",而北美大陆的开拓者是"上帝的选民"。这样,美国领土的扩张就是美国天定命运的一部分。[⑤]在 1791 年至 1850 年间,有 18 个新州加入美利坚合众国。西进运动与对西部自然资源的开发,"使得以小农场主、小生产者为基础的社会秩序不断地得以充实更新,避免了美国重新走上欧洲的老路,成为一个阶级分化严重、拥有庞大的无自主能力的穷人队伍的社会"。[⑥]在 1790 年,美国的疆土为 80 万平方英里,到了 1860 年,已经达到了

---

① [法]托克维尔:《论美国的民主》,下卷,董果良译,北京:商务印书馆,2002 年,第 624 页。

② [美]哈茨:《美国的自由主义传统:独立革命以来美国政治思想阐释》,张敏谦译,北京:中国社会科学出版社,2003 年,第 85 页。

③ [美]乔纳森·休斯,路易斯·P. 凯恩著:《美国经济史》,邸晓燕等译,北京:北京大学出版社,2011 年,第 2 页。

④ [美]查尔斯·A. 比尔德,玛丽·R. 比尔德著:《美国文明的兴起》,许亚芬译,北京:商务印书馆,2010 年,第 463 页。

⑤ 王晓德:《美国文化与外交》,北京:世界知识出版社,2000 年,第 18—57 页。

⑥ [美]埃里克·方纳:《美国自由的故事》,王希译,北京:商务印书馆,2002 年,第 86 页。

300 万平方英里。①可以说,领土的扩张,边疆的开发是美国这一"自由帝国"得享自由、民主、安定的必不可少的社会条件。

2. 走向资本主义的社会运动

19 世纪上半叶,美国经历了一场社会经济结构的深刻变革,历史学家称之为"市场革命"。在交通与通讯方面发生了技术革命,如蒸汽动力船、运河、铁路、电报等,至少是在北部地区,把农民与国内和国际市场联结在一起,并使农民成为工业制成品的重要消费者。而交通与运输的进展进一步促进了经济的发展与城市化的进程。同时,银行与各种企业、工厂日益成为经济事业的中心。②

不过,在这一自由市场化的过程中出现了两种迥然不同的资本主义形式:北方倡导自由劳动与保护主义的工商农资本主义和南方主张自由贸易与维护奴隶劳动的农商资本主义(斯文·贝克特称之为"工业资本主义"与"战争资本主义")。③贝克特尖锐地指出:美国南方的种植园经济就是典型的战争资本主义,而且是"欧洲人自 16 世纪以来一直在建立的非常活跃的战争资本主义的最新产物";其基本特征就是"殖民主义、拥抱奴隶制和攫取土地";它主要采用暴力的方式占有土地和劳动力。④对于南方这种种植园经济,比尔德夫妇称之为"农业帝国主义",这种说法与贝克特的表述有异曲同工之处。⑤而工业资本主义则主要"依赖资本和国家权力的结合,以新颖的方式创造市场和动员资本和劳动力",建立了"一个强大的新的受薪劳动体系",即它主要"依赖在行政、基础设施、法律和军事上强大的国家去引导私人发起的项目"。⑥

---

① [美]塞缪尔·埃利奥特·莫里斯,亨利·斯蒂尔·康马杰,威廉·爱德华·洛伊希腾堡合著:《美利坚共和国的成长》,上卷,南开大学历史系美国史研究室译,天津:天津人民出版社,1980 年,第 359 页。

② [美]埃里克·方纳著:《美国自由的故事》,王希译,北京:商务印书馆,2002 年,第 152 页。

③ [美]斯文·贝克特著:《棉花帝国:一部资本主义全球史》,徐轶杰、杨燕译,北京:民主与建设出版社,2019 年,第 140—155 页。注:汉密尔顿在《制造业报告》中提出了农业国(nation of cultivators)、农商国(nation of cultivators and merchants)与农工商国(nation of cultivators, artificers and merchants)的提法;就有利于积极进取的企业家精神而言,农工商国优于农商国,农商国优于纯粹的农业国,参见:Alexander Hamilton, "Report on Manufactures (1791)", Elizabeth Cobbs Hoffman, Edward J. Blum, Jon Gjerde eds., *Major Problems in American History*, *Volume I*: *To 1877*, *Documents and Essays*, Boston: Wadsworth, Cengage Learning, 2012, p. 169.

④ [美]斯文·贝克特著:《棉花帝国:一部资本主义全球史》,徐轶杰、杨燕译,北京:民主与建设出版社,2019 年,第 154—155 页。

⑤ [美]查尔斯·A. 比尔斯,玛丽·R. 比尔德著:《美国文明的兴起》,许亚芬译,北京:商务印书馆,2010 年,第 413—459 页。

⑥ [美]斯文·贝克特著:《棉花帝国:一部资本主义全球史》,徐轶杰、杨燕译,北京:民主与建设出版社,2019 年,第 154—155 页。

在发展工业资本主义的过程中,国家能力建设势在必行。"没有一个能够在法律、官僚、基础设施、军事上渗透整个领土范围的强大国家,工业化几乎是不可能的。打造市场、保护国内工业、创造工具来增加税收、守卫边界以及促成可以动员受薪工人的变革都是至关重要的。"①1791 年汉密尔顿的《制造业报告》无疑受到了一些商人和制造业主的影响与推动。这一点通过汉密尔顿与工商业人士的书信往来能够清楚地反映出来,而且这些通信可以说是《制造业报告》的底本。②《制造业报告》很大程度上是身为财政部长的汉密尔顿,受命为众议院搜集美国制造业数据,并要找到"促动手段,以便有利于美国不会因为军事以及基本供应品而受制于外国"的产物。③美国的独立对这两种资本主义来说同样至关重要。因为一方面通过 1787 年美国宪法,它为后来南方的"棉花帝国"或"军事—棉花复合体"提供了正当性与权力保障,而"英国屈服于一个世纪以来的废奴主义者的压力,在 1834 年废除了其帝国内的奴隶制。一些美国革命者设想在自己的国家也这样废除奴隶制,却只看到奴隶制成为世界最重要的棉花种植区的发动机";另一方面,美国革命也"解除了剥夺美洲原住民的限制,白人移民和北美印第安人之间的关系现在已经摆脱了欧洲政治的复杂协商的影响"④。

对南北方这两种不同的体系(或称之为"一个联邦两种体系"),汉密尔顿早在《制造业报告》中就有所预见:

> "尽管推动制造业可能会令联邦的部分地区受益,但对另一部分地区则会受损,这种观点并不稀奇。在这方面,南方和北方地区有些时候存在着相互冲突的利益。那些被称为制造业州,这些州被称为农业州;而这种凭空想象出来的冲突类型认为存在着制造业利益与农业利益。"⑤

① [美]斯文·贝克特著:《棉花帝国:一部资本主义全球史》,徐轶杰,杨燕译,北京:民主与建设出版社,2019 年,第 140 页。

② Arthur Harrison Cole ed. , *Industrial and Commercial Correspondence of Alexander Hamilton: Anticipating His Report on Manufactures*, Chicago: A. W. Shaw Company, 1928.

③ Ibid. , pp. xv - xvi.

④ [美]斯文·贝克特著:《棉花帝国:一部资本主义全球史》,徐轶杰,杨燕译,北京:民主与建设出版社,2019 年,第 101—104 页。

⑤ Alexander Hamilton, "Report on the Subject of Manufactures", Arthur Harrison Cole ed. , *Industrial and Commercial Correspondence of Alexander Hamilton: Anticipating His Report on Manufactures*, Chicago: A. W. Shaw Company, 1928, p. 286.

对这两种体系和利益相互冲突的看法,汉密尔顿认为:它们"是每个国家初创时期常见的共同错误之一",不过是"凭空想象出来的",因而"现实经验会令其逐渐消解"。①然而,无论是后来历史进程中的汉密尔顿与杰斐逊之争、联邦党人与民主党人之斗、杰克逊民主与美国体系之博弈,还是南北战争的爆发,所有这些都表明:汉密尔顿的预判是错误的;这两种资本主义体系与力量的斗争不仅是真实存在的,而且也是你死我活的。

3. 走向民主的社会运动

革命加速了美国社会政治民主化进程。革命不仅限于建立全国性政府、制定三权分立的宪法体制,也导致了上层阶级特权的衰落,商人、自由农民、种植园主和农场主地位上升。在选举权和担任官职的限制条件方面也逐渐发生了变化。在边远的州佛蒙特和肯塔基最早将选举权授予所有自由的成年白人男子,具体时间分别是 1791 年和 1792 年。此后,西部各州在其最初的宪法中一般都规定了男性公民的选举权。在一些较老的州里,新罕布什尔在 1792 年通过了这项民主的选举权,马里兰在 1809 年,南卡罗来纳在 1810 年。尽管各州扩大选举权的进程并不一样,但是到了 1860 年,所有州都取消了对选民财产资格的要求。②革命也加速了政教分离的进程,使得美国基督教以及宗教自由的观念得以民主化。

与此同时,各种社会改革运动也在美国革命后逐渐活跃起来。追求精神自由与灵魂得救的超验主义和第二次大觉醒运动、海外殖民运动与废奴主义运动、禁酒运动、乌托邦运动、公立学校运动、女权运动等如雨后春笋般生发出来。

(1) 超验主义者与第二次大觉醒运动

内战前,美国的市场革命催动了个人主义精神与"个人的新价值"的出现,即"自主的个人在追求经济成功与个人发展时不应受到节制"③。西部领土扩张、交通革命与市场革命已然清除了原有的空间与时间的限制,这就便利了"个人的解放",去追求"个人可以重新塑造自己和自己的生活",促进自我实现。然而,这

① Alexander Hamilton, "Report on the Subject of Manufactures", Arthur Harrison Cole ed., *Industrial and Commercial Correspondence of Alexander Hamilton: Anticipating His Report on Manufactures*, Chicago: A. W. Shaw Company, 1928, p. 286.
② [美]纳尔逊·曼弗雷德·布莱克著:《美国社会生活与思想史》,许季鸿译,上册,北京:商务印书馆,1994 年,第 338—339 页。
③ [美]埃里克·方纳著:《给我自由:一部美国的历史》,王希译,上卷,北京:商务印书馆,2010 年,第 421 页。

种自我实现的进程将更多的民众引向了追求"幸福"权利背后所隐含的财产,引向了"在市场社会中追求幸福",即发财致富。这并非拉尔夫·沃尔多·爱默生,尤其是亨利·戴维·梭罗这些超验论者之所愿,而他们热爱自然的思想甚至成为后来环保运动的源头活水。①爱默生强调,为了个人的自我圆满,应该汲汲于同自然合为一体,认为除去了自私自利的私我之我"乃是上帝的一分子"。②为了不"为物所累",呐喊着"不要给我爱、金钱、名声,给我真理吧"的梭罗,选择了隐居康科德附近的瓦尔登湖,1849 年发表了论文《抵制公民政府》(Resistance to Civil Government),1854 年出版了《瓦尔登湖》(Walden);前者据说从理论上支持了反奴隶制运动以及 20 世纪中期的反对种族隔离运动,而后者则给予现代环保运动以精神滋养。③

爱默生则是四处宣讲,力图让民众发现"个人的良知占有最重要的地位,每个人需要在这些问题上寻求自己的道路,而不是一味地随大流"。④ 爱默生劝告道:"不要在你自身之外寻找你自己。"此即为自助。⑤为了做自己,有必要时时警惕社会,因为"这些是我们离群索居时听到的声音,可是一旦我们进入世界,它们就逐渐微弱,乃至杳然无声了。社会处处都在密谋对抗每个成员的阳刚之气,社会是一家股份公司,每个成员达成协议:为了更有把握地向每个股东提供食品,就必须取消食者的自由和教养。顺从是求之不得的美德,自助则是它深恶痛绝的东西。社会喜欢的不是实情和创造者,而是名义和陈规陋习"。⑥ 因此,他主张想要做真正的人,就不能做顺民,因为"除了你自己心灵的完善,没有什么神圣之物"。⑦ 他反对接下来会提到的那些社会改革与宗教运动,"也不要像当今的善人所做的那样,给我讲什么我有义务改变所有穷人的处境。他们是我的穷人吗? 我告诉你,你这愚蠢的慈善家,我舍不得把分文送给那些不属于我,又不包

---

① Alan Brinkley, *The Unfinished Nation: A Concise History of the American People*, New York: McGraw-Hill Education, 2015, p. 276.

② Ibid. , 276.

③ [美]亨利·梭罗著:《瓦尔登湖》,出自《瓦尔登湖·论公民的不服从义务》,鲍荣,何栓鹏译,北京:北京时代华文书局,2013 年,第 242 页;Alan Brinkley, *The Unfinished Nation: A Concise History of the American People*, p. 276。

④ [美]埃里克·方纳著:《给我自由:一部美国的历史》,王希译,上卷,北京:商务印书馆,2010 年,第 421—422 页。

⑤ [美]拉尔夫·沃尔多·爱默生著:《自助》,《爱默生随笔全集》,蒲隆译,北京:北京理工大学出版社,2015 年,第 29 页。

⑥ 同上书,第 34 页。

⑦ 同上。

括我的人。……可就是不干你那名目繁多的廉价的慈善活动,不搞那愚人学校的教育,不建造那徒劳无益的教堂,况且现在已经造起了不少,都没有什么用场。不给酒鬼们施舍,不搞那千重万叠的救济团体"。①这是因为你要"住在你生命中淳朴、高尚的地域,服从你的心声";而我们的宗教、教育与艺术却都是"眼睛朝外看,我们的社会精神也是如此。人人都以社会改良为荣,而没有一个人有所改良"。②

然而,面临着自由市场化与社会变迁带来的问题,该时期的许多有识之士,不是像梭罗那样退隐山林、独善其身,而是建立起了各式各样的社团组织,积极入世,力图"兼济天下"。

第二次宗教大觉醒运动始于 18 世纪末 19 世纪初,在查尔斯·格兰迪森·芬尼(Charles Grandison Finney)的领导下,依托"负有盛名的宗教组织",在 19 世纪 20 年代末到 30 年代初趋于鼎盛。③与第一次大觉醒相比,第二次大觉醒"更加强调个人在精神事务上做出判断和选择的权利,强调通过信仰和善举来获得普世拯救的可能性"。换句话说,每一个人都是独一的"道德上的自由意志者",有权自由地"在基督教生活与罪恶生活"中间进行选择。④这场宗教复兴运动拥护自由市场者有之,如查尔斯·格兰迪森·芬尼(Charles Grandison Finney)般批评市场革命下罔顾上帝的律法,"不顾一切地为聚敛财富而采取的个人主义的极端形式",即行"撒旦帝国的法律";⑤他呼吁"教会必须在节制饮酒和戒酒(Temperance),道德改革和通常决定人们伦理行为的各个方面坚持正确的立场"。⑥ 总之,这场运动促进了美国基督教的民主化进程,"使之成为一场真正意义上的大众运动",尤其是体现在唤起女性听众方面。女性不仅自身认同"复兴

---

① [美]拉尔夫·沃尔多·爱默生著:《自助》,《爱默生随笔全集》,蒲隆译,北京:北京理工大学出版社,2015 年,第 35 页。

② 同上书,第 55 页。

③ [美]埃里克·方纳著:《给我自由:一部美国的历史》,上卷,王希译,北京:商务印书馆,2010 年,第 423 页。

④ 同上书,上卷,第 424 页。

⑤ 同上书,第 423 页。

⑥ [美]艾伦·布林克利著:《美国史(1492—1997)》,邵旭东译,海口:海南出版社,2009 年,第 339 页; Alan Brinkley, *The Unfinished Nation: A Concise History of the American People*, Boston: McGraw-Hill Higher Education, 2000, p. 348. "Temperance"与"Prohibition"的区别,前者是强调节制饮酒,最终达到滴酒不沾的戒酒,有一个从反酗酒到戒酒的过程,关注的是个人自觉与内在克己;后者则通过外在的法律等强制手段,达到滴酒沾不到的目标。下文中仅以"戒酒"或"节制饮酒"来代表节制饮酒和戒酒的双重意涵。

运动的解放思想",而且通过她们,还可以影响其男性家属。①

(2) 社会改革运动的兴起

在超验主义强调个人良知判断、第二次宗教大觉醒运动注重个人自由的道德选择的内在感召与外在的经济转型造成深刻变迁的冲击下,社会上的有识之士,尤其是中产阶级女性,通过社团组织,发起了多种多样的改造社会的运动。

早在 19 世纪 30 年代托克维尔就注意到了社团组织在美国社会生活中的重要作用。这些新兴的社会组织为反对奴隶制、戒酒、妇女权利、教育、和平、慈善、关爱穷人、残疾人和智障人、改善罪犯待遇等广泛的改革目标而孜孜以求。②为了不过于偏离主题,笔者重点提及反蓄奴、戒酒和妇女权利运动。

反对奴隶制运动早在美国革命之时就已然存在。而这种反对奴隶制运动的重要收获就是"18 世纪末北方绝大多数州的奴隶制的废除"。③起初,反对奴隶制的人士"见解温和,表现为道义上的谴责,很少诉诸明显的运动"。④比如,1817 年美国上层白人建立的美国海外殖民协会(American Colonization Society)主张在不从根本上触动南方人的财产权利与核心利益的前提下渐进解放奴隶;采取的手段主要是"通过私人慈善机构基金或州议会批准的资金对奴隶主进行一定的补偿",即赎买政策,然后将"获释的奴隶运到国外,帮他们在其他地区建立自己的新社会"。⑤ 对此,大多数美国黑人不认可海外殖民运动,"美国海外殖民协会的建立激发了自由黑人组织起来为自己争取作为美国人的权利的运动"。⑥ 黑人废奴运动对其拥有平等公民权利的坚持与海外殖民方案的反对,促使了反奴隶制运动激进化:原本认同美国海外殖民协会方案的废奴主义运动领袖威廉·劳埃德·加里森(William Lloyd Garrison),1831 年"在波士顿创办了《解放者》报,并提出了'立即废奴'(Immediatism)理念,即要求美国人民必须无条件地立即废除奴隶制"。⑦ 他决绝地说道:"我将为立即解放奴隶人口而奋斗……我将

① [美]艾伦·布林克利著:《美国史(1492—1997)》,邵旭东译,海口:海南出版社,2009 年,第 339 页。

② 同上书,第 338 页。

③ 同上书,第 346 页。

④ 同上。

⑤ 同上。

⑥ [美]埃里克·方纳著:《给我自由:一部美国的历史》,王希译,上卷,北京:商务印书馆,2010 年,第 559 页。

⑦ [美]威廉·加里森著:《威廉·加里森选集》,杜华译,武汉:武汉大学出版社,2018 年,译者序,第 2—3 页。

如真理一样严酷无情,如正义一样永不妥协"。①1832 年,加里森参与筹建了"美国第一个全国性的激进废奴组织——美国废奴协会(American Anti-Slavery Society)"。②加里森依靠的思想主要来自两个方面:基督教思想与美国自由平等的建国原则。奴隶制不仅"是一种违背上帝律法的巨大罪恶",而且也"违背了美国革命和建国的基本原则——自由,它会毁掉这一革命先辈们浴血奋战而得来的伟大成果,颠覆美国的共和制度。加里森多次引用《独立宣言》,认为这是美国政府的最重要原则"。③不过,加里森反对使用暴力的手段废奴,他说道:"废奴主义者用来解救你们的武器不是鲍伊猎刀、手枪、剑刃、枪支或者其他任何致死的器具。他们使用的武器是呼吁、警告、职责、辩论和客观事实,向人的智识、良知和内心发声。"④而 19 世纪上半叶的交通革命则便利了废奴声音的传播。加里森写道:

> "我们要努力争取到每个人的合作,无论他叫什么获胜属于哪个派别。在我们国家里,禁酒和废奴的事业在自发组织的慈善协会机构的运行下正顺利进行着,这鼓励我们要整合我们的工具和努力,以促进一项更宏大的事业。因此,我们要开展演讲活动,发宣传单和出版物,组织协会,并且在与四海和平相关的问题上向州政府和国家政府请愿。要给这个尊重战争之恶和以牙还牙的社会带来观念、情感和实践方面的彻底改变,我们的当务之急是要为此策划可行之道。"⑤

废奴主义者充分利用了"新近发明的蒸汽动力印刷技术,印制了数百万份传单、报纸、请愿书、小说和海报"。⑥ 1833 至 1840 年间,大约有 10 万北方人参与到了废奴运动当中。⑦由此,这既造成了全美废奴主义者与反废奴主义者的对

① [美]威廉·加里森著:《威廉·加里森选集》,杜华译,武汉:武汉大学出版社,2018 年,译者序,第 3 页。
② 同上书,译者序,第 3 页。笔者注:该组织正式建立于 1833 年。
③ 同上书,译者序,第 4 页。
④ [美]威廉·加里森:《致美国奴隶的演说(1843 年 6 月 2 日)》,[美]威廉·加里森著:《威廉·加里森选集》,第 58 页。
⑤ [美]威廉·加里森:《和平会议通过的〈意见宣言〉(1838 年 9 月 28 日)》,[美]威廉·加里森著:《威廉·加里森选集》,第 55 页。
⑥ [美]埃里克·方纳著:《给我自由:一部美国的历史》,王希译,上卷,北京:商务印书馆,2010 年,第 562 页。
⑦ 同上书。

立,也导致了废奴阵营内部的分化。"废奴主义的兴起带着强劲的势头,但同样引发出强烈的抵抗。南方几乎所有白人都对这场运动持担忧和轻蔑的态度。"①反废奴主义者一度将加里森游街示众,险些被私刑处死。废奴运动内部在18世纪40年代也衍生出许多分支:既有少数如加里森般激进的"立即废奴"派,也有许多派别强调"以渐进的方式达到立即废奴的目标。"②

事实上,废奴运动并非孤军作战,禁酒运动、妇女权利运动往往也与之有着密切的联系,彼此呼应。相较于废奴运动,禁酒运动在该时期的改革运动中获得的支持最多,也最为成功。③1826年,美国节制饮酒协会(American Temperance Society)成立;1840年华盛顿市人戒酒会社成立。禁酒运动从起初的节制饮酒逐渐发展为完全禁酒,到19世纪40年代初"改革者成功促成很多个州立法实行严格的卖酒许可证制度,并对酒类课以重税,地方法规还允许城镇和县自行选择是否完全禁止出售酒类饮料"。④ 1851年,缅因州实施了第一个州级禁酒令,到1855年,有十几个州通过了禁酒令。

在废奴运动、禁酒运动等各类社会改革尤其是道德革新运动当中,女性往往发挥着关键作用。然而她们在为他人权利奔走的过程中,转而发现她们本身的权利受到种种限制,很大程度上被禁锢在私人的家庭领域。女权主义者阿比·凯利写道:"我们有充分的理由要向奴隶表示感激,在努力为他们砸开枷锁的同时,我们发现我们自己原来也是被镣铐束缚住的。"⑤这一时期的美国的女性也不过是戴着镣铐起舞。对此情形,早在1776年3月31日,约翰·亚当斯(John Adams)的妻子阿比盖尔·亚当斯(Abigail Adams)在信中就提醒其丈夫在反对专制的过程中,不仅仅英王是暴君,每一位男人相对于女人而言都是潜在的"暴君";在争取独立的过程中要多为女士们着想,要"比你们的先祖更加慷慨与优待"女性。"我们听说:我们的斗争已经松懈了各地的政府纽带;孩子和学徒们变得不服管束;中小学和大学变得动荡不安;印第安人怠慢他们的监护人;黑人侮慢他们的主人。不过,你的信首次暗示另一个比其他所有群体都更加人多势众的人群正在变得牢骚满腹、愤愤不平。这与其说是粗俗的恭维,毋宁说是公然

---

① [美]艾伦·布林克利著:《美国史(1492—1997)》,邵旭东译,海口:海南出版社,2009年,第349页。
② 同上书,第350页。
③ [美]马克·C.卡恩斯,约翰·A.加迪斯著:《美国通史》,济南:山东画报出版社,2008年,第243页。
④ 同上书,第244页。
⑤ 同上书,第248页。

的无礼。我会记住这一点,永志不忘的。"对此,约翰·亚当斯不以为然地回复道:"实际上,你晓得我们都是臣民。我们徒有主人之名;而且,如果放弃了这个名头,我们将会完全沦为石榴裙的专制。"①对此,林·亨特有关法国大革命成功后针对妇女要求政治权力诉求的解决办法,可以说,在一定程度上,对美国革命来说同样是适用的。法国大革命在推翻了法国国王这位"暴虐的父亲"后,通过"手足情、兄弟爱"建构了新的政治权力模式;与此同时,借助路易十六的妻子玛丽·安托瓦内特(Marie Antoinette)的公审和王后"坏母亲"形象的塑造,将女性从政治权利与公共生活中排斥出去,进而通过家庭重建,将女性再度"下放到家庭领域"。②莎拉·格里姆克和安杰利娜·格里姆克姐妹(Sarah and Angelina Grimké)不仅是废奴主义者,也是女权运动的倡导者。她们不顾有些男性对其激进行动(activism)有悖于她们的女性身份的指责,主张"男女生而平等,二者都是能为道德与行为负责的生命存在;而且但凡是男性有权去做之事,女性也可为之"。③ 受到废奴主义者运用《独立宣言》作为理论武器的激发,格里姆克姐妹成为"将普遍自由和平等的废奴主义原则运用到改变妇女地位的斗争中"的引领者。④她们的写作"帮助点燃了将在19世纪40年代兴起的美国女权运动"。在废奴运动的老兵伊丽莎白·凯蒂·斯坦顿(Elizabeth Cady Stanton)和柳克丽霞·莫特(Lucretia Mott)等人的筹划下,1848年塞尼卡福尔斯大会(Seneca Falls Convention of 1848)召开,会议通过了效仿《独立宣言》格式的《情操宣言》(Declaration of Sentiments),铿锵有力地宣布:"所有男人与女人生而平等;造物主赋予了他们(笔者注:他们与她们)"一些明确不可转让的权利,其中包括生命、

---

① "Abigail and John Adams Debates Women's Rights", Elizabeth Cobbs Hoffman, Edward J. Blum, Jon Gjerde eds., *Major Problems in American History*, *Volume I：To 1877*, *Documents and Essays*, Boston：Wadsworth, Cengage Learning, 2012, pp. 109－110;原祖杰:《进步与公正:美国早期的共和实验及其在工业化时代遭遇的挑战》,北京:中国社会科学出版社,2020年,第232—233页。

② 〔美〕林·亨特著:《法国大革命时期的家庭罗马史》,郑明萱等译,北京:商务印书馆,2008年,第98—135;201页;Lynn Hunt："The Many Bodies of Marie Antoinette：Political Pornography and the Problem of the Feminine in the French Revolution", Lynn Hunt ed. , *Eroticism and the Body Politic*, Baltimore and London：The Johns Hopkins University Press, 1991, p. 126;赵辉兵,姜启舟:《林·亨特与当代西方史学转向》,《史林》2017年第1期,第214页。

③ Alan Brinkley, *The Unfinished Nation：A Concise History of the American People*, New York：McGraw-Hill Education, 2015, p. 283.

④ 〔美〕埃里克·方纳著:《给我自由:一部美国的历史》,上卷,王希译,北京:商务印书馆,2010年,第576页。

自由和追求幸福。"①可以说,"塞尼卡福尔斯大会标志着长达 70 年之久的争取妇女选举权运动的开始"。②同时,该宣言也谴责了"整个性别不平等的体制",控诉了对"妇女接受教育和参加工作的权利"的剥夺以及通过赋予"丈夫控制妻子的财产和工资以及在离婚时监护子女的权利"以及妇女婚后被"剥夺了她们原有的独立的法律地位"使得女性被禁锢在家庭领域。③不过,总体而言,内战前的女权运动成效有限。

一方面,社会政治的民主化与经济的自由化进程始终存在着内在的张力。方纳写道:"民主党人的理念以自由放任式经济为基础的,并坚持对政府与社会加以区分,他们把政府授予的特权看作引起社会不公正的根源。如果国家从经济领域中退出,取消关税,取消对银行和公司的特权以及其他形式的特权,普通的美国人就可以在自动调节的市场公平竞争中测试自己的能力,而不至于像在欧洲那样,被终身地围困在特权制度的陷阱之中。"而且"在民主党人看来,一个弱政府对私人自由和公共自由——即'在社会联盟中的个人自由和在联邦的联盟中的州自由'——都非常重要。个人的道德观说穿了属于个人私事的领域,不应成为公共事务的内容。民主党人反对通过禁酒的立法以及其他一些将道德观强加于整个社会的企图,他们的这种立场受到了 19 世纪 30 年代前后大批涌入该党的爱尔兰天主教移民的格外欣赏和欢迎"。④

另一方面,这些社会改革与改造运动主要依托非强制的自愿组织、道德自觉与良知发现。对这些林林总总的社团组织及其作用,美国著名史学家亨利·斯蒂尔·康马杰写道:"美国人虽然是个人主义者,但也很愿意从事合作事业或合伙经营。除英国之外,没有哪个国家像美国人那样愿意为某种共同目的而联合起来;没有哪个国家私人的联合会那样多,那样卓有成效。"⑤在美国革命创立了

---

① "The Declaration of Sentiments and Resolution", retrieved from https://www. womenshistory. org/resources/primary-source/declaration-sentiments-and-resolution, at July 13,2021. 笔者注:《情操宣言》由宣言和 11 项有关妇女权利的决议构成,本来是 12 项决议,但妇女选举权这一项因代表们的争议太大,未能通过。See "Declaration of Sentiments", https://www. britannica. com/event/Declaration-of-Sentiment, at August 18,2021.

② [美]埃里克·方纳著:《给我自由:一部美国的历史》,上卷,王希译,北京:商务印书馆,2010 年,第 577 页。

③ 同上书。

④ 同上书,第 90—91 页。

⑤ [美]亨利·斯蒂尔·康马杰著:《美国精神》,杨静予等译,北京:光明日报出版社,1988 年,第 27—28 页。

自己独立国家的感召下,"各种各样的组织纷纷成立——做好事的组织,繁荣商业的组织,影响政治的组织,收集历史资料的组织,规划未来的组织,研究文化的组织等等,不一而足。到头来每一个人都有自己的组织:学校里的男孩和女孩,商人和学者,朋友和邻居,老移民和新移民,素食者和戒酒者,遇暴风雪而幸存的人,种玫瑰的人,集邮的人,最后,随着民族主义俱乐部的成立,甚至共同读过贝拉米的《回顾》这本书的人,统统都有自己的组织。这表明他们想使不稳定的社会出现稳定,使无秩序变得有秩序,以新的忠诚观念代替已消失的忠诚观念,以新的习俗代替已失去的习俗,他们要开阔视野和扩大机会"。① 这些改革者们"采用了一种新的自由观,即自由既是解放人的,同时又是约束人的"。其最终目的是让人们得到真正的自由或最终的救赎,因此他们要将"美国人从'奴隶制'中解放出来,这些不同种类的奴役形式——从奴隶制、酗酒、贫困到罪恶——使得个人难以获得成功"。② 当然,这些改革运动中始终存在着自由与约束、解放与控制、社会运动与规制国家的内在张力。同内战后的社会改革运动包括进步主义运动相比,内战前的改革运动重心在前者;而内战后约束、控制与国家的色彩则日益浓烈;在手段与策略上,内战前更多启用道德劝解、舆论施压与教育改造的方式,而内战后动用国家权力的做法,通过社会立法与强制的手段则使用起来越来越得心顺手。不过,无论内战前,还是内战后的社会改革运动,它们在初衷与最终目标上都是相似的:总有一些人有待拯救与解放;总有一些罪恶与弊端有待洗刷与清除;这些改革家都像李尔王一样,根据爱他的程度而有所分别。对此,美国学者查尔斯·博哲斯写道:

> "爱默生和惠特曼活过了南北战争,看到了在美国,宣教者逐渐退出讲坛,代之而起的是政客们;看到了他们年青时所认为是道德论题的东西,后来成了法律的论题;他们所习惯的旧时的说服、和解逐渐被立法和强制所代替。他们一直极力地然而却是徒劳地阻止这种变化。"③

---

① [美]亨利·斯蒂尔·康马杰著:《美国精神》,杨静予等译,北京:光明日报出版社,1988年,第28—34页。
② [美]埃里克·方纳著:《给我自由:一部美国的历史》,上卷,王希译,北京:商务印书馆,2010年,第555页。
③ [美]查尔斯·博哲斯著:《美国思想渊源:西方思想与美国观念的形成》,符鸿令,朱光骊译,太原:山西人民出版社,1988年,第161页。

第 3 节　内战前的美国政府与国家

"对待当今的美国政府,我们应该采取什么样的态度才算正直之人呢?
我回答:和它有任何瓜葛都使人蒙羞。如果它同时是奴隶们的政府,我怎能
承认这个政治机构是我的政府? 要我成为这样的政府的臣民,我一秒钟都
不愿意。

⋯⋯

换言之,当一个国家打着自由国度的幌子,而六分之一的人口却是奴
隶,而一个国家全境被一支侵略军霸占,被不公地踩躏,被军法统治,以我个
人所见,就算是老实人,现在就反叛和起义都绝对不算早。使该义务更加急
迫的是这个事实:这个饱受踩躏的国家不是我们的国家,但侵略军却是我们
自己的。"

——亨利·梭罗[1]

对于主权国家,卢梭在《社会契约论》中进行了比较具体明细的区分:参与社
会公约的个体联合起来"产生了一个人为的共同体";通过各契约方的权利让渡,
"共同体获得其团结且普遍的自我、生活和愿望"。对此,可名之为社会公意。为
了知晓并辨别以下词汇的准确含义,卢梭如是说:

"由所有其他人联合产生的公共人格过去被称为城市,而现在被认为是
共和国或政体。在起被动作用时,它被称为国家;当起积极作用时,它就是
主权者;和自己同类的其他人相比,它就是一个大国。其中与此联系的这些
人共同取名为一个民族,还可单独称他们为公民,因为他们在主权者权力中

---

[1] [美]亨利·梭罗:《论公民的不服从义务》,出自《瓦尔登湖·论公民的不服从义务》,鲍荣,何栓鹏译,北京:北京时代华文书局,2013 年,第 250—251 页。注:"一个国家"和"这个饱受踩躏的国家"指的是墨西哥。

分享权力;也可称他们为臣民,因为他们使自己处于国家法律制度的管辖之下。"①

　　为了弄清内战后现代美国规制国家的兴起,我们有必要回顾一下内战前美国国家及其国家观念的演变。

一、 重商主义规制下英属北美殖民地时期的政府与国家

　　自 1607 年第一个永久性的英属殖民地在詹姆斯敦建立到 1776 年英属 13 个殖民地宣布独立之前,他们隶属于大英帝国统治。欧洲列强在争夺北美的过程中,有两项制度安排便利了英国在北美的主导地位。其一是大英帝国开放了契约奴②劳动力市场,但西班牙和法国并未采用;其二是英国建立了永久性殖民地,促进了私有农场、家庭与城镇的发展与壮大。③

　　1. 殖民地政府、国家及其规制活动概观

　　在殖民地时期,由于天高皇帝远,当时的殖民地政府就已经具有一些联邦特征。④殖民地政府的作用主要体现在提供以下服务:"防御和保护——包括在必要时蓄养民兵、制定有关私人产权方面的法律、提供救济穷人的特定公共物品、确立宗教信仰、制定个人活动和商业活动规则。"⑤而且,各殖民地政府都规模小、开支少,专职官员不多,居民税负较轻,"从经济和效率两方面看,各殖民地的治理可以说是成功的"⑥。而在与外部进行贸易的过程中,殖民地政府既要制定贸易法规,也要为商贸活动保驾护航;当然,前者往往是"由英国强加的",而后者"通常由英国提供"。这一时期,政府规章与政府规制活动可以说,"既是自由放任市场经济的基础,又是中央集权计划经济的基础。无论是在哪种情况下,政府

---

① [法]尚-雅克·卢梭著:《社会契约论》,高黎平译,香港:商务印书馆,2017 年,第 16 页。
② 将"indentured servants"翻译为"契约奴",并不准确,应译为"契约仆"。而契约仆并不能涵盖所有半强制的白人劳工,因为仆役的类型有多种,除了契约仆,还有习俗仆、学徒劳工、犯人劳工等。参见:李剑鸣:《美国的奠基时代(1588—1775)》,北京:中国人民大学出版社,2010 年,第 168—169 页。
③ [美]加里·M.沃顿,休·罗考夫著:《美国经济史》,王珏译,北京:中国人民大学出版社,2018 年,第 41—42 页。
④ [美]费希拜克等著:《美国经济史新论》,张燕等译,北京:中信出版社,2013 年,第 25 页。
⑤ 同上书,第 34 页。
⑥ 李剑鸣:《美国的奠基时代(1588—1775)》,北京:中国人民大学出版社,2010 年,第 225 页。

都发挥了主要作用"。① 总体而言,13 个殖民地是大英帝国的一部分,受到其母国的控制。例如,其进出口、航运等贸易活动都受到《航海条例》的规制;而后者是大英帝国"重商主义体系的一部分,旨在加强航运业、造船业、制造业,增加商人的收入,使所有英国居民受惠"。但是在这一过程中,受损一方则是"英属殖民地、外国以及殖民地产品的英国消费者"。②战时,殖民地与英国则联合起来,共同御敌;殖民地组织民兵,由宗主国支付军费,主要的对手是法国人与印第安人。③

除此之外,殖民地议会与政府在"投票权的分配和任命官员、立法以及财政控制权"等方面,具有便宜行事的决定权。④各殖民地的各级政府在建立和运行的过程中,"既遵从了英国政治的惯例,也体现了殖民地居民对母国传统的改造"。通过一段时间的发展与摸索,各殖民地逐渐"形成了以本地精英主导的议会下院为中心的权力结构"。⑤这些殖民地政府往往是通过直接或间接获得英王特许状授权的商业公司发展而来的;设有总督、理事会和股东大会的商业公司体制"被移植到殖民地以后,具备了政治统治的功能,并与英国的体制和惯例相结合,形成了以总督为核心、辅以参事会和民选议会的政府体制,三者共同组成立法机构,称'大议会'"。⑥

由此观之,北美 13 个殖民地是一个"殖民国家与民族独立国家的混合物,它们拥有自己的领导人和立法机构"。⑦

就政府与国家规制活动而言,事实上,几乎与人类同行:当进入社会之时,必定就有了社会规范;当进入到政治社会,国家开始产生之时,必定就有了国家。正如卢梭所言:"谁第一个将一块土地圈起来,并毫无顾忌地说'这是我的',然后找到一些足够天真的人对此信以为真,谁就是文明社会的真正创始人。……从表象看来,似乎在那个时候,一切已成定局,一切事物已经发展到无法继续维持它最初状态的地步。"⑧而社会对国家的需求和国家的缘起与职能,恩格斯如此

① [美]费希拜克等著:《美国经济史新论》,张燕等译,北京:中信出版社,2013 年,第 34 页。

② 同上书,第 41 页。

③ 同上书,第 42 页。

④ 同上书,第 34 页。

⑤ 李剑鸣:《美国的奠基时代(1588—1775)》,北京:中国人民大学出版社,2010 年,第 225 页。

⑥ 同上书,第 229 页。

⑦ [美]费希拜克等著:《美国经济史新论》,张燕等译,北京:中信出版社,2013 年,第 42 页。

⑧ [法]卢梭著:《论人类不平等的起源和基础》,杭州:浙江文艺出版社,2015 年,第 77 页。

写道:"确切说,国家是社会在一定发展阶段上的产物;国家是承认:这个社会陷入了不可解决的自我矛盾,分裂为不可调和的对立面而又无力摆脱这些对立面。而为了使这些对立面,这些经济利益互相冲突的阶级,不致在无谓的斗争中把自己和社会消灭,就需要有一种表面上凌驾于社会之上的力量,这种力量应当缓和冲突,把冲突保持在'秩序'的范围以内;这种从社会中产生但又自居于社会之上并且日益同社会相异化的力量,就是国家。"①对此,荀子切中肯綮地讲道:"人生而有欲,欲而不得,则不能无求;求而无度量分界,则不能不争。争则乱,乱则穷。先王恶其乱也,故制礼义以分之,以养人之欲,给人之求。使欲必不穷乎物,物必不屈于欲,两者相持而长,是礼之所起也。"②而就政府与国家的规制而言,英国皇家学会创始人之一、英国作家约翰·伊夫林说道:"智慧的所罗门早已颁布敕令,规定了树木的间距,罗马的执政官们也已经定好,每年可以去邻居家的院子几次,收集落在地上的橡果而不算非法侵入,还有多少果子应该留给邻居。"③因此,可以说人类自古以来就有寻求政府与国家保护、规制与管控的需求,就经济方面而言,政府对自由贸易的控制主要是以下四种动机促成的,即垄断权、质量控制、道德与岁入。④在殖民地时代,规制与禁令包括禁止"未经当局允许的布道、向未成年人出售酒精饮料、借钱给水手、身为穷人却衣着奢华(禁奢法),房屋不整洁、行为放荡、观看艳舞。美国人一直相信,道德可以通过立法来维护"。⑤ 除了日常的控制外,还有行政干预,"我们今天称之为公共事业管制(public utility regulation)。这个习俗同样起源于英格兰并且很快在殖民地付诸实践。车夫、搬运工和旅店老板都要得到营业执照,他们的价码也要受公众机构控制。同样,在受到自然条件制约而缺乏竞争的地方——码头、收税桥或者渡口——服务的收费和内容也受到古老的英格兰规则限制:必须向所有需要的人提供称职的服务,并且价钱要公道"。⑥ 在殖民地时代,政府规制工资与物价是司空见惯之事。"在法律上,劳工组织被认定是反抗社会的违法阴谋机构,所以,

---

① 恩格斯:《家庭、私有制和国家的起源》,《马克思恩格斯选集》,第4卷,北京:人民出版社,1995年,第170页。

② 荀子著:《荀子新注》,北京大学《荀子》注释组注释,北京:中华书局,1979年,第308页。

③ [美]亨利·梭罗:《瓦尔登湖》,《瓦尔登湖·论公民的不服从义务》,鲍荣,何栓鹏译,北京:北京时代华文书局,2013年,第9页。

④ [美]乔纳森·休斯,路易斯·P.凯恩著:《美国经济史》,邸晓燕等译,北京:北京大学出版社,2011年,第44页。

⑤ 同上书,第45页。

⑥ 同上。

要求提高工资的罢工很少见,一般也不成功。"①托克维尔对纽黑文 1650 年法典曾有过考察,他指出该法典载有很多预防性惩罚措施;严厉惩罚怠惰和酗酒;对小酒馆主卖酒给顾客也有数量规定;有害的谎言会受到罚款或鞭笞的处分;甚至以罚款来强迫人们参加宗教活动,乃至处以重刑;对不按照规定仪式礼拜上帝的基督徒可以处以死刑;也有禁止吸烟的条款。②此外,在 1621 年,弗吉尼亚州总督弗朗西斯·怀亚特(Governor Francis Wyatt of Virginia)发布限产令,限制每个家庭生产烟草的产量。这些限产条款有时会与限制劣质烟草销售的"质检法律"相结合,借此稳定市场,维持烟草的高价。③

简言之,看似相对自由与宽松的殖民地社会,政府和国家的影响却几乎是无处不在的。对此,美国学者乔纳森·休斯,与路易斯·P.凯恩(Jonathan Hughes and Louis P. Cain)感叹道:

> "在后来的日子里,出现了运河、铁路、电报、电话、飞机这些使用电力、水力和石油资源的设施,但控制的概念并没有更新了。17 世纪,因为发现'波士顿和查尔斯顿的搬运工经常强取超过他们应得的费用',所以马萨诸塞成立了委员会,并赋予委员们'监管商业滥用行为的权力'。今天的联邦航空管理局(Federal Aviation Administration),联邦通信委员会(Federal Communications Commission)和联邦电力委员会(Federal Power Commission)不过是其现代翻版。"④

2. 大英帝国殖民地政策转变与美利坚合众国的缔造

尽管"'殖民地'一词意味着'依附'和'低等',在法律上和政治上不可能和母国享有同等的地位;但实际上,北美殖民地在母国的保护下获得了充分的发展,本地人分享了很大一部分统治权"。⑤ 可以说,英国对殖民地采取了相对宽松的治理模式。这种治理模式的形成既与英国本身的政治发展进程有关,也受到了

---

① [美]乔纳森·休斯,路易斯·P.凯恩著:《美国经济史》,邸晓燕等译,北京:北京大学出版社,2011 年,第 46 页。
② [法]托克维尔著:《论美国的民主》,董果良译,北京:商务印书馆,2017 年,第 50 页。
③ [美]费希拜克等著:《美国经济史新论》,张燕等译,北京:中信出版社,2013 年,第 414 页。
④ [美]乔纳森·休斯,路易斯·P.凯恩著:《美国经济史》,邸晓燕等译,北京:北京大学出版社,2011 年,第 45 页。
⑤ 李剑鸣:《美国的奠基时代(1588—1775)》,北京:中国人民大学出版社,2010 年,第 248 页。

距离与空间的掣肘,"殖民地远在大西洋的另一侧,中间隔着浩瀚的大海,以当时的交通和通信手段",英国的政治权力想要辐射到殖民地,殊非易事。这既需要"英国政府内建立适当的机构和机制",进而实现对殖民地权势集团的掌控,也要得到"殖民地居民对英国主权的认同和服从"。①托马斯·潘恩曾在《常识》中如是嘲讽英国并激励北美殖民地人民:"那些王国要照管的合适对象是那些无力自保的一些小岛;但是,假想一个岛屿可以永久地统治一个大陆,这有点像是天方夜谭。"②因此,在18世纪中期以前,英国对"殖民地事务的管理普遍比较宽松,尤其是1714—1748年间,来自母国的干预和控制更少,各殖民地拥有较大的自由,经济和社会也获得了稳步的发展"。③

英国采取的这种"有益忽视"政策,可以说"迎合了'英人自治'的权利意识,切实满足了当地居民需求"。由此,殖民地人民形成了一种权利意识与地方自治的传统。这一点在第一次宗教大觉醒运动发生后,体现得尤为明显。既然他们能够自主选择宗教信仰,创立自己的教会,那么,"殖民者臆测,他们的政府应该建立在民意的基础上;他们可以选择中意什么样的政府,也可以选择什么样的政府满足他们的需要"。④ 因此,长期以来地方自治的殖民地传统使得他们"确信他们只是在行使英国人的权利"。⑤ 尽管英国很长一个时期以来对殖民地采取相对宽松的自由放任政策,但是伦敦方面认为"由于殖民者隶属英国,因此英国尊重伦敦政府制定的法律。虽然在殖民地召开会议尚可,但不能僭越于议会权力之上,当执行的律令与皇室需求有悖,都应予以修订或废止"。⑥ 这样,随着殖民地人民权利意识与政治自主性的日益增强,一旦英国政府加强对殖民地政策的管控与规制,双方之间势必会发生冲突;而这种冲突既源于各自的认知差异,也同各自的需求与利益不同有关。亚当·斯密在《国富论》的结尾处写道:

"一百多年以来,大不列颠的统治者们以如是想象来取悦人民,即他们

---

① 李剑鸣:《美国的奠基时代(1588—1775)》,北京:中国人民大学出版社,2010年,第248页。

② Thomas Paine, *Common Sense*, San Diego, CA.: ICON International, Inc., 2005, p. 27.

③ 李剑鸣:《美国的奠基时代(1588—1775)》,北京:中国人民大学出版社,2010年,第251页。

④ [美]罗伯特·瑞米尼著:《美国简史:从殖民时代到21世纪》,朱玲译,杭州:浙江人民出版社,2015年,第21页。

⑤ 同上书,第23页。

⑥ 同上书,第23—24页。

在大西洋的西岸拥有一个庞大的帝国。然而，迄今为止，这个帝国依然只是存在于想象之中。迄今为止，它依然不是一个帝国，而是一项帝国计划；不是一座金矿，而是一项挖金矿的计划；这个计划已经耗费甚巨，并会继续所费不赀，如果仍要一成不变地追逐该计划的话，那么很有可能会花费巨大而毫无任何获利之希望；因为垄断殖民地贸易的种种后果已然表明绝大多数的人民只会有所损失，而一无所得。可以肯定的是，现在是时候了，我们那些沉迷于这个黄金美梦的统治者们或许也包括抱有此梦的人民，要么实现这一美梦，要么他们就应当从中清醒过来，并努力唤醒人民。如果这项计划无法达成，就应该果断放弃。"①

为了帝国构建，在英法之间七年战争结束后，伦敦方面采取了一系列举措用以"管理和保卫新获得的领地"与北美 13 个殖民地。②比如，英国政府决定在北美驻军至少 1 万人；1763 年 10 月 7 日发布英王诏谕，即《1763 年王室公告》，"阿勒格尼山以西地区禁止移民"，"朕兹严禁所有朕之忠良臣民在该地区购买土地或定居，违者将干朕怒"；《1764 年计划》拟议"整顿印第安人事务"；1764 年通过《税收法令》，通称《糖税法》；1765 年通过《驻军条例》和《印花税法》，其中《印花税法》是"英国议会首次课加于殖民地的内部直接税"。③

从宗主国的角度看，加强对殖民地的管理是 17 世纪至 18 世纪中期英国"财政—军事国家"建设与国家治理体系现代化合乎逻辑的结果。其中，军事能力、政治管理能力以及汲取财富能力是现代国家治理能力建设的核心组成部分。以财政能力建设为例，这一时期，随着"英国国家机构和政府管理职能的日益扩大，再加上庞大的战争花费，政府的财政开支急剧增加，促使英国财政体制发生了革命性的变化"。这种激烈的变迁被称为"财政革命"。④这场财政革命主要体现为："关税、消费税和土地税已经成为国家的常规税收和主要的财政来源；税收征

---

① Adam Smith, *An Inquiry into the Nature and Causes of the Wealth of Nations*, Chicago: University Press of Chicago, 1977, p. 1281.

② ［美］塞缪尔·埃利奥特·莫里森，亨利·斯蒂尔·康马杰，威廉·爱德华·洛伊希滕堡合著：《美利坚共和国的成长》，上卷，南开大学历史系美国史研究室译，天津：天津人民出版社，1980 年，第 182 页。

③ ［美］塞缪尔·埃利奥特·莫里森，亨利·斯蒂尔·康马杰，威廉·爱德华·洛伊希滕堡合著：《美利坚共和国的成长》，上卷，天津：天津人民出版社，1980 年，第 182—188 页；［美］罗伯特·瑞米尼著：《美国简史：从殖民时代到 21 世纪》，朱玲译，杭州：浙江人民出版社，2015 年，第 25—26 页。

④ 张荣苏：《论英国现代税收制度的确立》，《江苏师范大学学报（哲学社会科学版）》2020 年第 1 期，第 77 页。

管方式也由包税制转为政府直接征收,并逐渐实行科层化的管理;税收收入中以消费税和关税为主的间接税比例在不断增加。"①而这种英国治理体系与治理能力现代化建设势必会强化对殖民地的治理。加之,在这个亟须有才干政治家的时刻,英王乔治三世"为求有利于他个人而加以操纵的那种政治制度,"却往往选择唯命是从的大臣,结果造成了"无知、混乱和对紧急需要与实际问题感应迟钝",进而诱发了美国革命。②

与此同时,这一时期殖民地的精英们尽管在血缘、心理和文化上"认同于不列颠特性(Britishness),热切希望成为伦敦精英那样的英格兰人,得到母国上流社会的尊重。但是,母国的精英权贵盛气凌人,威斯敏斯特的决策者傲慢霸道,来到殖民地的官员和军人往往自命高人一等"。③ 这就加深了二者之间的隔阂,而1763年以来伦敦方面的一系列加强殖民地规制的政策表明:"英国宪政已然腐败变质,正在演化为'任意专断(arbitrary and despotic)的国家'。他们感到,英国宪法遭到了攻击,'人民的神圣权利和特权'为'受贿和腐败的议会'所背叛。"④因此,伴随着1763年以来一系列帝国法令的出台与帝国政策的转向,"冲击了殖民地人长期以来形成的习惯,威胁到他们一直信奉的价值,也撼动了他们对自身的认知和对未来的期望"。⑤ 由此作为一场社会运动的美国革命渐渐生发起来,直至发生武装冲突;而1776年的《独立宣言》则宣告了大英帝国在北美的帝国"想象"终归还是成了南柯一梦。从社会运动的角度看,一如彼得·伯克对社会运动类型的划分,这场革命很大程度上属于被动反应型。在这场内生性的革命中,革命领导者们"只需用民众熟悉的语言把革命的价值和理想表达出来。因此,思想理论资源对于革命精英的作用和意义,主要不在于塑造新的价值和理想,而只是强化已有的习惯和希望,为正在进展的革命运动提供说明、解释、辩护和劝服"。⑥ 因此,从社会运动的角度看,这是一场反对帝国暴政与压迫,争取自由、平等的民主权利与民族独立的运动;而从帝国的角度来看,英王及其大

① 张荣苏:《论英国现代税收制度的确立》,《江苏师范大学学报(哲学社会科学版)》2020年第1期,第77页。

② [美]塞缪尔·埃利奥特·莫里森,亨利·斯蒂尔·康马杰,威廉·爱德华·洛伊希滕堡合著:《美利坚共和国的成长》,上卷,天津:天津人民出版社,1980年,第181页。

③ 李剑鸣:《美国建国精英的知识、眼界和政治取向》,梁茂信:《美国史研究的传承与创新:纪念历史学家丁则民诞辰百年论文集》,北京:中国社会科学出版社,2019年,第45页。

④ 同上书,第47页。

⑤ 同上书,第54—55页。

⑥ 同上书,第55页。

臣们不外乎是为了强化治理效能,加强政府规制与管控,是国家治理体系与治理能力现代化的一部分而已。因此,在一定程度上,我们可以说,美国革命就是一场争取自由、平等、民主,反对国家与政府"规制"的革命,是一场原初的且有待完成的"进步主义运动"。换言之,美国革命在一定程度上不过是广大多数的殖民地人民的意志、意愿与需求的表达,不想受到远在万里之遥的母国的过度规制的结果,革命精英也不过是在一定程度上顺应了人民的性格、呼声与需求的顺势而为。这不禁又让我们想起了爱默生的话语:

> "论及国家时,我们应该牢记,它的一切制度尽管在我们出世以前业已存在,然而,它并不是原始固有的;它绝不会凌驾于公民之上,相反,它的条条款款曾经都是某一个人的行为表现;各种法律和习俗都是人们在应付某种情况时的权宜之计;它都是可以模仿,可以更改的;我们能够使之日臻完美,也能够使之锦上添花。……只有贤者懂得:愚蠢的立法不过是一条沙结的绳,拧一下就会荡然无存;国家必须遵循而不是领导公民的性格和进步;再强悍的僭主都会遽然倒台;唯有那些依赖理念的君王才会永立不败之地。当前盛行的政府形式,体现了首肯这个政府的公民们的修养程度。"①

对此,亚当·斯密尽管同情美洲各殖民地的造反,建议大英帝国果断停止其"在大西洋西岸拥有一个巨大帝国的想象",但他也站在幸福与安定的角度警告殖民地人民:在与大不列颠的结合中,他们获益匪浅;反之,则贻害无穷。换句话说,合则两利,离则两伤。他如是预见到:

"在和大不列颠完全脱离时——除非用这种合并去防止,否则似乎很可能会发生——这种党派斗争会变得比以前十倍地恶毒。在现今的骚乱开始以前,母国的强制力量约束这党派斗争,使之不致爆发成比残忍和侮辱更坏的事情。如果那种强制力量被完全取消,党派斗争或许不久就会爆发成公开的暴力行为和流血。"而且,这种恶毒的党派斗争"是和小民主国不可分离的"。②可以说,尽管这种独立后的流血冲突并没有像斯密所言"不久就会爆发",但这一惊人的预见终归还是得到了印证。只是等到1861年的时候,估计没有几个人还能记起斯

---

① [美]拉尔夫·沃尔多·爱默生:《政治》,《爱默生随笔全集》,蒲隆译,北京:北京理工大学出版社,2015年,第359页。
② [英]亚当·斯密著:《国富论》,杨敬年译,下册,西安:陕西人民出版社,2010年,第764页。

密得苦口婆心了。

二、美利坚合众国的缔造与发展（1776—1861）

1. 美利坚合众国的缔造

在美国革命中，建国的精英们深刻感知到了人类历史中的一种两难困境："无论实行何种政体，其结果都是自由和秩序不可兼得。人类希望获得自由，力图摆脱压迫，但在寻求自由、摆脱压迫的过程中又往往带来动荡，造成社会失序。反过来，过于强调权威和秩序，又必然带来控制、压迫和奴役。"[1]那么，美国革命能不能打破这一历史的魔咒，进而摆脱这种人类的窘境呢？革命精英给出的答案似乎是肯定的，但夹杂着游移不定。亚历山大·汉密尔顿在《联邦论》第 1 篇中坦言"目前还在残喘的联邦政府，已经施政乏力"；他问道："人的社会，是否真能通过反思和选择，建立良好政府？还是命中注定，要依赖机遇和暴力，建立政治制度？"在革命的生死存亡之秋，"倘若我们选错了要扮的角色，理当视为人类普遍的不幸"。如果宪法的制定本着爱国之心，"基于真正利益，明智估算利弊，不受私念纠缠，不受偏见影响，一心只为公益"，辅之以"对人类前途的憧憬"，那么这一困境有望摆脱，但"此事只可期望，不可以为必致"。[2]

可以说美国革命从 1776 至 1789 年，大体上经历了从自由到秩序，从社会运动到执政建设，从社会动荡失序到召回国家、权威与秩序的过程。完成从革命运动到治国理政，从革命党到执政党的转型，对任何一场革命及其革命精英来说，都是一场重大的考验与极具挑战的任务。对美国革命中这两者间的博弈与较量，笔者无意通过重新回顾美国革命历程，来详细阐述作为社会运动的美国革命与内部建国的美国革命、从驱走帝国到召回国家之间的复杂纠葛与深刻转向。对此，洗礼派牧师艾萨克·巴克斯（Isaac Backus）围绕马萨诸塞批准 1787 年宪法的问题，而向其同胞们所进行的提醒，可谓意味深长：

"美国革命是人类历史上一个独特的时代。目前这个时期对我们来说，

---

① 李剑鸣：《美国建国精英的知识、眼界和政治取向》，梁茂信：《美国史研究的传承与创新：纪念历史学家丁则民诞辰百年论文集》，北京：中国社会科学出版社，2019 年，第 55 页。

② ［美］亚历山大·汉密尔顿：《第一篇　请大家一起来研究新宪法》，［美］亚历山大·汉密尔顿，詹姆斯·麦迪逊，约翰·杰伊著：《联邦论：美国宪法述评》，尹宣译，南京：译林出版社，2016 年，第 1 页。

较之将来的任何时期，都是同样重要、同样棘手和同样关键，其程度甚至可能有过之而无不及。与打仗和消灭敌人相比，抑制自私的冲动，打开狭隘的心灵，消除陈旧的偏见（因为各州相互之间一直存在最为愚蠢、没有头脑和心胸狭窄的偏见），放弃地方的情感，紧密结合成一个伟大的人民，去追求一种共同的利益，乃是困难得多的事情。现在，一个实现最为丰富的福佑的机会已经展现出来了。新宪法可为我们提供国家的尊严和有力量的政府。"①

那么，美国革命建立了一个什么的政府和国家呢？一般认为，美国革命是一场自由的革命，是启蒙运动的自由、平等、博爱的理念与北美大陆具体的历史环境相结合下的产物。美国独立的目标就是要使美国人从英国政府的专制之下解放出来，进而保护公民的各项权利，其中包括"生命、自由和幸福的权利"。②

建国精英们所设计的 1787 年宪法，主要解决两个方面的问题：一是，相对于个人而言，政府拥有哪些权力，即政府拥有权力的程度与范围；二是，谁来行使政府权力。可以说，"这部宪法的要旨及其所以成功的一个秘密，就在于中央政府在其有限的权力范围内所具有的那种对于个体公民的全面的和带强制性的效力"。③ 首先，通过宪法所建立的政府不是中央集权的政府，它没有至高无上的权力，其行使权力的范围受到明确的规定与限制。1791 年《第 10 条修正案》明确规定："宪法未授予合众国、也未禁止各州行使的权力，由各州各自保留，或由人民保留。"其次，中央政府拥有"对于个体公民的全面的和带强制性的"有限的权力。宪法第 1 条第 8 款规定："国会有权：规定和征收税金、关税、输入税和货物税，以偿付国债、提供合众国共同防务和公共福利；……以及制定为行使上述各项权利和由本宪法授予合众国政府或其任何部门或官员的一切其他权力所必要和适当的所有法律。"宪法第 6 条中规定："本宪法和依本宪法所制定的合众国法律，以及根据合众国的权力已缔结或将缔结的一切条约，都是全国的最高法

① Isaac Backus, February 4,1788, in Jonathan Elliot, ed., *The Debates in the Several State Conventions on the Adoption of the Federal Constitution*, *as Recommended by the General Convention at Philadelphia in 1787*, 5 vols., Philadelphia: J. B. Lippincott, & Co., 1861, vol. 2, pp. 150 – 151,转引自李剑鸣：《美国建国精英的知识、眼界和政治取向》，梁茂信：《美国史研究的传承与创新：纪念历史学家丁则民诞辰百年论文集》，北京：中国社会科学出版社，2019 年，第 60—61 页。
② 赵辉兵：《美国进步主义政治思潮》，北京：中国社会科学出版社，2013 年，第 61 页。
③ ［美］塞缪尔·埃利奥特·莫里森，亨利·斯蒂尔·康马杰，威廉·爱德华·洛伊希滕堡合著：《美利坚共和国的成长》，南开大学历史系美国史研究室译，上卷，天津：天津人民出版社，1980 年，第 319 页。

律;每个州的法官都应受其约束,即使州的宪法和法律中有与之相抵触的内容。"
而且,"上述参议员和众议员,各州州议会议员,以及合众国和各州所有行政和司
法官员,应宣誓或作代誓宣言拥护本宪法"。宪法第 3 条中规定:联邦法院有权
审理"由于本宪法、合众国法律和根据合众国权力已缔结或将缔结的条约而产生
的一切法律的和衡平法的案件"。并且,作为一种最后手段,国会有权"规定征召
民兵,以执行联邦法律、镇压叛乱和击退入侵"。(宪法第 1 条中的规定)无疑,这
些权力"对于解决革命以后时期那些更为纷乱的问题起了很大的作用,并为联邦
政府提供了手段,以便在平时和平执行它的法律,在非常时期对有组织的违法行
为施行强制"。[①] 同时,这不仅为将来联邦政府权力在程度与范围方面的扩张,
即现代规制国家的兴起准备了条件,也为后来进步主义运动的兴起奠定了政治
基础。[②]不过,这要等到内战之后美国经济的国民化或全国化,即全国市场的形
成才有可能。可以说,1787 年宪法,就是要通过民主程序,使政府既要免于政治
精英的统治,不致再度出现类似英王与英国议会的一个人与少数人的"暴政",又
不受到来自选民的过度的直接影响,出现多数人的"暴政"。因此,1787 年宪法
创立了一个旨在保护公民自由与自然权利的有限政府与国家,而民主则是维护
自由的工具;与此同时,这部宪法能够达成也是各方利益相互妥协与折中并在最
大限度内寻找到共识与平衡的产物。对制宪会议中遇到的"难中之难",即上文
提及的自由与秩序的人类的两难困境,詹姆斯·麦迪逊如是描述道:"政府需要
坚强稳定,有权有效,公民权利,需要保护,不可侵犯,要把二者结合起来,忠于共
和形式,实为两难。"[③]而在如此艰难的时局与情势下达成了 1787 年宪法实属幸
事。对制宪会议建议成立的这个政府与国家,他进行了如下的总结:

> "制宪会议提出的这部宪法,严格说来,既不是国民宪法,又不是联邦宪
> 法,而是二者的结合。就其构建基础而言,它是联邦宪法,不是国民宪法;从
> 政府常规权力的来源看,它部分具有联邦性质,部分具有国民性质;从行使
> 这些权力的方式看,它是国民性质,不是联邦性质;就权力的延伸范围,它又

---

① [美]塞缪尔·埃利奥特·莫里森,亨利·斯蒂尔·康马杰,威廉·爱德华·洛伊希滕堡合著:《美利坚
　共和国的成长》,南开大学历史系美国史研究室译,上卷,天津:天津人民出版社,1980 年,第 320 页。
② 赵辉兵:《美国进步主义政治思潮》,北京:中国社会科学出版社,2013 年,第 63 页。
③ [美]詹姆斯·麦迪逊:《第三十七篇　制宪会议能折中各种利益,制定一部可操作的宪法是美国之幸》,
　[美]亚历山大·汉密尔顿,詹姆斯·麦迪逊,约翰·杰伊著:《联邦论:美国宪法述评》,尹宣译,南京:译
　林出版社,2016 年,第 238 页。

回到联邦性质,不是国民性质。最后,在宪法修正权方面,它既不全是联邦性质,也不全是国民性质。"①

由此可知,在规制或限制政府的权力问题上,建国精英们达成了某种共识:政府必然是一种祸害,即政猛于虎也,可以说这要比孟子的"苛政猛于虎也"更加激进,因此,要规制政府特别是联邦政府的权力。但另一方面,现实与时局又迫使建国精英们必须强化国家权力,尤其是中央政府的权力,否则美国革命在内忧外患之下有功亏一篑之危。也正是因为1787年宪法赋予的美国政府与国家权力的联邦性质与国民性质,使得建国后在围绕着集权与分权、自由与民主、农业优先还是工业先行、从宽解释宪法还是从严解释宪法等诸多政治哲学问题与切身的现实利益上,政治分歧越来越大,党争不断。

谈及建国后的美利坚国家与美国政府,不少研究者脑海中浮现的往往是"限权政府""弱国家""自由放任主义""管得越少的政府,就越是好政府"等,我们可以笼统地称之为是"弱国家的神话"。然而,也有不少学者从这种"弱国家的神话"中走了出来。对此,美国学者弗兰克·布尔金(Frank Bourgin)的《大挑战:共和国初期的自由放任主义神话》(*The Great Challenge:The Myth of Laissez-Faire in the Early Republic*)做了大量的驳斥与澄清的工作。在他看来,一方面,1787年美国《联邦宪法》的联邦体系设计中就带有联邦至高无上(federal supremacy)的旨趣,制宪会议打造了一个强大的行政职位,即总统;另一方面,建国后执政者的方针政策,无论是亚历山大·汉密尔顿在信用、金融及工业领域的辗转腾挪、托马斯·杰斐逊的公共土地政策与路易斯安那购地、还是阿尔伯特·加勒廷与约翰·昆西·亚当斯(Albert Gallatin and John Quincy Adams)在"国内改进"(internal improvements,或译为内陆改造、内部建设)方面的牛刀小试,无不表明远在"自由放任主义神话攫取了美国人心灵之前,美国国民政府(national government)曾经发挥了积极的作用"。②布尔金在该书的前言中讲述了这本书的"九死一生":作为1945年申请芝加哥大学博士学位的论文

---

① 〔美〕詹姆斯·麦迪逊:《第三十九篇　共和制的基本特点:联邦政府和国民政府的区别》,〔美〕亚历山大·汉密尔顿,詹姆斯·麦迪逊,约翰·杰伊著:《联邦论:美国宪法述评》,第260页。

② Frank Bourgin, *The Great Challenge:The Myth of Laissez-Faire in the Early Republic*, New York:Harper & Row, Publishers, 1990, Foreword by Arthur Schlesinger, Jr., p. xxiv.

被博士论文答辩委员会拒绝通过,直到45年之后才重拾信心,得以出版面世。[1]对此,美国著名历史学家小阿瑟·施莱辛格写道:"以一种几乎是前所未有的痛改学术之前非的姿态,芝加哥大学政治学系在1988年决定重审1945年的决定,并纠正了这一错误。"[2]

那么,我们应该如何看待内战前美国的国家与政府规制理念与实践呢?若以一言蔽之,笔者认为:这一时期的美利坚国家与政府基本上适合了或迎合了美国人民的需要;"如人饮水,冷暖自知"。[3] 当然,我们还是有必要从政治哲学与政治实践两个层面对内战前美国的政府与国家及其规制实践进行历史的梳理。

2. 美利坚合众国的成长

(1) 亚当·斯密的国富民强论及其"美洲"影响

有关国富民强的发展路径,即应该采取何种政治哲学或治国方略,亚当·斯密认为当时的政治经济学不外乎两大体系:一是重商主义体系;二是重农主义体系。[4]对于当时欧洲国家一度风行的重商主义,在斯密看来,其"本质是一种限制与管理的学说,对于科尔伯特这类惯于管理、制裁与监督的人很合适"。其主要举措就是"给某些产业部门以特权,让这个国家的工业及商业在不公平、不自由的环境下发展";"支持城市产业,压抑农村产业,鼓励制造业和国外贸易,以便城市居民可以廉价购买食物";"禁止谷物输出,以防农村居民将谷物运送到国外市场";"制定了一系列限制各省间谷物运输的法规,并对民众征收沉重的赋税"。[5] 不过,这一体系忽视了农村经济与产业的发展。

而重农主义体系则"轻视城市产业,重视农村产业。这些重农主义者进而主张,把农业视为各国收入的唯一来源"。[6] 在重农主义体系的指导下,根据人们"对土地和劳动年产物"的贡献度,将社会划分为三个阶级:"第一种,土地所有者阶级;第二种,耕作者、农业资本家和农村劳动者阶级(即重农主义者所谓的生产

---

① Frank Bourgin, *The Great Challenge : The Myth of Laissez-Faire in the Early Republic* , New York: Harper & Row, Publishers, 1990, Foreword by Arthur Schlesinger, Jr. , Preface, pp. xi - xii.

② Ibid. , p. xxiv.

③ 《坛经》,鸠摩罗什等著:《佛教十三经》,北京:中华书局,2010年,第98页。

④ [英]亚当·斯密著:《国富论》,杨敬年译,下册,西安:陕西人民出版社,2010年,第362页。

⑤ [英]亚当·斯密著:《国富论》,胡长明译,重庆:重庆出版社,2015年,第246页;注:科尔伯特又译为科尔贝,全名让—巴蒂斯特·科尔伯特(Jean-Baptiste Colbert, 1619—1683),是法国路易十四时代的财政大臣,其所推行的政策被称为科尔伯特主义,与重商主义往往通用。

⑥ [英]亚当·斯密著:《国富论》,胡长明译,重庆:重庆出版社,2015年,第246页。

阶级);第三种,工匠、制造者和商人阶级(即不生产阶级)。"①不过这一体系则过于重视农业,而忽视了城市与工业。

在斯密看来,这两种体系都有弊端与危害;相对而言,重农主义比重商主义的危害更大。因此,"所有学说,无论是优先发展还是抑制发展的学说,一旦完全废除,最明白、最简单的自由制度就会自然而然地建立起来。只要不违背公正原则,任何人都可以完全自由地按照自己的方式谋求私利,并用他自己的劳动和资本与任何其他个人或阶级展开竞争"。② 有鉴于此,作为君主或治国者"不应该再做出监督私人产业、指导私人产业等举措",而其职责就是三件事:"第一,保护社会,使其他独立社会无法侵犯;第二,设立严正的司法机关,尽可能保护生活上的每个人不受侵犯或压迫;第三,为了维护公共利益,由国家建设并维持某些公共事业及某些公共设施,这种事业与设施的利润与所消耗的费用相抵且有余,但若由个人或少数人经营,就绝不能补偿所消耗的费用。"③

有关《国富论》对"建国之父"的影响,"杰斐逊则可能在读到《国富论》以前就对亚当·斯密产生了兴趣,麦迪逊的政治经济观点也受其影响。而且,亚当·斯密在书中不时论及'美洲'事务,尤其是他提出的常备军乃属必需的观点,在美国宪法的有关条文中留下了印记"。④ 例如,研究哲学的美国学者塞缪尔·弗莱施哈克尔(Samuel Fleischacker)认为:最近学术界对苏格兰启蒙思想之于美国建国者的影响进行了研究,即便是带有推测性质,但十分出色地论证了弗朗西斯·哈钦森(Francis Hutcheson)对托马斯·杰斐逊所起草的《独立宣言》、大卫·休谟对詹姆斯·麦迪逊的宪法观、托马斯·里德(Thomas Reid)对詹姆斯·威尔逊(James Wilson)的司法观,但很少有人关注亚当·斯密的影响。一方面,斯密十分关注北美,另一方面,有证据表明包括杰斐逊、麦迪逊以及威尔逊在内的许多美国建国者都是斯密《国富论》最早些时候的读者。比如,《联邦党人文集》第

① 〔英〕亚当·斯密著:《国富论》,胡长明译,重庆:重庆出版社,2015 年,第 246 页。
② 〔英〕亚当·斯密著:《看不见的手》,马睿译,香港:商务印书馆(香港)有限公司,2017 年,第 108 页。
③ 〔英〕亚当·斯密著:《国富论》,胡长明译,重庆:重庆出版社,2015 年,第 256 页。
④ Samuel Fleischacker, "Adam Smith's Reception among the American Founders, 1776 - 1790", *William and Mary Quarterly*, vol. 59, no. 4,2002, pp. 897 - 915,转引自李剑鸣:《美国建国精英的知识、眼界和政治取向》,梁茂信:《美国史研究的传承与创新:纪念历史学家丁则民诞辰百年论文集》,北京:中国社会科学出版社,2019 年,第 51 页。

10篇有关在形塑个人行为方面,与政府对立的社会之作用同斯密有着特定的关联。①

(2) 内战前美国政治中的政治哲学与路线之争

就内战前美国的治国哲学与路线方针来看,总的来说存在着杰斐逊民主与汉密尔顿的自由之张力或杰斐逊主义与汉密尔顿主义之争、美国体系(或译为"美国体制")与杰克逊民主之对垒。用我国学者张少华的观点从现代化的角度来表述,就是汉密尔顿的"工商立国",还是杰斐逊的"农业立国"的治国方略与路线方针之较量。②早在18世纪30年代法国政治思想家夏尔·阿列克西·德·托克维尔在《论美国的民主》中就曾隐约地指出了民主与自由既紧密联合又相互对立的复杂关系与趋势。托克维尔就自由与作为民主的结果即平等的联系与区别进行了阐述。他写道:"平等使人产生了关于单一的、划一的和强大的政府的思想;……思想和感情的自然倾向,都在引导人们向这个方面迈进。只要不加阻止,人们就可以达到目的地。"③因此,他预言:"在展现于眼前的民主时代,个人独立和地方自由将永远是艺术作品,而中央集权化则是政府的自然趋势。"④而"人对自由的爱好和对平等的爱好,实际上是两码不同的事情。我甚至敢于补充一句:在民主国家,它们还是两码不可调和的事情"。⑤

杰斐逊与汉密尔顿的分歧主要集中为两大主题:第一,在这个新生的国家里,如何精确地平衡权力;第二,美国要有一个强大的中央政府,还是把更多的权力保留在各个州政府。⑥

杰斐逊认为,人民应该控制政府权力,即多数人的统治,其哲学基础是"法国启蒙运动的人道主义哲学,它建立在人的完美性基础之上,它提出的目标是平均主义的民主,其中,国家应该起到为共同福利服务的作用"。⑦其对人性的看法是乐观的,"如果人类的生存环境可以被改变——教育更加普及、社会差别不再存

---

① Samuel Fleischacker, "Adam Smith's Reception among the American Founders, 1776－1790", *William and Mary Quarterly*, vol. 59, no. 4, 2002, p. 897.
② 张少华:《美国早期现代化的两条道路之争》,北京:北京大学出版社,1996年,第46—67页。
③ [法]托克维尔著:《论美国的民主》,董果良译,北京:商务印书馆,2017年,第926页。
④ 同上书,第926页。
⑤ 同上书,第682页。
⑥ Heather Lehr Wagner, *The History of the Democratic Party*, New York: Chelsea House Publishers, 2007, p. 7.
⑦ [美]沃浓·路易·帕林顿著:《美国思想史》,陈永国等译,长春:吉林人民出版社,2002年,第765页。

在、财富得以平均分配——人类的优点就会占据主导"。因而,对人民的自治能力持开放的态度。从本质上讲,杰斐逊主义是"为了推动被统治者的意愿的实现"。① 在杰斐逊看来,美国革命的目的无外乎两点主要目标:一是抵制"大英帝国君主制和寡头政治腐化堕落,不断扩张,无情剥削";二是革命成功后的美国要建立共和制度,以此抵制"腐败和暴政",而维护共和政体的最好方式就是"在一个以农业为主的州里实施土地全民所有制"。② 未来的美国应该是建立一个自由、平等的农业共和国,那种"每一个国家都应该努力为本国制造产品确立为一个原则"的欧洲政治经济学不适合美国;自耕农,"那些在地里劳动的人是上帝的选民",是"上帝使圣火熊熊燃烧的中心";制造业"依赖意外事故和顾客的变化无常来从中获利。依赖心会产生奴性及唯利是图,扼杀美德的萌芽,为野心家的阴谋提供合适的工具";"大城市的乱民"就像是人的肌体上的"溃疡"。因此,"还是让我们的工场留在欧洲吧"。③ 在杰斐逊看来,农业意味着平等主义,制造业则会造成社会的阶级分化,而银行则是"欺诈穷人、压迫农民的工具,还会导致一种破坏共和质朴之风的奢靡风气"。④ 有关杰斐逊对工业社会的负面看法很大程度上来自于孟德斯鸠和休谟,"他从两位前辈那里得知欧洲的无产者如何被称为产业工人,遭受剥削,结果却'食不果腹,衣不蔽体,挣扎在死亡的边缘'。绝望的环境导致他们'道德沦丧,难以独立,自甘堕落',被有道德的国家所不容"。⑤

而汉密尔顿认为,政府权力应该置于少数人的控制之下,从而通过各种制衡机制免于为人民的强烈要求所左右。⑥他奉行少数人统治或精英统治原则,其哲学基础是:"英国的自由主义哲学,它建立在可获得的本能假定具有普遍性的基础上,提出一种社会秩序可以满足抽象的'经济人'的需要,国家起到促进贸易的作用。"⑦其对人性的看法是悲观的,认为"人类是激情的奴隶",被各种"贪婪、野

---

① 〔美〕约翰·菲尔林著:《美利坚是怎样炼成的:杰斐逊与汉密尔顿》,王晓平等译,北京:商务印书馆,2015年,第188页。

② 同上书,第129页。

③ 〔美〕托马斯·杰斐逊:《弗吉尼亚笔记》,《杰斐逊选集》,朱曾汶译,北京:商务印书馆,2017年,第280—281页。

④ 〔美〕罗恩·彻诺:《汉密尔顿传》,张向玲等译,杭州:浙江大学出版社,2018年,第456—457页。

⑤ 〔美〕约翰·菲尔林著:《美利坚是怎样炼成的:杰斐逊与汉密尔顿》,第127—128页。

⑥ Benjamin Parke De Witt, *The Progressive Movement*: *A Non - Partisan*, *Comprehensive Discussion of Current Tendencies in American Politics*, Seattle and London: University of Washington Press, 1968(1915 1st edition), p.7.

⑦ 〔美〕沃浓·路易·帕林顿著:《美国思想史》,陈永国等译,长春:吉林人民出版社,2002年,第765页。

心和利益左右着",对人类的自我管理能力持怀疑态度。就本质而言,汉密尔顿强调"保护那些已经处于社会顶层的人,同时抑制那些还没有挤入上层阶级的人"。①实际上,汉密尔顿的思想主张在制宪会议的秘密笼罩下的会议室内就已经淋漓尽致地暴露出来了,对此詹姆斯·麦迪逊是深有感触,并大为震惊的。因为只有在类似"巨格斯指环"的魔力护佑下,可以随心所欲地为所欲为而又不会被人发现与受到惩罚的情况下,这样才能够令人流露出个人最真实的想法。②汉密尔顿在制宪会议中给出的解决方案是:如果不是担心引发"大众舆论的过度恐慌",他想要"州政府被正式废止";他敦促建立一个类似于英国的政府,因为"这是世界上迄今最好的政府模式";他认为,鉴于每个社会都分为居于社会顶端的"富有和出身良好"的、不愿激烈变革的少数人,"动荡不定和不断地改变着"且"很少去评判和决定什么是正确的"多数人,因此宪法的制定必须遵从少数人主导全国政府的原则,这是"侦查民主政体的漏洞"的唯一可以信赖的手段。③最后,他提议建立两院制国会,分上下两院;选举团选出任职终身的主席,即"选举出来的君主",授予其种种特权,包括"真正的军队控制权、在外交和金融领域的巨大权威和严格的否决权"。④尽管会场没有一个人支持汉密尔顿的体系,但他说出了很多"最保守的美国人的内心真实想法":

> "对于这些美国人而言,美国革命就是帮助他们挣脱自己祖国的束缚和建立他们自己强大国家的革命。在这个强大的国家里,企业家、投机商、进口商、出口商以及金融界人士都可以从英国的枷锁和这片受压迫的土地上被解放出来。他们并不希望进行彻底的政治和社会变革。但是变化已经发生了,那些在殖民时期毫无权力的人一跃成了掌权者。这种变化在最保守的美国人当中引起了恐惧。他们大声疾呼要停止美国革命,要让变革变得愈加困难,并极力要求保留那个1776年之前他们所熟知的社会轮廓。汉密

---

① [美]约翰·菲尔林著:《美利坚是怎样炼成的:杰斐逊与汉密尔顿》,王晓平等译,北京:商务印书馆,2015年,第188页。

② [古希腊]柏拉图著:《国家篇》,《柏拉图全集》,王晓朝译,中卷,北京:人民出版社,2018年,第46页;[古希腊]柏拉图著:《理想国》,顾寿观译,长沙:岳麓书社,2010年,第60页。顾寿观将"巨格斯"译为"巨哥",书中提及了巨格斯指环(the ring of Gyges)的故事。

③ [美]约翰·菲尔林著:《美利坚是怎样炼成的:杰斐逊与汉密尔顿》,王晓平等译,北京:商务印书馆,2015年,第186—187页。

④ 同上书,第187页。

尔顿承认社会总会存在一些不平等的状况,而且随着时代的进步,这种不平等还会加大。但既然这是事态变化的自然规律,他将不会致力于为这种不平等寻求任何治疗方案。汉密尔顿的思想不带有丝毫怜悯之心,他所表达的是所有社会精英都希望保留他们的高贵地位的共同愿望,其中的阶级偏见、反民主精神不仅可以用来概述汉密尔顿余生的思想,也一直是潜藏在未来好几代人中众多保守哲学思想背后的驱动力。"①

对于二人的分歧,美国学者塞缪尔·埃利奥特·莫里斯等人进行了高度凝练:

"从根本上说,汉密尔顿乃是希望集中权力;杰斐逊则希望分散权力。汉密尔顿乃是担心出现无政府状态和珍爱秩序,杰斐逊则是担心暴政和珍爱自由。汉密尔顿相信,共和制政体只有在一个统治阶级的领导下才能取得成功;杰斐逊则相信,共和制若无民主的基础就几乎不值得试行。汉密尔顿采取了霍布斯对人性抱悲观的观点;杰斐逊则采取了一种较有希望的观点,他相信:人民虽然并非永远都是最智慧的,但却是最可靠和最有道德的掌权者;教育将会使他们智慧完美。汉密尔顿依靠制定法规来促进海运业和建立制造业,将会使美国的经济多样化;杰斐逊则要使美国仍保持为农民的国家。"②

建国初期,作为国务卿的托马斯·杰斐逊与身为财政部长的亚历山大·汉密尔顿本来相安无事,在汉密尔顿提出《公共信用的报告》时,杰斐逊一度从中斡旋,促成了 1790 年妥协,即南方议员投票支持有利于北方商人的《公共信用的报告》;支持债务融资计划;作为向北方妥协的收益是未来新的国家首都将从纽约市转移到"位于马里兰州波托马克河沿岸的一大片方圆 10 英里的土地上",即后来的哥伦比亚特区华盛顿。③关于定都何处的问题,其背后的意涵与利害关系是"美国应当选择城市化还是以农耕为主的乡村化。许多南方人认为,定都北方将

---

① [美]约翰·菲尔林著:《美利坚是怎样炼成的:杰斐逊与汉密尔顿》,王晓平等译,北京:商务印书馆,2015 年,第 187—188 页。

② [美]塞缪尔·埃利奥特·莫里斯,亨利·斯蒂尔·康马杰,威廉·爱德华·洛伊希腾堡合著,《美利坚共和国的成长》,上卷,南开大学历史系美国史研究室译,天津:天津人民出版社,1980 年,第 377 页。

③ [美]罗伯特·瑞米尼著:《美国简史:从殖民时代到 21 世纪》,朱玲译,杭州:浙江人民出版社,2015 年,第 46 页。

有益于名商富贾的城市利益,而无益于农耕生活。虽然这与南方蓄奴的现实大相径庭,但杰斐逊的关于一个由许多小型的、独立的农场组成的国家的田园牧歌式梦想,在精神上对于美国人而言具有莫大的吸引力"。① 不过,这也使得南北矛盾渐渐显露出来,因为南方人普遍认为:"在独立战争期间,政府债券的持有者多为南方人,后来,北方人从他们手中低价'骗取到了这些债券'。"②尽管汉密尔顿对此心知肚明,但他认为:立法者,譬如凯撒之妻,应当置身于猜疑之外;他向华盛顿坦言:"然而,公共秩序和普遍幸福要求这些原则具有稳定性和一致性。容忍局部的罪恶总要好过违背基本原则。"③汉密尔顿认为由联邦政府承担债务的好处是,"债券持有人会维护对他们负债的政府。如果负债的是联邦政府,而不是各州,债权人的忠诚就会投向中央政府。汉密尔顿更感兴趣的是保证政府的稳定与生存,而非让债权人致富或培养特权阶层"。同时,汉密尔顿假定"富人具有更广泛的公共责任感,会在某种程度上摒弃利己主义,追逐集体利益"。④ 作为国家主义者的汉密尔顿在 1788 年 6 月为争取纽约州批准联邦宪法会议上的讲话,清楚地表明了他的立场:"在革命推翻暴政之际,民众被嫉恨之心左右,这再自然不过……对自由的渴望最终会支配人们的情感。在建立我们的邦联时,这种渴望促使我们推翻专制政府。这种目标当然是颇有价值的,值得我们予以关注。但是,先生们,还有另一个目标是同等重要的,我们却很少关注它。我指的是,我们的政府变得强大、稳定,让我们的政府运作充满力量。"⑤在他看来,为了平衡自由,必须关注秩序,要建立强大而稳定的政府。然而,这在杰斐逊、麦迪逊等人眼中,他们更多看到的是汉密尔顿的精英政治,目的是培育特权阶层,是为了让少数的债权人发家致富。

随后,1790 年 12 月,汉密尔顿又相继提出了征收酒类消费税的提案和建立中央银行的提案;1791 年,又推出了《关于制造业的报告》。前者通过后,不仅引发了宾夕法尼亚州的"威士忌暴乱",而且也造成了杰斐逊派与汉密尔顿派的对立。如果此刻回想 1764 年大英帝国议会向北美殖民地征收国外进口糖、朗姆

① [美]罗恩·彻诺著:《汉密尔顿传》,张向玲等译,杭州:浙江大学出版社,2018 年,第 432 页。

② 同上书,第 404 页。

③ 同上书,第 405 页。

④ 同上书,第 399 页。

⑤ Harold C. Syrett, etal. eds., *The Papers of Alexander Hamilton*, New York: Columbia University Press, vol. 5, p. 68, speech of June 24,1788,转引自[美]罗恩·彻诺著:《汉密尔顿传》,张向玲等译,杭州:浙江大学出版社,2018 年,第 359 页。

酒、纺织品、咖啡等物品关税的《糖税法》的话,该作何感慨? 唯一不同之处在于曾经的帝国议会换成了现在的美国国会。

如果说在联邦政府承担债务问题上杰斐逊尚且踌躇不定的话,建立合众国银行的提案则迅速招来了麦迪逊和杰斐逊的反对。时任国务卿的杰斐逊主张"严格解释"宪法,他说,"我认为宪法的根本是建立在这个基础上的:'宪法所未授予合众国、也未禁止各州行使之一切权力,由各州或人民保留之。'对围绕国会权力这样专门规定的界限超越任何一步,就是对不再有任何界限的无限权力的占有"。[1] 他认为国会有权"制订执行"宪法所授予的各项权力"所需之法律",但并不包括为了便于达到这类目的的法律。因为成立国家银行并不是绝对必要的,所以他反对汉密尔顿成立国家银行的主张。[2]而实际上,他反对建立中央银行的真正原因是:他"担心银行的建立不仅会创造出投机商这一新的社会阶层,还会使银行成为一个把赏赐和贿赂输送到国会议员手中的传输管道。……银行可以强化中央政府,并可以确保'财政利益'凌驾于国会之上。银行将像一个'掌控在总统手中的万能引擎……增加它所拥有的巨额资助……并使它拥有像国王一样的权力'"。[3] 往更远处看,杰斐逊担心中央政权的稳固和"新的有钱阶层的产生"将会威胁到"共和主义、分散中央集权和农耕式的生活方式";"汉密尔顿主义将导致美国的欧洲化,使美国变成他在法国五年中亲眼看见的各种邪恶势力的牺牲品。这些邪恶势力包括君主制、严格的社会阶层划分、财富的集中、大规模的贫穷和城市道德的沦丧"。[4]

汉密尔顿针锋相对,提出"宽泛解释"宪法,认为尽管联邦政府并非在方方面面都拥有最高权力,但是政府在其规定的权力要达到的目的的范围内是拥有最高权力的。他写道:

> "因此,它留下一条什么是符合宪法的和什么是不符合宪法的标准。这个标准是目的,而与其有关的措施是手段。如果目的是明显地包含在所规

---

[1] [美]P. L. 福特编:《托马斯·杰斐逊文集》(纽约,1892—1899 年),卷 5,第 285 页,转引自[美]纳尔逊·曼弗雷德·布莱克著:《美国社会生活与思想史》,上册,许季鸿译,北京:商务印书馆,1994 年,第 333 页。

[2] [美]塞缪尔·埃利奥特·莫里斯,亨利·斯蒂尔·康马杰,威廉·爱德华·洛伊希腾堡合著,《美利坚共和国的成长》,上卷,南开大学历史系美国史研究室译,天津:天津人民出版社,1980 年,第 379 页。

[3] [美]约翰·菲尔林著:《美利坚是怎样炼成的:杰斐逊与汉密尔顿》,王晓平等译,北京:商务印书馆,2015 年,第 221 页。

[4] 同上书,第 221—222 页。

定的任何权限之内的,而措施同这个目的又有明显的关系,并且又不是宪法
任何一个条款所禁止的,那么,完全可以认为它是属于这个全国权力机关权
限范围以内的。"①

换言之,汉密尔顿利用了 1787 年联邦宪法的第 1 条第 8 款的"必要和适当
的立法"条款,即"为行使上述所有权力,行使宪法授予联邦政府、授予各部门及
其他官员的权力,制定必要和适当的立法"。② 尽管在制定宪法时,麦迪逊和汉
密尔顿曾经同为联邦党人,1788 年 1 月 25 日在《纽约邮报》发文指出:如果没有
"制定必要和适当的立法"的权力,"整个宪法不过是一纸空文"。③ 不过,此时的
麦迪逊则认为"汉密尔顿正成为窃取联邦权力的贵族阶层的官方代言人","似乎
无所不能的"汉密尔顿在滥用"必要与适当"条款。④

不仅杰斐逊、麦迪逊反对建立合众国银行,而且司法部长埃德蒙·伦道夫也
持反对立场。"深陷惊讶与摇摆不定之中"的华盛顿总统在征询了杰斐逊和汉密
尔顿的各自意见后,经过深思熟虑,最终还是听从了财政部长的建议。⑤这着实
令"杰斐逊感到震惊,他也同样惊愕于这位财政部长的政治手腕"。⑥ 这与后来
民主—共和党的建立无疑具有一定的关联。

不过,公共信用、酒类消费税、建立国家银行,建立铸币厂并非是汉密尔顿主
义的全部,其最为重量级的报告则是《关于制造业的报告》。尽管遭到国会的抵
制,但他强烈渴望能够将其 1791 年 12 月 5 日提交国会的这项报告付诸实施。
为此在 1791 年 4 月,"汉密尔顿利用个人声望帮助考克斯(笔者注:财政部长助
理坦奇·考克斯,Tench Coxe)成立了一个制造业协会",即有用制造业促建会
(Society for Establishing Useful Manufactures)。该协会"是一家获得政府支持

---

① [美]H. C. 洛奇编:《亚历山大·汉密尔顿文集》(纽约,1903 年)卷 4,第 135 页,转引自[美]纳尔逊·曼
   弗雷德·布莱克,《美国社会生活与思想史》,上册,许season译,北京:商务印书馆,1994 年,第 328 页。
② 《美利坚联邦宪法》,[美]亚历山大·汉密尔顿,詹姆斯·麦迪逊,约翰·杰伊著:《联邦论:美国宪法述
   评》,尹宣译,南京:译林出版社,2016 年,第 621 页。
③ [美]麦迪逊:《第四十四篇 第五类权力:对邦权的限制;第六类权力:联邦立法的最高地位》,[美]亚历
   山大·汉密尔顿,詹姆斯·麦迪逊,约翰·杰伊著:《联邦论:美国宪法述评》,尹宣译,南京:译林出版
   社,2016 年,第 303 页。
④ [美]罗恩·彻诺著:《汉密尔顿传》,张向玲等译,杭州:浙江大学出版社,2018 年,第 462—263 页。
⑤ [美]约翰·菲尔林著:《美利坚是怎样炼成的:杰斐逊与汉密尔顿》,王晓平等译,北京:商务印书馆,
   2015 年,第 222 页。注:国务卿一职在杰斐逊就任之时,其拟议的权力范围远比后来的要广泛得多。
⑥ [美]罗恩·彻诺著:《汉密尔顿传》,张向玲等译,杭州:浙江大学出版社,2018 年,第 223 页。

的营利机构,也是一个试点项目和创新实验室",被后来史学家誉为"美国早期历史上最具雄心的工业试验"。①《关于制造业的报告》是"美国选择性工业发展规划方面的第一个由政府赞助的计划",其主要推动力来自于军事与战略方面,其核心目标是要将美国打造成"与英国旗鼓相当的制造业巨头,而不是杰斐逊幻想的自耕农社会"。而这一计划也与"美国独立战争期间提出的经济自立、平等贸易的口号相一致",更是对欧洲侵略性贸易政策的应战。②可以说,这与华盛顿的治国理念是一致的;在 1790 年 1 月 8 日的第一个国情咨文中,他说道:"为了保障民众的安全和利益,应多建工厂,这样,主要物资,特别是军用物资的保障,便可不依赖他人。"③在该报告中,汉密尔顿首先表示:工厂并非要取代农场,而是"为过剩农作物开创国内市场";接着他驳斥了重农学派认为"农业是最具生产力的人类劳动形式,并谴责政府试图操纵经济"的观点,列举了制造业的优势,不仅可以增加岁入,而且还可以"创造额外的就业机会,促进外国移民的迁移;为各具特点的多样化的才干与天赋提供更广阔的空间;为事业进取开辟更为丰富多样的天地";他向议员们描绘了"一个具有无穷多样性的精英社会,其多元化市场能够包容不同民族、不同背景的人才。虽然报告里没有提到奴隶制度,但汉密尔顿的理想经济体制中是绝对没有南方种植园的封建暴行的"。同时,他认为:政府要对"投资发挥导向作用","联邦政府有权鼓励经济发展,同时也有权在必要时对其予以遏制"。作为一个新生的共和国,美国要在列强林立的世界中立足,他"支持在一段时间内采取重商主义政策",而这是"优于亚当·斯密的自由放任主义的"。④ 在这里,我们既能看到内战后美国工业帝国的设想,也能够感受到内战后美国现代规制国家的雏形。比如,"他认为政府对制造品的检验能够恢复消费者的信心,并拉动销售,他甚至预见到直至西奥多·罗斯福的'进步时代'才制定的监管政策"。此外,汉密尔顿也主张积极能动的政府,"他声称,公路和运河网络对英国工业起到了最重要的刺激作用。因此他力主对美国国内环境的改

---

① [美]罗恩·彻诺著:《汉密尔顿传》,张向玲等译,杭州:浙江大学出版社,2018 年,第 487 页。

② 同上书,第 486—490 页。

③ [美]乔治·华盛顿:《向国会发表的第一个国情咨文(1790 年 1 月 8 日)》,[美]约翰·罗德哈梅尔选编:《华盛顿文集》,吴承义等译,沈阳:辽宁教育出版社,2005 年,第 637—638 页。

④ "Federalist Alexander Hamilton Envisions a Developed American Economy", in Elizabeth Cobbs Hoffman, Edward J. Blum, Jon Gjerde, *Major Problems in American History*, *Volume I*: *To 1877*, *Documents and Essays*, Third Edition, Boston: Wadsworth: Cengage Learning, 2012, pp. 168 - 170; [美]罗恩·彻诺著:《汉密尔顿传》,张向玲等译,杭州:浙江大学出版社,2018 年,第 491—494 页。

进——用我们今天的话说,就是公共基础设施建设——以期将美国分散的区域性市场铸造成一个完整统一的经济体"。① 为此,汉密尔顿援引诸多宪法依据,特别是依靠国会有权"为联邦提供共同防御和普遍福利"条款(第 1 条第 8 款)。②简言之,汉密尔顿的短期目标是"建立一个稳定的国家经济秩序,吸引美国财力最为雄厚的利益集团为新政府提供支持,鼓励经济的发展";其长远规划是以英国为模板,"把美国发展成为一个重要的商业和军事强国"。③

对于杰斐逊与汉密尔顿,美国学者罗恩·彻诺如是评价道:"如果说杰斐逊极大地丰富了政治民主的观念的话,汉密尔顿则对经济机会有更敏感的嗅觉。汉密尔顿是未来——我们现在所生活的这个时代——的信使。我们已经抛弃了那混合着温情脉脉的关于平均地权的动听宣传与冷冰冰真实存在的蓄奴制的杰斐逊式民主,生活在一个贸易、工业、股票市场和银行业高度繁荣的汉密尔顿所设想的世界(坚定的废奴主义也是他的经济观的重要组成部分)。"④在规划工业帝国——"工业革命、全球贸易的扩张、银行和证券交易的发展"——方面,"汉密尔顿是无可匹敌的美国先知"。⑤

实际上,在规划美国未来发展道路上,作为拥有奴隶的南方大种植园主的乔治·华盛顿总统,杰斐逊本来认为会与他同在一条战线上,结果往往在决策上选择了支持汉密尔顿。因此,华盛顿的执政理念、正确的判断力、大局观、公平正直的品格、为公众谋福利之心就体现得尤为重要了。华盛顿在第一次总统就职演说中就明确提出,并希望执政者要做到两点:第一,"任何地方偏见或地方感情,任何意见分歧或党派纷争,都不能使我们偏离全局观点和公平观点,即必须维护这个由不同地区和利益所组成的大联合";第二,"我国的政策将会以纯洁而坚定的个人道德原则为基础,而自由政府将会以那赢得民心和全世界尊敬的一切特点而显示其优越性"。⑥ 而美国人民通过"维护神圣的自由之火和共和制政府的

---

① [美]罗恩·彻诺著:《汉密尔顿传》,张向玲等译,杭州:浙江大学出版社,2018 年,第 494 页。
② 《美利坚联邦宪法》,[美]亚历山大·汉密尔顿,詹姆斯·麦迪逊,约翰·杰伊著:《联邦论:美国宪法述评》,尹宣译,南京:译林出版社,2016 年,第 620 页;[美]罗恩·彻诺著:《汉密尔顿传》,张向玲等译,杭州:浙江大学出版社,2018 年,第 495 页。
③ [美]埃里克·方纳著:《给我自由:一部美国的历史》,王希译,上卷,北京:商务印书馆,2010 年,第 356 页。
④ [美]罗恩·彻诺著:《汉密尔顿传》,张向玲等译,杭州:浙江大学出版社,2018 年,第 8 页。
⑤ 同上书,第 454 页。
⑥ [美]乔治·华盛顿:《第一次就职演说》,[美]约翰·罗德哈梅尔选编:《华盛顿文集》,吴承义等译,沈阳:辽宁教育出版社,2005 年,第 625 页。

命运"，进而来"维护人民的安全和幸福"。①为此，我们要建设自由、高效的政府；要组建军队，保护贸易；要制定外交规章；统一归化制度；尽量与印第安部落和平交往；要"开凿运河和改善道路，以使交通变得便利"；"为了保障民众的安全和利益，应多建工厂"，"成为一个工业民族"；要采取措施，鼓励制造业与农业的发展，要"规范货币制度和流通形式并建立起统一的重量和计量制度"；要"尽最大的努力去促进民族的教育和风俗，推进艺术和科学的发展，资助天才人物进行创作，奖励有用的发明，并且爱护有利于人类的各种机构"。② 总之，"运用一切适当方法发展农、商、工业"，而且"我必须向诸位说明，从国外引进实用的新发明，以及发挥人们的技能和才智，在国内进行研制和生产，对这两点应同样鼓励。同时须注意发展邮政和邮路，便利我国边远地区之间的交流和联系"。③ 从中我们可以看出大致的脉络，可以说汉密尔顿主义与华盛顿的治国理念是有其一致性的。经过了独立战争，华盛顿和汉密尔顿都深感建立自己的民族工业的重要性，而这一点杰斐逊和麦迪逊唯有等到成为美国总统，尤其是后者要等到第二次美英战争之后，才能深刻体会到这一点。

一定程度上可以说，建国后的美国政治是沿着这条轨迹行进的。在国内事务中，新成立的联邦党人支持汉密尔顿扶植工商业的中央集权政策，后来支配了资本主义的(或自由的)美国，其支持者主要是"富裕的大商人、农场主、律师与地位牢固的(尤其是南方以外)政治领袖人物"；他们"通常带有一种精英政治的倾向，这种传统的 18 世纪的世界观把社会看成是固定不变的等级组织，把政府公职看成是具有经济实力的人——即用汉密尔顿的话来说，那些'富有、能干和出身良好'的人——所专门保留的职位"。④ 在联邦党人看来，自由的基础在于服从权威。⑤因该党支持强大的中央政府的理念，主要的权力掌握在联邦政府与少

---

① [美]乔治·华盛顿：《第一次就职演说》，[美]约翰·罗德哈梅尔选编：《华盛顿文集》，第 626 页；华盛顿：《第一次就职演说草稿片段》，[美]约翰·罗德哈梅尔选编：《华盛顿文集》，第 606 页。

② [美]华盛顿：《第一次就职演说草稿片段》，[美]约翰·罗德哈梅尔选编：《华盛顿文集》，吴承义等译，沈阳：辽宁教育出版社，2005 年，第 607—611 页；[美]乔治·华盛顿：《向国会发表的第一个国情咨文(1790 年 1 月 8 日)》，[美]约翰·罗德哈梅尔选编：《华盛顿文集》，第 637—638 页；华盛顿：《向国会发表的第八个国情咨文(1796 年 12 月 7 日)》，[美]约翰·罗德哈梅尔选编：《华盛顿文集》，第 809 页。

③ [美]乔治·华盛顿：《向国会发表的第一个国情咨文(1790 年 1 月 8 日)》，[美]约翰·罗德哈梅尔选编：《华盛顿文集》，第 638 页。

④ [美]埃里克·方纳著：《给我自由：一部美国的历史》，上卷，王希译，北京：商务印书馆，2010 年，第 360—361 页。

⑤ 同上书，第 361 页。

数精英手中,借此可以采取对共同福祉来说是必要的各种措施,故称联邦党。①而杰斐逊派则反对这一政策,成为美国农民与种植园主以及部分都市工匠的代言人,并创建了民主—共和党。②因为杰斐逊确信一个强大的中央政府很快就会压迫公民,一如此前英国压迫美洲的殖民者,所以这个新国家要成为一个共和国,权力掌握在投票的公民与他们所选的代表的手中,即权力应该主要留在州政府和人民手中,故称民主—共和党或共和党。③"民主—共和党"(Democratic-Republicans)本来是来自联邦党人嘲讽性的称呼,将杰斐逊的共和党同法国的"激进的民主派"联系起来,即那些在法国大革命期间所采取的一系列做法导致普遍的暴力与恐怖的人们。1798年的共和党就接受了"民主—共和党"这一称呼,并作为其正式的名称。④

民主—共和党与联邦党就构成了美国的第一代政党体系(First Party System,1792-1824)。如果说联邦党提倡一个强大的中央政府、从宽解释宪法以及一个由精英统治的、稳定、强大、高效的政府,那么,民主—共和党则强调州权、从严解释宪法以及一个民主的权力有限的政府,或小政府。⑤后者往往对"社会和经济等级制度比联邦党人更持批判性的态度,更倾向于接受广泛的民主参与是自由的基础这一思想"。⑥

自1800年革命后杰斐逊上台以来,联邦党人重要领袖汉密尔顿因决斗而死,该党在内外交困下基本上解体了,由此开启了民主—共和党一党独大的时期或杰斐逊民主时代。美国进步主义史学家帕林顿写道:"由早期民主热情唤起的精神不可能被禁锢在政治桎梏之中。杰斐逊革命冲垮了所有狭窄的党派堤坝,体现在各式各样的人道主义和改革运动之中,对更广泛民主的渴望鼓舞着热情澎湃的美国人。"⑦

---

① Heather Lehr Wagner, *The History of the Democratic Party*, New York: Chelsea House Publishers, 2007, pp. 9-10.

② [美]埃里克·方纳著:《给我自由:一部美国的历史》,第362页;赵辉兵:《进步主义政治思潮与实践研究》,北京:中国社会科学出版社,2013年,第65页。

③ Heather Lehr Wagner, *The History of the Democratic Party*, New York: Chelsea House Publishers, 2007, p. 9.

④ Ibid., p. 12.

⑤ 蒋保:《世界历史文献选读》,合肥:合肥工业大学出版社,2019年,第240页。

⑥ [美]埃里克·方纳著:《给我自由:一部美国的历史》,上卷,王希译,北京:商务印书馆,2010年,第362页。

⑦ [美]沃浓·路易·帕林顿著:《美国思想史》,陈永国等译,长春:吉林人民出版社,2002年,第765页。

　　不过,好景不长,1812 年的第二次美英战争令一批"新生代的共和党人,在亨利·克莱和约翰·C.卡尔霍恩的领导下,提出这些'处于褴褛状态的工业'需要联邦国家的保护"。尽管他们也"坚守杰斐逊对农业共和国追求的信念,但强调如果美国想要在经济上完全独立于英国,必须发展一个能够与其农业相配的制造业领域"。① 1815 年,詹姆斯·麦迪逊提出了"一个由政府鼓励和支持的经济发展计划,这就是后来闻名于世的'美国体制'计划,这个名称是亨利·克莱发明的"。② 该计划由三大支柱支撑:"一个新的合众国银行、一种为保护美国工业而对进口制造业商品征收的关税体系和联邦政府为改进公路和运河而进行的财政支持。"③除第三个支柱外,其他两大支柱都得以确立。1816 年的关税法"为美国本土生产的商品提供了保护,尤其是廉价的棉纺织工业的制品,与此同时,对那些美国不能生产的商品却免收关税"。同年,运营年限为 20 年的第二合众国银行也建立起来。不过,对于内陆改造计划,麦迪逊总统认为"如果允许联邦政府行使宪法中并未明确赋予的权力,将对个人和南部的利益造成威胁",因而否决了该计划。④对此,美国学者托马斯·本德指出:"作为 1812 年战争的后果,一种新生的民族精神繁荣兴盛。亨利·克莱和约翰·昆西·亚当斯重新复活了战前由艾伯特·加勒廷所推动的种种计划,试图借助大力发展道路和运河——两者对国民经济和社会想象而言都是一种起到关联性作用的组织网络——这类基础设施建设来哺育一种日渐兴起的统一感。"⑤

　　围绕 1824 年的总统选举僵局与争议,最终催生了新的政党体系,即民主—共和党一分为二:亨利·克莱等人从民主—共和党中分离出来,自称国民共和党人,亚当斯、丹尼尔·韦伯斯特等人是主要成员;他们联合失势的联邦党人,并得到了北方金融集团和部分西部农场主的支持。1824 年 3 月 30—31 日,他在国会发表保护主义演讲时提出了一个发展经济的纲领性模式,即"保护制加国内改进"。其主要内容是:提倡联邦兴办内地开发事业,制定保护性关税,设立联邦银

① 〔美〕埃里克·方纳著:《给我自由:一部美国的历史》,上卷,王希译,北京:商务印书馆,2010 年,第 452 页.
② 同上书,第 452—453 页.
③ 〔美〕埃里克·方纳著:《给我自由:一部美国的历史》,上卷,王希译,北京:商务印书馆,2010 年,第 453 页.
④ 同上书,第 454 页。
⑤ 〔美〕托马斯·本德著:《万国一邦:美国在世界历史上的地位》,孙琇译,北京:中信出版社,2019 年,第 169 页。

行,健全币制,建立国内市场和改善交通运输。①这无疑是对汉密尔顿主义的继承与发展,是汉密尔顿制造业报告的升级版。在 1834 年左右,该党为辉格党吸收。辉格党的旗帜就是美国体制。"他们相信通过关税保护和资助内陆改造,联邦政府可以引导经济发展。"②他们主张,"自由需要一个繁荣而富有道德感的美国来支撑。政府应该为一种平衡的、管制性的经济发展创造条件,从而推动一种能为所有阶级和区域共同分享的繁荣"。③尽管辉格党人在认可不同阶层构成的等级社会方面大同小异,但是他们相信,个人的阶级地位是可以改变的,美国的发展能够为个人"争取到进入上层的机会"。④此外,他们还主张:"为了能够作为一个自由的——即能够做到自我主导、自我约束的——而且具有道德感的人,个人需要具备某些素质,而政府是可以帮助灌输和培养这些素质的。"换句话说,政府的职能不是袖手旁观,而是"积极地'推动人民的福祉'"。因此,辉格党得到了许多新教牧师的拥护,后者相信"通过教育、建造学校和精神病院、禁酒立法等,民主政府可以向人民灌输'道德的原则'"。⑤

　　而与之对立的则是以安德鲁·杰克逊、威廉·克劳福德等人为首的民主—共和党,代表了南方的奴隶主、工匠、劳工、部分西部农场主以及北方反对金融集团的政治势力。1828 年,民主—共和党发展为民主党,以杰克逊执政为标志,开始了美国历史上的杰克逊民主时代,由此形成了美国的第二代政党体系(1828—1854)。可以说,杰克逊民主大体上承继了杰斐逊民主与农业共和主义的传统,提出了一种更加简洁明了的民主理论。他主张政府应当为所有男性白人公民提供"平等保护和好处",而且不偏袒任何地区或阶层。这就要求杰克逊及其同僚要反对东部的特权阶层,进而为西部和南部的新兴阶层提供机会。⑥政治上,他主张从严解释宪法,认为强大的中央政府同个人自由是对立的,因此,赞成有限政府。在官员任用上,实行一种"政党分肥制"(或称之为"恩荫制"),他认为,一切公职都是简单容易的,或者至少是有可能使之简单容易的,人们很快就

①　刘绪贻、李世洞主编:《美国研究词典》,北京:中国社会科学出版社,2002 年,第 587—588 页。
②　[美]埃里克·方纳著:《给我自由:一部美国的历史》,上卷,王希译,北京:商务印书馆,2010 年,第 467 页。
③　同上书,第 469 页。
④　[美]埃里克·方纳著:《给我自由:一部美国的历史》,上卷,王希译,北京:商务印书馆,2010 年,第 469 页。
⑤　同上。
⑥　Alan Brinkley, *The Unfinished Nation: A Concise History of the American People*, 3rd, New York: McGraw-Hill Companies, 2000, p. 246.

可以上手,具备履职的条件。因此,他相信实行委派官员方式的"轮流任职"(政党分肥制的一种委婉说法)正是民主原则的体现。同时,执政期间,杰克逊取消或降低了选举权的财产资格限制,扩大了选民人数。经济上,他一反亨利·克莱的"美国体制"(或译为"美国体系")的做法,主张实行自由放任主义。最为典型的事件就是解散第二合众国银行。①在民主党人看来,他们更关切社会的阶级分化问题,关注"由农场主、工匠和劳工组成的'生产阶级'处于极为不利的地位";主张联邦政府退出市场经济,进而"普通的美国人可以在自我调节的市场的公平竞争中测试自己的能力";他们反对规制个人道德问题,不赞成"将一种统一的道德观强加于整个社会,如'禁酒'立法之类,"也反对"那些禁止在礼拜日举行各种娱乐活动的立法"。② 换句话说,"自由的意思是个人事务不受政府的干预",而衡量政府政策好坏的标准"不是它们是否促进了公众福利,而在于何种程度上这些政策能够允许'自由意志'范围的存在"。③对此,也有美国学者指出:第二代政党体系"并未承接那些在杰斐逊时代形成的政治阵线。在两个新的党派里,都可以发现既有旧日的共和党人,也有旧日的联邦党人。一派称为'政府之友',后来变成国民共和党人,最后成为辉格党人;另一派是'杰克逊党徒',他们后来自称民主党人"。④ 第二代政党体系的形成很大程度上受益于"投票程序的改变和选举权的扩大"。在 1800 年时,仅有 2 个州是普选产生总统选举人,及至 1832 年,除了南卡罗来纳州外,其他各州均实现秘密投票选举总统选举人的规则;而且,到 1824 年时,除少数州外,大多数州"几乎每个成年男性白人都能在大选中参加投票"。⑤ 对"美国体系"与"杰克逊民主"之争,美国史学家艾伦·布林克利写道:"那个所谓的感觉良好的时代,在其宏大的民族主义之下隐藏着一些深刻的裂痕。……那些拥护强大的中央政府以便致力于推进国家经济发展的人们与那些想要政府去集权化以便为更多的人提供机会的人们之间的斗争一直在进行着。"⑥

---

① 赵辉兵:《进步主义政治思潮与实践研究》,北京:中国社会科学出版社,2013 年,第 69—70 页。
② [美]埃里克·方纳著:《给我自由:一部美国的历史》,上卷,王希译,北京:商务印书馆,2010 年,第 468—469 页。
③ 同上书,第 469 页。
④ [美]塞缪尔·埃利奥特·莫里森,亨利·斯蒂尔·康马杰,威廉·爱德华·洛伊希滕堡合著:《美利坚共和国的成长》,南开大学历史系美国史研究室译,上卷,天津:天津人民出版社,1980 年,第 541 页。
⑤ 同上。
⑥ Alan Brinkley, *The Unfinished Nation: A Concise History of The American People*, 3rd, New York: McGraw-Hill Companies, 2000, p. 240.

　　但是,为了应对 1820 年《密苏里妥协案》(the Missouri Compromise)和 1831 年拒绝执行联邦法律的危机(Nullification),避免地方分裂的态势,"杰克逊民主党(Jacksonian Democratic Party)的设计师范布伦抱持了一种迥异于加勒廷、约翰·昆西·亚当斯和亨利·克莱的国家观。后三者希望束紧国家内部的联系,并对全国性政府加以赋权,然而范布伦则希望合众国能去国家化,从而在南方白人(the White South)和大西洋中部城市间二元纲领上建立一个全国性的政党"。① 因此,在 19 世纪 50 年代以前,民主党(一个与北方和西部结盟的南方政党)和辉格党(一个与南方和西部结盟的东北部地区的政党)之间的"政治分歧似乎塑造,并在一定程度上聚拢了美国政治"。② 而 1846 年提出的威尔莫特附文则引发了美国政治的动荡;民主党和辉格党"都在不断成长,政治上的分歧沿一条南北轴线一字铺开。两党政治的体系不再就地方分立问题展开谈判",由此造成了第二代政党体系的崩溃。

　　随着美国南北矛盾的加剧,在南方这个"特殊的体制"问题上,辉格党对此无力应对,由此在 1854 年创建了以反奴隶制为核心的大联盟,即共和党,主要由"反对奴隶制的民主党人、北部辉格党人、自由土地党人和一无所知党人组成"。它高擎"自由土地、自由劳动和自由人"的大旗,令多数的北方选民意识到"所谓'奴隶制势力'(Slave Power)——这是共和党人对南部奴隶制政治势力的称呼——实际上对北部选民的自由以及他们对自由的向往构成了比'教皇'和新移民更为迫切的威胁",由此构筑了与民主党相对的第三代政党体系(1854—1890 年代)。③共和党之所以能够成为一呼百应的大党同其"要永远禁止奴隶制蔓延的党纲"有着很大的关联,"这个新政党一方面信奉'自由劳动'体制的优越性,另一方面强调'自由社会'与'奴隶社会'将无法共存,这两种信仰结合在一起,构成了一种综合全面的世界观"。④ 在他们看来,奴隶制本身不仅包含着"巨大的不正义","它剥夺了我们共和国在世界上应具备的正义的影响力",而且,其扩张也

---

① 〔美〕托马斯·本德著:《万国一邦:美国在世界历史上的地位》,孙琇译,北京:中信出版社,2019 年,第 147 页。
② 同上。
③ 〔美〕埃里克·方纳著:《给我自由:一部美国的历史》,上卷,王希译,北京:商务印书馆,2010 年,第 619—620 页;蒋保:《世界历史文献选读》,合肥:合肥工业大学出版社,2019 年,第 240 页。
④ 〔美〕埃里克·方纳著:《19 世纪美国的政治遗产》,王希编译,北京:北京大学出版社,2020 年,第 21 页。

阻碍了"进步、机会和民主"。①换言之,奴隶制不仅"侵犯了黑人的自然权利",同时又阻碍了美国白人的"个人自由、政治民主和在社会阶层中向上攀升的机会"。②共和党高举的"自由土地、自由劳动与自由人"的意识形态,实际上与后来的工资劳动还是有所区别的。对此,美国著名史学家埃里克·方纳在其成名作《自由土地、自由劳动、自由人:内战前共和党人的意识形态》一书中有专门的考察。方纳认为:自由劳动的意识形态是基于自由劳动在经济与社会层面上都优于奴隶劳动这一观念。在 17 世纪的英格兰,工资劳动是和奴性(servility)与失去自由联系在一起的;在 18 世纪的大西洋世界里,工资劳动者被认为是一群反复无常的危险分子;小生产者意识形态、平等公民权、有一技之长的优越感、经济自主的种种好处都产生了对非生产者与工资劳动的敌视。这种情况在内战后依然延续了很长一段时间,在镀金时代雇主被称为新的"奴隶主势力",用工资奴隶制的比喻来批判工人的困境。这种情况直到 20 世纪,经济丰裕的前景才钝化了人们对工资制度与工资奴隶制的敌意。③

有关民主党与辉格—共和党之间的冲突与分歧,美国学者约翰·耶林(John Gerring)认为:在 1828—1896 年间,它们之间在各自的意识形态方面存在着很大的连续。在经济上,辉格—共和党的政策可以概括为重商主义,民主党的政策是自由放任。民主党人以怀疑的眼光看待工业革命;而辉格—共和党人则是工业革命的支持者。④民主党人批评市场的暴政,而辉格—共和党人则批评奴隶劳动的暴政。辉格—共和党人视个体劳动者的自由为社会繁荣的基石;民主党人则对基于市场来定义的人际关系没有好感。辉格—共和党人认为增加税收可以确保一个强大的政府;民主党人则坚持税收是联邦暴政的工具。辉格—共和党人的经济政策是偏袒工业,民主党人的经济政策则向农业倾斜。辉格—共和党人支持高关税,视贸易保护为培育本国制造业、保护美国工人相对的高工资与支撑国库的必要条件。民主党人支持改革关税,理由在于关税是对消费者和农场主的惩罚。它不仅扼杀了自由竞争,纵容垄断,滋生了政府与商业的一种腐败关

---

① [美]埃里克·方纳著:《19 世纪美国的政治遗产》,王希编译,北京:北京大学出版社,2020 年,第 21 页。
② 同上书,第 22—23 页。
③ Eric Foner, *Free Soil*, *Free Labor*, *Free Men*: *The Ideology of the Republican Party before the Civil War*, Oxford and New York: Oxford University Press, 1995, pp. ix - xxxix.
④ John Gerring, *Party Ideologies in America*, *1828 - 1996*, New York: Cambridge University Press, 1998, p. 10.

系,而且造成了日益强大的中央政府的同时,却没有受到人民的监督。①在文化上,民主党人鼓吹白人至上;辉格党人与共和党人则反感奴隶制。民主党人赞成增加来自欧洲的移民;辉格—共和党人则对那些既不会讲英语又不是清教徒的移民漠不关心,乃至排斥。民主党人是政教分离论者;辉格—共和党人则赞许诸如衣食节制法(sumptuary laws),禁酒立法与公立学校等事务。在政治上,辉格—共和党人是主张政府集权与权力收紧,民主党人则倾向于权力下放与政府分权。前者维护政府专权(prerogatives)与国家一统;后者则强调个人权利与自由权,反对联邦国家的扩张倾向。民主党人高歌多数民众的美德,担心政府的暴政,辉格—共和党人则强调少数精英的自由,忧心民众的无法无天。简言之,辉格—共和党人是改革者,而民主党人是守成派。②前者在 1828—1924 年间属于国家主义时期,核心二元观是秩序对抗无序;关注的主要议题是:清教主义、道德改革、重商主义、自由劳动、社会和谐(social harmony)与国家集权主义(statism)。民主党在 1828—1892 年间则属于杰斐逊主义时期,核心二元观:自由对抗暴政;关注的主要议题是:白人至上、反国家集权主义(antistatism)和公民共和主义。1896—1948 年间的民主党则步入平民主义时期(Populism),核心二元观是:人民对抗特殊利益集团;主要关注的议题是:平均主义(egalitarianism),多数主义(majoritarianism),基督教人道主义(Christian humanism)。③

　　简言之,19 世纪初期以民主—共和党人为代表的革命精英对银行扩张与商业繁荣持悲观态度,而普通人则更赞成平等自由地追逐私利,将资本主义视为民主的基石。但是,市场化与资本主义的发展使得生产者的境遇大不如前,贫富分化日趋严重。"在 19 世纪中期,民主党因主张更平等的经济发展道路而获得更多生产者的支持。比如,宾夕法尼亚州长、民主党人弗朗西斯·罗恩·舒克

---

① John Gerring, *Party Ideologies in America*, *1828 - 1996*, New York: Cambridge University Press, 1998, pp. 10 - 11.

② Ibid., pp. 11 - 12.

③ Ibid., p. 16 - 17. 注:对于公民共和主义的理解,安德鲁·杰克逊总统的告别演说给出了很好的注解:"种植园主、农场主、技工(mechanic)与体力劳动者(laborer),他们都知晓:其成功要靠他们自己的勤俭(industry and economy),而且他们一定不会指望他们会因为辛勤劳作而一夜暴富。然而这些社会阶层的人们构成了美利坚人民的主体;他们是这个国家的脊梁与中坚;他们不仅热爱自由,只想要平等的权利与平等的法律;而且他们拥有着国民财富的大部分,但这些财富分配得比较适中,由数以百万计的自由人拥有着。"参见 John Gerring, "A Chapter in the History of American Party Ideology: The Nineteenth-Century Democratic Party (1882—1892)", *Polity*, vol. 26, no. 4, 1994, p. 752.

(Francis Rawn Shunk)坚持认为商业公司是与时代不相吻合的机制,与共和制的美国不符。"即便是在民主党的努力推动下,在 19 世纪中期"各州逐渐撤销商业公司的特权,但是商业精英始终通过运用他们的财富扩大产业规模"。这种情形自内战以来更是变本加厉:在内战与重建期间,此前的汉密尔顿、加勒廷、克莱等人主张的工业化方针得以全面铺开;"东部商业精英开始新一轮产业投资,西部则开始工业化,在这个过程中,商业精英不仅构筑了规模越来越庞大的'商业帝国',而且与政界联合,重塑权力体系,而农民、工人与小商人彻底成为依附者"。①

　　然而,民主党在废奴主义运动和来自北方社会不断强劲的批评下,日益沦为了"奴隶制势力"的代名词;而南方的民主党人为了维护"特殊的体制",日益与合众国渐行渐远,最后在詹姆斯·布坎南总统任期内发生了退出联邦危机。诗人亨利·沃兹沃思·朗费罗(Henry Wadsworth Longfellow)诗歌中的警句和《圣经·传道书》的"拆毁有时"的字句在 1861 年变成了现实:

> "在这片土地上有一个可怜的、双目失明的参孙,
> 他此刻被铁镣束缚,失去了力量,
> 在某个可怕的喧嚣之时,他将举起手来
> 摇晃这个国家的支柱,
> 直到我们这幢庞大的自由庙宇
> 变成一堆杂乱无章的废墟和瓦砾。"②

(3) 内战前美国政府、国家及规制实践

　　美国革命的过程中,建国精英们为了避免将来再次出现一个"专制"的政府,他们设计了一整套三权分立的宪政体制,创立了一个主要旨在保护公民权利、维

---

① 参见:董瑜:《1819 年经济危机与美国政治文化的变动》,《史学集刊》2017 年第 6 期,第 36 页。
② [美]埃里克·方纳著:《给我自由:一部美国的历史》,王希译,上卷,北京:商务印书馆,2010 年,第638—639 页;《圣经·旧约·传道书》(中英对照　和合本　新修订标准版),南京:中国基督教三自爱国运动委员会,2000 年,第 1050 页。注:也可参见[美]朗费罗:《警告》,《朗费罗诗选:英汉对照》,杨德豫译,北京:外语教学与研究出版社,2013 年,第 83 页,其译法有所不同,仅供参考:"我们国土上也有个不幸的瞎参孙,膂力被剪除,戴上了铁锁钢镣;在邪孽宴会上,他也会奋不顾身,举起臂,把这个国家的支柱动摇,一举把我们宽广的特权殿宇变成一堆残破的瓦砾和废墟!"

护公民自由，而不是为了增进民主的限权政府。①鉴于制宪会议所制定的 1787 年宪法并没有足够明晰地说明限权政府的原则，在反联邦党人的努力下，在宪法被批准不久后，又增加了 10 条宪法修正案。其中第 9 条修正案明确写道："宪法未授予联邦的权力，宪法未禁止给予各邦的权力，保留给各邦，或保留给人民。"②建国之时，联邦政府被视为个人权利的保护者。③可以说，"在 1776 年宣布独立的农业美国里，消极国家的学说有其独特的活力"。④ 受自然权利学说的影响，政府被视为一种必要之恶（necessary evil）。建国者们相信：对于保护公民权利来说，政府是必要的；不过一个权大势强的政府既足以保护人民权利，也可以侵犯人民的权利。⑤一如《独立宣言》所明示：为了保障造物主赋予他们一些明确不可转让的权利，其中包括生命、自由和追求幸福，"人们之间才组建政府，治人者的正当权利，来自被统治者的同意"。⑥ 因此，建国者们达成了某种共识：要尽可能少地赋予政府权力，特别是联邦政府权力，即通常所称之为的古典自由主义或自由放任主义。所谓"自由放任主义"，主要是指以消极的方式看待政府与国家，承认其必须保护生命、自由与财产，而且也要提供一些基本的服务，但同时强调政府与国家是一种必要之恶，进而希望将政府的功能限制在最窄的范围内，不愿意其为了公共福利而承担积极的义务。⑦用方纳的说法，这是一个共和主义和自由主义并存的国家，说其是共和主义的，是指美国人将"积极参与公共生活奉为自由的基本内容"；具有美德的个人具有"将其个人感情和欲望服从于公共福

---

① Randall G. Holcombe, *From Liberty to Democracy：The Transformation of American Government*, Ann Arbor：The University of Michigan Press, 2002, pp. 1 - 2, 20.

② Randall G. Holcombe, *From Liberty to Democracy：The Transformation of American Government*, Ann Arbor：The University of Michigan Press, 2002, p. 1；《联邦宪法修正案》，[美]亚历山大·汉密尔顿，詹姆斯·麦迪逊，约翰·杰伊著：《联邦论：美国宪法述评》，尹宣译，南京：译林出版社，2016 年，第 633 页。

③ Randall G. Holcombe, *From Liberty to Democracy：The Transformation of American Government*, p. 1.

④ Sidney Fine, *Laissez Faire and the General-Welfare State：A Study of Conflict in American Thought, 1865 - 1901*, Ann Arbor：The University of Michigan Press, 1956, p. 3.

⑤ Randall G. Holcombe, *From Liberty to Democracy：The Transformation of American Government*, pp. 1 - 2.

⑥ 《独立宣言》，[美]亚历山大·汉密尔顿，詹姆斯·麦迪逊，约翰·杰伊著：《联邦论：美国宪法述评》，第 601 页。

⑦ Sidney Fine, *Laissez Faire and the General-Welfare State：A Study of Conflict in American Thought, 1865 - 1901*, p. vii.

利的意愿"。①称其为自由主义的国家，则是指美国政府与国家是"一个根据被统治者的同意而运行的国家"，也是根据被统治者的同意而建立起来的国家，"建立的政府的目的是对'生命、自由和财产'这些为所有人所享有的天赋人权提供保护，政府的权利应该基本上被限制在这个目的之内"。② 同时，自由主义还意味着个人的独立自主，保护自由"必须要保证涉及私人生活和个人问题的领域——包括家庭关系、宗教意愿、经济活动——不受国家的干预。所谓公共利益，并非是一种政府有意追求的理想，而更应该是自由的个人追求不同私利的结果"。③ 也就是说，公民社会与政府国家有各自的领域，后者服务于前者；同时也是私利即公益原则的运用。建国者们相信："在原初自然状态下的人是享有充分自由的，而为了能够组建起政府，就有必要让渡出部分自由权；由此，政府越是强大，留给个人的自由权就越少。"④他们坚持主张人都天然平等地拥有不可转让的自然权利，不过，天赋与能力的多样性以及由此差异而形成的拉帮结派、割据一方（factionalism）也是人性的一部分。一个自由社会的必然结果之一就是通过人的天赋与能力的不同而形成了社会的不平等。⑤由此，"基于保护人的固有的良知、意见、利益与劳动保护这些个人基本权利之理解，保护自由就进而需要保障财产。通过教会与国家、政府与公民社会以及公共与私人领域彼此分立，平等与自由就以此种合理的方式彼此相容于人性之中"。⑥ 可以这样说，从华盛顿、杰斐逊到林肯的美国政治家都把美国视为"行公民自由与宗教自由之制的国度"，美国的独特性就在于其调和了"政治与宗教、公民自由与宗教自由或自由与道德"。⑦简言之，自由是所有人本身固有的自然权利，而政府则是对自由必要的限制。⑧

美国建国初期政府与国家的形态，通过 1800 年"主人"与"仆人"内涵的转换也能反映出来。此时的美国，契约佣工已经彻底消失；奴隶劳动依然存在。"在

---

① ［美］埃里克·方纳著：《美国自由的故事》，王希译，北京：商务印书馆，2002 年，第 29 页。

② 同上书，第 29—30 页。

③ 同上书，第 30 页。

④ Edward J. Erler, Thomas G. West and John Marini, *The Founders on Citizenship and Immigration：Principles and Challenges in America*, Lanham：Rowman & Littlefield Publishers, Inc., 2007, p. 141.

⑤ Ibid., p. 118.

⑥ Ibid., p. 118.

⑦ Ibid., pp. 124—125.

⑧ Ibid., p. 142.

北方,只要它们与个人自由发生冲突,这些词就不再被使用。工资劳工改口称他们的雇佣者叫'老板',而不是'主人',而家庭佣工也被改称为'助手'或'帮工'。在南部,'主人'则是指奴隶主,而'仆人'则变成了奴隶的一种委婉说法。"①

对此,1831年6月9日正在纽约的托克维尔在给其友人的信中这样写道:"在这里,我们远离了古代的共和国,但应该承认,这里的人民是共和主义者,而且我不怀疑,他们将长期如此。共和对他们而言是最好的政府形式。目前美国所处的物质和政治局面十分有利,私人利益从未与公共利益相冲突。"在这样一个共和国里,"某种被净化的、明智的利己主义似乎成为整个机器运转的枢纽"。因此,"这里根本没有公共权力,说真的,也没有这个必要。领土区域十分明确,各州根本没有敌人,因此也不需要军队、税收、中央政府;行政权力机构只是选举团体的意志的临时执行者,仅此而已:它既不给予金钱,也不给予权力"。② 当然,托克维尔作为一位来自欧洲大陆的游客,带着一种"久在樊笼里,复得返自然"的心态,其言语难免有夸张与失真的情况,但或多或少还是体现了当时美国政府与国家的基本样态。

当代一位美国政治学者几乎是以一种遥远的乌托邦的方式表述道:

"很久以前,那个时候,当普通美国人忙于生计时,几乎意识不到政府,尤其是联邦政府的存在。作为一个农场主、商人或生产制造者,他可以决定买卖何物、买卖物品的方式、时间和地点,除了受制于市场力量,几乎没有任何其他限制。

试想一下:没有农业补贴、价格扶持、或种植土地面积的管制;没有联邦贸易委员会;没有各项反托拉斯法;没有州际商业委员会。作为一名雇主、雇员、消费者、投资者、贷方、借方、学生或教师,很大程度上他可以自主行事。

没有一个中央银行发行全国的纸币,人们通常使用金币进行交易。没有普通的消费税、没有社会保险费、没有个人收入所得税。尽管那时官员和现在一样腐败——或许比现在还要腐败——但与他们同流合污的人少之又少。

---

① [美]埃里克·方纳著:《美国自由的故事》,王希译,北京:商务印书馆,2002年,第45页。
② 《致欧内斯特·德·夏布罗尔(纽约,1831年6月9日)》,[法]托克维尔著:《政治与友谊:托克维尔书信集》,黄艳红译,上海:上海三联书店,2010年,第11页。

公民个人的开支是所有政府开支的 15 倍之多。

唉，所有这些都是老皇历了。"①

罗伯特·希格斯无奈地发出了其"流水落花春去也，天上人间"的感慨。笔者在美国内华达-里诺大学政治学系访学时，也曾向美国政治学者约翰·马睿尼这位意大利裔、留着马克思式大胡子的老学者问道："如果让您选择，你会选择生活在什么年代的美国？"他斩钉截铁地给出了答案，"19 世纪 30、40 年代的美国。"现在回想起来，马睿尼教授一定是对这一问题早有思考。

对此，我们来看一看历史当事人华盛顿和杰斐逊是怎么评价这一时期的美利坚国家与政府的。华盛顿说道：

"我以最大限度的诚实进行了这一漫长而艰苦的调查，结果发现这部宪法真的将建立起一个人民的政府。也就是说，这个政府所有的权力都来自人民，而且在一定的时间后还要交还给人民。并且在操作中，它纯粹是一个法制政府，而只有人民选出的诚实的代表才能够制定和实施这些法律。由自由民直接或间接选举产生的各个议会分支机构，将是政府的第一只轮子得以转动的枢纽，它又将动力传送给其余的轮子。同时，选举权的行使得到了严格规范，因此，比起一般民选政府来，腐败和施加不良影响的机会比较少，而稳定和制度化的机会则会大大增加。"②

也就是说，华盛顿认为美国政府是一个由自由民选举产生的、依法治国的、廉洁奉公的人民政府。那么，这个政府的权力如何呢？

"首先，因为每个政府都应当拥有足够的权力以实现它为之组建的那些目的。其次，因为在我看来，除了完成其职能——即维护人民的安全和幸福——所必不可少的权力外，这个政府并没有被赋予别的或更大的权力。第三，因为在我看来很清楚，人类以前——以前曾经建立的政府没有一个具

---

① Robert Higgs, *Crisis and Leviathan：Critical Episodes in the Growth of American Government*, Oxford：Oxford University Press，1987，p. ix.

② ［美］华盛顿：《第一次就职演说草稿片段》，［美］约翰·罗德哈梅尔选编：《华盛顿文集》，吴承义等译，沈阳：辽宁教育出版社，2005 年，第 606 页。

有如此之多和如此之有效的限制，以防止它退化成任何形式的压迫。"①

华盛顿在此表达的意思是：美国政府的权力不大也不小，是刚好符合人民自由、安全、利益和幸福之所需。他展望未来，作出了如是期待：

"在不久的将来，我们将成为世界上最为独立的国家。我们亲手建立了国家，宪法中又留有修正的余地，这样，通过我们的智慧、善良和相互的宽容，再加上不断积累的经验，会将我们的国家建设成人类所有制度中最近完美的一个。"②

而如果"也许是最后一次把维护神圣的自由之火和共和制政府的命运，系于美国人所奉命进行的实验"失败了的话，那么也只能表明："人与人之间不存在永恒的、不可侵犯的契约（不论它的构造是多么的富有远见，它被批准的过程是多么的神圣）。"③

简言之，华盛顿将美国政府与国家视为一场人类的伟大的自由试验，其政府是一个自由、民主、高效、有待进一步完善的政府。它并非后来人所称之为的"自由放任主义的国家"，也不是后来人们简单概括为的"弱政府"。

对此，杰斐逊踌躇满志地反问道："一个美国人可以愉快并自豪地问：哪个农民，哪个技工，哪个工人曾看到过一个美利坚合众国的收税人？"④

尽管一个积极能动的联邦政府对于国富民强来说十分重要，但美国建国初期大多数民众与以杰斐逊为首的政治精英对国家，特别是大英帝国政府的"暴政"深有感触，心有余悸，因此联邦政府的作用与职能受到了很大的掣肘。比如，在联邦宪法中联邦权力采取了明示与列举的方式、纵向与横向分权的二元联邦

---

① ［美］华盛顿：《第一次就职演说草稿片段》，［美］约翰·罗德哈梅尔选编：《华盛顿文集》，吴承义等译，沈阳：辽宁教育出版社，2005年，第606页。笔者注：因为是草稿片段，破折号在这里是表示空白与不连贯的中断之意。

② ［美］乔治·华盛顿：《致詹姆斯·麦迪逊（1792年5月20日）》，［美］约翰·罗德哈梅尔选编：《华盛顿文集》，吴承义等译，第679页。

③ ［美］乔治·华盛顿：《第一次就职演说》，［美］约翰·罗德哈梅尔选编：《华盛顿文集》，第626页；华盛顿：《第一次就职演说草稿片段》，［美］约翰·罗德哈梅尔选编：《华盛顿文集》，第607页。

④ ［美］托马斯·杰斐逊：《第二次就职演说（1805年3月4日）》，《杰斐逊选集》，朱曾汶译，北京：商务印书馆，2017年，第336页；"Thomas Jefferson Second Inaugural Address"，https://avalon. law. yale. edu/19th_century/jefinau2. asp，retrieved at July 16，2021。

制、司法审查权等。行政机关的功能主要限于财政、国防、外交、邮政、海关等最基本的服务；总统对行政机关首脑拥有罢免权；政府主要致力于维持对经济和社会进行必要的管理，而且，权力更多地分散于州与地方政府手中。[①]后来学者将这种形态的国家称之为守夜人式国家、消极国家与限权政府。当然，美国革命的过程中，从 1776 至 1789 年间，就其内部建国的主导性思潮与集体心态而言，还是经历了从强调自由的多数人民主的共和主义向关注秩序的少数精英的自由主义的转型。对此美国政治学家斯蒂芬·斯科夫罗内克写道：

> "1776 至 1783 年激进的共和主义政体清晰地体现了革命的动力，反对勃兴的欧洲国家权力组织形式。主权固定于 13 个独立的州（国家）的立法机关之中，其间严格的多数决原则与频繁的选举使得政府处于悠忽瞬变的大众情绪的摆布之下。这些安排有效地预防了全民族国家层面上中央治权（governing power）的集中，蔑视了行政特权，禁止了制度的专业化。"[②]

鉴于革命所带来的种种无序与"去稳定化"效应，"1787 年那些齐聚费城召开制宪会议的人们所取得的政治与思想成就形成并正当化了一种国家的组织框架，既规避了欧洲的设计，也绕开了革命的最初设想"。[③] 这部宪法一方面拒绝了盛行于欧洲的"在政治权威集中化与中央化的总体框架下"制度专门化的发展道路，另一方面，通过闪烁其词与笼而统之的方式赋予了全国政府既可从宽也可从严诠释宪法的特权，"以便在地区政府控制的事务中拥有最终的介入权"。[④] 这也恰恰是造成上文中讲到的治国路线方针与主义之争的源头；而这也正是汉密尔顿在制宪会议上尽管十分失望但也看到了希望，进而最终签字的原因之一。

守夜人式不干预型国家与政府的形成大体上有三点主要原因：第一，"经过了漫长而残酷的战争，他们摆脱了一个政府，还没有做好将另一个政府强加到他

[①] 宋雅琴，《美国行政法的历史演进及其借鉴意义——行政与法互动的视角》，《经济社会体制比较》2009 年第 1 期，第 39 页。

[②] Stephen Skowronek, *Building a New American State: The Expansion of National Administrative Capacities, 1877-1920*, Cambridge: Cambridge University Press, 1982, p. 20.

[③] Ibid., p. 21.

[④] Ibid., pp. 21—22.

们的头上的准备"。美国革命之所以发生,"实则是为了摆脱越来越惹人烦的政府"。① 第二,上文已经提及的当时流行的自然权利学说,特别是卢梭、潘恩等人一再宣称个人高于国家,国家乃是出于日常必需(necessity)的个人自由权让渡,但人民依然享有对国家的终极控制权等主张。个人与社会被神化了,而国家则成了祸害。"人的权利"是那时最受欢迎的口号,那时的政治哲学就是自由放任主义。第三,最为重要的是当时"不存在政府干预的需要",至少是在大多数美国人看来是如此。②英国人詹姆斯·布赖斯(James Bryce)在 1888 年评论美国政府各项职能的观念时说,迄今为止美国人对此的理论只有自由放任主义。③在维护财产持有人的既得权利方面,法官们有时会提到"自然正义法则""自由政府的基本公理"或"理性的令言",作为一种高于宪法和立法机关立法之法,并限制后两种法之运用。④

在大多数情况下,美国人能够照管好自己。那时的美国人自认为是整个欧洲范围内最为勇敢自立之人。"他们本来就嘲笑任何高高在上的权力观念,告诉他们应该工作多长时间,以及他们应该拿多少报酬。"⑤而且,那时的社会经济环境与自然环境也为个人的独立自主提供了很好的条件。人少地多,地大物博,大西部充满着各种发财致富的机会,等待着他们去探索。⑥因此,这些美利坚新人受革命激情之鼓舞,踌躇满志,信心满满,大有"粪土当年万户侯"和"王侯将相,宁有种乎"的气概。

与自然权利观念密切相关,并作为自由放任主义大厦额外支撑的是美国人对个人自力更生(self-sufficiency)的信念。这种个人主义很大程度上往往是盛行于美国的有利的经济环境的结果,它成为美国民主的精髓。美国人并不信任"外在的政府"(external government),而是信任自由不羁的个人;他们普遍相信:趋于明智且合乎道德法则的个人将会减少对政府的依赖。基督教福音派与

---

① Benjamin Parke De Witt, *The Progressive Movement: A Non-Partisan, Comprehensive Discussion of Current Tendencies in American Politics*, Seattle and London: University of Washington Press, 1968 (1915 1st edition), pp. 5 - 6.

② Ibid., p. 6.

③ Sidney Fine, *Laissez Faire and the General-Welfare State: A Study of Conflict in American Thought, 1865 - 1901*, Ann Arbor: The University of Michigan Press, 1956, p. 3.

④ Ibid., p. 4.

⑤ Benjamin Parke De Witt, *The Progressive Movement: A Non-Partisan, Comprehensive Discussion of Current Tendencies in American Politics*, pp. 6 - 7.

⑥ Ibid., p. 7.

宗教大觉醒运动强调个人的新生再造以及超验主义(transcendentalism)强调个人灵魂与上帝的合一,无不进一步强化了这一信念。①托克维尔对个人主义有过专门讨论,并强调个人主义是民主主义的产物,是随着身份平等发展而来的,"是一种只顾自己而心安理得的情感","每个公民在建立自己的小社会后,他们就不管大社会而任其自行发展了";它"首先会使公德的源泉干涸",久而久之会沦为利己主义。②在超验主义者爱默生和梭罗的著作中,自由的个人之学说在19世纪中叶的美国达到了登峰造极的程度。在爱默生看来,自立的个人不仅是有组织的政府的一块拼图,而且,他预见有一天个人的进步将会使政府没有存在的必要。梭罗则更加鄙视国家,在其著名的论文《论公民的不服从》(Civil Disobedience)中将个人主义带到了几乎与无政府主义混为一谈的程度。③从英法舶来美国的古典政治经济学的教导也助力消极国家的观念。重农学派反对重商主义者的过度管制,信奉"自然秩序"下的自由,遵循私利有助于公益的原则,"建议国家要仅限于维护私人财产与个人自由的权利,拿掉所有限制贸易的人为障碍,并废除各种百无一用的法律"。该学说主张遵从自然法则,超出这个界限,国家就不应冒险:其政策就是"自由放任,通行无碍"。④而斯密的"看不见的手"这一自由市场的政治经济学更是强调"自利是人谋生的主要心理动机,并宣布自利不仅是自然的,而且是有益的";他主张用"明白易懂的自然自由体系"取代重商主义,其间"每个人,只要他没有违反正义之法,就可以让他完全自由地以自己的方式追逐自身的利益,而且要将其产业与资本引入到同他人或人类秩序的竞争当中"。不过"在人类智慧或知识不济之时",国家也有指导国民经济生活之责。⑤

那么,内战前的美国政府与国家到底大不大呢? 我们还是通过数据来说话吧。1790年,美国的土地面积是864,764平方英里,人口为3,929,214人;到了1860年,其土地面积增加到2,969,640平方英里,人口增长为31,443,321人。作为衡量联邦政府大小的重要指标之一就是联邦雇员:在1816年,领薪水的联

---

① Sidney Fine, *Laissez Faire and the General-Welfare State*：*A Study of Conflict in American Thought*, 1865–1901, p. 5.
② ［法］托克维尔著:《论美国的民主》,董果良译,北京:商务印书馆,2017年,第686—687页。
③ Sidney Fine, *Laissez Faire and the General-Welfare State*：*A Study of Conflict in American Thought*, 1865–1901, Ann Arbor：The University of Michigan Press, 1956, pp. 5–6.
④ Ibid., p. 6.
⑤ Ibid., pp. 6–7.

邦文职人员为 4,837 人;1851 年为 26,274 人。联邦政府的收入:在 1792 年为 0.0367 亿美元,1800 年为 0.10849 亿美元,1860 年为 0.56065 亿美元,1861 年为 0.4151 亿美元。联邦政府的公债:1851 年为 0.68305 亿美元;1860 年为 0.64844 亿;1861 年为 0.90582 亿美元。①通过这些数据,我们能够看出这一时期联邦政府与国家规模不大。

　　就内战前美国国家的主要特色而言,纵向地看,即从中央与地方关系的角度看,全国政府的基本任务就是"为各区域中心的决策提供支持"。②受母国文化的影响,革命后的美国依然使用习惯法来处理个人和政府之间的关系,也用以解决私人之间的纷争。而以往的重商主义现在被亚当·斯密等人的古典自由主义取而代之,由此,"人们的关注点转向了自由放任(laissez-faire)——这一政策强调政府不干预私有经济。然而,政府的干预一直存在,美国宪法采用了习惯法。政府干预一直保留在地方和州政府的层面上"。③一如上文所述,尽管联邦党人、辉格党人、共和党人提出了种种全国计划,"但早期美利坚国家最为显著的运行特色是激进的权力下放(radical devotion of power),与之相应的是一个实用且低调的全国政府"。④ 内战前的全国政府基本上是"按部就班地给予州政府提携与扶助的服务,而将实质性的治理任务交由这些区域性的单位。这些地方性实体(localities)中的广泛分权是早期美国政府的组织特色"。⑤

　　代表联邦政府行使中央权威的主要驻地机构中,"土地局(land offices)、邮政局(post offices)以及海关是这些全国性机构中最为重要的部门,而且他们表明了提供基本服务的目标定位,联邦关切的主要是一些常规事务。"⑥在和平时期,这些驻地机构的创收足以维持全国政府的运行。另一个激进的去集权化计划的例子就是军队。"早期的美利坚国家交托给弱小常备军的日常事务是保卫疆土以及发挥工程兵部队(corps of engineers)的才能帮助发展经济。"而美国的

① U. S. Bureau of the Census, *Historical Statistics of the United States*, *Colonial Times to 1970*, Part 1, Washington, DC: Government Printing Office, 1976, pp. 8;1102 - 1118.

② Stephen Skowronek, *Building a New American State*: *The Expansion of National Administrative Capacities*, *1877 - 1920*, Cambridge: Cambridge University Press, 1982, p. 23.

③ [美]乔纳森·休斯,路易斯·P. 凯恩著:《美国经济史》,邸晓燕等译,北京:北京大学出版社,2011 年,第 42 页。

④ Stephen Skowronek, *Building a New American State*: *The Expansion of National Administrative Capacities*, *1877 - 1920*, pp. 22 - 23.

⑤ Ibid., p. 23.

⑥ Ibid.

国防主要依靠的是州组建、控制的民兵体制,全国政府的职责就是"提供适度的资助以及给予一般性的行政指导"。①

基于程序的维度,横向地看,内战前美国的主要特征就是"一个法院与政党国家"。该时期美国政府的成功运行"主要依赖法院与政党所提供的行为准则",而它们彼此进行的"协调行动从头到脚都来自激进的去集权的政府计划"。②政党无论是在《联邦党人文集》,还是在华盛顿的告别演说中,都是和党派争斗、尔虞我诈、互相攻讦、沆瀣一气等负面词汇联系在一起的,是极力希望抑制但挥之不去的东西。然而,它"拥有解决宪法之下盘根错节的治理难题的潜力",这一点则出乎当时许多建国精英们的意料。③

1812 年战争造成政府全面崩溃的风险,杰斐逊执政后期暴露的美国宪政框架的杂乱无章使得"顶层的制度有崩溃之虞,但州和地方政党组织为了获得并操控政治权力,开始形成了泾渭分明且势不可挡的行为准则"。④及至 19 世纪 30 年代,这种行为规范逐渐盛行于全国政府;而"地方政治组织之间通过小心翼翼的协商而形成了选举联盟,取代了华盛顿政治创始以来混乱无序的地方显贵的明争暗斗"。⑤ 这些政党选举机器的目标并非追求名誉与修养,而是依靠职业化从政者的干部队伍;后者对群众动员的手法驾轻就熟,热衷于追求组织效率。⑥这套运行规则——选民动员、政党建设与全国性两党竞争——提供了一套宪法之外的框架,有助于疏导政府官员的能量与野心。⑦由此,政府的运行主要不再倚靠一个贵族的精英阶层,"使权力关系不再更多地掺杂个人情感,并在美国四分五裂的制度结构下群策群力搞活动,聚精会神搞建设"。由此,政党政治"将全国政府同各个地方联结起来,实现了国内许多离散的政府单位之间的横向联系"。⑧ 政党不仅在一定程度上整合了全国政治以及促进了"整个联邦系统内部政府形式与程序"的规范化,而且,它也组织起了政府内部的机构,便利了"里里

---

① Stephen Skowronek, *Building a New American State*: *The Expansion of National Administrative Capacities*, *1877 - 1920*, p. 23.

② Ibid., p. 24.

③ Ibid., p. 24.

④ Ibid., p. 25.

⑤ Ibid.

⑥ Ibid.

⑦ Ibid., p. 25.

⑧ Ibid.

外外不同分支、不同层级的宪政结构之间的工作关系"。①政党体系常规化了恩荫的职位招募(patronage recruitment),分肥的轮替(spoils rotation)以及广泛分布于邮政局、土地局以及海关的外部控制的行政程序。地方的政党组织则在这些地方性联邦机构当中获得委任,并监管其运行。而州政党机器的全国代表们主要关注联邦职位的分配,受到联邦委任的官员则成了总统与国会以及地方政府与全国政府之间的纽带。到1850年,政党机器成为了"绝对必需品,能够将[宪法]所分离的……各种事物捏合在一起,并在一定程度上整合了各方政治力量"。②

可以说,政党程序为互不统属的政府体制的运行提供了整合功能,但法律本身的意义与效力则需要法院的程序来裁定,这样,在整合政府法律机器中法院与政党相得益彰。③法院作为制度与司法管辖权争端的最终裁决者,"形塑了政府间关系的边界","界定了州与州之间、州政府与全国政府之间以及全国政府内部机构之间互动的正当形式",进而"将碎片化的政府权威体系变得具有可塑性与灵敏性"。④ 司法机关不仅帮助界定政府内部活动的条件,协助厘清国家与社会的关系,而且也承担起"在各级政府中去培育、保护、解释并诉诸国家监管经济与社会特权"的职责。⑤

总之,在19世纪30年代末以前,在推动经济发展与兴办公共工程方面,国会,特别是州立法机关在其中都起到了一定的参与、促动与扶植的作用,但因耗资巨大,对公私合营公司监管的惰性连同1837年大萧条,使得州立法机关逐渐失去了扶持经济的热情与动力。这一时期盛行特许公司制。特许公司制,"是指每一个公司的成立都要由立法机构颁布一个法令,发给特许状,其中说明公司的目的、营业所在地、能够使用的资本数额以及立法机构赋予该公司的某些垄断特权等"。⑥ 它们实际上被视为国家的"准公共机构",因其具有的公共利益与共同福祉的性质,政府有权对这些通过私人资金组建的企业进行规制。不过,这种规制"商业公司的权力限定在少数社会精英手中,并赋予了商业公司特权"。也就

---

① Stephen Skowronek, *Building a New American State*: *The Expansion of National Administrative Capacities*, *1877 - 1920*, pp. 22 - 23.

② Ibid.

③ Ibid. , p. 26.

④ Ibid.

⑤ Ibid. , p. 27.

⑥ 程文进:《美国政府与公司关系的历史演变(美国建国——20世纪30年代)》,《北京社会科学》1999年第4期,第20页。

是说,"建国初期的商业公司实际上是由少数精英建立和管理,并且具有特权的"公共或准公共机构。①到了 19 世纪 30 年代末,扶持经济发展的一种替代性办法走上了前台——广泛地分发公司特许状(special corporate charters)。这些特许状旨在推动并疏导私人经济公司(private economic ventures),不过法院对其拥有相当宽泛的国家的警察权(state's police power)。②通过解释特许状的保留条款来保护公共利益的方式,司法机关成为了 19 世纪经济监管的主要源头。③这很大程度上也缘于社会民众"反对政府参与公司"与反对政府特权的压力;有关政府特许建立商业公司的批评愈益高涨。④这样,"在经济自由放任主义理论影响下的政府也急欲表明自己的清白,纷纷从公司撤股,并立法禁止官商'混合企业'的存在"。⑤而随着政府的公司准入门槛降低与国退民进,大量的普通公司逐渐兴起。"除了在成立时需要满足一般公司法的规定外,公司就基本摆脱了政府的管制和干预。而且,就连一般公司法规定的要求,也由于各州急于吸引公司在本州注册而不断降低。政府日益成为公司的保护者而非管理者。"⑥政府对公司放松规制与管控也带来了一系列新问题,尤其是这些私有企业为了追求利益最大化而罔顾公共利益的情况。这就使得政党与法院国家的体系日益不得人心,为现代规制国家的到来铺平了道路。

建国后美国政府与国家体制的运行除了主要依靠政党与法院外,还需一大批有知识、有能力的干部人才队伍来维系政府活动的基本连续性。这些知识人的招募,主要来自教会、显贵或是大学。后者不仅有助于为国家提供正当性,也生产着运行国家的人员。⑦在杰克逊时代之前的美国,执掌政治与行政管理职位

---

① 董瑜:《美国建国初期商业公司引发的争论及其意义》,《四川大学学报》(哲学社会科学版)2015 年第 6 期,第 66 页。对此类公司国内学者程文进称其为带有"官商合办"性质的官商"混合企业",参见程文进:《美国政府与公司关系的历史演变(美国建国——20 世纪 30 年代)》,《北京社会科学》1999 年第 4 期,第 21 页。

② Stephen Skowronek, *Building a New American State: The Expansion of National Administrative Capacities, 1877 - 1920*, 1982, p. 27.

③ Ibid.

④ 董瑜:《美国建国初期商业公司引发的争论及其意义》,《四川大学学报》(哲学社会科学版)2015 年第 6 期,第 66 页;程文进:《美国政府与公司关系的历史演变(美国建国——20 世纪 30 年代)》,《北京社会科学》1999 年第 4 期,第 21 页。

⑤ 程文进:《美国政府与公司关系的历史演变(美国建国——20 世纪 30 年代)》,《北京社会科学》1999 年第 4 期,第 21 页。

⑥ 同上。

⑦ Stephen Skowronek, *Building a New American State: The Expansion of National Administrative Capacities, 1877 - 1920*, Cambridge: Cambridge University Press, 1982, p. 31.

的官员基本上是来自地方社会中的显贵贤达。他们往往有着很高的社会地位、受过东部的大学教育以及有着很高的职业自觉（professional self-consciousness）。①"随着选区政党机器（constituent party machines）的兴起，这种早期士绅的官方地位逐渐被从官职中赶将出来。官职的分肥与轮任被效力于地方政党的人士取代了。"②而在这种官员队伍来源的转型过程中，律师无疑保持着无可或缺的重要地位。③托克维尔说道："法学家，从利益和出身上来说，属于人民；而从习惯和爱好上来说，又属于贵族。法学家是人民和贵族之间的天然锁链，是把人民和贵族套在一起的环子。"④他发现美国高官中主要是律师，"他们在州与全国各级选任的机构当中居于主导地位，而且垄断了司法机构，在那里他们控制了庞大的酌情裁断权的储备库。"这个群体所形成的权力潜移默化地"扩展到整个社会，深入到社会上的每一个阶级，在暗中推动社会，默默地影响社会，最后按自己的意愿塑造社会"。⑤这个"由律师与法官组成的贵族政治"不仅代表了"这个社会当中最有教养的阶层"，而且律师"本身固有的法律取向的思维与本来就身在法律程序之中的特性，使得其本身成为民众激情的制动阀"。⑥通过走访一些美国人和研究美国法律，托克维尔得出结论，"美国人赋予了法学界的权威和任其对政府施加的影响，是美国今天防止民主偏离正轨的最坚强壁垒"。⑦

作为实行联邦制的国家，美国的各级政府有着不同的功能与分工。联邦政府的权力主要集中于国家土地的分配、国防、对外政策、邮政以及确立基本货币标准等。各州和地方政府的权力主要集中在其他方面：州政府分权给地方政府；地方政府权力主要集中在保障地方公共服务的供给，如消防、公共卫生、公共医疗、贫困人口救济、教育等方面。⑧1790 至 1840 年间，美国州政府是国内项目（包括银行、运河以及其他交通设施改造项目）的主要投资方。州政府通过与公司的

---

① Stephen Skowronek, *Building a New American State：The Expansion of National Administrative Capacities，1877–1920*, Cambridge：Cambridge University Press，1982，p. 31.

② Ibid.，p. 32.

③ Ibid.

④ ［法］托克维尔著：《论美国的民主》，董果良译，北京：商务印书馆，2017 年，第 339 页。

⑤ 同上书，第 344 页。

⑥ Stephen Skowronek, *Building a New American State：The Expansion of National Administrative Capacities，1877–1920*, p. 32.

⑦ ［法］托克维尔著：《论美国的民主》，董果良译，北京：商务印书馆，2017 年，第 335 页。

⑧ ［美］费希拜克等著：《美国经济史新论》，张燕等译，北京：中信出版社，2013 年，第 26 页。

积极合作来完成公共政策目标,并且激发人们的首创精神。用詹姆斯·赫斯特(James Hurst)的话来说就是:各州通过修订法律体系来释放美国经济的"潜能"。国内外的资金通过州政府这个主要渠道来投资项目。相反,联邦政府在这些领域所起的作用不大,只是监管合众国银行和国家道路建设。由于大部分人口居住在农村地区,所以地方政府的规模不大。可以说明各级政府间作用差异的一个重要指标就是各自的负债率。在1841年,州政府负债19,000万美元,地方政府负债近2,500万美元,联邦政府负债500万美元。1841年州政府债务的比例占全部政府债务比例的86.4%,地方政府为11.4%,联邦政府为2.3%。①联邦政府利用宪法授予的权力,致力于推行公共土地政策、内陆改造、建立银行和进行金融投资、关税以及向外扩张,进而刺激经济发展。不过,在这些方面往往存在是否合乎宪法的很大争议。因此联邦政府在土地和奴隶制问题的立场上从1790到1860年间变化不大;在交通领域的努力则赶不上州和地方投资的1/9。汉密尔顿工业化强国战略,主要包括保护性关税和建立合众国银行,这两个主张都得到了贯彻,但往往无法持久。只有国土扩张政策在1790至1860年间没有改变,但在西部土地开拓以及通过建立交通和金融体系把它们和东部地区连接起来方面,主要依靠的是州政府。②联邦政府对经济增长最重要的贡献,就是提供一个稳定和公正的法律环境。联邦政府提供军事防务,处理外交事务,提供邮政和专利系统,并且管理联邦法院,这些都是重要的政府职能。虽然有时联邦政策会引起很大的争论,但在联邦政府提供的这些事务本身从来没有任何争议。③另一方面,国会定期辩论进口关税、内陆改造、公共土地政策、国家特许银行的设置以及奴隶制的存废与规制等事务。④尽管联邦政府是否应该实施交通工程、监管奴隶制(至少在其领土内)则存在不小的争议,但事实上联邦政府在不同程度上介入到了这些事务中来。⑤

内战前关于联邦政府在经济社会发展中的作用,通过联邦政府开支也可见一斑。在1800年人均承担的联邦政府支出是16.87美元,而到1900年增至107.24美元,增加了636%。到1990年人均联邦政府开支是5,010.82美

---

① [美]费希拜克等著:《美国经济史新论》,张燕等译,北京:中信出版社,2013年,第26—27页。

② 同上书,第160页。

③ 同上书,第150页。

④ 同上。

⑤ 同上。

元——自 1900 年以来增加了 4673％。①1790 至 1860 年期间,联邦政府在交通改善方面总共花了 5,400 万美元。但是只有 900 万美元用于修建国道,大部分钱用于修建州内的短途公路。②在 1816 年大约有 5,000 个联邦职位,其中 500 个在华盛顿。在整个 19 世纪,大多数的联邦雇员是在邮局工作,职位是邮政局长、邮政人员或者邮递员。联邦雇员规模相对较小,在 1851 年只有 26,000 人。③

简言之,从 1776 年到 1787 年宪法生效前,州政府发挥着主导作用;1788 年以后,宪法创建了一个相对强大的联邦政府,拥有了自己的钱袋子,有权"管理国际事务和军事防御、调节货币流通、监管国际贸易、分配西部土地"。在 18 世纪90 年代,联邦政府采取了积极的政策:推动金融事业与征收保护关税,进而扶植美国制造业。但由此引起了政治上的激烈反对。1828 年以后,关税税率开始下降,关税这个经济杠杆受到了压制。国会先后创建了第一和第二合众国银行,最终也都因未能获得新的许可证而到期失效。这样,在 1832 年后,联邦政府的主要职能在于军事与外交方面。④不过,相对于进口关税、金融、国防和国际事务而言,联邦政策在土地政策、内陆改造与奴隶制问题上始终存在巨大的争议,使得哪怕是一些较小的政策变革似乎也成为了重大胜利;这使得联邦政府在这些领域,甚至是关税、金融领域的政策很难取得实质性的变革。⑤与此同时,州政府通过在银行与交通领域,"逐渐形成了积极的政策以推动经济发展",推动了 19 世纪 30、40 年代的交通与市场革命,但在 1837 和 1839 年的经济萧条后,除少数州政府之外,大多数州政府投资基础设施建设的热情开始消退。由此,推动了大量普通公司的建立,促使了私人更多地进入到经济与商业领域当中,为内战后的经济转型准备了条件。⑥

然而,随着工业革命的推进,"工业主义所带来的种种压力不可避免地需要一个持续集中的政府控制",而这对一个高度去集权化与区域化的法院与政党国家的治理结构来说明显力不从心;后者的运行适合于相对分散的农业社会,其"运行结构的前提是一个高度动员起来的民主政体以及联邦行政能力的缺席",

---

① Randall G. Holcombe, *From Liberty to Democracy*:*The Transformation of American Government*,Ann Arbor:The University of Michigan Press,2002,p.139.
② [美]费希拜克等著:《美国经济史新论》,张燕等译,北京:中信出版社,2013 年,第 152 页。
③ 同上书,第 337 页。
④ [美]费希拜克等著:《美国经济史新论》,张燕等译,北京:中信出版社,2013 年,第 170 页。
⑤ 同上书,第 155—156 页。
⑥ 同上书,第 170 页。

但这同"一个相互依存的工业社会"则显得格格不入。为此,想要"应对全新的全国控制的需求",就需要对"美国国家的本质与地位"进行脱胎换骨般的变革。①

本章小结

通过对内战前美国经济、社会运动与国家演变的考察,可以发现:在殖民地时期,北美殖民地在大英帝国的治理与殖民地人民自力更生的开拓下,经济逐渐繁荣起来。但是,在 17 世纪至 18 世纪中期,英国"财政—军事国家"建设与国家治理体系现代化制度建设的影响下,1763 年以后帝国强化了对北美殖民地的治理与规制,进而意外触发了帝国边陲的去中央集权化与反规制的社会运动,而这种帝国强化中央治权的溢出效应与最终后果就是美国革命。脱离了英国管制的美国,伴随着西部扩张,在经济上日益发展壮大,逐渐形成了以南方奴隶种植园经济为主要依托的战争资本主义经济与以自由劳动为主要特征的工业资本主义并驾齐驱的势头。在这一经济发展的进程中,反国家规制,尤其是反中央治权的社会政治运动与主张国家规制、强化中央治权的社会政治运动之间展开了持续的博弈。不过,在古典自由主义强调政府是"必要之恶"的镇制下,前者更胜一筹。然而,随着废奴主义运动的兴起,战争资本主义与工业资本主义之间、汉密尔顿主义与杰斐逊主义、美国体系与杰克逊民主之间的冲突因建国共识的破裂,造成一个国家两种体制(奴隶社会与自由社会)的大厦终归轰然坍塌,进而迎来了对国家特别是中央治权持欢迎态度——至少是不反对——的进步主义运动与规制国家兴起的新时代。

可以说,内战前美国社会上的各种社会改革运动就已经随着市场革命的不断推进而兴盛起来,这些社会改革运动的领导者与参与者往往来自中产阶层,有着清教的背景,在政治上往往与辉格党人、共和党人有着密切的交集。不过,这些社会改革运动背后依托的是世俗的个人主义精神和宗教大觉醒运动中强调的灵魂救赎与道德自觉。那时的政府,相对来说对人民的经济与社会活动影响也比较小。联邦政府主要负责保护人民,收的税很少,开支也不大,而且很少参与规制活动;那时的联邦政府受到极大的限制与防范,州和地方政府在社会经济生

---

① Stephen Skowronek, *Building a New American State*:*The Expansion of National Administrative Capacities*, *1877‑1920*, Cambridge：Cambridge University Press, 1982, p.35.

活中发挥着更大的作用;相对而言,联邦政府即便是介入到经济生活中来,其发挥的主要作用也是促进和推动经济发展,而不是规制经济的职能。

当然,在这一过程中,唯有古典自由主义的政府为"必要之恶"的观念向进步主义的政府为"积极的善"的观念转型,才能打通此前国家与市场、政府与公民社会之间的分立与区隔,进而促成进步主义运动与规制国家的联袂同行。

第 2 章

内战、重建与进步主义运动
和规制国家的发轫（1861—1877）

　　"我们在《圣经》中读到的上帝的原话是：'你将从你脸上流的汗中吃到面包'，有人却从中宣扬什么'你将从别人脸上流的汗中吃到面包'，我觉得这无论如何不能说是真心诚意的。到最终检点我一生所为时，但愿我不要因为抢过他人的财富而担负罪责；不过这比起抢夺他人的人身以及他的全部所有，倒还更可宽宥些。"

——亚伯拉罕·林肯①

　　"这实质上是一次人民的斗争。在联邦方面，这是一次在世界上维护这样一种形式和实质的政府的斗争，这个政府的主要目的是提高人的地位——把人为的负担从一切人肩上去掉，为一切人追求值得称赞的目标扫清道路，使一切人在生活竞赛中有一个自由自在的开端和公平的机会，由于服从需要，有些事情暂时还不能做到，但以上就是政府的主要目的，我们正在为这个政府的生存而奋斗。"

——亚伯拉罕·林肯②

　　上文提到，美国革命在一定程度上是一场未竟的革命，从社会运动意义上是后来进步主义运动的最初源头；而 1787 年美国宪法的制定者们在塑造一个强大国家的同时，又通过二元联邦制，将其封印在古典自由主义的政治经济学当中。

---

① [美]亚伯拉罕·林肯：《给艾德博士等人的信，1864 年 5 月 30 日于华盛顿》，《林肯选集》，朱曾汶译，北京：商务印书馆，2013 年，第 288 页。

② [美]亚伯拉罕·林肯：《摘自林肯致国会特别会议的首次咨文，1861 年 7 月 4 日》，《林肯选集》，第 192 页。

但无论如何,只要追溯现代国家和一个积极有为大政府的话,其最初的源头一定可以在1787年的制宪会议中找得到。但制宪会议是一场搁置争议,最大限度寻找共识与妥协的会议,它留下了一个强大国家种子,还需要适宜的环境:阳光、土壤与水分。这是一场有待完成的革命,因此,从这个意义上讲,内战是"第二次美国革命",一旦开始,就不知道何时结束了。[1]在进步主义运动和规制国家的发轫过程中,内战与重建时期是一个关键期与转型期。可以说,设若没有内战与重建的话,进步主义运动也就无从谈起,规制国家依然会被封印在古典自由主义或自由放任主义的"必要之恶"当中。

第1节　内战与进步主义运动和规制国家的发轫

"迄今为止,我们所看的只是内战的第一幕,即根据宪法进行的战争。第二幕,即以革命方式进行的战争,就要开始了。"

——马克思[2]

鉴于内战期间主要是林肯及其政府领导的针对退出联邦各州(即南部邦联)的维护联邦统一的战争,因此,接下来主要围绕林肯的思想与行动同进步主义运动与规制国家的发轫之间的关系展开。当内战打响的前夜,摆在林肯面前的问题,一如1776年美国革命者们发布《独立宣言》和1787年制宪会议召开的前夜,摆在他与他们面前的是同一个问题:人类能不能摆脱自进入政治社会以来一直面临的那个恒久困境:自由与秩序、自由与统一该如何平衡? 也就是上文中提到的,建国精英们发现人类历史中的那个两难困境:"无论实行何种政体,其结果都是自由和秩序不可兼得。人类希望获得自由,力图摆脱压迫,但在寻求自由、摆

---

[1] 注:"第二次美国革命"的提法可以参见:[美]埃里克·方纳著:《美国历史:理想与现实》,王希译,北京:商务印书馆,2017年,第651页。

[2] [德]卡·马克思:《评美国局势》,《马克思恩格斯全集》,第15卷,北京:人民出版社,1963年,第558页;亦可参见:[美]埃里克·方纳著:《19世纪美国的政治遗产》,王希编译,北京:北京大学出版社,2020年,第75页,该书中译文如下:"到目前为止,我们还只是见证了美国内战的第一幕——战争的宪政阶段。第二幕——战争的革命阶段,即将上演。"

脱压迫的过程中又往往带来动荡,造成社会失序。反过来,过于强调权威和秩序,又必然带来控制、压迫和奴役。"①那么,美国革命能不能打破这一历史的魔咒,进而摆脱这种人类的窘境呢?革命精英给出的答案是本着审慎的深思明辨、爱国赤心、无私无我、一心为公、达观进取的原则与精神,那么此困境有望摆脱,但"此事只可期望,不可以为必致"。②

一、 林肯的政治哲学、《解放奴隶宣言》与进步主义的发轫

1862年,一个加利福尼亚的黑人写道:"旧的东西正在消逝,旧的偏见最终也将随之而去。革命已经开始,只有时间才能决定它将在什么时候结束。"③无独有偶,1862年8月4日,远在伦敦的马克思敏锐地指出:"迄今为止,我们所看的只是内战的第一幕,即根据宪法进行的战争。第二幕,即以革命方式进行的战争,就要开始了。"④马克思继续写道,实际上革命已经在战争以外的地方发生了:

> "国会通过了北部人民大众久盼而未得的宅地法;这项法律规定,把一部分国有土地免费给予垦殖者耕种,不论是美国出生的或迁入的。国会废除了哥伦比亚地区和联邦首都的奴隶制度,对以前的奴隶主付给金钱补偿。宣布奴隶制度在美国全部领地内是'永远不可能的'。在接受西弗吉尼亚作为新州加入联邦的法案中,规定了逐步废除奴隶制度,并宣布所有1863年7月4日以后出生的黑人儿童是自由人。这种逐步解放奴隶的条例,大体上是以70年前宾夕法尼亚州为着同样的目的所颁布的法律为蓝本的。第四个法案宣布,叛军方面的所有奴隶一到共和党的军队手里就是自由人。另一个还是现在才第一次实施的法案规定,可以把这些获得解放的黑人组

① 李剑鸣:《美国建国精英的知识、眼界和政治取向》,梁茂信:《美国史研究的传承与创新:纪念历史学家丁则民诞辰百年论文集》,北京:中国社会科学出版社,2019年,第55页。

② [美]亚历山大·汉密尔顿:《第一篇 请大家一起来研究新宪法》,[美]亚历山大·汉密尔顿,詹姆斯·麦迪逊,约翰·杰伊著:《联邦论:美国宪法述评》,尹宣译,南京:译林出版社,2016年,第1页。

③ [美]埃里克·方纳著:《美国历史:理想与现实》,王希译,北京:商务印书馆,2017年,第651页。

④ [德]卡·马克思:《评美国局势》,《马克思恩格斯全集》,第15卷,北京:人民出版社,1963年,第558页;亦可参见:[美]埃里克·方纳著:《19世纪美国的政治遗产》,王希编译,北京:北京大学出版社,2020年,第75页。

成军队，开赴战场对南军作战。利比里亚、海地等黑人共和国的独立获得了承认，最后，和英国签订了禁止奴隶买卖的条约。"①

一如这位加利福尼亚黑人和马克思的预见，不过，"要比废奴主义者所期望的慢许多"，1862年9月22日，林肯签署并发布了《解放奴隶预告宣言》，1863年1月1日，发布了《解放奴隶宣言》。②如果从1619年第一批20名非洲人抵达弗吉尼亚算起的话，经历了244年的北美奴隶终于迎来了他们漫长的、革命性时刻。在1863年1月1日签署《解放奴隶宣言》这样的革命性历史时刻，一如马克思所言这位"史册上'sui generis'〔有其独特之处的〕人物"，林肯这样说道："在我的生命中，我从来没有如此确信：与其说是我正在签署这个文件，毋宁说是我正在做正确的事……假如我会青史留名的话，那会是因为这一行动，而且我的整个灵魂尽在其中。"③那么，林肯的整个灵魂是什么呢，最简单的答案自然是到《解放奴隶宣言》中去寻求，"我真诚地相信这一措施是正义的措施，它出于军事需要，合乎宪法规定。我祈求人类对之作出慎重判断，全能上帝对之赐予恩典"。④ 尽管这段话是在作为废奴主义者的财政部长赛门·P.蔡斯(Salmon P. Chase)的建议下加上的，该宣言是合乎宪法，出于军事需要的正义行动。⑤一如方纳所说，"无论如何，宣言成为内战的转折点，也成为林肯对他自己的历史角色认知的一个转折点"。这位"从不首倡什么，从不表现激情，从不装出姿态，从不使用历史帷幔"的"伟大解放者"，"接受了历史抛给他的机会"；而他所签署的这份宣言将"自由的理想与一个民族国家之间的认同关系清楚地建立起来，而民族国家的权力将随着战争的进展而得到极大的扩大"⑥。

对于林肯所言的"我的整个灵魂"，根据其自己的说法，都是从《独立宣言》发

---

① ［德］卡·马克思：《评美国局势》，《马克思恩格斯全集》，第15卷，北京：人民出版社，1963年，第558—559页。

② ［美］埃里克·方纳著：《19世纪美国的政治遗产》，王希编译，北京：北京大学出版社，2020年，第75页。

③ ［德］卡·马克思：《北美事件》，《马克思恩格斯全集》，第15卷，北京：人民出版社，1963年，第586页；"Emancipation Proclamation", https://www. archives. gov/news/topics/emancipation-proclamation, retrieved at July 20,2021。

④ ［德］卡·马克思：《北美事件》，第586页；"A Proclamation (January 1, 1863)", https://www. archives. gov/exhibits/featured-documents/emancipation-proclamation/transcript. html, July 20,2021；［美］亚伯拉罕·林肯：《〈最后解放宣言〉，1863年1月1日》，《林肯选集》，朱曾汶译，北京：商务印书馆，2013年，第260页。

⑤ ［美］埃里克·方纳著：《19世纪美国的政治遗产》，王希编译，北京：北京大学出版社，2020年，第72页。

⑥ 同上书，第73—75页。

展而来的。他的这一灵魂冉冉升腾于 1837 年 1 月 27 日对伊利诺伊州斯普林菲尔德青年学会的演说中,"如果危险果真来临,它必然在我们内部产生,而不可能来自外部。如果我们命该遭殃,那么始作俑者必然是我们自己,最后下毒手的也是我们自己。作为一个自由国家,我们必须永世长存,不然就自杀身亡"①。祖露于 1854 年 7 月 1 日片断式回忆中,"二十五年前我自己也是一个雇工。昨天的雇工今天在为自己的利益工作,明天还会雇用别人为他工作。进步——改善条件——是平等社会的规律。劳动是人类的共同负担,有些人想把他们的一份负担转嫁到别人肩上,这就成了人类巨大而持久的被诅咒的事物"。② 出现在 1859 年 4 月 6 日给 H. L. 皮尔斯等人的信,"这是一个对等的世界,谁要是不愿意做奴隶,就必须答应不占有奴隶。那些不给别人自由的人,自己也不配享受自由,而且,在公正的上帝主宰下,也不能长久地保持自由"。③ 反映在 1859 年 5 月 17 日给西奥多·卡尼修斯博士的信中,"我懂得我们的制度的目的是在于提高人的地位,任何倾向于使人降格的事情我都反对"。④ 倾注于 1859 年 9 月 17 日在俄亥俄州辛辛那提的演说中,"据我知道,我是他们所说的一个'黑共和党人'。我认为奴隶制是错误的,道德上和政治上都是错的。我希望奴隶制在联邦诸州不要再扩展开去,如果它在整个联邦逐渐消灭,我也不反对"。⑤ 体现于 1861 年 2 月 22 日的费城独立厅,"我常常问我自己,使得这个联邦如此长久地结合在一起的究竟是哪一种伟大的原则或思想。这不仅仅是殖民地脱离本国的问题,而是《独立宣言》中那种不但给我国人民以自由,而且还给未来全世界人民以希望的思想。那种思想保证,总有一天,每个人肩上都将摆脱沉重的负担,人人都将有平等的机会。这就是《独立宣言》所体现的思想"。⑥ 跳动于 1861 年 7 月 4 日致国会特别会议的首次咨文中,"这实质上是一次人民的斗争。在联邦方面,这是一次在世界上维护这样一种形式和实质的政府的斗争,这个政府的主要目的

① [美]亚伯拉罕·林肯:《摘自 1837 年 1 月 27 日对伊利诺伊州斯普林菲尔德青年学会的演说》,《林肯选集》,朱曾汶译,北京:商务印书馆,2013 年,第 4 页。
② [美]亚伯拉罕·林肯:《片断,大约写于 1854 年 7 月 1 日》,《林肯选集》,第 68 页。
③ [美]亚伯拉罕·林肯:《给 H. L. 皮尔斯等人的信,1859 年 4 月 6 日于伊利诺伊州斯普林菲尔德》,《林肯选集》,朱曾汶译,北京:商务印书馆,2013 年,第 132 页。
④ [美]亚伯拉罕·林肯:《给西奥多·卡尼修斯博士的信,1859 年 5 月 17 日于伊利诺伊州斯普林菲尔德》,《林肯选集》,第 134 页。
⑤ [美]亚伯拉罕·林肯:《摘自 1859 年 9 月 17 日在俄亥俄州辛辛那提的演说》,《林肯选集》,第 138—139 页。
⑥ [美]亚伯拉罕·林肯:《在费城独立大厅的讲话,1861 年 2 月 22 日》,《林肯选集》,第 177—178 页。

是提高人的地位——把人为的负担从一切人肩上去掉,为一切人追求值得称赞的目标扫清道路,使一切人在生活竞赛中有一个自由自在的开端和公平的机会,由于服从需要,有些事情暂时还不能做到,但以上就是政府的主要目的,我们正在为这个政府的生存而奋斗"。① 见诸于 1862 年 12 月 1 日致国会的年度咨文,"我们给了奴隶自由,同时也就保证了自由人的自由——我们给奴隶以自由,维护自身自由,都是同样光荣的。我们将高贵地保全或卑劣地失去人间最后的、最好的希望"。② 再现于 1863 年 11 月 19 日在葛底斯堡国家烈士公墓落成典礼上的演说,"我们要使国家在上帝福佑下得到自由的新生,要使这个民有、民治、民享的政府永世长存"。③ 流露于 1864 年 4 月 4 日给 A. G. 霍奇斯的信中,"我生来就是反奴隶制的。如果奴隶制不是错误的,那就没有一样东西是错误的了"。④

在请林肯的灵魂现身说法后,我们有必要对其政治哲学的性质、主要理论来源与历史遗产进行定性、溯源与评价。

1. 林肯的进步自由主义民主观

就其政治哲学的性质而言是进步的自由主义民主观。说其是进步主义的依据,第一,自由制度横向的区域性扩展,相信"孕育于自由之中,致力于人人生而平等"这一原则的国家会获得"新生",这一原则有望从北方扩展到全美,乃至世界其他地区。⑤第二,就个人而言体现为,相信人在美国的社会中,通过个人的努力奋斗,能够实现地位的不断上升。第三,就政府而言,他相信在这种个人生活的这场竞赛中,政府有责任帮助从人们的肩上拿掉"人为的负担"。⑥就劳动与资本的关系而言,他相信劳动高于资本,人的权利要比资本的权利高得多,"劳动先于资本,并独立于资本。资本只是劳动的成果,假使不先有劳动,就不可能有资本。劳动是资本的前辈,应该受到更多得多的尊重"。⑦ 当然,这种进步主义换

---

① [美]亚伯拉罕·林肯:《摘自林肯致国会特别会议的首次咨文,1861 年 7 月 4 日》,《林肯选集》,第 192 页。
② [美]亚伯拉罕·林肯:《致国会的年度咨文,1862 年 12 月 1 日》,《林肯选集》,第 257 页。
③ [美]亚伯拉罕·林肯:《在葛底斯堡国家烈士公墓落成典礼上的演说,1863 年 11 月 19 日》,《林肯选集》,朱曾汶译,北京:商务印书馆,2013 年,第 278 页。
④ [美]亚伯拉罕·林肯:《给 A. G. 霍奇斯的信,1864 年 4 月 4 日于华盛顿》,《林肯选集》,第 282 页。
⑤ [美]亚伯拉罕·林肯:《在葛底斯堡国家烈士公墓落成典礼上的演说,1863 年 11 月 19 日》,《林肯选集》,第 277—278 页。
⑥ [美]亚伯拉罕·林肯:《摘自林肯致国会特别会议的首次咨文,1861 年 7 月 4 日》,《林肯选集》,第 192 页。
⑦ 同上书,第 202 页。

个角度看又是保守主义的,即保守并推进美国建国者,特别是《独立宣言》所宣示的事业。

　　说其是自由主义的,主要指的是洛克式古典自由主义,第一,刚刚提及的劳动观本来就是洛克式的个人主义,"自由这个词可能意味着每个人都可以随心所欲地支配他自己和他的劳动成果"①;第二,其言辞与行动始终强调对限权政府的宪政的维护,哪怕是采取了一些不合法的必要手段也因维护宪法这一目的而变得合法与正确。他说道:"我确实懂得,我关于尽全力来维护宪法的誓言赋予我责任,要用一切必要的手段来维护以该宪法为其根本法的那个政府和国家。国家失去了,宪法还能保持吗? 根据一般规律,生命和四肢是必须保全的。为了保全生命,往往不得不把四肢之一截掉,但是决不会为了保全四肢之一而把生命送掉,这是愚蠢的。我认为,一些措施,本来是不符合宪法规定的,但由于它们对于通过维护国家从而维护宪法是必不可少的,结果就变得合法了。"②第三,就个人状态而言,其自由强调的人是自主,不依附的自立状态,是奴役的反义词。"我们在《圣经》中读到的上帝的原话是:'你将从你脸上流的汗中吃到面包',有人却从中宣扬什么'你将从别人脸上流的汗中吃到面包',我觉得这无论如何不能说是真心诚意的。到最终检点我一生所为时,但愿我不要因为抢过他人的财富而担负罪责;不过这比起抢夺他人的人身以及他的全部所有,倒还更可宽有些。"③他反对各种奴役的形式,从奴隶制的人身依附到资本对劳动的剥削都是要"从别人脸上流的汗中吃到面包",再到诸如酗酒的人身受到酒精控制的不自由的桎梏状态。他在谈到戒酒运动成功的原因时指出:"传教士提倡戒酒据说因为他是宗教狂,渴望政教合一;律师提倡戒酒是出于让人家听他讲话的骄傲和虚荣心;而雇来的代理人则是为了酬劳。但是一个长期被认为是纵酒牺牲品的人打破了束缚他的桎梏,'衣冠楚楚,头脑清醒'地出现在邻人面前,作为失去已久的人性重新得到拯救的典型昂然站立,眼里含着欢乐的泪水,向人们诉说过去所受的苦痛现在永远不会再受了。"④他在自传中提到本来已对政治感到厌烦的

----

① [美]亚伯拉罕·林肯:《摘自在巴尔的摩一次保健义卖会上的讲话,1864 年 4 月 18 日》,《林肯选集》,第 285 页。

② [美]亚伯拉罕·林肯:《给 A. G. 霍奇斯的信,1864 年 4 月 4 日于华盛顿》,《林肯选集》,朱曾汶译,北京:商务印书馆,2013 年,第 282 页。

③ [美]亚伯拉罕·林肯:《给艾德博士等人的信,1864 年 5 月 30 日于华盛顿》,《林肯选集》,第 288 页。

④ [美]亚伯拉罕·林肯:《摘自 1842 年 2 月 22 日在华盛顿人戒酒协会斯普林菲尔德分会上的演说》,《林肯选集》,第 28 页。

他,因"密苏里妥协案被废除使我又拍案愤起"。①

言其是民主主义的,第一,其致力于"民有、民治、民享"的政府的生存、发展与长存。②林肯认为真正的人民当家作主是指:"国家应该管理与国家有关的事务;一个州或一个较小的政治团体应该管理唯独与这个州或这个政治团体有关的事务;个人应该管理唯独与他个人有关的事务。"③对此,他在 1858 年 10 月 10 日在芝加哥的演讲中讲得更为清晰透彻,"我不止一次地说过,没有人比我更信奉自治(self-government)原则;那是我所有正义政府观念的根本,自始至终……我想我说过,你们也听说过我相信每一个人都自然而然地有权亲身去动用其劳动成果,去做其高兴做的事,只要他没有挖空心思地干涉其他人的权利——作为一个州的每一个共同体完全有权以其全部关切在一州之内行其所乐意做的事,只要没有干预到其他州的权利;而且,依照这一原则,整体政府(general government)也无权干涉任何不涉及整体的事务(general class of things)。我一直在这样说"。④ 第二,强调多数主义,"直截了当地说,脱离的中心思想实质上就是无政府主义。一个受到宪法的检查和限制的约束、总是随着公众舆论和思想感情的慎重转变而顺利转变的多数派,是自由人民的唯一的真正统治者。谁排斥这个多数派,就必然滑向无政府主义或专制主义。完全一致是不可能的,把少数派统治作为永久安排是绝对不能容许的。因此,排斥了多数这一原则,剩下的就只有某种形式的无政府主义或专制主义了"。⑤ 第三,他相信人民能够自治,卫护"人的权利",既反对专制主义,也反对资本对人权与劳动的高高在上。"叛乱继续发展到即使不完全是、也主要是对人民政府的首要原则——人民的权利——的袭击。……那些文告大胆鼓吹剥夺现有的普选权,否定人民参与选拔

---

① 〔美〕亚伯拉罕·林肯:《林肯的生平(1859 年 12 月 20 日写给 J. W. 费尔的自传)》,《林肯选集》,第 317 页。

② 〔美〕亚伯拉罕·林肯:《在葛底斯堡国家烈士公墓落成典礼上的演说,1863 年 11 月 19 日》,《林肯选集》,第 278 页。

③ 〔美〕亚伯拉罕·林肯:《摘自 1859 年 12 月 1 日—5 日在堪萨斯所作的演说笔记》,《林肯选集》,第 142 页。

④ Abraham Lincoln, "Speech at Chicago, Illinois", July 10,1858, in R. P. Basler et al. eds. , *Collected Works of Abraham Lincoln*, New Brunswick, N. J. : Rutgers University Press, 1953, Vol. II, p. 493, quoted from Allen C. Guelzo, "Abraham Lincoln or the Progressives: Who was the Real Father of Big Government?", (special report), no. 100,2012, https://www. heritage. org/political-process/report/abraham-lincoln-or-the-progressives-who-was-the-real-father-big-government.

⑤ 〔美〕亚伯拉罕·林肯:《第一次就职演说,1861 年 3 月 4 日于华盛顿》,《林肯选集》,朱曾汶译,北京:商务印书馆,2013 年,第 185 页。

除立法机关外全体公职人员的一切权利,以精心制作的论据来证明人民大规模管理政府是一切政府的祸害的根源。有时候还暗示君主制度本身是躲避人民权力的可取办法。"①他在内战打响不久就在提醒人们要警惕:"我想提请大家注意一下。这就是,有人企图使资本在政府机构里的地位即使不高于劳动,至少也和劳动相等。……错误是在于认定社会的全部劳动都存在于那种关系之内。少数人拥有资本,这些人自己不劳动,却用他们的资本雇用或收买另外少数人来为他们劳动。大多数人不属于这两个等级——既不为别人劳动,也没有别人为他们劳动。"②他在 1859 年 4 月 6 日伊利诺伊州斯普林菲尔德给 H. L. 皮尔斯等人的信中对人的权利特别是自由权高于金钱与财产权的观念表达得更为淋漓尽致:

> "杰斐逊党建立的基础是号称无限忠于人身权利,财产权只放在第二位,而且是低得多的地位。记住了这一点,再假定今天的所谓民主党是杰斐逊党,反对他们的是反杰斐逊党,那么,注意一下两个党在当初因而分裂的原则上完全易手,也同样是十分有趣的。今天的民主党在一个人的自由同另一个人的财产权发生冲突时,完全不把人的自由当一回事;相反地,共和党人对人和金钱都很看重,但如果两者发生冲突,人比金钱来得重要。"③

2. 林肯的政治哲学的主要理论来源

大体说来,其政治哲学主要理论来源主要有以下两大理论源头:第一,《独立宣言》中所体现的洛克式古典自由主义与自然法则及自然权利理论。"在世俗意义上,自然法理论被解释为一种假定的自然状态中的人类境况,优先基于个体间同意的社会契约而形成的公民权威。"④而在建国者们看来,美利坚合众国就是基于自然权利而创建的共和国,是对自然权利的反映;这种自然法思维也影响了1787 年联邦宪法。⑤因此,"从自然法的角度看,林肯取得的显著成就是通过种种政治家的行动保全了自然权利的共和国,基于自然法的国家理性,本着审慎与实

---

① ［美］亚伯拉罕・林肯:《摘自林肯致国会的年度国情咨文,1861 年 12 月 3 日》,《林肯选集》,第 201 页。

② 同上书,第 202 页。

③ ［美］亚伯拉罕・林肯:《给 H. L. 皮尔斯等人的信,1859 年 4 月 6 日于伊利诺伊州斯普林菲尔德》,《林肯选集》,朱曾汶译,北京:商务印书馆,2013 年,第 131 页。

④ Herman Belz, "Abraham Lincoln and the Natural Law Tradition", http://www. nlnrac. org/american/lincoln, retrieve at July 20,2021.

⑤ Ibid.

践理性的自然权利美德的指引"。① 第二,基督教的道德秩序或《圣经》。这种自然法的传统"假定存在着一个客观普世的道德秩序,外在于主观的人类智识之外,它将指引着人类,支持着人类的繁荣昌盛"。② 如果将这种世俗意义上的自然权利哲学,转换为基督教的视角的话,就是"自然法,借着神意(the order of divine providence)介入,写入了人心,指引着人类通过合乎道德的选择来自由行动"。③ 林肯早年读书不多,主要受益于《圣经》,对此林肯自述道:"我成年后知识当然也很缺乏,不过我总算还能读,能写,能算到比例,但仅仅到此为止。我后来就一直没有进过学校。我目前的有限知识是迫于需要随时一点一滴积累起来的。"④来自《圣经》的智慧可以说在林肯的思想中无处不在。例如,他在第二次总统就职演说中对奴役行为的批评与有关内战原因的天谴美国论都能清晰地反映出基督教的影响。林肯质问道:"双方都念同一本《圣经》,向同一个上帝祈祷,每一方都祈求上帝帮助自己反对另一方。有人竟敢要求公正的上帝帮助他们从别人脸上流的汗水中榨取面包,这可能会使人觉得不可思议。"对由奴役黑人所引发的这场白人之间的内战,他是以一种赎罪的语气来表达的:"如果上帝的意旨是要让战争继续下去,直到奴隶们用二百五十年来的无偿劳动所积累起来的一切财富化为灰烬,直到用鞭子抽出来的每一滴血都要用刀砍出来的另一滴血来偿还,那么三千年前人们说过的一句话,我们也还必须重说一遍:'上帝的裁判总是正确的和正义的。'"⑤对于内战的原因在林肯看来,奴隶制即便不是根源,也是必不可少的条件。⑥"要不是为了你们黑种人,我们白种人之间就不会打起来","我再说一遍,要不是黑种人这个根子,战争是绝对打不起来的"。⑦

　　3. 林肯的政治遗产

　　然而林肯"没有能够活到品尝胜利滋味的时候",1865 年 4 月 14 日星期五

---

① Herman Belz, "Abraham Lincoln and the Natural Law Tradition", http://www.nlnrac.org/american/lincoln, retrieve at July 20,2021.

② Ibid.

③ Ibid.

④ [美]亚伯拉罕·林肯:《林肯的生平(1859 年 12 月 20 日写给 J. W. 费尔的自传)》,《林肯选集》,第 317 页。

⑤ [美]亚伯拉罕·林肯:《第二次就职演说,1865 年 3 月 4 日于华盛顿》,《林肯选集》,朱曾汶译,北京:商务印书馆,2013 年,第 308—309 页。

⑥ [美]亚伯拉罕·林肯:《对芝加哥各教派要求总统公布解放宣言的一个委员会的答词,1862 年 9 月 13 日》,《林肯选集》,第 240 页。

⑦ [美]亚伯拉罕·林肯:《对一个黑人代表团就开拓移民地的讲话,1862 年 8 月 14 日》,《林肯选集》,第 232 页。

(注：耶稣受难的那一天刚好是星期五，由此被称为"Good Friday"，以人子的牺牲换来众人救赎的希望，由此被人称为"好日子"，或许透过基督教这面镜子能够折射出人性中自私的一面，特别是部分西方人)，他看戏时遭到 26 岁的青年演员兼奴隶制的狂热拥护者约翰·威尔克斯·布思(John Wilkes Booth)的刺杀，于次日与世长辞。在接下来的星期日，即 4 月 16 日，被称为"黑人的复活节"(Black Easter)，数以百计的演讲者以此事件来布道；也有人宣称："耶稣基督为世界而受难；亚伯拉罕·林肯为其祖国殉难。"[1]人们在一定程度上给予了林肯某种圣徒的身份。

可以说，林肯因其"了却'棉花帝国'事，赢得生前身后名"，但美国人的生活、社会与政治依然要继续，围绕着林肯的政治遗产问题，夹杂着现实的关切，在美国时至今日依然争论不休，而且似有愈演愈烈之势。西奥多·罗斯福(Theodore Roosevelt)，伍德罗·威尔逊(Woodrow Wilson)，富兰克林·罗斯福(Franklin Roosevelt)，林登·约翰逊(Lyndon Johnson)，巴拉克·奥巴马(Barack Obama)，甚至是当今美国总统乔·拜登(Joe Biden)等进步主义者、现代自由主义者和左派都宣称是林肯的政治继承人。[2]而当今美国的一些保守主义者与自由意志主义者则"不假思索地认为进步主义者篡用林肯(而且美国左派持续篡用林肯)是正当的"，认为林肯是大政府这个利维坦的始作俑者。[3]对此，美国学界支持前者有之，如希瑟·考克斯·理查德森(Heather Cox Richardson)认为：林肯及其共和党"创建了一个积极有为(activist)的美国新政府，扶持个人的经济进步"。[4] 反对以进步主义解读林肯的学者则认为，将林肯定性为进步主义是一种典型的误读，他是美国革命的继承者，是古典自由主义自然权利理论与

---

[1] "Abraham Lincoln: President of United States", https://www. britannica. com/biography/Abraham-Lincoln/Leadership-in-war, retrieved at July 20,2021.

[2] Jason R. Jividen, *Claiming Lincoln: Progressivism, Equality, and the Battle for Lincoln's Legacy in Presidential Rhetoric*, Dekalb: Northern Illinois University Press, 2011; Dan McLaughlin, "Party of Lincoln: How Republicans Became it, Why They Remain it", *National Review*, vol. 73, no. 3,2021, p. 90; Joe Biden, "Inaugural Address by President Joseph R. Biden, Jr. , January 20,2021", https://www. whitehouse. gov/briefing-room/speeches-remarks/2021/01/20/inaugural-address-by-president-joseph-r-biden-jr/, retrieved at July 20,2021.

[3] Allen C. Guelzo, "Abraham Lincoln or the Progressives: Who was the Real Father of Big Government?", (special report), no. 100,2012, https://www. heritage. org/political-process/report/abraham-lincoln-or-the-progressives-who-was-the-real-father-big-government.

[4] Heather Cox Richardson, "Abraham Lincoln and the Politics of Principle", *Marquette Law Review*, vol. 93, no. 4,2010, p. 1383.

限权政府的维护者,比如贾森·R.杰维登(Jason R. Jividen),艾伦·C.居尔佐、赫尔曼·贝尔兹等学者。①也有学者,比如丹·麦克劳克林(Dan McLaughlin)认为:"美国共和党的历史就是一部普世的古典自由主义理想与独具特色的美国保守主义的特殊身份认同相熔合的历史。"②林肯及其林肯时期的早期共和党人既是古典自由主义者,"是完成开国者未竟的事业,将上述原则行于奴隶身上",也是文化保守主义者,"他们致力于完成过去,而不是告别过去";他们的"理想是普世的,但其文化是中西部的与新教的"。③

《解放奴隶宣言》发布后,在废奴主义者发起的"一场旨在以宪法修正案的形式废除奴隶制为目标的'新的道德煽动'"之下,1864年4月8日参议院通过了第十三条宪法修正案,1865年1月31日,众议院通过了该修正案,1865年12月6日在得到批准所需州数后正式生效。④该修正案是"美国历史上第一次扩大联邦政府的权力而不是限制联邦政府权力的修正案,引发了对联邦制的重新定义"。⑤但是,内战期间政府权威的扩大与规制国家的发轫甚至是更早些时候。⑥

二、 林肯执政、"自由的新生"与规制国家的发轫

内战是一只翻覆之手,一如美国革命。美国史学家 J.弗兰克·詹森语惊四座地说道,美国革命的"政治斗争释放出许多经济欲求,许多社会抱负;而这些松

---

① Jason R. Jividen, *Claiming Lincoln: Progressivism, Equality, and the Battle for Lincoln's Legacy in Presidential Rhetoric*, Dekalb: Northern Illinois University Press, 2011, pp. 3 – 5; Allen C. Guelzo, "Abraham Lincoln or the Progressives: Who was the Real Father of Big Government?", (special report), no. 100, 2012, https://www.heritage.org/political-process/report/abraham-lincoln-or-the-progressives-who-was-the-real-father-big-government; Herman Belz, "Abraham Lincoln and the Natural Law Tradition", http://www.nlnrac.org/american/lincoln, retrieved at July 20, 2021.

② Dan McLaughlin, "Party of Lincoln: How Republicans Became it, Why They Remain it", *National Review*, vol. 73, no. 3, 2021, p. 28.

③ Ibid., pp. 27 – 28.

④ [美]埃里克·方纳著:《第二次建国:内战与重建如何重铸了美国宪法》,于留振译,北京:商务印书馆,2020年,第37—47页。

⑤ 同上书,第40页。

⑥ [美]埃里克·方纳著:《19世纪美国的政治遗产》,王希编译,北京:北京大学出版社,2020年,"亚伯拉罕·林肯与美国奴隶制的终结"部分;[美]埃里克·方纳著:《第二次建国:内战与重建如何重铸了美国宪法》,第30—61页。注:有关林肯与废奴主义者和废奴运动之间的关联,在笔者看来,他们同在一条阵线上,争执的问题更多在于反奴隶制的方式、速度等方面,而不是根本原则上。有关这方面的内容埃里克·方纳教授在《第二次建国》和《19世纪美国的政治遗产》中都有较为详细的梳理,在此不再展开。

绑了的社会力量深刻地改变了殖民地社会的许多方面。社会阶层之间的关系、奴隶制、土地持有制、商业进程、各种思想与宗教的形式与精神,所有这些方面都感受到了革命的翻覆之手(the transforming hand of revolution)"。① 那么,这场内战也造就了类似的局面,原有的均势或共识被打破,各种利益团体纷纷出来申明自己的主张与需求。美国总统赫伯特·胡佛说过,"每一场集体主义革命骑的都是一匹'紧急情况'的特洛伊木马。……而'紧急情况'就成为接下来实施各种措施的正当理由"。② 美国制宪会议是如此,内战同样也是如此。

1. 共和党的政纲、基本力量与林肯政府的内阁构成

早期的共和党人既是美国革命自由事业的推进者,也是一些务实的政治家,代表了无数普通的选民。就其理念而言主要包括这些价值观:美国民族主义(nationalism 或译为"国家主义""族国认同"),基督教道德主义、经济自立、法律与秩序。③

1854 年创立的共和党的头脑是 1848 年宣称"维护自由劳动权利对抗奴隶主权力(Slave Power)与自由人民的自由土地"的自由土地党。④自由土地党主张包括:反对奴隶制扩张;推动免费授予西部土地给实际的垦殖者;廉价邮资;削减联邦政府开支与恩荫官员的数量(强调所有联邦文官要通过选举产生);内陆改造;通过高关税以偿付国债和支付联邦政府开支。⑤高举的旗帜是"自由土地,自由言论,自由劳动,与自由人"。⑥自由土地党人认为,"虽然国会没有宪法权力来废除一州内部的奴隶制,但许多著名的先例说明,联邦政府有权禁止奴隶制进入联邦领土(即那些还没有以州的身份加入联邦的地区)。国会曾在 1787 年西北土地法令中这样做过,并在 1820 至 1821 年的密苏里妥协案中在此做过类似的规定"。⑦ 对此,林肯在 1858 年的表述与自由土地党的主张毫无二致。他讲道:

---

① J. Franklin Jameson, *The American Revolution Considered as a Social Movement*, Princeton: Princeton University Press, 1967, Introduction by Frederick B. Tolles, p. ix.

② Herbert Hoover, *The Memoirs of Herbert Hoover*: *The Great Depression, 1929 - 1941*, New York: The Macmillan Company, 1963, p. 357.

③ Dan McLaughlin, "Party of Lincoln: How Republicans Became it, Why They Remain it", *National Review*, vol. 73, no. 3, 2021, p. 28.

④ Arthur M. Schlesinger, Jr., *History of U. S. Political Parties*, *vol. 1 1789 - 1860*, *From Factions to Parties*, New York: Chelsea House Publishers, 1973, p. 876.

⑤ Ibid., p. 877 - 878.

⑥ Ibid., p. 878.

⑦ [美]埃里克·方纳著:《美国历史:理想与现实》,王希译,北京:商务印书馆,2017 年,第 598 页。

"当我们的政府刚建立的时候，奴隶制已经存在了。从某种意义上说，我们当时对它不得不容忍。那是一种需要。我们已经经历过一番斗争，取得了独立。宪法的制订者发现当时奴隶制与其他许多制度一起并存着。他们觉得，如果硬要把奴隶制取消，他们已经获得的东西中许多就会付诸流水。他们非向需要屈服不可。他们授权国会到第二十年末废除奴隶贸易。他们还禁止在没有奴隶制的准州内实行奴隶制。能做的事情他们都做了，其余则服从需要。"①言下之意，接下来革命先辈的未竟之事业，因现实之逼迫，将需吾辈卫护与推进。

而且，许多北方人早就看不惯南方人长期霸占联邦政府，北方人想要实施的保护性关税政策和政府的内陆改造计划（即美国体系或美国体制）因南方人当权屡屡受阻。②更为重要的是，这种诉求也得到了广大劳工、农民以及反奴隶制人士的支持。在许多北方人看来，"能够移居到新的西部领土上去，这将给他们带来获取经济进步的一种美好前景"，而这种前景因为"19 世纪 40 年代早期的经济萧条再次强化了传统的思想，即要获得经济自由，必须拥有土地"。③ 在劳工看来，获取西部土地意味着"可以解决东部失业和低工资的问题"，是"一条摆脱永久性经济依附的出路"。④此外，不得不提及的是，1846 年著名的威尔莫特附文的提出者，即来自宾夕法尼亚州民主党国会众议员戴维·威尔莫特（David Wilmot）认为，这一反对奴隶制出现在美墨战争所获得的 100 多万平方英里的新领土上的主张，主要的目的是推进"自由白人的事业和权利"，防止白人沦入同"黑人劳动力"展开竞争的地步。⑤而南方人则认为，这场战争主要是他们打下来的，结果胜利的果实却要被北方窃取，是可忍孰不可忍。对此，爱默生的预言应验了，美国掠夺的墨西哥领土"这就将如同一个人吞掉了一剂砒霜"。⑥可以说，由此造成的围绕奴隶制扩张与否问题上的争执最终消解了第二代政党体系。梭罗的批评更是入木三分："这个政府却从未想过促进任何事业的发展，而是身手敏捷地走偏了。它不去促进国家的自由，也不去稳定西部的骚乱，更不好

---

① ［美］亚伯拉罕·林肯：《摘自 1858 年 7 月 17 日在伊利诺伊州斯普林菲尔德的一次演说》，《林肯选集》，朱曾汶译，北京：商务印书馆，2013 年，第 104—105 页。
② ［美］埃里克·方纳著：《美国历史：理想与现实》，王希译，北京：商务印书馆，2017 年，第 598 页。
③ 同上。
④ 同上。
⑤ 同上书，第 597—599 页。
⑥ 同上书，第 596—599 页。

好以身作则教化国民。"①对奴隶制与美墨战争问题,他斩钉截铁、铁面无私地说道:"当一个国家打着自由国度的幌子,而其六分之一的人口却是奴隶,而一个国家全境都被一支侵略军霸占,被不公地蹂躏,被军法统治,以我个人所见,就算是老实人,现在就反叛和起义都绝对不算早。使该义务更加紧迫的是这个事实:这个饱受蹂躏的国家不是我们的国家,但侵略军却是我们自己的。""这个民族必须停止蓄奴,必须停止征伐墨西哥,即使那样会让这个民族消亡。"②在梭罗看来,"我想,只要上帝与他们并肩,这就足够了,不用等什么多数投票之类的了吧! 而且,一个比邻居们正义得多的人,本身一个人就是大多数了"。③ 或许,我们可以说,梭罗就是那种"虽千万人,吾往矣"的人物吧。

如果说自由土地党是共和党的头脑的话,那么辉格党则是共和党的身躯,一无所知党与北方的广大普通民众则是手脚。早期的共和党是在辉格党的废墟上升腾起来的,"有着许多辉格党人以及辉格党的全国基础设施建设、保护性关税以及国家银行的议事日程"。④但是随着争论转移到奴隶制问题上,辉格党人进退失据,无法将其所确立的原则运用于新形势当中。不过,在 1854 至 1855 年间还不能清楚地看出:反奴隶制的古典自由主义者将会在辉格党的残骸中兴起;民主党人仍然居于主导地位;那时最直接的赢家是反移民与反天主教的美国党,即一无所知党。如果说当时民主党人的主张是林肯所说的"一切人生来平等,但黑人除外"的话,那么一无所知党人的主张则是人人生而平等,但黑人、移民和天主教徒除外。⑤尽管林肯私下里讨厌一无所知党的主张,但他警告其盟友不要公开诟病他们。出于政治需要,共和党成功地在 1860 年将一无所知党人纳入麾下效力。⑥

在林肯的内阁中,曾经的一无所知党人兼马萨诸塞州州长纳撒尼尔·班克斯(Nathaniel Banks)现在成了举足轻重的共和党人;一无所知党人爱德华·贝

---

① [美]亨利·梭罗:《论公民的不服从义务》,出自《瓦尔登湖·论公民的不服从义务》,鲍荣,何栓鹏译,北京:北京时代华文书局,2013 年,第 248 页。

② 同上书,第 251—252 页。

③ 同上书,第 256 页。

④ Dan McLaughlin, "Party of Lincoln: How Republicans Became it, Why They Remain it", *National Review*, vol. 73, no. 3, 2021, p. 28.

⑤ [美]亚伯拉罕·林肯:《摘自 1858 年 7 月 17 日在伊利诺伊州斯普林菲尔德的一次演说》,《林肯选集》,朱曾汶译,北京:商务印书馆,2013 年,第 103 页。

⑥ Dan McLaughlin, "Party of Lincoln: How Republicans Became it, Why They Remain it", *National Review*, vol. 73, no. 3, 2021, p. 28.

茨(Edward Bates)成了林肯的总检察长;国务卿是反奴隶制的前辉格党人兼好战的、有着扩张心态的民族主义者威廉·西沃德(William Seward);财政部长赛门·蔡斯(Salmon Chase)则是一位来自俄亥俄州执着的基督教道德主义者与废奴主义者。①

2. 林肯施政、自由的新生与规制国家的发轫

随着内战的到来,没有了南方民主党人的掣肘,国会开始通过大量的立法来推行共和党人的政纲。共和党人实现了曾经的联邦党人、辉格党人甚至是民主—共和党人——比如汉密尔顿、克莱、加勒廷、杰斐逊——的梦想。在经济上,1862 年颁布了《宅地法》与《莫里尔赠地学院法》,前者为向西部移居的垦殖者提供 160 英亩的联邦公共土地,后者将大量公共土地授予州政府销售,其收入用于兴办公共教育。②同年通过了《太平洋铁路法》,特许联邦太平洋铁路公司和中央太平洋铁路公司,启动了修建横贯大陆铁路计划,对此"中央线路每修建一英里便获得 10 平方英里的公共土地,公共财政也对其慷慨贷款"。③ 此外,战时军需订货也扶持、刺激了一批与军事相关的制造业的发展。④方纳写道:"那些将主导战后国家经济发展的美国人都是在内战期间创造或集中了他们的财富。"⑤财政上,为了进行战争筹资,联邦政府实施了名目繁多的征税。国会在 1861 年颁布了房地产直接税,"这是在近 40 年来美国人向华盛顿市(实际是指政府)缴纳的第一个直接税";同年国会批准了征收国民个人收入所得税,"这是美国历史上第一个此类税种";次年,国会通过了《国内税收法》,包括消费税、销售税、执照税、印花税、遗产税等。⑥然而,这不过是解决了联邦政府战争资金的 1/5。战争费用的 2/3 是通过借款获得的;为了发行国债,1863 和 1864 年,国会通过了一系列银行法案,建立了国家银行,由财政部下设立的货币监理署负责管理。而剩下15% 的战争支出则通过发行纸币来实现,1862 年初国会通过了《法定货币法》,

① Dan McLaughlin, "Party of Lincoln: How Republicans Became it, Why They Remain it", *National Review*, vol. 73, no. 3, 2021, p. 28.

② [美]艾伦·布林克利著:《美国史(1492—1997)》,邵旭东译,海口:海南出版社,2009 年,第 396—397 页。

③ [美]费希拜克等著:《美国经济史新论》,张燕等译,北京:中信出版社,2013 年,第 193 页。

④ [美]加里·纳什等编著:《美国人民:创建一个国家和一种社会》,刘德斌等译,上卷,北京:北京大学出版社,2008 年,第 504—505 页。

⑤ [美]埃里克·方纳著:《美国历史:理想与现实》,王希译,北京:商务印书馆,2017 年,第 662 页。

⑥ [美]费希拜克等著:《美国经济史新论》,张燕等译,北京:中信出版社,2013 年,第 184—185 页。

即后来通称的"绿背纸币"。[①]此外,实施保护性高关税。在军事上,1861 年初美国拥有正规军 1.6 万人,内战期间北方联邦共有 200 多万男子服役,而不进行征兵根本是无法实现军队如此大规模扩张的。1861 年 7 月,国会批准征集 50 万志愿兵,服役 3 年;1863 年 3 月,为满足兵源,国会不得不通过全国征兵法,几乎所有青年男子都在征兵之列。国会授权总统有权征用任何铁路和电话线等。政治机构上,1862 年成立了农业部(注:司局级),《宅地法》的通过与农业部的创立标志着联邦关注西部土地的进展和全国的农民问题[②];1863 年创立国家科学院;构建了一整套类似后来国家安全局的特殊监视体系,包括美国宪兵队、平克顿侦探所、地方警察局、私人告密者等。当然,也不乏推动社会进步的举措,比如,财政部在 1861 年首次雇用女性文职人员。[③]在社会上,为了战争与胜利,采取了种种限制公民自由的措施,如总统扩大暂停人身保护令的范围、不经审判或者起诉就逮捕被怀疑为不忠之人并予以为期 1 至 2 个月的监禁、对邮件、电报进行审查并查封过 300 多家报纸。[④]此外,内战期间南部邦联的国家干预程度更烈,美国学者杰弗里·罗杰斯·胡默尔(Jeffrey Rogers Hummel)称之为"战时社会主义(War Socialism)"。[⑤]南部邦联在制造业、交通运输业、贸易等领域实行战时社会主义措施,征兵制也是其中的重要一环,通过强制工业化确保了战时的武器供应。而"管理这个普遍存在的战时社会主义系统的是中央政府的官僚体系,该组织规模从零发展到 1863 年的 7 万人"。[⑥] 对此,有美国学者指出:"脱离联邦的想法来自于州权观念,但具有讽刺意味的是,战争的胜利仍要依靠中央政府的指挥和控制。"[⑦]

　　鉴于内战期间如此大规模的经济、财政、社会、政治、安全与思想文化方面的介入,林肯开始启用"联邦""政府""人民""民族国家"(nation),甚至"上帝"的话

---

① [美]加里·纳什等编著:《美国人民:创建一个国家和一种社会》,刘德斌等译,上卷,北京:北京大学出版社,2008 年,第 504 页;[美]费希拜克等著:《美国经济史新论》,张燕等译,北京:中信出版社,2013 年,第 196 页。

② Cindy Sondik Aron, *Ladies and Gentlemen of the Civil Service: Middle-Class Workers in Victorian America*, New York and Oxford: Oxford University Press, 1987, p. 68.

③ Ibid., p. 6.

④ [美]费希拜克等著:《美国经济史新论》,张燕等译,北京:中信出版社,2013 年,第 184—194 页。

⑤ Price Fishback et al., eds., *Government and the American Economy: A New History*, Chicago and London: The University of Chicago Press, 2007, p. 206.

⑥ [美]费希拜克等著:《美国经济史新论》,张燕等译,北京:中信出版社,2013 年,第 195—196 页。

⑦ [美]加里·纳什等编著:《美国人民:创建一个国家和一种社会》,上卷,刘德斌等译,北京:北京大学出版社,2008 年,第 503 页。

语。在 1861 年 3 月 4 日的第一次总统就职演说中,林肯就指出:"1787 年制定的宪法公开宣布的目的之一就是'建设一个更为完美的联邦'。"①从宪法和法律角度看,"联邦是不容分裂的"。为此,"联邦将依据宪法捍卫和维护它自己"。有鉴于此,"宪法赋予我的权力将被用来保持、占有和掌握属于政府的财产和土地,征收各种税款;除了为了达到这个目的所必需做的以外,将不会对人民有任何侵犯,不会对任何地方的人民或在他们之间使用武力"②。然而,这种为了维护联邦统一所必需的权力则几乎是一张空头支票。他打了一个比喻,夫妻可以离婚,但是"我们国家的各部分却不可能这样做",是"不能分离的"。③他强调"总统的一切权力来自人民","在美国人民这一伟大法庭判决下,那种真理和公正必然会占上风"。④ 行将结尾处,林肯强调将履行最庄严的誓言:"保持、维护和捍卫政府",而这将也必然会得到"理智、爱国心、基督教教义"和上帝的支持与护佑。⑤1861 年 7 月 4 日,林肯致国会特别会议的首次咨文中强调:

> "这实质上是一次人民的斗争。在联邦方面,这是一次在世界上维护这样一种形式和实质的政府的斗争,这个政府的主要目的是提高人的地位——把人为的负担从一切人肩上去掉,为一切人追求值得称赞的目标扫清道路,使一切人在生活竞赛中有一个自由自在的开端和公平的机会,由于服从需要,有些事情暂时还不能做到,但以上就是政府的主要目的,我们正在为这个政府的生存而奋斗。"⑥

1861 年 8 月 12 日,林肯宣布这一天为全国斋戒日,首先是祈求上帝护佑"这些州的安全和幸福,求上帝保佑他们的军队并迅速恢复和平";然后坦白承认他们的罪过并幡然悔悟,祈求上帝的宽恕;最后对内战这一"上帝亲手安排的可怕的天罚",承认"我们自己作为国家和个人所犯下的过错和罪行,向上帝俯首请

---

① 〔美〕亚伯拉罕·林肯:《第一次就职演说,1861 年 3 月 4 日于华盛顿》,《林肯选集》,朱曾汶译,北京:商务印书馆,2013 年,第 182 页。
② 同上书。
③ 同上书,第 186 页。
④ 同上书,第 187 页。
⑤ 同上书,第 188 页。
⑥ 〔美〕亚伯拉罕·林肯:《摘自林肯致国会特别会议的首次咨文,1861 年 7 月 4 日》,《林肯选集》,第 192 页。

罪,并祈求他的宽恕",并祈求"上帝将赐给我们的国家以众多的恩惠"。① 然而他们对 1849 年梭罗在荒野发出的呼喊与预警:"这个民族必须停止蓄奴,必须停止征服墨西哥"却置若罔闻。无论如何,这多少让人想到有几分罪已诏之意。这种行为即便不是代民请罪,也有意无意给林肯增添了带领万民请罪的意涵。

如果说在 1863 年 11 月 19 日星期四下午之前,美国"仍然是一个主权在州和联邦政府之间进行分割的联邦共和国"的话,那么随着在葛底斯堡国家烈士公墓落成典礼上的讲话,林肯则放弃了使用"由分离的州组成的'Union'(联邦)一词",代之以"'nation'(民族国家)——即一个统一的政治联合体",进而"创造出一种新的国家自我意识"。在 1861 年的就职演说中,林肯 20 次提及"Union"一词,"一次也没有使用'nation'。1863 年,在他 269 字的葛底斯堡演说中,'Union'一词一次也没有出现,而林肯提到'nation'的地方有 5 次"。② 在演讲的最后,他讲道:"我们要使国家在上帝福佑下得到自由的新生,要使这个民有、民治、民享的政府永世长存。"③林肯在成功获得连任后,宣布"人民的声音"已经发出,"要求众议院在此就第十三条宪法修正案投票"。④

可以说,通过频繁启用这些有助于强化民族国家认同,联邦政府认同的话语,结合内战期间颁布的诸多非常举措,"为打赢一场现代战争而进行的资源动员也使联邦转变成为一个新的民族国家,拥有得到极大扩展的权力和责任"。⑤

因此,内战给美国带来的变化与冲击是全方位的,具体来说主要体现为以下三点:

第一,联邦与国家至上的原则得以确立。"战争解决了统一问题,结束了针对各州和联邦政府关系的争论。"⑥它奠定了现代美国的基石,大大地增强了联邦政府的权力。⑦

第二,内战推动了战后的社会运动,特别是成为进步主义运动的源头活水。

---

① [美]亚伯拉罕·林肯:《宣布全国斋戒日,1861 年 8 月 12 日》,《林肯选集》,朱曾汶译,北京:商务印书馆,2013 年,第 195—196 页。
② [美]埃里克·方纳著:《美国历史:理想与现实》,王希译,北京:商务印书馆,2017 年,第 653 页。
③ [美]亚伯拉罕·林肯:《在葛底斯堡国家烈士公墓落成典礼上的演说,1863 年 11 月 19 日》,《林肯选集》,第 278 页。
④ [美]埃里克·方纳:《19 世纪美国的政治遗产》,王希编译,北京:北京大学出版社,2020 年,第 78 页。
⑤ [美]埃里克·方纳著:《美国历史:理想与现实》,王希译,北京:商务印书馆,2017 年,第 653 页。
⑥ [美]加里·纳什等编著:《美国人民:创建一个国家和一种社会》,上卷,刘德斌等译,北京:北京大学出版社,2008 年,第 513 页。
⑦ [美]埃里克·方纳著:《美国历史:理想与现实》,王希译,北京:商务印书馆,2017 年,第 680 页。

内战"将自由的进步直接与联邦国家的权力联系起来"。战争不仅使得原有的联邦得以保存,而且"产生了一个新的民族国家","孕育了一种新的国家自我意识"。①一方面,战争所导致的国家权力的扩展,有利于维护国家的稳定与政治秩序,激发了爱国主义意识;同时通过政府扶植私人企业,有利于全国经济的繁荣与发展。另一方面,人们特别是改革者们通过战争意识到,"政治权力可用来驾驭社会进步的事业";而"奴隶解放将长期成为社会改革的一种模式,成为检验其他自由运动的试金石"。②一定程度上,可以说内战是后来改革家,特别是进步主义者的培训所,它为其提供了改革的目标与途径。"殉道的总统"林肯,"他拯救了联邦,解放了奴隶,因此他不仅是一位国家主义者",而且化身为博爱的道德领袖之楷模。对此,美国著名诗人沃尔特·惠特曼在林肯去世的第二天,即1865年4月16日写道:"迄今为止,他为美国的历史和传记留下的不只是一段最戏剧性的回忆——我认为他留下的还是一个最伟大、最优美、最典型、最艺术、最崇高的人格。他并不是没有缺点,而且在当总统时就流露了出来;但是诚实、善良、机敏、美好的良知和一种新的、别的国家没有过的品德;即使在这里,真正知道的人也不多,但却是一切之本与纽带:即有着最真实最广阔意义的联邦主义,这才是形成他人格的结实基础。这些品质他是用生命来巩固的。""他被刺死了——但是联邦没有被刺死——它还要继续下去!"③林肯不仅是"美国民主理想(即民有、民治、民享的政府)的化身,而且也是美国人品德的试金石"。④战争也为此后的改革与国家建设提供了可资借鉴的方法,如总统宣言、国会立法和宪法修正案等;"对于改革家来说,内战促成和激发了从内战前的反体制主义向以政府为改革中心的思想的转变"。⑤

第三,内战使得现代的规制国家得以发轫。"自内战始,美利坚国家获得

① 〔美〕埃里克·方纳著:《美国自由的故事》,王希译,北京:商务印书馆,2002年,第150页;赵辉兵:《美国进步主义政治思潮与实践研究》,北京:中国社会科学出版社,2013年,第73页。

② 同上。

③ 〔美〕沃尔特·惠特曼:《林肯总统之死,1865年4月16日》,载自惠特曼著:《草叶集》,赵萝蕤译,上海:上海译文出版社,1991年,第1053—1054页。

④ Jerome M. Mileur, "The Legacy of Reform: Progressive Government, Regressive Politics", in Sidney M. Milkis and Jerome M. Mileur, eds. , *Progressivism and the New Democracy*, Amherst: University of Massachusetts Press, 1999, p. 260;赵辉兵:《美国进步主义政治思潮与实践研究》,北京:中国社会科学出版社,2013年,第73页。

⑤ 〔美〕埃里克·方纳著:《美国自由的故事》,王希译,北京:商务印书馆,2002年,第152页;赵辉兵:《美国进步主义政治思潮与实践研究》,北京:中国社会科学出版社,2013年,第73页。

了一种新能力,即操控全国的经济状况,而这种能力也开始引发了国家的转向,即转向联邦、规制的官僚体制的国家。"①而在内战前,"联邦官僚机构并不具备规制机构的职能,而主要是用来增加税收以及用官职奖励那些拥趸"。②

　　对于林肯与进步主义者,特别是与大政府之间的密切关联。当今的不少美国学者从古典自由主义、自然权利学说与限权政府的角度予以否认,但实际上这是站不住脚的。美国学者罗伯特·希格斯发现了危机与大政府(他借用了托马斯·霍布斯的名著,称其为"利维坦")之间的关系:"当危机引发政府权力扩张时,从根本上来说,这些新权力就不可能是昙花一现了。因为危机过后的社会在很多方面必然会与以往有所不同,而这些危机则被认为是临界性历史事件;它们显著地改变了历史发展的轨迹。"③对此美国社会学家与经济学家威廉·格雷厄姆·萨姆纳(William Graham Sumner)注意到:"社会是无法试验的,一旦我们作出选择,试验就停止了。试验就进入到我们社会生活当中,再也挥之不去。"④希格斯认为:"在一次危机引发政府权限(the scope of government powers)扩大后,是无法做到真正的'恢复常态'的。"这种不可逆性主要是由两点原因造成的,其一是"危机造成的各项体制的'坚挺的残留物'(hard residuals)",比如行政机构、法律判例等;其二是,基本的行为结构无力回到从前的原初态势,"因为各种危机性事件创造了一种对政府行为的新理解与新态度,也就是说,每一次危机都会改变意识形态氛围"。⑤ 而看起来什么都没有改变,只是一种假象,因为度过劫波后,"经历了政府权力扩张的人们,其思维与心灵中(即对未来突发事件作出行为反应的终极源泉)的基本结构已然改变"。⑥ 这大概类似于我们通常所说的"一朝被蛇咬,十年怕井绳"的道理。而林肯及其政府,甚至也包括南部邦联政府,为了打赢这场战争进行的广泛动员,采取的一系列举措,最终造就的结果就是:美国再也回不到内战前的状况了,内战中创建与加强的许多行政

① Samuel Decanio, *Democracy and the Origins of the American Regulatory State*, New Haven and London: Yale University Press, 2015, p. 39.

② Ibid.

③ Robert Higgs, *Crisis and Leviathan: Critical Episodes in the Growth of American Government*, Oxford: Oxford University Press, 1987, p. 58.

④ Ibid., p. 58.

⑤ Ibid., pp. 58—59.

⑥ Ibid., p. 59.

机构并没有随着战争的离去而消失；人们对政府与国家的观念或多或少都发生了很大的变化，特别是林肯将《独立宣言》中的自由、民主、平等的原则与理想同民族国家联系起来，这在很大程度上也改变了人们对政府与国家是"必要之恶"的观念；更为重要的就是政府权力扩张对美国人的思维与心灵的基本结构的潜移默化的影响，进而改变了意识形态的氛围与环境。

第 2 节　重建与进步主义运动和规制国家的发轫

> "在这个过程中，以地方为基础的、等级制度的法律文化，转变成了一个至少表面上致力于所有美国人的平等、并受到全国性政府保护的法律文化。"
>
> ——埃里克·方纳①

关于内战与重建，在很大程度上可以说是一个连续体；一如克劳塞维茨所说的"战争总是一种严肃的手段，旨在严肃的目的"的政治行为，"是一种真正的政治工具，政治交往的继续，依靠另一种手段进行的政治交往。"②现在战争结束了，但战争并非是目的，而是手段，重建则是兑现与落实战争目标的那个至关重要的时刻。一如美国著名史学家方纳的研究，内战与重建是第二次建国，在很多议题上，甚至是可以同 1776 至 1789 年的美国革命做比较的。事实上，就美国的宪法修订而言，每一条宪法修正案都意味又一次的民族国家与联邦的重构。随着战争的结束，摆在美国人面前的那个人类困境再次降临：自由与秩序，即如何做到"有自由却非无政府，有秩序但不是暴政"。③对此，林肯针对摆在人类大家庭面前的这个大问题在 1861 年 7 月 4 日致国会特别会议的首次咨文中再次提

① ［美］埃里克·方纳著：《第二次建国：内战与重建如何重铸了美国宪法》，于留振译，北京：商务印书馆，2020 年，第 17 页。
② ［德］卡尔·冯·克劳塞维茨著：《论战争的性质》，时殷弘译，北京：中译出版社，2010 年，第 18—20 页。
③ 李剑鸣：《美国建国精英的知识、眼界和政治取向》，梁茂信：《美国史研究的传承与创新：纪念历史学家丁则民诞辰百年论文集》，北京：中国社会科学出版社，2019 年，第 55 页。

出,并发出了两个触及灵魂的反问:"一个宪法规定的共和国或民主国——一个由人民管理的人民政府——到底能不能够抵挡住它自己内部的敌人而维护领土完整。……它迫使我们问:'难道在一切共和国中都有这种先天性的致命弱点吗?''难道一个政府要么就必须强大到限制自己人民的权利,要么就必须弱小到不能维持自己的生存吗?'"①其表面上的核心问题是如何安置被解放的黑人,而隐藏在这一表面问题后面更为实质的问题则是美国人选择在一个什么样的社会下生活,走一条什么样的发展道路? 而联邦政府应该在社会中发挥什么样的作用? 可以说,直到第十三条宪法修正案之前,几乎所有的宪法修正案都是针对联邦政府的限制与约制的,特别是前 11 条修正案都是以防范联邦政府的权力扩张为目标的。接下来,笔者拟从作为社会运动的民主党与共和党内部反对派的角度和宪政重构的角度予以梳理。

一、 重建时期的民主党与共和党的新变化与进步主义运动的发轫

学术界一般认为重建是从 1865 年到 1877 年这段时间,不过方纳教授和我国美国史专家王希教授都以 1863 年 1 月 1 日《解放奴隶宣言》的生效时间作为重建的起点的。②可以说,这一分期的方式更有助于我们将内战与重建作为一个连续体来考察。政党既是社会运动的晴雨表,能够集中反映出该时期社会群体的主要诉求与愿望,也是社会运动的常规的、体制内的沟通渠道,有助于疏导社会运动朝向稳健与有序的轨道上来。

1. 失败者的武器:重建时期民主党的政治诉求与转向

法国历史学家欧内斯特·勒南(Ernest Renan)讲过:"一个民族的本质就在于所有个体在很多事情上具有共同之处,并同时也遗忘了很多事情……遗忘……也是一个民族得以构建的关键因素。"③内战后的民主党可谓一片混乱,六神无主,他们用了 10 多年的时间才从战争与战败的阴影和记忆中走了出

① [美]亚伯拉罕·林肯著:《摘自林肯致国会特别会议的首次咨文,1861 年 7 月 4 日》,《林肯选集》,朱曾汶译,北京:商务印书馆,2013 年,第 191 页。

② [美]埃里克·方纳著:《19 世纪美国的政治遗产》,王希编译,北京:北京大学出版社,2020 年,第 82 页;王希:《联邦实施法的制定与重建政治的困境(1870—1872)》,梁茂信:《美国史研究的传承与创新:纪念历史学家丁则民诞辰百年论文集》,北京:中国社会科学出版社,2019 年,第 91 页。

③ [美]托马斯·本德著:《万国一邦:美国在世界历史上的地位》,孙琇译,北京:中信出版社,2019 年,第 226 页。

来。这种混乱早在内战期间便已形成。1860 年 4 月，民主党召开的全国代表大会上因为北方的民主党人拒绝南方民主党人提出的将奴隶制强加于所有联邦领土的国会议案，民主党发生了分裂。①内战爆发，林肯把共和党改名为国家统一党（National Union Party）。许多民主党人加入进来，表示对战争的支持，即联邦派的民主党人（Unionist Democrats）。也有些民主党人反对战争，认为可以允许南方分离出去，这就是所谓的"和平派民主党人"（Peace Democrats，或译为"主和派民主党人"）。他们的对手称其为"铜头蛇派"（Copperheads），指责他们的行为就像蛇一样。②对此，一些共和党人"把南方的民主党党员描绘成叛逆者、谋杀犯和卖国贼，指责北方的民主党人意志薄弱、不忠诚、反对经济增长和进步"。③ 1868 年，印第安纳州州长奥利弗·P.莫顿在竞选中如是说道：

> "每个怙恶不悛的反叛者，……每个逃兵，每个逃避兵役的人，都自称为民主党人。……每个在田间为反叛者耕作的人，每个用残暴手段和饥饿杀害联邦俘虏的人，都自称为民主党人。每个披着羊皮的狼，装作宣讲耶稣福音却公开宣称贩卖人口和蓄奴制是天经地义的人，每个在街上开枪打死黑人、烧毁黑人学校和会堂并用他们自己燃烧着的房屋的火焰来杀害妇女和儿童的人，都自称为民主党人。……一句话，我们可以把民主党比作一个大阴沟，是一个藏垢纳污之所，那里汇集了所有南部和北部的反叛分子以及玷污时代的非人道的野蛮分子。"④

这个政党，在托马斯·杰斐逊所创建的政党首次执政时自称是"人民党"（Party of the People），其信条一度是："所有人拥有平等权利，没有人拥有特权

---

① ［美］埃里克·方纳著：《美国历史：理想与现实》，王希译，北京：商务印书馆，2017 年，第 623 页。

② Heather Lehr Wagner, *The History of the Democratic Party*, New York: Chelsea House Publishers, 2007, p. 60.

③ ［美］加里·纳什等编著：《美国人民：创建一个国家和一种社会》，上卷，刘德斌等译，北京：北京大学出版社，2008 年，第 519 页。

④ ［美］小阿瑟·施莱辛格著：《美国民主党史》，复旦大学国际政治系编译，上海：上海人民出版社，1977 年，第 147 页。

(equal rights to all，all privileges to none)。"①参与退出联邦的那些民主党人忘了安德鲁·杰克逊在 1833 年的告诫："没有联邦(union)，我们的独立和自由本来是无法获致的；没有联邦，它们也无法维系"；"请时常铭记于心：在进入社会时，'个体必须放弃共有的自由，以保全其余的自由'。"②

由此，内战造成了民主党人的某种失败者政治心态与文化，形成了类似社会学家詹姆斯·C. 斯科特(James C. Scott)所称为的"弱者的武器"。在斯科特看来，在公开抵抗无望的情况下，不愿放弃与承认失败的人们会继续进行某种"冷战"，往往会采用一种思想与行动上的种种日常的抵抗形式：行动拖沓、假装糊涂、虚假顺从、小偷小摸、装傻卖呆、诽谤、纵火、暗中破坏、发表带有反抗意义的言论、消极不服从。③这是一种压制下的平静，通过"他们'幕后的'评论和交谈、他们的谚语、民歌、历史、传说、笑话、语言、仪式和宗教"能够反映出来。④对此，"即使我们不赞美弱者的武器，我们应该也尊重它们。我们更加应该看到的是自我保存的韧性——用嘲笑、粗野、讽刺、不服从的动作，用偷懒、装糊涂、反抗者的相互性、不相信精英的说教，用坚定强韧的努力对抗无法抗拒的不平等——从这一切当中看到一种防止最坏的和期待较好的结果的精神和实践"。⑤

接下来，我们来了解一下内战与重建时期的民主党人，是如何采用这种"弱者的武器"反抗战败的结局、对抗他们所认为的"市场的暴政"与"国家的暴政"的。就和平派民主党人而言，其所采取的方式之一就是宣传攻势。对此，斯科特认为，在很难直接对抗而又存有敌意的情况下，发布"战争的消息"就是一种反抗的方式，即

---

① Heather Lehr Wagner，*The History of the Democratic Party*，New York：Chelsea House Publishers，2007，p. 38；Richard B. Russell，"The Future of the Democratic Party"，*The Georgia Review*，vol. 7，no. 2，1953，p. 128. 注：也有使用"equal rights to all and special privileges to none"这一表述形式，see from James M. Beeby，"'Equal Rights to All and Special Privileges to None'：Grass-Roots Populism in North Carolina"，*The North Carolina Historical Review*，vol. 78，no. 2，2001；一般认为"人人拥有平等权利，无人有特权"这一表述缘起于 18 世纪 20 年代晚期，体现了杰克逊民主时代政治改革的精髓。https://gabbypress.com/2017/03/30/equal-rights/，retrieved at July 22，2021。

② "Second Inaugural Address of Andrew Jackson，Monday，March 4，1833"，retrieved from https://avalon.law.yale.edu/19th_century/jackson2.asp，at July 22，2021。

③ ［美］詹姆斯·C. 斯科特著：《弱者的武器》，郑广怀等译，南京：译林出版社，2007 年，第 25—38 页。

④ 同上书，第 49 页。

⑤ ［美］詹姆斯·C. 斯科特著：《弱者的武器》，郑广怀等译，南京：译林出版社，2007 年，第 426 页。注："反抗者的相互性"译为"抵制的默契性或互相通气"或许更容易理解。James C. Scott，*Weapons of the Weak：Everyday Forms of Peasant Resistance*，New Haven and London：Yale University Press，1985，p. 350.

"几乎全部由口头争论、制造假象、揭穿谎言、恐吓威胁、一两次小冲突和宣传攻势组成,其中宣传攻势是最重要的"。① 在此,笔者有意申明,在此的叙述无意为此时的民主党人种种恶劣行为洗白,只为求得对当时复杂历史情势的"了解之同情"。

内战与重建时期的"和平派民主党人"频繁地使用"宣传攻势"这种"弱者的武器",代表人物之一就是俄亥俄州南部众议员克莱门特·L. 瓦兰迪加姆(Clement L. Vallandigham,或译为"伐兰狄甘")。在战争初期,他批评林肯的战时举措,号召立刻停火,同南部邦联进行和谈。在 1863 年甚至公开要求外国介入,调停战争。②1864 年主和派民主党人在芝加哥民主党全国代表大会中居于主导地位,通过的党纲谈到了"未能收复(restore)联邦而失败的四年",批评对边界州(border states,注:不仅是因为这些州处于南北交界处,也因其虽为蓄奴州,但并没有退出联邦,继续效忠联邦政府。这些边界州一般指:马里兰州、特拉华州、肯塔基州和密苏里州,也有人认为从弗吉尼亚州中分离出来的效忠于联邦的西弗吉尼亚州为第五个边界州)选举所进行的军事干预行为,并支持"立即进行……停止敌对行为的努力"和恢复"完整无损的各州权利"。③代表大会提名保守派的乔治·B. 麦克莱伦(George B. McClellan)将军和来自俄亥俄州的国会议员乔治·H. 彭德尔顿(George H. Pendleton)为民主党的总统和副总统的候选人。尽管麦克莱伦接受了民主党总统候选人提名,但他既不接受本党的和平政纲,也不承认南方已经战败。④出于民主党总统竞选宣传的需要,主和派民主党人散布了大量恶毒攻击林肯的印刷品,比如《林肯教理问答手册》(The Lincoln Catechism)。

《林肯教理问答手册》共分 2 课,第 1 课有 26 条问答,第 2 课有 23 条问答。现将全文翻译如下:

"林肯教理问答手册"
纽约市,1864 年

  1. 什么是宪法?

---

① [美]詹姆斯·C. 斯科特著:《弱者的武器》,郑广怀等译,南京:译林出版社,2007 年,第 26 页。

② [美]小阿瑟·施莱辛格著:《美国民主党史》,复旦大学国际政治系编译,上海:上海人民出版社,1977 年,第 153 页。

③ Leon Friedman, "The Democratic Party, 1860 – 1884", in Arthur M. Schlesinger, Jr. , *History of U. S. Political Parties*, *vol. II*, *1860 – 1910*, *The Gilded Age of Politics*, New York: Chelsea House Publishers, 1973, p. 891.

④ Ibid.

同地狱签订的一纸契约——现在过期了。

2. 谁让宪法过期了?

亚伯拉罕·阿非利卡奴斯一世(Abraham Africanus the First)。

3. 为了什么?

可以让其在职位上干得更久——而且可以让他自己和其人民与黑鬼(the negroes)平起平坐。

4. 总统是干什么的?

黑鬼的总代理人。

5. 国会是干什么的?

就是这样一家机构,为了向人民征税,以便购买黑鬼,并立法保护总统的罪行,使其免受惩罚。

6. 军队是干什么的?

就是宪兵队,逮捕白人,并给黑鬼自由。

7. 国会议员应该代表谁?

总统及其内阁。

8. 铸钱是什么意思?

印刷绿色的纸。

9. 宪法保护出版自由的手段是什么?

将民主党报纸从邮政系统中剔除。

10. 自由一词的含义是什么?

被关进蛇鼠害虫横行的巴士底狱。

11. 一位战争部长(Secretary of War)的职责是什么?

发电报,抓自由人。

12. 一位海军部长的职责是什么?

建造完炮舰,击沉它。

13. 财政部长是干什么的?

摧毁各州银行,并将一文不值、不能兑换的滥合众国纸币塞满人民的口袋。

14. 国务卿主要忙什么?

1 年印刷 5 卷的自说自话的对外函电,喝威士忌,并预测战争。

15. "爱国者"这个词是什么意思?

就是一个爱同胞少一些,爱黑鬼多一些的人。

16. "卖国贼"这个词是什么意思?

就是宪法与法律的坚守者。

17. "铜头蛇"(Copperhead)这个词是什么意思?

就是相信原先的那个联邦,原本的宪法,且不接受绿背纸币的贿赂,也不惧巴士底狱之人。

18. "忠诚联盟"是干什么的?

就是通过暗号与口令将一群人联合起来的一个机构,其目的是将黑鬼当成白人看待,并且通过武力或欺骗来控制选举。

19. "法律"一词的意思是什么?

总统的意志。

20. 各州是怎么组成的?

通过合众国。

21. 合众国政府比创建它的各州还要悠久些?

是的。

22. 各州有啥权利吗?

除了总统允许的,一无所有。

23. 人民有什么权利吗?

除了总统给的,一无所有。

24. 谁是历史上最伟大的殉道者?

约翰·布朗。

25. 最智慧的人是谁?

亚伯拉罕·林肯。

26. 杰斐·戴维斯(Jeff. Davis)是谁?

魔鬼。

第2课

1. 什么是"人身保护令"?

只要总统高兴,总统有权想关谁就关谁。

2. 什么是由审判团(Jury)审判?

就是由军事委员会来审判。

3. 什么是"不得无理搜查与扣押(seizures)的安全"?

就是任何宪兵长(Provost Marshal)只要高兴进入,任何一个房主有义务让其进入。

4. 约定"未经大审判团(Grand Jury)在场或起诉,不得要求人回答任何罪行"是什么意思?

就是无论何时总统或其下属高兴,都可以逮捕任何人。

5. 约定"没有正当法律程序,不得剥夺任何人的生命、自由或财产"是什么意思?

总统的命令可以剥夺任何人的生命、自由或财产。

6. "由公正的审判团尽快举行公开审判的权利"是什么意思?

就是由一个人的敌人们进行远程的秘密盘问。

7. 约定被告应当"在犯罪发生的邦或地区"进行审判是什么意思?

就是他应当被以莫须有的罪名押解到罗织的实施了犯罪的州和超出了司法管辖范围的地区。

8. 宣称被告应当"获得为他辩护的律师的协助"的意思是什么?

就是以西沃德(Seward)对沃伦堡(Warren Fort)犯人的语言,"请辩护律师将被视为是判处监禁的最新理由。"

9. 宣称"不得侵犯人民持有和携带武器的权利"是什么意思?

任何人的房子都可以被搜查,无论何时何地胆敢藐视宪兵长,其武器都会被剥夺。

10. 宣称"被告应当知晓被指控的性质和事由"的含义是什么?

他不应该知道其犯罪的性质。

11. 约定被告可以"与指控他的证人对质"的含义是什么?

不应允许同他们对质。

12. 约定被告"应有必备程序使被告获得有利于他的证人"的含义是什么?

不允许任何证人为他作证。

13. 宣称"合众国司法权属于最高法院"之类的是什么意思?

应当属于总统及其宪兵长们。

14. 宣称"不得通过褫夺公民权和财产或追溯既往的法律"是什么意思?

无论何时国会高兴,都可以通过诸如此类法律。

15. 总统宣誓他"将竭尽所能,保持、保卫和保护合众国宪法"是什么意思?

他将竭尽其权力去颠覆和摧毁合众国宪法。

16. 总统宣誓中他发誓"确保忠实履行法律"是什么意思？

他将任命宪兵长们凌驾和违背这些法律。

17. 宣称"合众国应当确保联邦下每一个州建立一个共和形式的政府"是什么意思？

国会应当支持总统摧毁各州共和形式的政府，而且无论何时总统高兴，都可以代之以军事政府——密苏里州、肯塔基州、马里兰州和特拉华州的军事政府是有目共睹的。

18. 宣称"除非被褫夺公民权者依然活着，否则不得以叛国罪之剥夺公民权和财产为由，实施血统玷污原则①，剥夺其家属的财产继承权或者没收其财产"（No attainder of Treason shall work corruption of blood, or forfeiture, except during the life of the person attainted）是什么意思？

凡被控叛国罪者，不仅可以在其活着时没收其财产，而且不论其活着与否，都可以随时没收其财产，由是，其子女和继承人也因该人被指控的罪行而受到惩罚。

19. 宣称"除非在公开法庭上，有两人对同一明显犯罪事实作证，或本人认罪，不得判处任何人叛国罪"是什么意思？

没有任何证人，且没有法官或审判团，且没有明显的犯罪事实的情况下，可以判处一个人叛国罪。

20. 宣称"未经立法拨款，不得从财政部支钱"是什么意思？

只要总统高兴，可以随时从财政部支钱，目的是派牧师或教师教战时逃奴（contrabands）②读写，或是给窃取或逃跑的奴隶建造简易房和房屋等诸如此类之事。

21. 政府是什么意思？

---

① 注：英国法律中的血统玷污（corruption of blood）原则，禁止重刑犯与叛国者享有继承、保留、传授财产、称号等的法律效力。参见：《合众国宪法》，[美]汉密尔顿、杰伊、麦迪逊著：《联邦党人文集》，程逢如等译，北京：商务印书馆，2004年，第461页。

② Contrabands，直译美国内战中"被没收充公的敌产"，或译为"战时敌产"，特指那些战时逃奴，1861年底联邦政府的本杰明·巴特勒（Benjamin Butler）将军创造性地将逃跑到北方的黑人当作敌产，即可以将其作为具有军事价值的、可以没收充公的财产。参见：[美]埃里克·方纳著：《美国历史：理想与现实》，王希译，北京：商务印书馆，2017年，第642页；王希：《原则与妥协：美国宪法的精神与实践》，北京：北京大学出版社，2014年，第247页。

总统。

22. 誓言是什么意思?

发誓:言必不可信,行必不会果(或直译为:"不去做承诺之事")。

23. 什么是真理?

谎言……①

　　尽管上述材料中所述未必就是或全是事实,但从中可以看出:进入到内战末期,变相地反映了战场上处于劣势的南方;那些相对弱势的、抵制联邦政府的民主党人对联邦政府种种战时措施的种种不满,部分民主党人的"恐黑症"和严重的反战情绪;战时联邦政府权力得到了极大扩展以及不少民主党人对这种联邦政府管制与规制权力的抵触,反映了联邦政府规制与社会中反对规制的力量之间的博弈等。即便是在内战结束后,民主党人继续指责共和党人与联邦政府对南方的政策是力图让前奴隶凌驾于南方白人之上。如此行为的后果就是:"这种做法并未在选民中引起共鸣,在以后几年中也损害了党的威信。阿伦·内文斯写道,人们认为民主党人'愚蠢地、卑劣地对这场英勇战争进行诬蔑是徒劳无益的,这种诬蔑使北部千百万人对民主党的形象永难忘怀……[一八六四纲领]将使民主党在以后一个世代中丧失选票。'"②而民主党在竞选中的一再失利表明:民主党显然需要新领袖与新方向,接受无可挽回的战败的结局,进而摆脱内战所带来的失败者困境与失败者文化。③

　　与此同时,在南方人重新统治南部各州和重返国会方面,南方的民主党人也得到了北方民主党人的支持,特别是得到了林肯去世后继任的总统、前民主党人安德鲁·约翰逊总统的支持。④为了重新确立南方白人的主导地位,南方的立法机关在战

---

① "The Lincoln Catechism (New York, 1864)", in Arthur M. Schlesinger, Jr., *History of U. S. Political Parties*, *vol. II*, *1860 - 1910*, *The Gilded Age of Politics*, New York: Chelsea House Publishers, 1973, pp. 914 - 921.

② [美]小莱瑟·施莱辛格著:《美国民主党史》,复旦大学国际政治系编译,上海:上海人民出版社,1977年,第156—157页。

③ Heather Lehr Wagner, *The History of the Democratic Party*, New York: Chelsea House Publishers, 2007, pp. 61 - 62;[美]小阿瑟·施莱辛格著:《美国民主党史》,复旦大学国际政治系编译,上海:上海人民出版社,1977年,第156页。

④ [美]小阿瑟·施莱辛格著:《美国民主党史》,复旦大学国际政治系编译,上海:上海人民出版社,1977年,第158—159页。注:为了感谢支持他的民主党人,分化民主党人,战时总统林肯在争取连任时,让田纳西州的前民主党人安德鲁·约翰逊做副总统候选人。参见:Heather Lehr Wagner, *The History of the Democratic Party*, p. 62。

后的第一年就通过了《黑人法典》(the Black Code)，在授予获释奴隶结婚、提起诉讼和被诉讼、在法庭作证和拥有财产等权利的同时，对这些权利进行了复杂苛刻的限定。①而且，南方社会针对黑人和白人共和党人的暴力活动频发，其中以1866年始于田纳西州的三K党最为臭名昭著。其口号是"恢复南部的传统和社会秩序，但真实目的则是要推翻共和党人在激进重建时期建立的州和地方政府"②。其猖獗的暴力活动导致国会在1870和1871年通过了三项强制法令，"将恐怖主义组织宣布为非法，授权总统动用军队镇压恐怖主义组织"③。经过此番打击，三K党逐渐销声匿迹，自1872年以后，"和平第一次回到了前南部同盟区域内的许多地方"④。

为了挽回在中西部农民中的影响力，西部民主党人开始攻击联邦政府的货币政策，民主党人乔治·彭德尔顿在1867年提出了有利于西部农场主的使用绿背纸币代替黄金偿还公债的方案。这一方案在西部反响良好，不过东部的民主党势力则不赞成该方案，依然主张硬通货政策，由此造成了民主党内部的混乱与分裂持续加剧。"一八六四年，他们提名一个主战的民主党人为候选人，但他们打发他的却是主和的竞选纲领；一八六八年他们提了一个使用硬币的候选人，而用的却是一个主张纸币的竞选纲领。"⑤除了南方白人和中西部农民外，处于重构当中的民主党吸引的第三支力量是工业城市的工人，特别是19世纪40、50年代来自爱尔兰和德意志的新移民。这些新来的爱尔兰移民与中欧的工人阶级移民成为民主党招募的重点。民主党的工作人员为这些移民提供了大量的服务，诸如帮忙找工作、安排看病等，借此换取他们的选票。⑥

与此同时，部分民主党人开始意识到继续进行"冷战"式抵抗毫无意义，因此，在1871年5月18日，民主党人瓦兰迪加姆在俄亥俄州蒙哥马利郡民主党代表大会上提出了"新起点"的政纲。该决议要求"民主党接受战争的结果，认可三项宪法修正案，并把注意力集中到美国面临的新问题上去。他们宣布民主党反对把公共

---

① 〔美〕加里·纳什等编著：《美国人民：创建一个国家和一种社会》，上卷，刘德斌等译，北京：北京大学出版社，2008年，第521—523页。
② 王希：《联邦实施法的制定与重建政治的困境(1870—1872)》，梁茂信：《美国史研究的传承与创新：纪念历史学家丁则民诞辰百年论文集》，北京：中国社会科学出版社，2019年，第101页。
③ 〔美〕埃里克·方纳著：《美国历史：理想与现实》，王希译，北京：商务印书馆，2017年，第722页。
④ 同上书，第723页。
⑤ 〔美〕小阿瑟·施莱辛格著：《美国民主党史》，复旦大学国际政治系编译，上海：上海人民出版社，1977年，第161—163页。
⑥ Heather Lehr Wagner, *The History of the Democratic Party*, New York: Chelsea House Publishers, 2007, p.62

土地授予铁路公司，'强烈同情生产者和劳动者，并与之合作'，提议一项'收缩性关税财政收入'政策(strictly revenue tariff)和重申维护州权的传统民主党立场"。①

该政纲在容纳了州和全国层面上的政纲的同时，基于理性宽容的原则提出了一系列新主张：第1条　本着和而不同的原则，呼吁志同道合的共和党人和民主党人就广泛的议题展开完全平等的合作②；第2条　"我们放弃由于非常措施而引起的一切意见分歧，我们接受这场战争理所当然的各种结果，不仅包括进行这场战争的公开目标是为了维护联邦与联邦政府的宪政权利及权力，也包括最近宣布通过的、为解决所有战争争执而对宪法实际上所作的三项不同的修正案，并默认上述各点已不再是全国争论的问题。"③第3条　强调埋葬过去；第4条强调联邦范围内各州完全平等的基本准则。第5条　"我们将永远珍惜并维护为州和地方的目的而建立的州政府和地方自治政府，以及只为全民目的而建立的全体人民的政府(General Government)这种美国制度。我们坚决反对把权力集中和固定在为全民所有的政府手中的企图，因而我们坚决主张在那个政府相互配合的各个部门——立法机关、行政机关和司法机关——间保持完全独立的原则，谴责一个部门对另一部门的职能的一切侵权行为。"第6条　强调除了基本法以外，所有立法就其本质与目的而言都是暂时的，可以根据多数人民的意志，通过立法权予以表达，进而对这些立法进行变更、调整或是撤销。第7条"作为第十四条修正案的一个非常合适的立法例证，我们可以智慧、正义和共和政府的名义，为了保证合众国的白人和有色人种普遍获得政治权利和平等，为了最终争得和平的目的，我们代表南北双方提出请求，请求国会颁布大赦令。"第8条　支持偿付国债时采取适度的征税政策。④第9—13条主张精简人员、提高效率的税收改革；政府文官改革；根据财富而不是人口进行按比例纳税(即个人收入累进所得税)；不得压迫负债人的务实、稳健的货币政策。第14条"劳资之间并不存在必然的或难以遏制的冲突；没有资本或财富的集中，国家就不能繁荣；

---

① Arthur M. Schlesinger, Jr., *History of U. S. Political Parties*, *vol. II*, *1860 - 1910*, *The Gilded Age of Politics*, New York：Chelsea House Publishers, 1973, p. 898.

② Ibid., , p. 936.

③ Ibid.

④ Arthur M. Schlesinger, Jr., *History of U. S. Political Parties*, *vol. II*, *1860 - 1910*, *The Gilded Age of Politics*, New York：Chelsea House Publishers, 1973, p. 936. 注：有关国债偿付问题，内战中，联邦政府的国债要进行偿付，而战败方南部邦联的债务，联邦政府一概拒绝偿还。在这一点，美国革命建国后的联邦政府偿还债务问题上几乎具有惊人的相似性，这一次，不利的一方依然是南方人。

资本应该得到法律公正而平等的保护；所有人，无论是依靠个人还是法人能力行事，在其权力范围内，有权以公平诚实的方式而不是出于错误或压迫目的，最大限度地使用其财产来增加和巩固其财产的权利。但是，在承认这些的同时，我们宣布我们热切地同情我国的生产者与工人（producers and workingmen），并与之合作；这些生产者和工人是指创造和推动资本的人们，是那些仅仅谋求正义且必要的手段来保护他们，免受资本的压迫，改善自身条件并使他们的职业有尊严的人们。"第 15 条 "完全并坚决地反对将公共土地——这些各州人民的共同财产——授予铁路公司或其他用途。要保有这些土地，用来作为宅地供给实际定居者或以低价少量地出售给个人，以便加速占有并居住。"①第 16 条 维护原来民主党优良的领土合并或获取的理论，反对格兰特总统以获取圣多明哥（San Domingo）为"务"的计划，强调在此类问题上的人民主权原则。第 17 条 反对通称的"刺刀议案"（Bayonet Bill）和"三 K 党议案"（Ku - Klux Bill）②，前者实际上旨在颠覆各州自由的民主选举并通过军事权力实施绝对的管制；后者则便利了全体人民的政府（the General Government）的行政集权化，确立了军事专制。③第 18 条 也是最后 1 条，宣布 1871 年这个激进的政党的正式创建。

无论如何，通过"新起点"这个郡级民主党代表大会纲领我们看到了民主党内部的新变化与新起色，其中的许多主张或多或少地成为后来平民主义运动和进步主义运动的议题与主张。

2. 胜利者的代价：重建时期共和党的政治诉求与分裂

共和党人内部也不是铁板一块，围绕着对黑人和南方白人的态度、联邦制的本质和未来美国政治走向，共和党内部大体上存在着三种不同的重建主张：第一种是"复原"（restoration）论，即恢复战前联邦宪政秩序，这一主张很大程度上得到了共

① Arthur M. Schlesinger, Jr. , *History of U. S. Political Parties*, *vol.* II, *1860 - 1910*, *The Gilded Age of Politics*, New York：Chelsea House Publishers, 1973, p. 936. 注：有关国债偿付问题，内战中，联邦政府的国债要进行偿付，而战败方南部邦联的债务，联邦政府一概拒绝偿还。在这一点，美国革命建国后的联邦政府偿还债务问题上几乎具有惊人的相似性，这一次，不利的一方依然是南方人。

② 注：刺刀议案是指 1871 年 2 月 28 日通过的第二部实施法，是对 1870 年 5 月 31 日第一部实施法的修订和对 1870 年 7 月 14 日联邦归化法的补充；三 K 党议案则是指 1871 年 4 月 20 日的三 K 党实施法。参见：王希：《联邦实施法的制定与重建政治的困境（1870—1872）》，梁茂信：《美国史研究的传承与创新：纪念历史学家丁则民诞辰百年论文集》，北京：中国社会科学出版社，2019 年，第 107 页；Arthur M. Schlesinger, Jr. , *History of U. S. Political Parties*, *vol.* II, *1860 - 1910*, *The Gilded Age of Politics*, New York：Chelsea House Publishers, 1973, p. 938。

③ Arthur M. Schlesinger, Jr. , *History of U. S. Political Parties*, *vol.* II, *1860 - 1910*, *The Gilded Age of Politics*, pp. 938 - 939.

和党和联邦政府内的保守派和北方民主党人的支持。第二种是温和重建论,强调退出联邦的南部各州因公然诉诸武力反叛联邦,已然丧失了共和政体,也失去了联邦成员的资格与权利,因而被降格为准州,需要重新按照联邦宪法的程序,申请加入联邦;在被接纳进联邦之前,联邦政府可以对这些州进行管理,以确保共和形式的政府;该主张强调联邦政府对州权的部分干涉,其主要目的是废除奴隶制,防止再度内战,但并不要求变革原有联邦制结构和权力划定;该主张得到大部分共和党人的认同,特别是温和派共和党人的赞同。第三种则是激进重建论,强调南部人是战败方,必须进行彻底重建,不仅要废除南方各州的奴隶制,而且要彻底重建南方原有的政治基础和政府结构。因此,不仅要打击旧势力,严惩反叛的南方上层政治领导人,而且由联邦政府出面给予前奴隶自由地位,赋予他们与白人同等的公民权和政治权利。[1]撒迪厄斯·史蒂文斯认为,"南方各州实际上已经离开了联邦;它们是被征服的省份,不存在所谓的宪法权利"。萨姆纳也认为,《独立宣言》与宪法具有同等的法律地位,因此,"任何有利于人权的行动都是合宪的"。[2]对此,美国学者戴维·赫伯特·唐纳德(David Herbert Donald)则强调重建的过程,共和党内部主要是稳健派(the moderates,其党内对手称他们为"保守派")和激进派(其对手称他们为"雅各宾派")的斗争。前者在主张惩罚前南部邦联分子的同时,支持对这些分离分子(secessionists)采取宽大的方针,支持林肯和约翰逊的方案;后者以来自马萨诸塞州的参议员查尔斯·萨姆纳(Charles Sumner),本杰明·F.韦德(Benjamin F. Wade)和撒迪厄斯·史蒂文斯(Thaddeus Stevens)为代表,反对林肯和约翰逊的方案,强调要保护前奴隶,继续推进自由民局(Freedmen's Bureau)工作,动用联邦权力推翻反黑人的南方各州立法,根据第 14 条宪法修正案将那些不合格的前南部邦联领导人从公职中赶出去,劝说南方给予黑人公民权;根据 1867 年《军事重建法》,全面重组战败的南方各州政府,要求其给予黑人投票权。为此,国会激进派不惜动用弹劾总统的方式清除进行激进重建的阻力。[3]

就重建的实际发展进程而言,自 1863 年 1 月 1 日起,联邦政府的重建经历了温和的战时重建,1863 年林肯颁布了"十分之一的重建方案",但国会令该提

---

① 王希:《原则与妥协:美国宪法的精神与实践》,北京:北京大学出版社,2014 年,第 262—265 页。

② [美]埃里克·方纳著:《第二次建国:内战与重建如何重铸了美国宪法》,于留振译,北京:商务印书馆,2020 年,第 27—28 页。

③ David Herbert Donald, "The Republican Party, 1864-1876", in Arthur M. Schlesinger, Jr., *History of U.S. Political Parties*, *vol. II*, *1860-1910*, *The Gilded Age of Politics*, New York: Chelsea House Publishers, 1973, p. 1282.

案失败后,并提出了"要求大多数(不是 1/10)的南部白人男性在各州的重建开始之前宣誓效忠联邦,并保证赋予黑人平等的法律保护,但不包括选举权"的重建方案。对此,林肯予以否决。①1865 年 1 月国会通过了宪法第 13 条修正案:"一 不论奴隶制还是非自愿劳役,除非作为对已通过正当程序判刑的罪犯的处罚,不得存在于联邦境内及其管辖的任何地方。二 联邦议会有权通过适当立法贯彻此条。"②不过,直到 1865 年 12 月才获得 27 个州批准生效。

随着 1865 年 4 月 15 日林肯的去世与安德鲁·约翰逊继任美国总统,重建开始进入到了约翰逊总统重建时期(1865—1867 年)。尽管约翰逊总统的重建方案比前总统的方案更具惩罚性,但对战败的南方来说依然十分宽大。在约翰逊重建政策下建立的南方州政府和制定的州宪法,拒绝赋予黑人选举权,将黑人排除在重建政治之外。"南卡罗来纳和密西西比州还拒绝取消邦联债务,后者甚至拒绝批准第十三条修正案。更有甚者,南部各州的重建政府还相继通过了一系列限制黑人自由的地方法和州法,统称为《黑人法典》。"③

国会对此十分吃惊,经过一番总统与国会的博弈,重建的领导权自 1866 年开始从总统转移到国会手中。总统与国会重建的最大差别在于参与重建的"人民"是否包括获得解放的奴隶。④国会相继通过了《自由民局(补充)法案》、《1866年民权法》即第十四条宪法修正案(1866 年两次通过,1868 年 7 月生效)、《1867年(军事)重建法》、第十五条修正案(1869 年国会通过,1870 年生效)以及在1870 至 1872 年间先后通过 5 部联邦实施法。⑤

及至 1877 年,共和党治下取得了前所未有的成功:共和党人"终结了奴隶制,而且打败了分离理论(theory of secession)";重组了战败的南部邦联;在联邦宪法中加入了 3 条宪法修正案,维护了联邦范围内的法律上的自由与平等。⑥不过,

---

① [美]埃里克·方纳著:《美国历史:理想与现实》,王希译,北京:商务印书馆,2017 年,第 676—677 页。

② 《联邦宪法修正案》,[美]亚历山大·汉密尔顿,詹姆斯·麦迪逊,约翰·杰伊著:《联邦论:美国宪法述评》,尹宣译,南京:译林出版社,2016 年,第 634 页。

③ 王希:《原则与妥协:美国宪法的精神与实践》,北京:北京大学出版社,2014 年,第 273 页。

④ 同上书,第 285 页。

⑤ 王希:《原则与妥协:美国宪法的精神与实践》,第 274—295 页;王希:《联邦实施法的制定与重建政治的困境(1870—1872)》,梁茂信:《美国史研究的传承与创新:纪念历史学家丁则民诞辰百年论文集》,北京:中国社会科学出版社,2019 年,第 107 页。

⑥ David Herbert Donald, "The Republican Party, 1864 - 1876", in Arthur M. Schlesinger, Jr. , *History of U. S. Political Parties*, vol. II, 1860 -1910, *The Gilded Age of Politics*, New York: Chelsea House Publishers, 1973, p. 1281.

共和党内部的分裂也随着重建的推进而不断分化:从林肯时期开始的党内稳健派与激进派的分立到尤利西斯·S. 格兰特(Ulysses S. Grant)时期的以萨姆纳、韦德、史蒂文斯为代表的老一代共和党人和以罗斯科·康克林(Roscoe Conkling)和詹姆斯·G. 布莱恩(James G. Blaine)为首的"新激进派"。[①]而且,随着重建的逐渐完成,新的问题渐渐浮出水面。因为不满于格兰特政府内部的腐败问题,1872 年以莱曼·特朗布尔(Lyman Trumbull),埃德温·劳伦斯·戈德金(Edwin Lawrence Godkin),霍勒斯·格里利(Horace Greeley)为首的一批知识分子和改革家退出共和党,发起了一场短命的自由派共和党人运动。他们认为:"腐败的政客通过操纵移民和劳工选民的选票"而攫取了权力,"而像他们这样才能出众的饱学之士反被撇在一边。"[②]他们主张:自由放任主义;"要求低关税与坚挺货币,反对他们称为'阶级立法'的只有利于少数群体——不管是工会、铁路公司还是农业组织——的措施"。最初他们支持重建,但到 19 世纪 70 年代初,他们中许多人"认为黑人也是特殊利益集团";鉴于城市腐败与不受限制的移民造成的普遍选举权所带来的一些弊端,比如选举舞弊问题,他们开始"蔑视普遍的投票权"。[③]这在很大程度上与作为进步主义运动一部分的文官改革运动有很大的关联。对此,民主党人对重建的批评也深得自由派共和党人的认同。民主党人中"那些自认为是南部'出类拔萃者'""被排除在权力中心之外,而那些'愚昧无知'的选民却控制了政治,产生出大量的腐败和恶性政治"。[④] 由此,部分北方共和党人和南方民主党人开始联手,呼吁要捐弃前嫌,"跨越流血的鸿沟,紧紧握住对方的手"。[⑤] 自由派共和党运动很大程度上也与共和党自身的变化有关,"共和党从一个主张道德改革的政党蜕变成一个追求物质利益的政党"。[⑥]

与此同时,劳工运动也开始发展起来,1866 年全国劳工同盟建立。[⑦]内战

① David Herbert Donald, "The Republican Party, 1864 - 1876", in Arthur M. Schlesinger, Jr., *History of U. S. Political Parties*, *vol. II*, *1860 - 1910*, *The Gilded Age of Politics*, New York: Chelsea House Publishers, 1973, p. 1282.

② [美]埃里克·方纳著:《美国历史:理想与现实》,王希译,北京:商务印书馆,2017 年,第 723 页。

③ [美]马克·C. 卡恩斯,约翰·A. 加勒迪著:《美国通史》,吴金平等译,济南:山东画报出版社,2008 年,第 376—377 页。

④ [美]埃里克·方纳著:《美国历史:理想与现实》,王希译,北京:商务印书馆,2017 年,第 723 页。

⑤ 同上书,第 723—724 页。

⑥ [美]加里·纳什等编著:《美国人民:创建一个国家和一种社会》,上卷,刘德斌等译,北京:北京大学出版社,2008 年,第 539 页。

⑦ 同上。

与重建时期,以伊丽莎白·凯迪·斯坦顿(Elizabeth Cady Stanton)和苏珊·B. 安东尼(Susan B. Anthony)为首的女权运动者为了支持联邦暂停了争取自身权利的斗争,积极参与到反奴隶制运动中来,结果在她们的努力下,第十三条宪法修正案得以通过,而第十四条、十五条宪法修正案却只给男性选举权;震惊之余的妇女们在 1869 年发生了分裂后,一部分妇女继续为争取修正案给"妇女选举权、财产权、受教育权和性权利而战斗,而其他的妇女则希望通过在各州争取选举权而获得渐进的胜利"。① 这些未完成的事业在一定程度上为后来进步主义运动的兴起铺平了道路。

二、 重建时期的宪政革命与美国规制国家的发轫

重建可以说是内战的继续,为的是确保"自由的新生"的这个新国家。为此,在美国宪法中增加了 3 条宪法修正案,由此引发了"共和党领袖人物卡尔·舒尔茨称之为重建的'伟大的宪政革命'"。②

1. 重建时期的宪政革命

之所以称之为是革命的,甚至是"第二次建国",是通过重建所引发的剧烈且重大的宪政观念与体制的变革来实现的,具体来说,主要体现为以下三点:

第一,基于自由、法律面前人人平等原则的国家获得了新生。当林肯以总统和合众国陆海军总司令的身份郑重声明——"为了上述目的,我依据职权,正式命令并宣布凡在上面指明各州及一些州的部分地区之内作为奴隶被占有的人,从现在起永远获得自由;合众国政府行政部门,包括陆海军当局,将承认并保障上述人们的自由"③——之时,这场革命就已经开启。一如林肯在 1859 年所言:"那些不给别人自由的人,自己也不配享受自由,而且,在公正的上帝主宰下,也不能长久地保持自由。"④通过第 13、14、15 条修正案,迫使蓄奴的南方在宪法层面上放弃了"分离权(the right of secession),奴隶制、法律面前的不平

---

① 〔美〕加里·纳什等编著:《美国人民:创建一个国家和一种社会》,上卷,刘德斌等译,北京:北京大学出版社,2008 年,第 527 页。
② 〔美〕埃里克·方纳著:《美国历史:理想与现实》,王希译,北京:商务印书馆,2017 年,第 707 页。
③ 〔美〕亚伯拉罕·林肯:《〈最后解放宣言〉,1863 年 1 月 1 日》,《林肯选集》,朱曾汶译,北京:商务印书馆,2013 年,第 259 页。
④ 〔美〕亚伯拉罕·林肯:《给 H. L. 皮尔斯等人的信,1859 年 4 月 6 日于伊利诺伊州斯普林菲尔德》,《林肯选集》,第 132 页。

等以及政治不平等"等主张。①方纳指出,重建是"这样一个关键时刻,在这个过程中,以地方为基础的、等级制度的法律文化,转变成了一个至少表面上致力于所有美国人的平等、并受到全国性政府保护的法律文化"。②

第二,二元联邦制中联邦与州的关系发生根本性的变化:"人类的政治平等已经取代了各主权州的平等",从"国会不能制定法律到国会将有权力",联邦政府观从"一个过于强大的国家政府是自由的主要威胁"转变为"自由的捍卫者"。③尽管"对各州权威的尊重的持续存在将阻碍联邦政府的执法努力,并为最高法院限制重建宪法修正案的效力的判决提供理由",但是"一个以自治的地方社区为基础的法律体系"毕竟逐渐转向了"一个以公民个人与民族国家的关系为导向的法律体系"。④

第三,重建带来了一个日益强大的联邦政府与行政机构,联邦政府的权力获得了极大的扩展。联邦政府有权规制经济,诸如扶植并管制企业、管理货币、给退伍老兵提供津贴、征税、发行货币等。与此同时,联邦政府有权介入社会生活,维护社会秩序与道德规范,而以往这基本上属于州与地方政府的管辖范畴。简言之,内战与重建成为了美国现代规制国家的起点,为其兴起铺平了道路。

2. 重建时期规制国家的发轫

该时期联邦政府的变化,我们通过一组数据也能反映出来:联邦政府的行政预算:1860 年为 0.56065 亿美元;1861 年为 0.4151 亿美元;1862 年为 0.51987 亿美元;1863 年为 1.12697 亿美元;1865 年为 3.33715 亿美元;1877 年为 2.81406 亿美元。⑤从中我们可以看出,1863 年这个重建开启之年,相对于 1862

---

① Arthur M. Schlesinger, Jr., *History of U. S. Political Parties*, *vol. II*, *1860 - 1910*, *The Gilded Age of Politics*, New York: Chelsea House Publishers, 1973, pp. 936 - 937. "分离权"也可译为"退出联邦的权利",退出联邦的南部各州声称基于以下原则,他们有权退出联邦:"一是州的自治权,二是人民有在自己组建的政府变得具有破坏性的时候废除政府的权力"以及契约责任的相互性原则,"如果契约的一方不能按约行事,另一方也就完全不必对其履行契约要求的责任,在没有仲裁者的情况下,契约的任何一方依靠自己的判断来决定践约,并承担一切后果"。参见:王希:《原则与妥协:美国宪法的精神与实践》,北京:北京大学出版社,2014 年,第 234 页。
② [美]埃里克·方纳著:《第二次建国:内战与重建如何重铸了美国宪法》,于留振译,北京:商务印书馆,2020 年,第 17 页。
③ [美]埃里克·方纳著:《19 世纪美国的政治遗产》,王希编译,北京:北京大学出版社,2020 年,第 99—101 页。
④ [美]埃里克·方纳著:《第二次建国:内战与重建如何重铸了美国宪法》,于留振译,北京:商务印书馆,2020 年,第 17—18 页。
⑤ U. S. Bureau of the Census, *Historical Statistics of the United States*, *Colonial Times to 1970*, Part 1, Washington, DC: Government Printing Office, 1976, p. 1106.

年,联邦政府预算大幅度提高。

联邦政府公债:1860 年为 0.64844 亿美元;1861 年为 0.90582 亿美元;
1862 年为 5.24718 亿美元;1863 年为 11.19774 亿美元;1865 年为 26.77929
亿美元;1877 年为 21.0776 亿美元。1860 年人均分摊公债为 2.06 美元;
1861 年为 2.80 美元;1862 年为 15.79 美元;1863 年为 32.91 美元;1865 年
为 75.01 美元;1877 年为 44.71 美元。[1]从中都能反映出自 1863 年联邦政府的
支出日益扩大。

在重建期间,"长期的军事占领要求战后的军队数量保持在约 6 万人,这
是战前军队数量的 4 倍"。[2] 联邦军队逐渐成为维护"国内法律可靠的执行
者",这也为后重建时代军队用于驱赶印第安人和镇压罢工,"在军事上干预劳
工纠纷"埋下了伏笔。[3]自由民局(the Bureau of Refugees, Freedmen, and
Abandoned Lands,全称为:难民、被解放黑奴与废弃土地事务管理局)是战争
部在南方最为明显的体现。1865 年 3 月 3 日,自由民局根据国会通过的一项
法案(13 Stat. 505)创立,是战争部的一个分支机构,通过两次国会立法延期
(1866 年的 14 Stat. 173 和 1868 年的 15 Stat. 83),直至根据国会 1872 年 6
月 10 日颁布的一个法案(17 Stat. 366)终止活动。1865 年 5 月,安德鲁·约
翰逊任命奥利弗·O.霍华德(Oliver Otis Howard)少将为局长。该局主要职
责是"负责监督和管理与难民、被解放黑奴,以及废弃或占领土地相关的一切
事务"。[4]其初期主要活动是负责监管废弃与充公的财产,主要任务是提供救济
与帮助黑人自立。该局的人员负责发放定量食品、衣物,管理医院和难民营,监
督劳动合同,调处劳动纠纷,帮助慈善机构建立学校,帮助被解放奴隶在为奴期
间婚姻的合法化,帮助难民与被解放黑奴的家庭团聚与重新安置等一系列
事务。[5]

由军队扶持的各共和党南方州政府进行了推进种族平等,引进战前北方普

---

[1] U.S. Bureau of the Census, *Historical Statistics of the United States*, *Colonial Times to 1970*, Part 1, Washington, DC: Government Printing Office, 1976, p.1118.

[2] [美]费希拜克等著:《美国经济史新论》,张燕等译,北京:中信出版社,2013 年,第 197 页。

[3] 同上书,第 200 页。

[4] United States Congress and National Archives and Records Administration, *Records of the Field Offices for the State of Louisiana*, *Bureau of Refuges*, *Freedmen*, *and Abandoned Lands*, *1863 - 1872*, Washington, DC: United States Congress and National Archives and Records Administration, 2004, p.3.

[5] Ibid.

及的普通公司注册法并开放市场竞争,推进私人铁路建设,政府资助工商业,创立公立学校,修建孤儿院、疯人院,维持战时税收等举措。国会在 1870 年废除了遗产税,直到 1872 年才取消了个人收入所得税。①此外,战争造就的积极有为政府使人们习惯于要求政府来解决社会问题。由此,改革者们开始积极推动州政府承担起一系列新事务:"从公共卫生措施到商业规制,从职业执照限制到禁酒扫黄。"②比如,纽约市在 1865 年建立了专业化的消防队;1865 年马萨诸塞州成立了全州范围内的警察部队,1869 年设立了健康委员会和劳动统计局;伊利诺伊州在 1871 年建立了铁路委员会规制运费;1868 年俄亥俄州开始严格限制药品竞争。自 1865 年起,各州相继建立了州特许的律师协会,这是颁发律师执照的专门机构。1865 年国会颁布了第一个管理邮件内容的法案,自 1872 年起,各州则强化了反淫秽和扫黄的法律。③

此外,联邦政府与州政府大量参与、资助铁路建设,由此带来的一系列问题,特别是官商腐败与权力寻租,反过来激发了规制国家的兴起。而联邦拨款给士兵发放福利则构建了一个重要的利益集团,即联邦退伍老兵组成的共和国大军(the Grand Army of the Republic)群体。对退伍老兵的津贴从 1866 年占联邦政府支出的 2% 上升为 1884 年的 29%,该项联邦津贴制度成为了后来现代社会保障体系和福利国家的先声。④可以说,战后联邦政府的主要财政活动一是偿还公债,二是补贴老兵,但这两项活动范围既不包括南部邦联政府欠下的债务,也没有将南部邦联老兵列入津贴发放的行列。由此,这就变相地成为了"从贫穷的、受战争摧残的南方经济中压榨财富然后转移给北方"的汲取财富的手段,即这是一种变相的联邦政府的货币转移支付行为。⑤不过,美国学者兰道尔·霍尔库姆指出:鉴于这种转移支付并没有改变联邦政府活动的整体属性,因此要等到 1877 年现代规制国家才迎来了其兴起的时刻。⑥

值得一提的是,现代规制国家的发轫与政府转型同下列三个因素相关:第

---

① 〔美〕费希拜克等著:《美国经济史新论》,张燕等译,北京:中信出版社,2013 年,第 197—199 页。
② Price Fishback et al., eds., *Government and the American Economy: A New History*, Chicago and London: The University of Chicago Press, 2007, pp. 217 - 218.
③ 〔美〕费希拜克等著:《美国经济史新论》,张燕等译,北京:中信出版社,2013 年,第 203—205 页。
④ Price Fishback et al., eds., *Government and the American Economy: A New History*, p. 217.
⑤ 〔美〕费希拜克等著:《美国经济史新论》,张燕等译,北京:中信出版社,2013 年,第 203 页。
⑥ Randall G. Holcombe, *From Liberty to Democracy: The Transformation of American Government*, Ann Arbor: The University of Michigan Press, 2002, p. 151.

一，不断发展的经济产生了联邦政府的岁入盈余，反过来这就为利益集团游说联邦政府进行转移支付提供了机会。退伍老兵组织就是一个有组织的利益集团，并成为首个寻租的利益群体，获取了联邦政府转移支付的主要份额；第二，联邦政府活动的范围不断扩大，从保护个人权利逐步转向推动公民的经济利益；第三，联邦官僚机构自身构成的转型，从政治上的被任命者（即受恩荫者）——这些人因其工作和忠诚而获得任命而加入当前的行政管理机构中——到文官选拔，即根据文官考试而客观地被分派工作，运用科学管理的原则，成为长期的效力于公共部门的雇员。①

简言之，内战结束后，美利坚国家展现出了与以往不同的三大变化：第一，政治治理的层级发生了变化，许多新式权威掌握在联邦官员，而不是州和地方官员的手中。第二，政府三个分支的权威发生了转移，权力从立法机关和法院转向行政官员和独立的委员会。第三，联邦国家（federal state，即中央政府）所追求的规制目标与内战前政府的目标有所不同，开始日益聚焦规制市场价格，而不单纯是关注便利工业化或诸如邮政之类的流通行为。②例如，1873 年的大恐慌造成了"最后一波民众支持大量发行绿背纸币（greenback inflation）的运动，而这导致了自内战结束以来民主党首次在众议院成为多数党。在这种情形下，跛鸭的共和党人起草了一个法案，授权财政部制定金融政策，借此阻止即将到来的、民主党居于多数的众议院实行量化宽松的货币政策（inflationary currency policies）"。③由此，"授权财政部成为美国国家（指规制国家）形成中至关重要的时刻之一，是标志着联邦行政官员有权规制全国经济（national economy）的开端之一"。④

可以说，在内战前，美国的政治文化中存在着一种对联邦政府权威扩张的敌视，该期间联邦国家"在机构与作为方面没有取得什么进展"；然而，在 19 世纪晚期的某个时刻，群众的态度明显发生了转向，而这种态度的反转影响了美国国家的形塑；一旦公众要求联邦规制经济，国家权威的扩张似乎就成为规制工业化的

① Randall G. Holcombe, *From Liberty to Democracy：The Transformation of American Government*, Ann Arbor：The University of Michigan Press，2002，p. 141.
② Samuel Decanio, *Democracy and the Origins of the American Regulatory State*, New Haven and London：Yale University Press，2015，p. 7.
③ Ibid.，p. 10.
④ Ibid.

"近乎自然而然地反应"了。①而这个时刻恰恰就是发生在内战与重建时期,由此,我们将这一期间称之为进步主义运动与规制国家的发轫期也是合乎情理的。

本章小结

随着内战与重建时期的到来,社会运动的主要关注点也都转移到反对奴隶制这一社会运动上来,一大批争取妇女权利的改革家们暂停了对自身权益的维护转而加入到反奴隶制的事业中来。其结果是喜忧参半,1848 年已经发布了《情操宣言》的女性在内战与重建中并没有能够迎来自身的解放;而以 1863 年林肯总统发布的《解放奴隶宣言》为开端的反奴隶制事业在这一时期取得了成功,通过 3 项宪法修正案,黑人至少在法律上和形式上获得了自由与平等的公民权,迎来了自身的解放。而美国妇女们在完成了废奴事业后,继续致力于争取自身权益的事业。与此同时,内战与重建形成了一场宪政革命,促成了以地方为基础的、等级制度的法律文化向至少是表面上致力于所有美国人的平等、并受到全国性政府保护的法律文化的转型;二元联邦制中联邦与州的关系发生了根本性变化:"人类的政治平等已经取代了各主权州的平等";国会从不能制定法律转变为国会将有权制定法律;联邦政府观与人们的认同从"一个过于强大的国家政府是自由的主要威胁"转变为"自由的捍卫者";重建带来了一个日益强大的联邦政府与行政机构,联邦政府的权力获得了极大的扩展。联邦政府逐渐介入到社会经济生活中来,特别是以往属于州与地方政府的管辖范畴。简言之,内战与重建成为了美国现代规制国家的发轫期,为其兴起铺平了道路。美国学者查尔斯·博哲斯感叹道:

"爱默生和惠特曼活过了南北战争,看到了在美国,宣教者逐渐退出讲坛,代之而起的是政客们;看到了他们年青时所认为是道德论题的东西,后来成了法律的论题;他们所习惯的旧时的说服、和解逐渐被立法和强制所代替。他们一直极力地然而却是徒劳地阻止这种变化。"②

---

① Samuel Decanio, *Democracy and the Origins of the American Regulatory State*, New Haven and London: Yale University Press, 2015, p. 17.

② [美]查尔斯·博哲斯著:《美国思想渊源:西方思想与美国观念的形成》,符鸿令、朱光骊译,太原:山西人民出版社,1988 年,第 161 页。

第 3 章

进步主义思潮与规制国家
观念的兴起（1877—1917）

"我是在传达先知的思想,还是在痴言呓语?

我对生活了解些什么呢? 对自己又知道些什么呢?

我甚至不理解自己的作为,无论过去的还是现在的;

眼前展现的只是

对一个更新更美世界的模糊变幻的猜测;

它们壮丽无比的诞生

嘲弄着我,迷惑着我。"

——沃尔特·惠特曼①

"美利坚是怎样说明新生,矫健的青春,光明的前途,肯定能完成的任务,绝对的成就的,不论人的因素如何——它说明恶,也说明善,

······

那些伟大的城市是如何出现的——民主的群体,又是怎样像我所喜欢的那样动乱,任性,

那旋风似的急转,那竞赛,那恶与善的肉搏,一再发出的号召又是如何在继续下去"。

——沃尔特·惠特曼②

---

① [美]查尔斯·博哲斯著:《美国思想渊源:西方思想与美国观念的形成》,符鸿令,朱光骊译,太原:山西人民出版社,1988 年,第 160 页。

② [美]沃尔特·惠特曼:《有感》,载自惠特曼:《草叶集》,赵萝蕤译,上海:上海译文出版社,1991 年,第852—853 页。

前面我们梳理了美国进步主义运动与规制国家兴起的经济、社会与政治根源，探讨了其与内战和重建的关联；不妨这样表述：进步主义运动与规制国家源于美国革命，发轫于内战与重建。接下来，我们将在考察内战以来美国经济转型与社会变迁的基础上，梳理进步主义思潮与规制国家观念兴起的历程，并以进步主义理论家爱德华·罗斯和沃尔特·李普曼为个案，厘清规制国家观念的范围与限度。

第 1 节　内战以来的美国经济转型、社会变迁及其问题

> "随着广大的新工业领域成为这一代人取得的主要物质成就，当其越来越迅速地转变为公司的形式之时，即建基于个体的工业美国摇身一变为以公司为主的工业美国，我们文明发展历程中的一个危机时刻就出现了。据说美国现有 40 多万家公司；而在建国之时，美国的公司不足 30 家。依靠公司来谋生的美国人约有 4,000 万人；而美国政府创立之时的雇工尚不足以填满一个大一点的礼堂。"
>
> ——彼得·格罗斯卡普，1908 年[1]

伴随着内战与重建，曾经的汉密尔顿、亨利·克莱的梦想终于在 1865 年得以在全美国范围内推进。然而，内战结束后的世界既与林肯设想的"一个崇尚自由劳动的世界，一个由小店主和独立自主的小农场主组成的世界"不一样，也同杰斐逊"让我们的工场留在欧洲吧"的憧憬判若云泥。[2]

一、工业化与传统分散的经济体制向资本主义经济体制转型

虽然内战前的美国存在着一些较为重要的工业，但农业在美国的主体地位

---

[1] Peter S. Grosscup, "The Government's Relation to Corporate Construction and Management", *The Annals of the American Academy of Political and Social Science*, vol. 32, no. 10, 1908, p. 10.

[2] ［美］埃里克·方纳著：《美国历史：理想与现实》，王希译，北京：商务印书馆，2017 年，第 680 页；［美］托马斯·杰斐逊著：《弗吉尼亚笔记》，《杰斐逊选集》，朱曾汶译，北京：商务印书馆，2017 年，第 281 页。

无可动摇,然而伴随着内战与重建的到来,不仅仅是南方奴隶制的废除、黑人奴隶的解放,更重要的是一个经济"利维坦"正在呼啸而来。

在经济方面最为明显的体现就是工业化。杰斐逊曾经梦想,美国这个"幅员足供我们千百代子孙"生活的国家将变成伟大的农业型民主国。然而到了1910年时,这个原先主要从事于采掘工业和农业的债务国,已经成为世界上领先的工业制造大国。[①]内战后美国工业的重要性持续增长,并于1890年取代农业成为经济的重中之重。投入到工业中的资本从1850年的约500万美元,到1920年增至440亿美元。制造品产值从1860年的20亿美元左右到1899年升至110亿美元。尽管增速平缓,但持续增强。[②]可以说,"工业化将美国从一个依赖农产品出口给大英帝国的国家转变为一个国际体系中独立的举足轻重的强国"。[③]

在第二次工业革命的推动下,1865至1900年间美国工业产值增长了近500%,从18.8亿美元增至114.07亿美元。钢产量从1860年的1.2万吨增至1900年的1,035万吨。煤的开采量从1860年至1900年间由1,820万吨增加到2.4亿吨。机器制造业、汽车工业和电力工业等都有了飞速的发展。[④]1860年时,美国仍是二流工业国,落后于英国、法国和德国,到了1890年,美国的制造品产值几乎等于该三国产值的总和。自内战前夕至一战前,美国制造品生产总量增加了12倍以上。[⑤]新工业部门和大型工业企业在国民经济中居于主导地位,独立的工业体系已经确立,工业城市不断涌现。[⑥]到19世纪末20世纪初,美国基本实现了资本主义工业化,开始由农业国转变为以重工业为主导的工农业国。

美国学者罗斯托(W. W. Rostow)称这一段快速工业化时期为"趋于技术成熟期",1870—1910年的美国相当于1830—1870年的英国,1870—1910年的法国和德国,1890—1920年的瑞典,1900—1940年的日本,1900—1960年的苏联,

① [美]塞缪尔·埃利奥特·莫里森,亨利·斯蒂尔·康马杰,威廉·爱德华·洛伊希滕堡合著:《美利坚共和国的成长》,下卷,南开大学历史系美国史研究室译,天津:天津人民出版社,1980年,第59—60页。

② James E. Anderson, *The Emergence of the Modern Regulatory State*, p. 2.

③ Richard Franklin Bensel, *The Political Economy of American Industrialization*, *1877 - 1900*, Cambridge: Cambridge University Press, 2000, p. 4.

④ William E. Leuchtenburg (ed.), *The Unfinished Century: America Since 1900*, Boston: Little: Brown and Company, 1973, p. 13.

⑤ [美]J. 布卢姆等著:《美国的历程》,下册,第一分册,戴瑞辉等译,北京:商务印书馆,1988年,第31页。

⑥ 余志森:《崛起和扩张的年代,1898—1929》,北京:人民出版社,2002年,第19页。

1920—1940 年的意大利和澳大利亚,1915—1950 年的加拿大。[1]在技术进步的推动下,交通与通信工具的促动以及意识到大生产带来利润的鼓舞下,商业日趋做大做强。1899 年的整个制造业相比 1850 年翻了三番。巨型的联合企业(combinations)拔地而起,比如糖业托拉斯(Sugar Trust),烟草托拉斯(Tobacco Trust)以及石油托拉斯(Oil Trust)。在 1901 年,美国钢铁公司(the United States Steel Corporation)成为美国历史上第一家达到 10 亿美元的公司。在 1914 年将近一半的工业品都是由整个企业中仅占 1.4% 的企业制造的,这些企业每家的年产值都超过 100 万美元。[2]"工业化将美国从一个依赖农产品出口给大英帝国的国家转变为一个国际体系中独立的主导性强国。在许多方面,这一快速的工业扩张都告别了以往美国的经济增长方式。"[3]

首先,1870 年之前美国经济的大发展从性质上来说或多或少一直是粗放型的,并与新土地的耕作及其融入全国经济密切相关。在 19 世纪最后 30 年里,越是充分实现了土地的生产能力,增长就越是呈现集约性与变革性;而且,更为重要的是,经济活动中心从农场转向了城市,从农作物耕作转向制造工厂生产。[4]

其次,与先前相比,在速度和部门特征方面,经济增长更加不均衡。例如,直到 1870 年左右,如果不考虑东北地区的一些地方的话,那么,依据美国各部门的许多方面,依然可以将其描述为农业国家。在这一时期的早些时候,那些拥有较大边疆的地区比那些长期定居地区的经济增长更快。[5]

第三,企业的形式与规模也发生了剧烈的变化。

商业在规模与范围上的扩张便利了各州采取比较自由平等地授予公司特许状的方式来管理商业的模式。公司形式运营的工业企业要比个体或合伙形式的组织更适合从事规模更大与范围更广的业务。到 1904 年,公司形式占制造业总量的 24% 左右,生产出的产品总值占总值近 74%。[6]对此,我国学者韩铁教授认

[1] Richard Franklin Bensel, *The Political Economy of American Industrialization*, *1877 - 1900*, pp. 4 - 5.

[2] James E. Anderson, *The Emergence of the Modern Regulatory State*, Washington, D. C.: Public Affairs Press, 1962, p. 2.

[3] Richard Franklin Bensel, *The Political Economy of American Industrialization*, *1877 - 1900*, Cambridge: Cambridge University Press, 2000, p. 4.

[4] Ibid. , p. 5.

[5] Ibid.

[6] James E. Anderson, *The Emergence of the Modern Regulatory State*, p. 3.

为 19 世纪中后期到 20 世纪初,特别是 19 世纪末 20 世纪初美国公司的重大变化就是民主化与自由化:前者"主要是指从特许公司制向一般公司法的转变,而自由化则是指公司从最初被视为人造之物到后来被承认是自然实体所带来的法律观念及实践的变化,还有 19 世纪末和 20 世纪初各州'竞相降低门槛',放松对公司限制所造成的划时代影响"。①

大型企业具有诸如低成本与批量生产的经济优势。在必要的时候,他们的规模使其有能力更加有效地打压相对弱小的竞争者,并摆布消费者和供应商。随着其体量不断增长与日益集中,逐渐控制了许多产业。这部分是通过不公平竞争和运用诸如托拉斯、控股公司(1889 年以后),进而淘汰弱小的竞争者来达成的,也有通过连锁董事会(interlocking directorate)来实现的。②美国的大公司通过垂直整合与水平整合等多种形式"寻求着对运营的控制"。③ 1895 年至 1904 年间,美国"经历了第一次大规模的企业合并运动"。④根据约翰·穆迪(John Moody)1904 年的统计:318 家工业托拉斯合并了近 5,300 家工厂,总资产达到 70 亿美元。约翰·D. 洛克菲勒评论道:"个人主义一去不复返了。"⑤

公司化运动的基本特征就是管理权与控制权同所有权的分离。大多数公司的股东都是由人代行管理的所有者(absentee owners,即甩手掌柜),对商业运营仅保留一点的控制权。"管控集团"(control groups)仅拥有一个公司的少量股票,但他们通过代理与无表决权股票之类的手段,只需考虑全体股东的利益,就能够主导公司的决策,分配利润。⑥公司的经理与筹划者在动用"他人的钱"时,相对自由,不受控制。也就是说,就大企业的内部而言,科层体制取代了个人管理,"按功能划分的企业部门办公室出现了,它们是由经理人组成的委员会,分担着企业生产、销售等不同的经营职责,负责制定战略和协调运营"。⑦ 在 1880 至 1920 年间,美国企业雇佣的管理人员从 16.1 万人增加到了 100 万人,占劳动力

---

① 韩铁:《试论美国公司法向民主化和自由化方向的历史性演变》,《美国研究》2003 年第 4 期,第 43 页。

② James E. Anderson, *The Emergence of the Modern Regulatory State*, Washington, D. C.: Public Affairs Press, 1962, p. 3.

③ [美]曼塞尔·布莱克福德著:《美国小企业史》,刘鹰等译,杭州:浙江大学出版社,2013 年,第 53 页。

④ 同上书,第 54 页。

⑤ James E. Anderson, *The Emergence of the Modern Regulatory State*, p. 3. 注:约翰·穆迪为当时的金融分析师,建立了穆迪评估公司。

⑥ Ibid.

⑦ [美]曼塞尔·布莱克福德著:《美国小企业史》,刘鹰等译,杭州:浙江大学出版社,2013 年,第 55 页。

比例从 1.1% 增长到 2.6%。①权力的滥用是司空见惯浑闲事。公司的发展对工人也有着重要的影响。②在 1914 年,有半数工人从事制造业,而他们为之效力的企业不到整个企业总量的 4%。在个体小企业中,工人与所有人之间的联系密切,这种情况发生了翻天覆地的变化。劳动与管理是分离的,唯有通过工头(领班)与督导员的中介,才能产生接触。对高管来说,工人们越来越成为一个数字符号,仅仅是一个生产要素。③

公司化运动与美国传统的个人所有和行动自由格格不入。1908 年,法官彼得·S. 格罗斯卡普(Peter S. Grosscup)写道:"随着广大的新工业领域成为这一代人取得的主要物质成就,当其越来越迅速地转变为公司的形式之时,即建基于个体的工业美国摇身一变为以公司为主的工业美国,我们文明发展历程中的一个危机时刻就出现了。据说美国现有 40 多万家公司;而在建国之时,美国的公司不足 30 家。依靠公司来谋生的美国人约有 4,000 万人;而美国政府创立之时的雇工尚不足以填满一个大一点的礼堂。……但凡一个人能想象得到的所有其他方面的沧海桑田,都表明其对基本环境产生了深远的影响,而这种环境是最初创立政府的共和主义观念之基石。"④

伴随着企业的增长,挣工资的工人(wage-earners)从 1860 年的 1,000,000 人到 1900 年增至 5,000,000 人。到 1917 年,工人人数增至 9,220,000。⑤"1860 至 1920 年间,从事非农业有酬工作的人数由 4,325,116 增至 23,984,765 人。同期有酬工作的非农业人口占从事有酬工作人口从 41.1% 增至 73%。"⑥

在内战前的美国社会里,并不存在现代意义上的资产阶级。美国人普遍可以平等地拥有一份土地以及对生产工具的所有权。而且当时的生产工具也是简单的、廉价的。商业基本上是小规模运营。个人本身就是雇主,他在经济上是独立的。即便为别人工作,他也可以梦想着凭借自己普通的能力和勤俭,有朝一日能够成为一个独立的生产者。每一个聪明勤劳的人都可以成为自己

---

① [美]曼塞尔·布莱克福德著:《美国小企业史》,刘鹰等译,杭州:浙江大学出版社,2013 年,第 55 页。

② James E. Anderson, *The Emergence of the Modern Regulatory State*, pp. 3 - 4.

③ Ibid., p. 4.

④ Peter S. Grosscup, "The Government's Relation to Corporate Construction and Management", *The Annals of the American Academy of Political and Social Science*, vol. 32, no. 10, 1908, p. 10.

⑤ James E. Anderson, *The Emergence of the Modern Regulatory State*, Washington, D. C.: Public Affairs Press, 1962, p. 2.

⑥ Ibid., pp. 2 - 3.

的主人。①大体说来,内战前的美国生产方式是传统的、以农业为基础的小规模生产体制。家庭是经济生产的中心。"尽管在政治上受某一个阶级控制,但各实业阶级(industrial classes)所享有的这种经济上的独立,确保他们有大量的个人自由。"②在内战前,美国的小企业及其构成的商业网络很好地适应了当时的生产能力。然而,在第二次工业革命的推动下,在生产关系领域,美国的经济体制发生了深刻的变化。及至1880年后,工业化的加速与商品流通量的显著增加使得大公司的数量迅速增加。③随着市场经济的发展,在工业、金融与运输业中"出现一种经济力量日益集中在越来越少数的人手中的运动",即经济领域的垄断与集中。④在经济领域中的垄断化过程始于内战后,而到了20世纪初已基本完成。萌芽于19世纪60至70年代的垄断组织,伴随着1873年的经济危机后生产和资本集中的加速,得到了广泛的发展。⑤从1879年至1897年,已经组织起来的垄断组织,总共不超过12家,资金总额不到10亿美元。但是,到了1899年,根据制造业普查报告,已经有约185家垄断企业,其资本额超过30亿美元。1904年对美国公司的全面调查报告中,列举出正在活动的垄断组织有305家,共拥有资本近79亿美元。⑥到了1903年,大股份公司已确立为美国工业的基本单元。在19世纪50年代,只有少数大企业,集中在铁路和棉纺织业,资本超过100万美元、雇佣工人超过500人的大企业屈指可数;到1901年,"卡耐基钢铁公司与另外几家钢铁公司合并的时候,其资本总量达到14亿美元",拥有10万多名工人,到1929年雇员达到44万。⑦

　　美国垄断组织的最初形式出现于19世纪50至60年代,为普尔;到了70年代美国出现了以卡特尔为形式的垄断组织。普尔和卡特尔相对说来具有不稳定性和短期性。到了19世纪80年代美国出现了更高级的垄断组织——托拉斯。

---

① J. Allen Smith, *The Spirit of American Government*:*A Study of the Constitution*:*Its Origin*,*Influence and Relation to Democracy*, New York:The Macmillan Company, 1907, p. 304.

② Ibid.

③ [美]曼塞尔·布莱克福德著:《美国小企业史》,刘鹰译,杭州:浙江大学出版社,2013年,第15页。

④ [美]阿瑟·林克,威廉·卡顿著:《一九〇〇年以来的美国史》,上册,刘绪贻等译,北京:中国社会科学出版社,1983年,第34页。

⑤ 余志森:《崛起和扩张的年代,1898—1929》,北京:人民出版社,2002年,第50页。

⑥ [美]阿瑟·林克,威廉·卡顿著:《一九〇〇年以来的美国史》,上册,刘绪贻等译,北京:中国社会科学出版社,1983年,第37—38页。

⑦ [美]曼塞尔·布莱克福德著:《美国小企业史》,刘鹰译,杭州:浙江大学出版社,2013年,第52—53页。

美国企业史上的第一个托拉斯,即 1882 年约翰·洛克菲勒改组后的美孚石油公司;19 世纪 90 年代至 20 世纪初美国出现了组建托拉斯的高潮;垄断开始成为美国全部经济生活的基础。

随着美国财富的增加与垄断的发展,出现了工业资本与金融资本的逐渐融合,进而形成金融资本与金融寡头。到了 1904 年,华尔街出现了两大金融集团:摩根家族和洛克菲勒集团。根据一个众议院小组委员会即普乔委员会的调查:摩根—洛克菲勒集团截止到 1913 年 1 月 1 日在 112 家银行、铁路、工业和其他公司中,共有 341 个董事席位;这 112 家金融、工业机构总共拥有资本 200 亿美元以上。①大量的财富和信贷日益集中到少数人的手中。伴随着持续不断的垄断趋势和经济权力的集中化,本杰明·帕克·德·威特写道,"个人已经不能指望同雇用他们的富有的公司竞争;……慢慢地美国人开始意识到,他们并不自由"。②

伴随着大工业范围的不断扩大,"工资劳动制逐渐取代了对生产资料的占有,而成为家庭在市场革命的洪流中存在下去的经济基础"。③ 工厂制的采用,使得大多数独立的小生产者成为挣工资者,丧失了经济的独立地位。这样,"在社会的法律与宪政体制没有发生任何变化的情况下,事实上的个人自由,可能会发生巨大变化"。④

简言之,原有的经济自由放任主义,到 19 世纪末则更可能意味着富豪政治的保护伞。现在人们所要求的真正自由,不再是限制政府的权力,而是扩张政府的权力以保护个人的自由。而原有的"小额财富的民主"已经不同于"现代的富裕的民主",人们要求将民主从政治领域扩张到经济与社会领域。⑤大公司的发展造成了政府规制的种种压力,即要求保护消费者、投资者、弱小的竞争者和工人,呼吁政府采取行动保护个人的权利。⑥

---

① ［美］阿瑟·林克,威廉·卡顿著:《一九〇〇年以来的美国史》,上册,刘绪贻等译,北京:中国社会科学出版社,1983 年,第 42 页。

② Benjamin Parke De Witt, *The Progressive Movement*: *A Non-Partisan*, *Comprehensive Discussion of Current Tendencies in American Politics*, Seattle and London: University of Washington Press, 1968, p. 14.

③ ［美］埃里克·方纳,《美国自由的故事》,王希译,北京:商务印书馆,2002 年,第 98 页。

④ J. Allen Smith, *The Spirit of American Government*: *A Study of the Constitution*: *Its Origin*, *Influence and Relation to Democracy*, New York: The Macmillan Company, 1907, p. 305.

⑤ Walter E. Weyl, *The New Democracy*: *An Essay on Certain Political and Economic Tendencies in the United States*, New York: Harper & Row, Publishers, 1964(1st edition, 1912), p. 8.

⑥ James E. Anderson, *The Emergence of the Modern Regulatory State*, Washington, D. C.: Public Affairs Press, 1962, p. 4.

二、 城市工业社会的来临

　　内战前的美国,相对说来,是一个简单、同质、分散的农业社会。其社会的主体是农民(自耕农或农场主)与小生产者。其政治经济组织的主要特征是组织机构规模较小,且具有强烈的地方主义。它植根于小城镇与乡村的各种风俗习惯与价值观念,关注地方性事务,在伦理上信奉自主与新教信仰。[①]理查德·本塞尔写道:"1870 年之前大量的经济增长从性质上来说或多或少一直是粗放型的,并与新土地的耕作及其融入全国经济密切相关。在 19 世纪最后 30 年里,越是充分实现了土地的生产能力,增长就越是呈现集约性与变革性;而且,更为重要的是,经济活动的中心从农场转向了城市,从农作物耕作转向制造工厂生产。"[②]所谓城市化一般指人口集中到城市或城市地区的历史过程,具体表现为城市人口的增长和人口分布向城市地区集中。[③]1860 年美国土地面积为2,969,640 平方英里,人口为 31,443,321 人;1870 年土地面积为 2,969,640 平方英里,人口为 539,818,449 人;1900 年土地面积为 2,969,834 平方英里,人口为 75,994,575 人;1920 年土地面积为 2,969,451 平方英里,人口为106,710,620 人。1860 年农村人口 25,227,000 人;城市人口为 6,217,000 人;1880 年农村人口为 36,026,000 人;城市人口为 14,130,000 人;1890 年农村人口为 40,841,000 人,城市人口为 22,106,000 人;1900 年农村人口为45,835,000 人,城市人口为 30,160,000 人;1920 年农村人口为 51,553,000 人,城市人口为 54,158,000 人。[④]1790 年进行的第一次人口普查显示,全国有3.35%的人口居住在人口超过 8 千人的城镇里。以此为标准,到 19 世纪末,美国总人口的 33.5%属于城市人口。美国自 1820 年起,城市就开始迅速发展。从 1800 年到 1890 年,全国人口增加了 11 倍,而在此期间,城市人口却增加了 86倍。1800 年,8 千人以上的城市只有 6 座;到 1890 年,已增加到 448 座,其中 26座城市的人口均超过了 10 万。更有甚者,到 1900 年,美国已经拥有 5 座人口超

---

① 赵辉兵:《美国进步主义政治思潮与实践研究》,北京:中国社会科学出版社,2013 年,第 80 页。

② Richard Franklin Bensel, *The Political Economy of American Industrialization*, *1877 - 1900*, Cambridge: Cambridge University Press, 2000, p. 5.

③ 余志森:《崛起和扩张的年代,1898—1929》,北京:人民出版社,2002 年,第 27 页。

④ U. S. Bureau of the Census, *Historical Statistics of the United States*, *Colonial Times to 1970*, Part 1, Washington, DC: Government Printing Office, 1976, p. 8.

过 50 万的"美国式大城市",并且其中有 3 座城市人口超过了 100 万。[①]从 1860 年到 1910 年间,城市居民超过 10 万的城市从 9 座增至 50 座。[②]19 世纪 80 年代,美国农村人口增加了近 500 万人,而城市人口则激增了 800 万人,这使美国农村人口的比例从 1880 年的 72％下降到 1890 年的不到 65％。到 19 世纪 70 年代,11.4 万英里长的新铁路线的修建促进了商品在全美范围内的分销。但是,州际铁路网边缘地区的农民和商人群体日益感受到了高效率的威胁。[③]到了 20 世纪 20 年代美国城市人口超过了农村人口,初步实现了城市化。[④]对此,我国著名美国史专家王旭教授写道:"到 20 世纪 20 年代,美国城市形成了大的地区分工:西部和南部提供粮食、棉花、木材、矿藏及百余种工业原料,北部城市则将这些原料转变为制成品。这个大的地区性分工之所以成为可能,前提是美国铁路线已从 1870 年的 6 万英里增长到 1916 年的 25.4 万英里。"[⑤]

　　不过美国城市快速增长,其中人口的自然增长只占很小的一部分。"没有移民,美国城市本来会发展得相当缓慢。"[⑥]1890 至 1920 年间人口几乎增长了 70％,从近 0.63 亿增至 1.6 亿多,这很大程度上与移民有关,而且他们大多数去往城市。[⑦]19 世纪末,美国经历了前所未有的人口迁移运动。一方面,东部的一些农村人口转向新发展的西部农场,其他的东部农村人口则大多流向东部与中西部的城市;另一方面,就是来自国外的移民潮。其中有来自加拿大、拉丁美洲以及中国和日本的人口,不过数量最大的要数来自欧洲的移民。自 19 世纪 80 年代以来,来自南欧和东欧的移民队伍日益庞大,到 19 世纪 90 年代,一半以上的移民来自该地区。[⑧]与早期移民相比,这些移民往往没有资金购置农场,缺乏教育。这些来自东欧和南欧的移民,宗教信仰大多是罗马天主教、东正教与犹太

---

① [美]J. 布卢姆等著:《美国的历程》,下册,第一分册,戴瑞辉等译,北京:商务印书馆,1988 年,第 66—67 页。

② James E. Anderson, *The Emergence of the Modern Regulatory State*, Washington, D. C.: Public Affairs Press, 1962, p.5.

③ [美]斯坦利·L. 恩格尔曼,罗伯特·E. 高尔曼主编:《剑桥美国经济史:漫长的十九世纪》,第 2 卷,王珏等译,北京:中国人民大学出版社,2018 年,第 429 页。

④ 余志森:《崛起和扩张的年代,1898—1929》,第 27 页。

⑤ 王旭:《城里城外》,厦门:厦门大学出版社,2019 年,第 175 页。

⑥ Alan Brinkley, *The Unfinished Nation: A Concise History of the American People*, Boston: McGraw-Hill Companies, Inc., 2000, p.545.

⑦ Rodney P. Carlisle, *Handbook to Life in America*, vol. 5, *The Age of Reform, 1890 - 1920*, New York: Fact on File, Inc., 2009, p.52.

⑧ Alan Brinkley, *The Unfinished Nation: A Concise History of the American People*, pp.546 - 547.

教。主流的美国人担心他们能否融入主流社会。①因此,随着城市的迅速扩张与无节制增长,产生了许多令人困惑的难题,即贫民窟、住房、工作、环境污染与环境卫生问题、移民归化等问题。处理这些问题的任务自然落到市政当局的肩上,然而许多城市的行政机构不堪重负,导致有些城市将原属政府机构的职能交给私人机构代理。②旧秩序已然坍塌;已有的个人主义解决方案显得捉襟见肘。所有这些城市问题的解决都期待变革的到来。

伴随着美国由农业社会向工业社会的转变,其社会基础或主体也发生了重大变迁。内战结束后,中产阶级日益成为美国社会的主体。帕林顿写道,"当工业资本家取代农场主成为社会监护人之时,贵族时代便走到尽头,中产阶级的时代已经兴起"。③ 这个中产阶级主要由"被实力雄厚的竞争者压倒和超越的小商人""老中产阶级——商业企业家和独立的专职人员"和"一种新型中产阶级——技术员、领工资的专职人员、推销员和公务员"组成。④依照理查德·霍夫斯达特的说法,从1870至1910年间,美国总人口增长了约2.3倍,其中老中产阶级增长了2倍多,工人阶级和农场工人增加了3倍多,新型中产阶级则几乎增加了8倍,从75.6万人上升到560.9万人。⑤著名的进步主义者沃尔特·韦尔估计,至少有7,000万不太富也不太穷的美国人会支持改革事业,不过这一巨大的群体缺乏组织与领导。⑥无怪乎,霍夫斯达特写道,"进步主义的中心问题就是对工业体系的反抗:可以说,进步主义运动就是没有组织的人对组织所发的牢骚"。⑦

---

① Rodney P. Carlisle, *Handbook to Life in America*, vol. 5, *The Age of Reform*, 1890–1920, p. 52.

② [美]塞缪尔·埃利奥特·莫里斯,亨利·斯蒂尔·康马杰,威廉·爱德华·洛伊希腾堡合著,《美利坚共和国的成长》,下卷,南开大学历史系美国史研究室译,天津:天津人民出版社,1980年,第353页。

③ [美]沃浓·路易·帕林顿著:《美国思想史》,陈永国等译,长春:吉林人民出版社,2002年,第771页。

④ [美]理查德·霍夫斯达特:《改革时代——美国的新崛起》,俞敏洪等译,石家庄:河北人民出版社,1989年,第181页。不过对于中产阶层或中产阶级的组成成分说法不一。See Robert H. Wiebe, *The Search for Order*, 1877–1920, New York: Hill and Wang, 1967, pp. 111–112; George E. Mowry, *The Progressive Era*, 1900–20: *The Reform Persuasion*, Washington: The American Historical Association, 1958, pp. 29–33.

⑤ [美]理查德·霍夫斯达特:《改革时代——美国的新崛起》,俞敏洪等译,石家庄:河北人民出版社,1989年,第181页。

⑥ Walter E. Weyl, *The New Democracy: An Essay on Certain Political and Economic Tendencies in the United States*, New York: Harper & Row, Publishers, 1964(1st edition, 1912), Introduction by Charles B. Forcey, p. xi.

⑦ [美]理查德·霍夫斯达特:《改革时代——美国的新崛起》,第180页。

三、美国铁路与国内统一市场的真正形成

19世纪下半叶美国经济发生了深刻的转型。铁路和电报系统的发展促进了国内市场的统一,"那些把工厂仅仅设立在一到两个城市的企业的产品可以销售到全国市场"。① 铁路急剧扩张,从1860年约30,626英里,到30年后扩展到了166,703英里。②"随着铁路的建设,美国文化开启了欧洲文明利用铁路而实现的那些事情。粗糙的小路和牧牛小径都还没建成,铁路就已经不断延伸,穿越未经开垦的大草原、原始森林。在欧洲,铁路系统促进了交通;而在美国,铁路系统创造了交通。"③W. W. 罗斯托(W. W. Rostow)指出1850至1875年间的美国铁路系统是"开启美国工业革命的工具",而这对此前的内河蒸汽船以及农业机械化也是同样适用的。④这主要是因为"大片未利用而实际上毫无价值的自然资源"和"劳动力的长期短缺"使得"各种形式的机械化都不会造成失业,因此在人们的体验中,机械化便是创造性的。运输的机械化……是为那些因无法进入而毫无价值的荒野带去了新的文明。因为运输系统并不是取代了以前就存在的交通方式,而是开拓了新的领域,因而运输系统被认为具有生产性"。⑤

在1873年以前,经芝加哥往东运输的小麦"只有在湖泊结冰的情况下才会选择火车运输,而在那之后,几乎所有的小麦都是直接通过铁路运输的"。到1884年,价格更低的玉米也加入了火车运送的行列。⑥1830年,用货运列车运输1吨货物1000英里的费用是173.82美元;到1910年,则为22.43美元。⑦

1858年7月28日,由赛勒斯·韦斯特·菲尔德(Cyrus West Field)集资铺

---

① [美]曼塞尔·布莱克福德著:《美国小企业史》,刘鹰译,杭州:浙江大学出版社,2013年,第52页。

② Marc Allen Eisner, *The American Political Economy: Institutional Evolution of Market and State*, New York and London: Routledge, 2011, p.39.

③ [德]沃尔夫冈·希弗尔布施著:《铁道之旅:19世纪空间与时间的工业化》,金毅译,上海:上海人民出版社,2018年,第140页。

④ 同上书,第141页。

⑤ 同上书,第141—142页。

⑥ [美]威廉·伯恩斯坦著:《伟大的贸易:贸易如何塑造世界》,郝楠译,北京:中信出版社,2020年,第390页。

⑦ 同上书,第389页。

设的第一条横跨大西洋、连接欧美两洲的海底电报电缆铺设成功;8 月 16 日,英国维多利亚女王致美国总统詹姆斯·布坎南的贺电经由海底电缆传到纽约;尽管由于技术上的失误,弄坏了电缆,但在 1866 年 7 月 13 日,失踪的电缆重新找到,"这两条电缆终于把欧洲的古老世界和美洲的新世界连接为一个共同的世界"。[1] 美国的联合太平洋铁路和中央太平洋铁路于 1869 年 5 月 10 日在犹他州普罗蒙特里(Promontory)接轨;连接地中海与红海的苏伊士运河于 1869 年 11 月 17 日开通。有感于此,1871 年著名诗人沃尔特·惠特曼"漫卷诗书喜欲狂",在《向着印度行进》中表达了其乐观的情绪:

> "歌唱我这个时代,
>
> 歌唱当前的巨大的成就,
>
> 歌唱工程师们强大而灵巧的工程,
>
> 我们的现代奇迹,(胜过古代那笨重的七个),
>
> 在'旧世界'东方的苏伊士运河,
>
> '新大陆'被它那强大的铁路跨越了,
>
> 海底铺设着善于对话的轻柔电缆;
>
> 然后最先发出声音而且永远发声的是指向你的呼声,
>
> 啊,灵魂,
>
> 那'过去'!那'过去'!那'过去'!
>
> ······
>
> 向着印度行进!
>
> 看那,灵魂,你不是一开始就看清了上帝的旨意所在吗?
>
> 大地将被跨越,为网状物所连接,
>
> 各个民族,近邻将通婚,
>
> 海洋能够逾越,遥远的将成为靠近,
>
> 不同国土将结合在一起。"[2]

---

[1] [奥]斯蒂芬·茨威格著:《人类群星闪耀时:十四篇历史特写》,舒昌善译,北京:生活·读书·新知三联书店,2017 年,第 187—213 页。

[2] [美]沃尔特·惠特曼:《致这个国家》,载自惠特曼著:《草叶集》,赵萝蕤译,上海:上海译文出版社,1991 年,第 713—715 页。

及至 1910 年,美国铁路的总里程已经达到了 351,767 英里,其总里程数大大超过了公路的总长度,即 204,000 英里。[1]可以说,蒸汽机和钢轨将整个大陆连接了起来,"农场和工厂的产品,本来各自产地相隔千里之外,有了这种制造和发行的新设施,现在可以很容易地共同享用。通过连接内陆和港口、码头的铁路,整个经济体的产出可以有规律地、方便地运输到世界其他地方。美国的隔绝几乎完全是过去的事了。内河汽船和运河驳船(对许多作家来说)显得几乎像是金字塔的时代一样遥远了。铁路在世界历史上书写了新的篇章"。[2] 而且,从 19 世纪 80 年代开始,冷藏技术的进步"巩固了中西部谷物、牲畜行业在美国市场和国际贸易中的统治地位。铁路、谷物运输机、河流和湖泊上的汽船,将中西部和世界联系在一起,促进了以芝加哥商品市场为中心的金融服务的发展"。[3]

当然,美国陆上交通和通讯系统的全国网络用了半个多世纪之久才逐渐构建成功。电报的扩张与铁路的成长携手并进是重要前提之一:"因为铁路为电报提供了最好路径,而电报又成为保证列车安全、快速及有效运行的关键工具。"[4]交通和通信基础设施的有效运营还需要一系列组织与技术创新,其中单个铁路的管理等级制最为关键,它通过不同运营单位或后来被称作"分部"的运营单位来规划和安排列车、车辆、行人的交通。这种安全协调确保了各式各样的商品从各地快速、正常、有序地运往其目的地。"这样,19 世纪 50 年代美国铁路成为现代管理的先驱。由于其业务的复杂性,它们几乎一夜之间就形成为国家一级管理企业。在较大的铁路线上——那些一百公里以上的铁路——在企业中几乎没有股权的经理们制定经营决策。"[5]由此,科层体制成为了后来其他领域公司争相效仿的对象。交通领域的革命也促进了企业经营形式从合伙制向股份制的转型以及分销、流通领域的革命。

对铁路之于现代美国的作用,有学者主张:铁路缔造了现代美国。因为铁路一方面"将国家联合起来,然后刺激了经济发展,使其成为世界上最富庶的国

---

① [美]乔纳森·休斯,路易斯·P.凯恩著:《美国经济史》,邸晓燕等译,北京:北京大学出版社,2011 年,第 297 页。

② 同上书,第 297 页。

③ 同上书,第 318 页。

④ [美]小艾尔弗雷德·D.钱德勒著:《企业规模经济与范围经济:工业资本主义的原动力》,张逸人等译,北京:中国社会科学出版社,1999 年,第 62 页。

⑤ 同上书,第 62—63 页。

家";另一方面,它"也改造了美国社会,在 19 世纪短短的数十年里,将其从农本经济改造为工业强国"。①

四、经济增长与生活水平

内战结束后,北方的快速工业化与西部扩张的继续推进使得美国保持着高水平的经济增长;"技术进步、规模经济以及大规模生产等已经成为现代经济增长的引擎";南方因内战与黑奴解放经济增长速度放缓;②在西进运动中,矿业王国、牧牛王国相继兴起;尽管农业的典型形式依然是小型家庭农场,"但大量的机械化操作已经投入到农业耕作当中,尤其是在密西西比河以西的地区更是如此。建于 1870 年代末的北部大平原上的兴旺、富庶的农场昭示了大型农业的发展趋势"。③ 在 1869 至 1921 年间,美国的国民生产总值从 90 亿美元增至 720 亿美元;人均国民生产总值,从 1869 年的 223 美元增加到 1921 年的 683 美元。④"在农业和工业方面,美国人民一直在迈着巨人步伐前进。……免费的公共教育这一理想已经着实实现;出版自由的理想一直得保;信教自由的理想受到了珍视爱护。"⑤伴随着企业的增长,依靠其维持生计的人数也与日俱增。挣工资的工人从 1860 年的 1,000,000 人到 1900 年增至 5,000,000 人。到 1917 年,工人人数增至 9,220,000。⑥

不过这种经济的快速增长是不平衡的。在该时期的城市中,根据阶级、收入、职业和种族,人们被划分成不同的群体。⑦"1890 年,占 1‰的美国最上层家

---

① Christian Wolmar, *The Great Railroad Revolution：The History of Trains in America*, New York：Public Affairs, 2012, p. xix.

② 〔美〕加里·M. 沃顿,休·罗考夫著:《美国经济史》,王珏译,北京:中国人民大学出版社,2018 年,第232 页。

③ 〔美〕加里·纳什等编著:《美国人民:创建一个国家和一种社会》,下卷,刘德斌等译,北京:北京大学出版社,2008 年,第 550 页。

④ 〔美〕曼塞尔·布莱克福德著:《美国小企业史》,刘鹰译,杭州:浙江大学出版社,2013 年,第 52 页。

⑤ 〔美〕塞缪尔·埃利奥特·莫里斯,亨利·斯蒂尔·康马杰,威廉·爱德华·洛伊希腾堡合著,《美利坚共和国的成长》,下卷,南开大学历史系美国史研究室译,天津:天津人民出版社,1980 年,第 344—345页。

⑥ James E. Anderson, *The Emergence of the Modern Regulatory State*, Washington, D. C.：Public Affairs Press, 1962, p. 2.

⑦ 〔美〕加里·纳什等编著:《美国人民:创建一个国家和一种社会》,下卷,刘德斌等译,北京:北京大学出版社,2008 年,第 592 页。

庭共占有总财富的 1/4,10％的上层人士占有 73％的财富。"①尽管这些富有的资本家、制造商、商人、地主、行政管理者、专职人员及其家庭仅占人口的 1％或 2％,但他们拥有着国家的大部分资源,其决策关乎大多数人。他们之中包括全国 4,000 位百万富翁,其中大多是来自权势显赫的 200 多个家族,每个家族财富都不少于 2,000 万美元。"他们大多集中于东北部,特别是纽约州,大多数著名资本家的名字都位列其中——范德比尔特(Vanderbilt),惠特尼(Whitney),卡耐基(Carnegie),哈里曼(Harriman)以及摩根。"②在 19 世纪末,技术制造工人占工人阶级的 1/10,其工资提高了约 74％,而非技术工人的工资则只增长了 31％。在工人阶级中,最顶端的是新教徒白人,是工人阶级中的贵族,主要从事机械师、熔铁师、工程师、工头、印刷工等工作;北欧移民中的有技术者主要从事中等职位的工作,如裁缝、面包师、酿酒工、制鞋工、矿工等;来自南欧和中欧的"新移民"则"做最低级的又脏又没有技术性的活儿";黑人是最底层,"他们占据着像看门人、行李搬运工、仆人和苦力等最边缘的位置"。③ 在 1900 年,制造业工人年均工资为 435 美元;相比之下,铁路公司与制造厂的中产阶级文职工作者年均工资为 1,011 美元,是工人的两倍多。最底层的工人阶级工资甚至更低:在 1900 年,无烟煤矿工年均工资为 340 美元;佣人 240 美元;而在室内工作的农业工人仅为 178 美元。④

五、 农业发展与农民问题

内战后,尽管美国南部的棉花帝国衰落了,但西部的矿业王国与牧牛王国兴盛了起来。在 1865 到 1900 年间,伴随着西进运动的推进,19 世纪 70 年代末在北部大平原上出现了大型农业的发展势头,农民们也逐渐"适应了现代条件下的农业",不过他们在"劳动力大军中的主导地位跌落下来。1860 年,农民占劳动力总数的 60％,到了 1900 年,下降到不足 37％。同时,农民对国家财富的贡献

① Michael McGerr, *A Fierce Discontent*: *The Rise and Fall of the Progressive Movement in America*, *1870–1920*, New York: Free Press, 2003, p. 7.

② Ibid.

③ ［美］加里·纳什等编著:《美国人民:创建一个国家和一种社会》,下卷,刘德斌等译,北京:北京大学出版社,2008 年,第 594—596 页。

④ Michael McGerr, *A Fierce Discontent*: *The Rise and Fall of the Progressive Movement in America*, *1870–1920*, p. 16.

也由 1/3 下降到 1/4"。① 工业化进程,特别是交通运输领域的大发展给农业带来了便利的同时,也引发了许多农民的不满。这一点在相对远离城市市场的南部和西部的农民中间更为明显。②随着农业技术与市场营销设施的改进,农业自给自足的成分日减,商业的成分日增。其生产的农产品更多是为了销售,而不是为了自家消费。伴随着这种情况,农场主的独立性日益弱化。他们要仰赖铁路将其农产品运到市场,而这是其无法掌控的。他们的许多消费品与亟需的机器都需要购买,而不是土生土长或自家制作的。渐渐地,农场主感到他们日益受到其所依赖的工业与商业利益集团的压迫。③由此在 19 世纪后期引发了一系列农民反抗运动,从格兰其运动、绿背纸币运动到以自由铸造银币为主要议题的平民主义运动。对此,国内青年学者董瑜写道:

> "内战结束后国家开始全面复兴经济,东部商业精英开始新一轮产业投资,西部则开始工业化,在这个过程中,商业精英不仅构筑了规模越来越庞大的'商业帝国',而且与政界联合,重塑权力体系,而农民、工人与小商人彻底成为依附者。在这种情况下,这些普通民众开始全面质疑经济体制,寻求通过政府力量,以民主的名义反对少数精英在经济领域的垄断,并最终推动一些地方政府采取措施,防止某些企业的过度垄断,推进改善普通人的生活环境。"④

简言之,到了 19 世纪后期,特别是 20 世纪初,摆在美国人面前的主要问题有七个方面:第一,农业社会向工业社会转型所造成的道德标准与生活方式紊乱与失序问题;第二,大企业兴起造成的工业集中与垄断所带来的浪费自然资源与滥用劳动力问题;第三,财富分配不均与社会阶层差别显著;第四,城市化带来的各种经济、社会与政治问题;第五,政府腐败、不作为与效率低下问题;第六,少数族裔公民权利与种族歧视问题;最后,移民潮引发的各种新老问题。⑤

---

① [美]加里·纳什等编著:《美国人民:创建一个国家和一种社会》,下卷,刘德斌等译,北京:北京大学出版社,2008 年,第 550 页。

② 同上书,第 572 页。

③ James E. Anderson, *The Emergence of the Modern Regulatory State*, Washington, D. C. : Public Affairs Press, 1962, pp. 5 - 6.

④ 董瑜:《1819 年经济危机与美国政治文化的变动》,《史学集刊》2017 年第 6 期,第 36 页。

⑤ [美]塞缪尔·埃利奥特·莫里斯,亨利·斯蒂尔·康马杰,威廉·爱德华·洛伊希腾堡合著:《美利坚共和国的成长》,下卷,南开大学历史系美国史研究室译,天津:天津人民出版社,1980 年,第 347 页。

第 2 节　进步主义思潮的兴起

> "没有一种善是最终的；一切都是最初的。社会的善就是圣徒的恶。我们对改革产生恐怖，就是因为我们发现必须把我们的善行，或者我们敬重的东西，扔进已经吞噬了我们从前的恶行的同一个坑里。"
>
> ——拉尔夫·华尔多·爱默生①

在导论中本课题就对"进步主义运动"进行了说明："进步主义运动"既包括一般意义上所理解的狭义上强调融贯性的"the Progressive Movement"，也包括强调多元化与多样性的"the Progressive Movements"；既包括作为改革思潮的进步主义运动，即进步主义(Progressivism)，也包括作为改革实践的进步主义运动(the Progressive Movements)；而且，在很多时候二者——进步主义运动与进步主义——是可以通用的。由此，笔者提出了一个广义上的、在空间上大大扩展、在时间上向前延伸了的进步主义运动，即是指该时期美国，甚至是自内战结束以来，在美国工业化进程中，主要由美国社会中产阶级发起、各阶级广泛参与的各种复杂多元的批判、限制、改造乃至反对自由放任式资本主义的社会改革运动与思潮。为此，笔者试图将广义上的进步主义运动分为两个阶段：第一阶段的进步主义运动从 1877 至 1896 年或 1900 年，这一阶段的进步主义运动，为了区别于我们所熟知的、狭义上的进步主义运动，我们不妨暂且称之为"原初的"（在笔者看来，与之对应的英文形容词"primordial"，大体上能够表达笔者的初衷）进步主义运动，第二阶段的进步主义运动就是大家耳熟能详的进步主义运动了。因此，"进步主义思潮"的基本涵义是指美国重建结束以来，甚至是自内战结束以来，在美国工业化进程中，主要由美国社会中产阶级发起、各阶级广泛参与的、各种复杂多元的批判、限制、改造乃至反对自由放任式资本主义（或工业资本主义）

---

① ［美］拉尔夫·华尔多·爱默生：《圆》，《爱默生随笔全集》，蒲隆译，北京：北京理工大学出版社，2015年，第 199 页。笔者注："恐怖"应作"恐惧"解。

社会的思潮,其核心在于民主化自由资本主义,即在自由资本主义的基础上增添了民主主义的目标与内涵。①对此,美国学者詹姆斯·温斯坦称之为"法团自由主义"或"公司自由主义"(corporate liberalism),美国学者加百利·柯可(Gabriel Kolko)则称之为"保守主义的胜利",这些学者采用的是一种史学家的后见之明,是以最终结果来论历史而得出的定论。在这场社会政治与文化思潮中,所谓的"改革者们"往往以"人民""民族国家"(nation),"公共利益""民主""平等""进步""效率""社会凝聚"(或社会纽带),"秩序"等名义,来表达对"权贵""地方主义""特殊利益"(或私人利益),"自由""垄断"(或特权),"守旧""腐败"(或低效、浪费),"不负责任""失序"之愤愤不平。②当然,我们认为,进步主义并非一成不变的概念,而且在内战后的美国工业化的进程中,存在着复杂多元的、反工业资本主义的力量;在美国工业资本主义发展的不同阶段,不仅这些进步主义者关注的重点会有所不同,而且大体上也经历了从农民和农村向市民和城市转移的过程。进步主义思潮是复杂多变的,其意涵是指它并非是像后来的历史学家所描述的那样,是一个作为历史结果而呈现出来的相对清晰的思潮,而是有一个动态的、不断演变进而逐渐成型,并在一个时期内主导了美国社会政治生活的走向。

一、 进步主义的修辞与语言

基于美国著名史学家丹尼尔·T. 罗杰斯(Daniel T. Rodgers)的研究,进步主义几乎是无从定义的,而又是挥之不去的,"这一术语是美国历史编纂脚手架的至关重要的组成部分,如同'共和主义'或'杰克逊式民主'。探究进步主义——从事这一探险应该内心确信将会揭露一些典型的进步主义的轮廓,一以贯之的政治议程,或者,至少是可定义的社会精神特质——有助于吸引更多的史学天才对 20 世纪头 20 年美国的研究,并超过了对任何其他时期美国现代史的研究"。③ 美国学术界始终无法在"进步主义"问题上达成共识,既有受制于客观

---

① 参见:赵辉兵:《美国进步主义政治思潮与实践研究》,北京:中国社会科学出版社,2013 年,第 18—27 页。
② 有关进步主义者经常使用的改革修辞与语言,可参见:Daniel T. Rodgers, "In Search of Progressivism", *Reviews in American History*, vol. 10, no. 4, 1982。
③ Daniel T. Rodgers, "In Search of Progressivism", *Reviews in American History*, vol. 10, no. 4, 1982, p. 113.

环境的因素,也存在着主观认识上的原因。就客观因素而言,身在美国的进步主义的研究者往往也无法摆脱"只在此山中"的困境;就主观原因而言,在一定程度上与现代西方文化中的定势思维有关,现代西方文化尤其是美国文化自内战结束以来,越来越失去了爱默生与梭罗式反向观照与自我反省的优良传统与能力,转而不断向外寻求与拒绝反省,不断地试图寻找要克服的对象与下一个敌人。

　　就进步主义而言,其目标与对象就是自由放任的资本主义以及由此带来的一系列问题与弊病。其对象主要聚焦在工业化、城市化与移民潮三个层面。不过,造就了美国进步主义思潮的重要推动力之一是第三党运动。镀金时代的美国两个大党——民主党与共和党——的意识形态日益趋同,日益失去了自身的理想,"面临着各种社会、经济问题,两大政党相互讨价还价、相互妥协,以至于真正的、根本性的政治变革与进步"很难通过两大政党来实现。[1]对此,从共和党中退出,另组建进步党的西奥多·罗斯福说道:"我们的两大老党的领导者们在口头上也常常提及我们的党(笔者注:进步党)的原则与目标,但是他们都口惠而实不至。"[2]而早在1892年主要由伊格内修斯·唐纳利(Ignatius Donnelly)执笔的平民党人的奥马哈政纲则表达得更为尖刻:"我们见证了近30年的两大政党的争权夺利,与此同时,令人愤愤不平的错误行径却要由受苦受难的人民来埋单。我们谴责主宰着两大党的那些操控势力,他们任由当前可怕的境况发展下去,却敷衍搪塞,没有花大气力真正去阻止或限制它们。"[3]由此带来的直接后果就是美国选民的政党忠诚弱化与选民投票热情普遍回落,"各个政党不再具有原有的独一无二的最重要的作用,即美国人通过政党努力影响政府的各项政策"。[4] 当然,这也涉及更为严格的选民登记法规以及许多南方的黑人和贫穷的白人选民被剥夺了公民权。[5]"结果是在政治舞台上,各式各样的党外压

---

① 赵辉兵:《美国进步主义政治思潮与实践研究》,北京:中国社会科学出版社,2013年,第75页。

② S. J. Duncan-Clark, *The Progressive Movement: Its Principles and Its Programme (with an Introduction by Theodore Roosevelt)*, Boston: Small, Maynard & Company, 1913, Introduction, p. xiii.

③ "Populist Principles: The Omaha Platform, 1892", Leon Fink ed., *Major Problems in the Gilded Age and the Progressive Era: Documents and Essays*, Boston and New York: Houghton Mifflin Company, 2001, p. 194.

④ Daniel T. Rodgers, "In Search of Progressivism", *Reviews in American History*, vol. 10, no. 4, 1982, p. 116.

⑤ Ibid.

力集团相继登场:各种制造业者组织、劳工游说团体、公民联合会、同业工会、妇女俱乐部、专业协会以及围绕具体问题的游说组织。所有这些力量都努力直接塑造政策。"①

与所有的改革家们一样,进步主义者们将"不断变化的各种不安与愤怒转换为语言与规范",通过一步一个脚印的方式,逐渐促成了"现代的、弱政党的问题政治的兴起"。② 而所有这些语言与修辞"都倾向于关注任性专断、不受规制的个人权力",并对托拉斯、政治老板与血汗工厂产生某种作用与影响。③接下来,我们去感受并试图理解进步主义者所使用的主要修辞与言语。

第一簇进步主义修辞:"人民",与之相关的话语是"社会正义""民主""平等""乐观主义""行动主义"。对此,美国学者奥蒂斯·格雷厄姆(Otis Graham)认为:进步主义者保有一种过为已甚的信念,因此在其宣传与写作的过程中,不可避免的结果之一就是其修辞带有浓厚的假想敌人和党派夸张的色彩,而这就要求研究者必须保持"了解之同情",进而像进步主义者一样拥有强烈的历史脉络感与竞争感。④这种修辞很大程度上借助半隐藏的暗指与可扩张的模糊性,彰显了其魅力,其目标"很少是为了澄清一种政治哲学,更多是为了巩固政治上选民的支持"。⑤ 伍德罗·威尔逊总统在1912年宾夕法尼亚州的威廉姆斯·格罗弗(Williams Grove)的一次演讲中说道:"[林肯]将视线从那群政客身上移开,[并]说道:'你们已经忘记了这个共和国的许多传统,你们能听到自己的声音。你们听不到公众良知的、心照不宣的指令与窃窃私语。我不听你们的声音;我只

---

① Daniel T. Rodgers, "In Search of Progressivism", *Reviews in American History*, vol. 10, no. 4, 1982, p. 116.

② Ibid., p. 117.

③ Daniel T. Rodgers, "In Search of Progressivism", *Reviews in American History*, vol. 10, no. 4, 1982, p. 123.

④ Otis L. Graham, Jr., *An Encore for Reform: The Old Progressives and the New Deal*, New York: Oxford University Press, 1967, pp. 11 - 12, quoted from Daniel T. Rodgers, "In Search of Progressivism", *Reviews in American History*, vol. 10, no. 4, 1982, p. 122.

⑤ Daniel T. Rodgers, "In Search of Progressivism", *Reviews in American History*, vol. 10, no. 4, 1982, p. 122. 笔者注:罗杰斯在进行归纳时,并没有将这组语言与修辞归入主要使用的进步主义修辞之列,这很大程度上是因为其进步主义的范畴不包括平民主义或乡村进步主义造成的。而当时的进步主义者同时也是一位政治学者本杰明·帕克·德·维特所认为的进步主义思潮与运动则更为广泛,是能够容纳平民主义运动的。参见:Benjamin Parke De Witt, *The Progressive Movement: A Non-Partisan, Comprehensive Discussion of Current Tendencies in American Politics*, Seattle and London: University of Washington Press, 1968(1915 1st edition), pp. 4 - 5。

听从人民的命令与授权。'"①

第二簇进步主义修辞是反垄断。"反垄断是最古老、最具美国特色的,并且贯穿 20 世纪头十年,也是最强大的。"这组语言可以追溯至美国革命与建国,不同的是当时反对的是政治垄断即暴政与篡权,现在的主要敌人则是"资本的权力"与经济垄断,当然也包括政治上垄断及腐败问题。从美国革命、《独立宣言》与 1787 年《联邦宪法》("我们,合众国人民"),中经杰斐逊民主、杰克逊民主、林肯的"民有、民治、民享的政府"到平民主义与进步主义运动。②"这条线泾渭分明,沿着这条攻击'特权'和'反常的'财富集中的线路",一边是贪污贿赂、垄断、特权、隐形政府(invisible government),与之相对的则是远离权贵的农场主、工人、民主党人与平民党人。③"当汤姆·约翰逊(Tom Johnson)开始对付有轨电车特许权;当弗雷德里克·豪(Frederic Howe)全力支持市政所有权的自然垄断(笔者注:即市级国有化);当黑幕揭发者痛斥托拉斯时,从根本上讲,他们夸张化的愤恨或是他们所使用的语言并没有什么新东西。"④当时著名的美国进步主义者路易斯·D. 布兰代斯称之为"大之诅咒"(或可译为"大企业的诅咒")。⑤早期进步主义思潮的代表作品是:1891 年的伊格纳修斯·唐纳利的《凯撒纪念碑》(Ignatuius Donnelly, *Caesar's Column*),1879 年的亨利·乔治的《进步与贫困》(Henry George, *Progress and Poverty*),1884 年的劳伦斯·格朗伦德的《合作社会》(Laurence Gronlund, *The Cooperative Commonwealth*),1888 年的爱德华·贝拉米的《回顾》(Edward Bellamy, *Looking Backward*),1894 年的亨利·德玛雷斯特·劳埃德的《财富反对共和》(Henry Demarest Lloyd, *Wealth*

---

① Woodrow Wilson, "Address in the Williams Grove Auditorium, Williams Grove, Pennsylvania, August 29, 1912", quoted from Jason R. Jividen, *Claiming Lincoln: Progressivism, Equality, and the Battle for Lincoln's Legacy in Presidential Rhetoric*, Dekalb: Northern Illinois University Press, 2011, p. 91.

② 笔者注:美国著名史学家理查德·霍夫斯达特也认识到:"对平民主义和进步主义思想作截然区分会扭曲现实。"相对说来,关税、金融立法、规制铁路和托拉斯的主张是从平民主义运动中来的,而劳工和社会福利、施政改革、消费者权益则是城市生活的产物。参见:[美]理查德·霍夫斯达特著:《改革时代——美国的新崛起》,俞敏洪等译,石家庄:河北人民出版社,1989 年,第 110 页。

③ Daniel T. Rodgers, "In Search of Progressivism", *Reviews in American History*, vol. 10, no. 4, 1982, p. 123.

④ Ibid.

⑤ Louis D. Brandeis, *Other People's Money, and How the Bankers Use it*, New York: Frederick A. Stokes Company Publishers, 1914, p. 162.

Against Commonwealth）。①

　　第三簇进步主义修辞是社会纽带（social bonds）的语言。它与"有机体""社会凝集"（social cohesion 或可译为"社会整合"），"秩序""相互责任""相互依存""合作""共同福祉""公共利益""民族国家"密切相关。这些语言反对的是个人主义，特别是洛克式独立自主的经济人假设以及与之相关的一系列观念："贫穷与成功一般认为取决于性格；经济基本上就是个人算计结果的不折不扣的总和；治理不外乎好人与官员正直之事。"②这些语言愤愤不平于各种不负责任与反社会的行为，渴望清除社会中过度的个人主义与过度竞争，消除各种社会罪恶，进而实现社会凝聚。③比如，在许多主张净化社会的活动家和改良派达尔文主义者（social purity activists and reform Darwinists），诸如莱斯特·沃德（Lester Ward），本杰明·弗劳尔（Benjamin Flower）以及伊丽莎白·凯迪·斯坦顿（Elizabeth Cady Stanton）等人看来：改革的目标就是要实现种族的进步与完善，而科学法则就是社会与种族进步的关键。科学法则并非是你死我活的、道德无涉的自然法则，而这些科学法则是通过纯贞女性（pure women）的恒久不变的精神法则来表征出来的，欲望过剩、耽于竞争的白人男性则不适合，因为后者过度竞争的欲望已经成为一种破坏性的力量："在公共领域中表现为毫无伦理道德可言的商业惯例以及由此造成的普遍的经济不平等，进而危及到了美国的共和政体；在私人领域中，不受限制的男性激情会导致婚内强奸与被迫怀孕。这种情形下出生的后代，在消极病态方面如其母，愚蠢多欲方面如其父。"由此，他们认为这会造成种族的退化乃至种族自杀。④关于社会纽带的修辞，通过当时进步主义者 S. J. 邓肯-克拉克（S. J. Duncan-Clark）有关进步主义哲学的基本原则的表述，我们可以更加直观地感受到："我们这个民族国家是由各项至关重要、密切关联且休戚与共（interdependence）的官能（functions）组成一个社会有机体。为了保存其健康的活力，推动其和平与繁荣，并为确保其所有人民更大限度地安居乐

---

① ［美］埃里克·方纳著：《美国历史：理想与现实》，王希译，北京：商务印书馆，2017 年，第 779 页。笔者注：国内一些著作中往往将 *Caesar's Column* 译为《凯撒的纵队》，根据故事内容可知，译为《凯撒纪念碑》更为准确些。

② Daniel T. Rodgers, "In Search of Progressivism", *Reviews in American History*, vol. 10, no. 4, 1982, p. 124.

③ Ibid., pp. 124 - 125.

④ Beryl Satter, *Each Mind a Kingdom: American Women, Sexual Purity, and the New Thought Movement, 1875 - 1920*, Berkeley: University of California Press, 1999, pp. 11 - 12.

业,这些不同的官能之间必须要承认其相互的责任——他们对彼此的义务与对整个有机体的义务。"①对此,当代英国学者艾伦·麦克法兰认为:"进入一种高度流动的城市—工业(urban-industrial)社会以后,那些曾将人们团结在一起的旧有纽带——家庭、身份等级(status hierarchies),稳固的共同体(fixed communities),宗教信仰、政治绝对主义(political absolutism)等——不再坚固,不再能够凝聚一个民族(nation)或文明。"②因此,通过"想象的共同体"(imagined community)只能解决一个工业化民族国家的部分问题。这就使得有些国家尝试通过极度的中央集权(法西斯主义)或是乌托邦式共有制度(utopian communitarianism)来纠偏,但效果并不乐观。③就社会纽带的聚合与链接方式而言,以西奥多·罗斯福、赫伯特·克罗利(Herbert Croly)为首的进步主义者强调民族、国家以及社会整体;以珍妮·亚当斯为代表的进步主义者关注的则是家庭、社区与邻里关系。④比如,珍妮·亚当斯明显地感觉到,阶级战争似乎是无可避免的,"即便是作为表面托词,装腔作势地承担上层社会对底层社会应尽的义务,我们也不愿开诚布公地认可美国的公民们已经分裂为若干阶级"。⑤为此,在亚当斯看来,"睦邻安置之家(the settlement houses)以及整个改革运动致力于改善的,不是'某类人民或某个阶级之人,而是公共利益(common good)'"。⑥罗杰斯继续分析道:

> "在社会上,它采取的形式就是:在新的社会与物质环境中对某种新式利益的关切;对社会罪恶的诸多新形式以及相应的控制措施的发现;对社会凝聚的某种强烈的焦虑。在经济上,其表现形式是现在看起来是新出现的对工业主义所造成的无辜受害者的深深同情(女工与童工、工业事故受害人、被解雇的员工)和对工业和平与合作的渴望。在教育上,体现在进行团

① S. J. Duncan-Clark, *The Progressive Movement: Its Principles and Its Programme* (*with an Introduction by Theodore Roosevelt*), Boston: Small, Maynard & Company, 1913, p. 17.

② [英]艾伦·麦克法兰著:《现代世界的诞生》,管可秾译,上海:上海人民出版社,2013年,第5页。

③ 同上书。

④ Daniel T. Rodgers, "In Search of Progressivism", *Reviews in American History*, vol. 10, no. 4, 1982, p. 125.

⑤ Jane Addams, *Twenty Years at Hull-House, with Autobiographical Notes*, New York: The Macmillan Company, 1927, pp. 41 - 42.

⑥ Shelton Stromquist, *Reinventing "The People": The Progressive Movement, the Class Problem, and the Origins of Modern Liberalism*, Urbana and Chicago: University of Illinois Press, 2006, p. 2.

队协作、合作、职业责任的教育。在政治上,谈论社会有机体和公益。在哲学上,表现为自我与社会界限事实上的消解。"①

第四簇进步主义修辞是"效率""合理化""社会规划"以及"社会控制"。这类话语往往依托大学,以科学,特别是社会科学,比如经济学、社会学、政治学、心理学的名义,借此得以确立其权威的地位。②"社会效率"的修辞和"社会纽带"的修辞都是一种跨大西洋的语言,源自实验室和工厂,与科学和工业资本主义联系密切,通过某种渠道进入了政治话语当中。其针对的主要对象是奢靡的生活、自然资源的浪费、政府的腐败与低效、社会的动荡与失序。不过,相对说来,社会效率的修辞并非典型的"进步主义的"语言。其登场的时间比较靠后,"1910 年是科学管理走向公开的年份",而且在进步主义时代结束后依然持续了很长一段时间。③作为一种价值标准的"社会效率",在 19 世纪末 20 世纪初的大学教育家常常言必称"效率","1900 年之后大约有二十年,'效率'(通常也称作'社会效率')成为大学校长讲话中出现最为频繁的词汇"。④

二、 进步主义的理论来源

就其理论来源而言,大体来说,可以分为欧洲与本土两大部分。

1. 进步主义思潮中的欧洲因素

进步主义思潮与欧洲的改革思想与理念有着很大的关联。1815 年以后的整个 19 世纪里,"德国大学大约吸引了 9000 多名美国人前去求学,他们中的大部分是在 1870 至 1900 年去的德国。与英国大学不同,德国大学没有宗教考试,而且他们的新教文化尽管是自由主义的,也避免了对天主教和放荡法国的美国

---

① Daniel T. Rodgers, "In Search of Progressivism", *Reviews in American History*, vol. 10, no. 4, 1982, p. 125.

② 参见:[美]多萝西·罗斯著:《美国社会科学的起源》,王楠等译,北京:生活·读书·新知三联书店,2019 年,可重点翻阅第二部分"美国例外论的危机,1865—1896"和第三部分"进步主义社会科学,1896—1914",第 83—246 页;John Marini and Ken Masugi eds., *The Progressive Revolution in Politics and Political Science: Transforming the American Regime*, Lanham: Rowman & Littlefield Publishers, Inc., 2005。

③ Daniel T. Rodgers, "In Search of Progressivism", pp. 126 - 127.

④ [美]劳伦斯·维赛著:《美国现代大学的崛起》,栾鸾译,北京:北京大学出版社,2011 年,第 120—121 页。

式责难"。① 一般认为,1876 年约翰·霍普金斯大学在巴尔的摩的建立成为了"比其他任何事件更能确立永恒的研究型德国形象的事件",而约翰·霍普金斯大学早期的最大影响之一也许就是"让更多的美国人到德国留学,没有霍普金斯,人数是不会如此之多的"。② 美国赴德留学的巅峰时刻是 1895 至 1896 年度,"当时有 517 名美国人正式被德国院校录取"。③ 对此,著名的进步主义经济学家理查德·T.伊莱(Richard T. Ely)回忆说:"留学德国的经历让我首次关注到书本知识与实践经验相结合的重要性。"④再比如,独创了"现场流行病学"方法与美国工业卫生学以及工业毒理学之母的爱丽丝·汉密尔顿(Alice Hamilton),在 1895 年秋到 1896 年秋就曾经远赴德国学习细菌学和病理学。鉴于当时德国的大学不允许女性入学,经争取她最终得以在莱比锡大学和慕尼黑大学作为旁听生进行学习。⑤相应地,德国的大学教育给美国人带来了自然主义、科学主义与历史主义以及研究型大学。⑥当然,英国的影响也不容忽视。对美国人来说,更为重要的是,"可敬的英国自由主义者们在约翰·斯图尔特·密尔的带领下,捍卫科学和实证主义,这些活动通过书籍、杂志和个人信件传到了美国"。⑦ 对那些受过教育的美国中上层的有识之士而言,"科学不仅是最具权威的现代知识,而且当他们反对过时的威权主义宗教时,科学也是他们进行自由质询的勇气源泉,而且伴随着美国教会防卫性的日益增长,他们的反教权主义也在高涨"。⑧ 比如,珍妮·亚当斯的赫尔馆在很大程度上就是受英国的汤因比堂

---

① [美]多萝西·罗斯著:《美国社会科学的起源》,王楠等译,北京:生活·读书·新知三联书店,2019 年,第 85 页。
② [美]劳伦斯·维赛著:《美国现代大学的崛起》,栾鸾译,北京:北京大学出版社,2011 年,第 134—135 页。
③ 同上书,第 136 页。
④ Richard T. Ely, *Ground Under Our Feet：An Autobiography*, New York：The Macmillan Company, 1938, p. 187.
⑤ 沈玉龙、沈天骄:《爱丽丝·汉密尔顿:美国职业卫生之母》,《自然辩证法通讯》2017 年第 4 期,第 135 页。
⑥ 笔者注:有关卢梭对古典自由主义的质疑;黑格尔的历史主义,特别是对"地上的神物"即国家的崇拜;进化论与社会达尔文主义便利了进步主义者将社会、国家、人性、道德从有机体不断演化、进步的角度思考,进而将个人视为社会与民族国家这个有机体的一部分;法国孔德的实证主义对美国人生活的影响,可参见赵辉兵:《美国进步主义政治思潮与实践研究》,北京:中国社会科学出版社,2013 年,第 56—59 页。
⑦ [美]多萝西·罗斯著:《美国社会科学的起源》,王楠等译,北京:生活·读书·新知三联书店,2019 年,第 85—86 页。
⑧ 同上书,第 86 页。

的启发。而著名的进步主义者沃尔特·李普曼的思想受英国费边社会主义者格拉汉姆·沃拉斯的影响很深。[1]此外,进步主义思潮与同期早些时候发生在欧陆的自由放任主义向现代自由主义的转向、欧洲的社会民主主义思潮等的相互影响也不容小觑。[2]当然,特别值得一提的就是马克思主义伴随着赴美的欧洲移民也在美国生根发芽。

2. 进步主义思潮中的本土理论资源

美国革命特别是《独立宣言》、杰斐逊的民主思想、林肯的理念,甚至是亚历山大·汉密尔顿的思想往往成为进步主义者引以为据的重要理论来源。比如,1892 年美国平民党人(即人民党人)的政纲就以《独立宣言》的名义开篇:"美国人民党于《独立宣言》116 周年之际在此集会,召开其第一次全国代表大会,祈求全能的上帝保佑他们的行动,以我国人民的名义,并代表我国人民提出下面的序章与原则宣言"。[3]在谈到进步主义运动时,西奥多·罗斯福写道:"我们的努力就是要让我们这个国家成为真正的经济与政治民主的国家。"[4]他继续写道:"我们的目的就是托马斯·杰斐逊创建民主党时的目标;当然,走过了一个世纪,已经表明那时用来达成目标的极端个人主义和最少政府管制(minimized government control)的办法现在已然不灵了。我们的原则与目标也是亚伯拉罕·林肯及其那个时代的共和党的原则与目标。"[5]新国家主义的提出者与阐释者、著名的进步主义者赫伯特·克罗利说道:我们要用汉密尔顿的手段来实现杰斐逊的目标,汉密尔顿主义的核心就是"要动用中央政府,不仅仅是维系宪法,而且要推动国民利益,并巩固民族国家组织",就是要进行"建设性的全国性立法"。[6]伍德罗·威尔逊也是经常动用林肯这个思想宝库。他在演讲中指出:"林肯令人引以为荣,不仅仅在于他是人民中的一员,而且还在于通过用全部的时间

① 赵辉兵:《美国进步主义政治思潮与实践研究》,北京:中国社会科学出版社,2013 年,第 157 页。

② James T. Kloppenberg, *Uncertain Victory: Social Democracy and Progressivism in European and American Thought*, *1870 - 1920*, New York: Oxford University Press, 1986, pp. 3 - 5.

③ "Populist (People's) Platform of 1892", Arthur M. Schlesinger, Jr., *History of U. S. Political Parties*, *vol. II*, *1860 - 1910*, *The Gilded Age of Politics*, New York: Chelsea House Publishers, p. 1766.

④ S. J. Duncan-Clark, *The Progressive Movement: Its Principles and Its Programme* (*with an Introduction by Theodore Roosevelt*), Boston: Small, Maynard & Company, 1913, Introduction, p. xiii.

⑤ Ibid.

⑥ Herbert Croly, *The Promise of American Life*, New York: The Macmillan Company, 1914 (1st edition, 1909), pp. 39, 168.

来研究和学习人民生活这个大课堂,他不断提升自我,变得出类拔萃"。①他以林肯为例,强调人的不断进步与成长。

当然,基督教的社会福音思想、社会福音运动以及 1891 年教宗良十三世(Pope Leo XIII)(也可译为:利奥十三世)发布的《新事物通谕》(*Rerum Novarum*)也是进步主义者重要的思想源泉。传统的清教很少关注内战后美国工业化与城市化所产生的各种新问题,它继续强调个人的改过自新,很少关注社会改革。而且,此时的清教教会本身也与富人结成了同盟。然而,少数有影响的清教牧师与信徒拒绝追随教会内的主流,他们致力于改造清教教义以使其适应新时代的需要,试图将社会福音融入到一个工业社会当中。社会福音运动始于 19 世纪 70 年代,在 80 年代取得了长足进展,在最后十年里趋于成熟。在这三十年里,该运动全神贯注于自由放任资本主义的伦理问题。社会福音运动反对传统清教过度的个人主义以及个人拯救是教会全部工作重心的理念,转而强调要拯救社会,而不是救赎个人。②对此,当时美国著名的社会学家爱德华•A.罗斯忧心忡忡地指出:"我们的社会组织已经发展到了这样的阶段:原有的正义已经捉襟见肘了。我们需要年复一年地给十诫增添新的内容。信贷机构的增加,信托关系的扩展,工业与法律的交织,政府与商业的交融,董事会与检查员的激增,——这些原本是有益的,但也招引来了罪恶。它们打开了多少贪婪之门啊!它们让多少寄生虫吮吸我们啊!在新的形势下吟诵旧的祈祷词是多么徒劳无益啊!"③

1891 年教宗良十三世围绕 19 世纪末愈演愈烈的劳资冲突与社会主义和资本主义孰优孰劣的争论,发布了著名的《新事物通谕》,也称《劳工通谕》。教宗在通谕中谈到公道的工资(just wage)时指出:"由此,我们自然而然地认为:工人与雇主之间应该自由地达成协定,而且更为具体地说是有关工资的协定;然而有一条自然律令比任何人与人之间的协议都要压倒一切与更为悠久,即报酬必须足

---

① Woodrow Wilson, "Address in the Williams Grove Auditorium, Williams Grove, Pennsylvania, August 29,1912", quoted from Jason R. Jividen, *Claiming Lincoln: Progressivism, Equality, and the Battle for Lincoln's Legacy in Presidential Rhetoric*, Dekalb: Northern Illinois University Press, 2011, p. 91.

② Sidney Fine, *Laissez Faire and the General-Welfare State: A Study of Conflict in American Thought, 1865 - 1901*, Ann Arbor: The University of Michigan Press, 1956, pp. 169 - 170.

③ Edward Alsworth Ross, *Sin and Society: An Analysis of Latter-Day Iniquity*, Boston and New York: Houghton Mifflin Company, 1907, p. 40.

以支持挣工资者（wage-earner）过得上小康生活。"①他所表达家庭生活工资的理念——能够保障工人一家拥有尊严与体面生活的工资——在美国得到了约翰·A. 瑞安（John A. Ryan）神父的大力传播，并身体力行，将其应用于改造美国工业社会当中来。②

三、 进步主义思潮兴起的进程

1891 年远在梵蒂冈的教宗良十三世一语道出了 19 世纪后期 20 世纪初几乎所有工业化发达国家都面临的大同小异的重大挑战：

> "无须大惊小怪的是，一种革命性的变革精神长期以来主导了世界上的各民族国家，它已然超出了政治领域，影响了与之相关的实际经济领域。造成各种冲突的因素是一目了然的：工业的发展壮大与各种惊人的科学发现；今非昔比的雇主与工人关系的变化；个人的海量财富与普通大众的贫穷；日益自立且紧密联合起来的工人们的与日俱增；以及普遍彻底的道德滑坡。当前事态刻不容缓，现在有心之人扼腕痛惜且惴惴不安，有识之士在讨论它，务实之士在提出各种计划，民众集会、立法机关与各国首脑日思夜考——但这并未引发公众的深度关切。"③

翌年，即 1892 年平民党人伊格内修斯·唐纳利（Ignatius Donnelly）在平民党人政纲中写道：

> "我们周遭的境况是我们合作的最好理由；我们集会于一个民族国家濒于道德、政治和物质毁灭的边缘之际。腐败横行于投票箱、立法机关、国会，而且甚至触及到了纯洁的法官席。人民意气低落；大多数州不得不在投票站将选民隔离起来，以防止普遍的恫吓与贿赂。新闻报纸大多要么是被收

---

① Pope Leo XIII, *Rerum Novarum*: *Encyclical Letter of Pope Leo XIII on the Condition of Labor*, New York: The Paulist Press, 1939(1ˢᵗ edition, 1891), p. 27.

② 彭小瑜：《美国神父约翰·瑞安关于家庭生活工资的思想》，《世界历史》2010 年第 3 期，第 114 页。

③ Pope Leo XIII, *Rerum Novarum*: *Encyclical Letter of Pope Leo XIII on the Condition of Labor*, p. 27.

买了,要么就是被蒙住了口,民意难申,商业衰颓,按揭抵押笼罩着家家户户,劳工一贫如洗,土地集中于资本家们之手。城里人的所有主张都是把让人更明智、有德行和更节制作为重大问题,而这在我们看来是次要问题;解决当务之急的问题不仅仅关乎个人的出人头地,而且也危及到自由制度的生死存亡;我们要求所有人首先帮助我们来决定是要让一个共和国来治理我们,还是要让与此截然不同地加诸于共和国之上的上述境况来摆布我们,相信今日联合起来的各种变革的力量将会永不止息,直到我国所有的错误得以纠正,所有男男女女的平等权利与平等特权安然无虞地得以确立。"①

大体说来,以 1896 年威廉·詹宁斯·布赖恩发表"黄金十字架"演说为标志,进步主义思潮的兴起经历了两个阶段:1865 年至 1896 年为自由放任主义居于主导地位而进步主义思潮在地方与州层面初兴的阶段或称之为原初的进步主义或平民主义阶段;1896 年随着平民党与民主党的合二为一,进步主义思潮发展到了全国层面,即真正的进步主义阶段。

在原初的进步主义阶段,进步主义者的悲观主义情绪浓烈,对社会行将崩溃与劳资之间阶级斗争的感知十分明显,更侧重于对工业资本主义社会进行激烈的批判,其改造工业资本主义的手段往往是被动反应式的头痛医头、脚痛医脚,缺乏系统与综合。就改革的动力与群体而言更多地来自农村地区。换句话说,此时中产阶级一方面力量还不够强大,另一方面,鉴于处于上升期的他们此时尚未明显感觉到潜在的危机,依然属于尚未觉醒的"沉默的大多数"。一如唐纳利所言,"新闻报纸大多要么是被收买了,要么就是被蒙住了口,民意难申"。

这一时期的进步主义者更多关注的是在工业社会里,通过集体主义的力量(特别是各种志愿协会的非政府组织与地方政府)进行规制,批判与重建工业资

---

① "Populist (People's) Platform of 1892", Arthur M. Schlesinger, Jr., *History of U. S. Political Parties*, *vol. II*, *1860 - 1910*, *The Gilded Age of Politics*, New York: Chelsea House Publishers, p. 1766. 笔者注:这段序章与通常的版本从"土地集中于资本家们的手中"之后的段落有所不同,"城市工人被剥夺了组织起来保护自己的权利,外来的赤贫的劳工压低了他们的工资,一支未经法律认可的雇佣常备军建立起来屠杀他们,他们很快沦于欧洲工人那种境地。少数人肆意窃取千百万人的劳动果实去积累巨额的财富,为人类历史所见;而这少数的财富占有者又反过来藐视共和并危及自由。从不公正的政府这一母体中养育出两大阶级——流浪者和百万富翁"。[美]亨利·斯蒂尔·康马杰著:《美国精神》,杨静予等译,北京:光明日报出版社,1988 年,第 75—76 页;"Populist Principles: The Omaha Platform, 1892", Leon Fink ed., *Major Problems in the Gilded Age and the Progressive Era: Documents and Essays*, Boston and New York: Houghton Mifflin Company, 2001, p. 194。

本主义社会,进而维护公共利益与个人福祉。其主要诉求包括:管制托拉斯与商业联合组织的不良政治经济影响;迫切需要改革政府,如政治运行的机制要控制在民众的手中,即政治体制的民主化或还政于民;要进行劳工立法,保护工会,进而确立公平的劳资关系;采取切实举措纠正财富与特权上巨大不平等的境况。不过,这一时期在实现这些目标的手段上更倾向于采取权力下放的做法和拥护立法的创制权。[①]这一时期坚持的主导原则是对杰斐逊原则与理念的持守。对此,当时著名的平民党人本杰明·O.弗劳尔(Benjamin O. Flower)嘲笑了一些人的担心:即平民主义会成为社会主义的先声;他认为,平民主义是在新形势下对托马斯·杰斐逊和亨利·乔治的个人主义的运用,"它是一场成千上万人的造反,回击全民政府中的家长专权(paternal authority on the part of the general government)与淫威或那种劫贫济富的权力"[②]。威廉·詹宁斯·布赖恩则是平民主义的政治代言人。比如,我们以1869年9月2日在芝加哥举行的全国禁酒代表大会(National Prohibition Convention)通过的党纲为例,该党纲强调所有公民都要遵守政府的公正指令,同时他们也有权得享个人安全、个人自由与个人财产的保障;保护与忠诚是彼此的义务。然而,"造成人酗酒的酒类交易大大损害了广大公民的个人安全与个人自由,并使得个人财产失去了保障";鉴于"所有其他政党都令人失望得不愿意就这一问题采取有效的政策",因此,"作为这个自由共和国的公民,在此全国代表大会集会,来分担政府的职责与义务,履行对我们的祖国和我们的种族的一项庄严义务,在下列原则宣言上联合起来"。[③]简言之,该阶段,即平民主义运动阶段,改革者们想要"使政府远离精英们的操控,进而让公民们更为直接地将政府掌握在他们的手中"。[④] 不过,伴随着1885年美国经济学会的创立,则意味进步主义思潮主导美国未来的时刻为期不远。美国经济学会(American Economic Association)创立于纽约州萨拉托加温泉市(Saratoga Springs, New York),其初创人大多"刚从德国学成归来,被认为是一

① Charles R. McCann, Jr., *Order and Control in American Socio-Economic Thought: Social Scientists and Progressive-Era Reform*, London and New York: Routledge, 2012, p. 7.

② Arthur A. Ekirch, Jr., *Progressivism in America: A Study of the Era from Theodore Roosevelt to Woodrow Wilson*, New York: New Viewpoints, 1974, p. 38.

③ "Prohibition Platform of 1869", Arthur M. Schlesinger, Jr. ed., *History of U. S. Political Parties*, vol. II, 1860–1910, *The Gilded Age of Politics*, New York: Chelsea House Publishers, p. 1619.

④ Randall G. Holcombe, *From Liberty to Democracy: The Transformation of American Government*, Ann Arbor: The University of Michigan Press, 2002, p. 162.

群少壮的造反派",主要代表人物是理查德·T. 伊莱(Richard T. Ely),埃德蒙·J. 詹姆斯(Edmund J. James),约翰·贝茨·克拉克(John Bates Clarke),亨利·卡特·亚当斯(Henry Carter Adams),西蒙·N. 佩顿(Simon N. Patten),埃德温·R. A. 塞利格曼(Edwin R. A. Seligman)。[1]为了打破传统经济学故步自封的现状,理查德·T. 伊莱称此时美国大学中所传授的英国古典政治经济学为一门"令人沮丧的科学",不过是"一堆毫无血肉的枯骨",这批代表了后来美国经济学未来的一批新人联合起来创立了这家学术机构。[2]这批伦理经济学家均受教于德国经济学领域历史学派的门下,在促成该时期美国经济学从自由放任主义转型为进步主义或进步自由主义的过程中,发挥了无可替代的桥梁与转换作用。[3]美国经济学会纲领如是写道:

> "第 1 条　我们把国家看作是一个教育与伦理机构,其积极的支持为人类进步必不可少的条件之一,我们认为自由放任主义学说在政治上是不安全的,在道德上是不健全的;而且它已经表明不能充分解释国家与公民之间的关系。
>
> ……
>
> 第 3 条　我们认为在庞杂的社会问题当中,劳资冲突已经迫在眉睫,而如果没有教会、国家与科学的携手合作,这个问题是不可能得到解决的。"[4]

第二阶段的进步主义思潮则是"二代的、修正版的平民主义,在尊重平民主义理想的同时,不断强化政府权力"。[5]这一时期的进步主义者,特别是随着中产阶级队伍的壮大与觉醒,尽管他们也有很深的忧患意识,但对美国社会的未来有着浓烈的乐观主义精神。鉴于这一时期很多进步主义者来自城市,受过高等教育,具有专业知识,因此他们意识到了问题的关键所在,也不再满足于零敲碎打

---

[1] Richard T. Ely, *Ground Under Our Feet: An Autobiography*, New York: The Macmillan Company, 1938, p. 121.

[2] Ibid. , p. 125.

[3] Nancy Cohen, *The Reconstruction of American Liberalism*, *1865 -1914*, Chapel Hill & London: The University of North Carolina Press, 2002, pp. 159 - 176.

[4] Richard T. Ely, *Ground Under Our Feet: An Autobiography*, p. 137.

[5] Charles R. McCann, Jr. , *Order and Control in American Socio-Economic Thought: Social Scientists and Progressive-Era Reform*, London and New York: Routledge, 2012, p. 7.

式的批判与改革,进而主张对美国工业资本主义社会政治体制进行系统重建。①他们往往对全国政府更少猜疑与成见,因此,"更加倾向于动用国家资源,特别是行政机构,直接发起雷厉风行的行动"。② 例如,克罗利大胆地指出:改革所借助的主要力量与手段就是"新国家主义";新国家主义就是要"通过积极进取的行动","实施中央政府的权力",以维护国家的公共利益,"借由有意识地改善个人与社会的途径而为全体人民谋福利"。③而高举新民主旗帜的沃尔特·韦尔(Walter Weyl)提出的经济民主的具体举措则更是带有社会主义的色彩:对一些重要工业,政府依据各个工业不同的状况对其采取全面控制或收归国有的手段;对一些相对次要的垄断企业,政府则要实施规制与调控的政策。规制与调控的程度也有所差别:规定税率、价格、工资、工时、工作条件、利润等的全面规制;仅仅要求企业公开商业活动的局部规制;以及给予政府支持、津贴和法律认可等促进或规制的手段。同时他主张加大自然资源保护政策的力度;通过税收改革改变工业财富的流向以及重组商业等途径,维护工业社会里弱势群体的利益。④新自由主义的引领者沃尔特·李普曼也犀利地指出:要掌控我们的命运,无疑需要强有力的政治领导。他认为:具有"创造性的意志与洞察力"的政治家的任务就是"保持心灵的习性以适应不断运动的生活",探索社会中各种充满动力的潮流,并对其加以塑造和指导,"运用政治权力实现民族需要";他继续写道,"如果公司和政府确实乘车兜风去了,那么改革的事业不是树立各种栅栏,通过谢尔曼法和各种禁令,这些它们可以冲撞过去;而是夺过方向盘,亲自驾驶"⑤。总之,在这一阶段的进步主义者要求"给予政府更多控制国民经济的权力,进而运用政府政

① 有关这一时期中产阶层的教育背景的考察,可参考:李颜伟:《知识分子与改革:美国进步主义运动新论》,北京:中国社会科学出版社,2010 年,第 79—106 页。

② Charles R. McCann, Jr., *Order and Control in American Socio-Economic Thought: Social Scientists and Progressive-Era Reform*, p. 7.

③ Herbert Croly, *The Promise of American Life*, New York: The Macmillan Company, 1914(1st edition, 1909), pp. 124 - 190.

④ Walter E. Weyl, *The New Democracy: An Essay on Certain Political and Economic Tendencies in the United States*, New York, Evanston and London: Harper & Row, Publishers, 1964(1st edition, 1912), pp. 276 - 279;赵辉兵:《沃尔特·韦尔的新民主政治思想初探》,《当代世界社会主义问题》2012 年第 1 期,第 124 页。

⑤ Walter Lippmann, *A Preface to Politics*, Ann Arbor: The University of Michigan Press, 1962(1st edition, 1913), pp. 23;29.

策增进公民们的经济福利"。①

四、 进步主义思潮的基本原则与基本主张

尽管进步主义思潮十分驳杂多变,但大体来说,还是存在着一些共同的基本原则与主张的。

1. 进步主义的基本原则

具体来说,主要表现为以下五条:

第一,进化原则。按照达尔文的进化论,一方面,一切生命都是经过无限漫长的时间逐步进化到更复杂和更高级形态的。人类正是进化的产物。这种进步论以科学的方式赋予了战后动荡不定的美国以目的、使命和意义,并使得美国人相信过去与现在的美国社会与美利坚民族是进步的最好证明。另一方面,达尔文的进化论认为进化的主要方式和规则是"生存竞争"与"适者生存"。个人、社会、种族、民族国家、文明为了不致退化与返祖,必须不断奋斗,努力拼搏;而这在一定程度上也与美国的个人主义精神相契合。②进步主义者们接受了进化尤其是社会、国家、人性与道德进化的观念;而且将社会、国家看作是一个有机体,这不仅意味着它们有其自身的生成、发展与兴衰的规律,也意味着作为有机体的各个组成部分有着各自的功能与使命,要相互协调、彼此合作。由此,进步主义者相信:社会是动态的,而不是静态的;制度必须不断变革以适应社会的变迁;社会与制度的变革中,人以其聪明才智与不断完善的能力可以控制并改善自我与社会。③由此,民主制度与民族国家都处在一个动态的进程之中,随着美国进入到了工业社会当中,它们相应地也要进行调整、适应、改变,从一种静态的、消极无为的婴幼阶段进步到动态的、积极有为的青壮年阶段。伍德罗·威尔逊写道:"政府并不是一件机器,而是一个活生生的东西。它不属于宇宙理论,而应当属于有机生命理论。有机生命理论归功于达尔文,而非牛顿。环境让政府发生改

---

① Randall G. Holcombe, *From Liberty to Democracy*: *The Transformation of American Government*, Ann Arbor: The University of Michigan Press, 2002, p. 162.

② 赵辉兵:《美国进步主义政治思潮与实践研究》,北京:中国社会科学出版社,2013 年,第 51 页。

③ James E. Anderson, *The Emergence of the Modern Regulatory State*, Washington, D. C.: Public Affairs Press, 1962, pp. 7 - 8.

变,职责让政府显得必须,生活的巨大压力决定政府功能的形成。"①不过,在这种进化(或进步)的理念中也蕴含着非自由主义的因素。毕竟,进化与退化、进步与落后是一个相对的概念,为了白人的进步,将那些与白人劳工竞争的黑人、华人阻隔在竞争之外似乎就是必要的;而印第安人的土地对白人来说意味着财富与幸福,由此前者要不断地让步,被圈禁在保留地之中也就是"合情合理"的了。比如,与进化论相关的优生学认为:通过人为控制人类的繁衍,特别是采用限制"不良"基因人口的方式,可以实现种族的改良与进步。在优生学家看来,诸如贫困、酗酒、犯罪、卖淫等社会问题的潜在原因是由不良的基因遗传造成的。因此,他们主张要对那些看起来可能会生育下有缺陷孩子的人实施绝育手术,否则的话,一旦这些有缺陷的孩子生下来,就会成为社会的累赘,还需要政府出面进行照顾。为此,自 1907 年到 1914 年,美国大约有 12 个州通过了非自愿绝育的法律。②进步主义者有关劣等人的警告充斥着复杂的遗传科学话语。达尔文主义、优生学与种族科学将其精神或道德的问题归结为生理上的低劣,并为划定美国种族、性别、阶级以及智力上的等级秩序增强了科学上的正当性。③

第二,毋过毋不及的适度原则。进步主义者的改革往往同社会的现实需要保持着密切的关系。这一点,一如美国革命年代的限权政府,很大程度上是源于当时人民不需要一个强大的、"碍手碍脚"的政府的结果。林肯在 1858 年 7 月 17 日讲道:"当我们的政府刚建立的时候,奴隶制已经存在了。从某种意义上说,我们当时对它不得不容忍。那是一种需要。我们已经经历过一番斗争,取得了独立。宪法的制订者发现当时奴隶制与其他许多制度一起并存着。他们觉得,如果硬要把奴隶制取消,他们已经获得的东西中许多就会付诸流水。他们非向需要屈服不可。他们授权国会到第二十年末废除奴隶贸易。他们还禁止在没有奴隶制的准州内实行奴隶制。能做的事情他们都做了,其余则服从需要。我也服从那个需要所带来的一切。"④一如后来的《解放奴隶宣言》也是这种需要,特别是出于军事需要的结果。伍德罗·威尔逊宣称:"如果我不是因为相信成为

---

① [美]伍德罗·威尔逊著:《美国宪制政府》,宫盛奎译,北京:北京大学出版社,2016 年,第 82—83 页。

② [美]普莱斯·费希拜克等著:《美国经济史新论:政府与经济》,张燕等译,北京:中信出版社,2013 年,第 241 页。

③ Thomas C. Leonard, *Illiberal Reformers: Race, Eugenics and American Economics in the Progressive Era*, Princeton and Oxford: Princeton University Press, 2016, p. xi.

④ [美]亚伯拉罕·林肯:《摘自 1858 年 7 月 17 日在伊利诺伊州斯普林菲尔德的一次演说》,《林肯选集》,朱曾汶译,北京:商务印书馆,2013 年,第 104—105 页。

进步主义者是为了保存我们制度的根本的话,那么我就不会是一位进步主义者。"①而规制国家则是一种审慎、适度的中道之结果,"为一种稳健有效地解决这个时代经济问题的手段",进步主义与规制国家在很大程度上即使在不得人心的自由放任主义和主张无产阶级革命的马克思主义之间选择了一条中间道路。②这也是对杰斐逊的审慎原则之运用,即"审慎之心使人觉得:长期建立起来的政府,不宜因轻微短暂的理由而更改;过去所有的经历表明:人类往往趋于忍耐,只要邪恶还能忍得下去,直到迫不得已,才自我授权,废除他们已经习惯的政府形式"。③

第三,实用主义原则。最先使用"实用主义"这一术语的是美国学者查尔斯·S.皮尔斯(Charles S. Pierce),威廉·詹姆斯是实用主义哲学之父,而约翰·杜威则是实用主义哲学的集大成者。④根据美国哲学家威尔·杜兰特(或译为"杜兰")的研究,实用主义哲学思想是由"渊源于康德的'实用理性';叔本华的意志之升进、达尔文之适者生存之概念;功利主义之以有用者为'善';英国哲学的证验及归纳之传统;最后是美国环境之启示"组成的。⑤实用主义者强调环境与人都处于不断的变化之中,他们摒弃了社会达尔文主义的丛林法则,进而重新恢复了"使荒野文明化"和个人的适应性等美国的传统观念。⑥实用主义的原理是:"我们思考事物时,如要把它完全弄明白,只须考虑它含有什么样可能的实际效果,即我们从它那里会得到什么感觉,我们必须准备作什么样的反应。"⑦实用主义"反对任何理性主义的僵化教条与先验推理,反对任何带有一成不变地推断人与社会的绝对主义的思想体系";规制国家的做法"既是实用的,又是适度的。它是经验的,试验性的,而不是教条的、本本主义的"。⑧

第四,人道主义。人权高于财产权的原则,是人道主义或人本主义的应有之

---

① James E. Anderson, *The Emergence of the Modern Regulatory State*, Washington, D. C. : Public Affairs Press, 1962, p. 9.

② Ibid.

③ [美]托马斯·杰斐逊:《独立宣言》,[美]亚历山大·汉密尔顿,詹姆斯·麦迪逊,约翰·杰伊著:《联邦论:美国宪法述评》,尹宣译,南京:译林出版社,2016年,第601页。

④ [法]爱弥尔·涂尔干著:《实用主义与社会学》,渠东译,上海:上海人民出版社,2005年,第8—11页。

⑤ 杨国赐:《进步主义教育哲学体系与应用》,台北:水牛出版社,1988年,第44页。

⑥ [美]詹姆士·O.罗伯逊著:《美国神话　美国现实》,贾秀东等译,北京:中国社会科学出版社,1990年,第377页。

⑦ [美]威廉·詹姆士著:《实用主义:一些旧思想方法的新名称》,陈羽纶等译,北京:商务印书馆,1979年版,第27页。

⑧ James E. Anderson, *The Emergence of the Modern Regulatory State*, Washington, D. C. : Public Affairs Press, 1962, p. 10.

义。林肯说道："劳动先于资本，并独立于资本。资本只是劳动的成果，假使不先有劳动，就不可能有资本。劳动是资本的前辈，应该受到更多得多的尊重。资本有它的权利，这种权利理当和任何其他权利一样受到保护。同样也不否认劳动和资本之间存在着，而且恐怕将永远存在着一种互利的关系。"①对社会中的弱势者与不幸者，不仅要具有恻隐之心，而且要有强烈的帮助与保护的愿望。人道主义的强烈冲动主要体现为私人的慈善活动、宗教方面的社会福音运动以及政府救济的行为。社会改革与社会正义取代了社会达尔文主义。社会改革运动的目标主要是为了让人们获得幸福的生活，确保人民具有追求幸福的不可转让的权利。工业化城市中的贫穷困苦与悲惨状况令许多受过良好教育的中产阶级人士感触颇深，激发了他们进行救济与改善的热情与行动。社会改革的支持者们相信，政府，联邦与州政府，通过建立最低经济标准的立法，可以帮助改善广大城市人民的处境。②著名的进步主义改革家与理论家沃尔特·李普曼是在养尊处优的家庭环境中长大成人的。1908 年 4 月 12 日发生在临近哈佛大学的切尔西城贫民区的一场大火造成了 19 人死亡，1500 人流离失所。正在上大学的李普曼参与了哈佛大学学生自愿组织的救助灾民活动。对李普曼来说，以往工人阶级一直是无名无姓的看门人、警察、店员之类抽象的概念。当他往返于断壁残垣之间时，才第一次亲身感受到了赤裸裸的贫困。③由此，激发了李普曼改造这个社会的初心。美国进步主义运动与规制国家兴起过程中，有关工时、工资的规制、工厂法规、纯净食品与药品法、雇主责任等立法一定程度上都得益于人道主义的推动与滋养。

　　第五，集体主义。实际上，美国人从来都不乏集体主义精神与集体行动。托克维尔写道，"美国是世界上最便于组党结社和把这一强大行动手段用于多样目的的国家"。美国"除了依法以乡、镇、市、县为名建立的常设社团以外，还有许多必须根据个人的自愿原则建立和发展的社团"④。如果说内战前美国人的集体主义主要体现在私人领域当中的话，那么，自内战和重建以来，为了公共目的，通过非政府组织与政府形式推进的集体行动则变得越来越频繁。对此，

① ［美］亚伯拉罕·林肯：《摘自林肯致国会的年度国情咨文，1861 年 12 月 3 日》，《林肯选集》，朱曾汶译，北京：商务印书馆，2013 年，第 202 页。

② James E. Anderson, *The Emergence of the Modern Regulatory State*, p. 11.

③ 赵辉兵，杨洁：《论青年李普曼的社会主义思想及其转向——桑巴特之问的美国回响》，《大庆师范学院学报》2019 年第 5 期，第 71 页。

④ ［法］托克维尔著：《论美国的民主》，董果良译，北京：商务印书馆，2017 年，第 236 页。

我们可以将其视为对过度的个人主义的一种纠偏,也是在漂泊无序、动荡不安的社会中寻找依托与归宿的一种形式。集体行动,"对于个人经济活动的管制与辅助来说是必要的——可以纠正或防止个人经济活动的弊端,并使其成为普遍福利的工具"。[①] 因为出于公共利益的需要而规制公用事业、防止垄断、消除恶劣的工作条件与环境等诸如此类的问题"唯有通过公共的集体行动才能得以救济"。[②]当然,在这个过程中要处理好集体主义与个人首创精神之间的关系:"集体主义珍视社会权利,反对当放手不管时会为非作歹的个人首创精神;一旦二者发生冲突时,它认为多数人的利益应该压倒个人利益;应当管控个人行动,然而并不主张消灭个人行动,仅仅是为了公共利益,限制个人,包括个人的人身。"[③]

2. 进步主义思潮的基本主张

鉴于进步主义思潮的复杂多变与飘忽不定的性质,因此,任何试图对其进行概括与勾勒的尝试都存在着挂一漏万的情形。对此,美国著名学者丹尼尔·T. 罗杰斯写道:对许多历史学家来说,一分为二地看待进步主义者似乎是最为合乎情理的。因此,在20世纪70年代末有关进步主义者的两分法有10来种之多:"'社会'改革家对'结构'改革家(霍利,Holli);西部的布赖恩式民主派对东部的罗斯福式精英派(哈克尼,Hackney);'社会正义'进步派对'社会秩序'进步派(丘奇和塞得拉克 Church and Sedlak);抱持消费意识的'反叛者'对笃定工作意识的'现代化者'(西伦,Thelen);或是在本克(Buenker)的分析中,罔顾自己的理论建议而提出了新兴的城市自由主义者对老派的贵族改革家的二分法。"[④]有鉴于此,接下来有关进步主义思潮基本主张的梳理是一种不完全的描述,带有明显

---

① James E. Anderson, *The Emergence of the Modern Regulatory State*, Washington, D. C.: Public Affairs Press, 1962, p. 11.

② Ibid.

③ Ibid., p. 12.

④ Daniel T. Rodgers, "In Search of Progressivism", *Reviews in American History*, vol. 10, no. 4, 1982, p. 115. 笔者注:有关引文中提到的这些学者及其成果是:Melvin G. Holli, *Reform in Detroit: Hazen S. Pingree and Urban Politics*, New York: Oxford University Press, 1969, pp. 157 – 81; Sheldon Hackney, *Populism to Progressivism in Alabama*, Princeton, N. J.: Princeton University Press, 1969, p. xiii; Robert L. Church and Michael W. Sedlak, *Education in the United States: An Interpretive History*, New York: Free Press, 1976, pp. 255 – 60; William L. O'Neil, *The Progressive Years: America Comes of Age*, New York: Dodd, Mead, 1975, p. 155; David P. Thelen, *Robert M. La Follette and the Insurgent Spirit*, Boston: Little, Brown, 1976, pp. 98 – 111; John D. Buenker, *Urban Liberalism and Progressive Reform*, New York: Scribner's, 1973。

的理不清、剪不断的特征，一如戈尔迪之绳结。

第一，批驳居于正统地位的自由放任主义学说与不受限制的自由资本主义观念。当时的美国学者丹尼尔·雷蒙德(Daniel Raymond)反对亚当·斯密的私利即公益的说法，即"如果每个人都完全自由地去追逐其自身利益，其结果将会确保整个共同体的福利"。他主张："公共利益和私人利益在很多时候完全是方枘圆凿的。"斯密的错误就在于认为国家利益与个人利益不会发生龃龉；雷蒙德主张"一个政府应该像一个好牧羊人那样，要让羊群中的病羊与弱羊得到给养与滋润，直至它们有机会成为肥羊；而且要确保它们不被壮羊践踏、蹂躏"。① 当时著名的早期进步主义政治理论家J. 艾伦·史密斯(J. Allen Smith)犀利地指出："在实践中，原有的消极自由观念将导致限制政府控制社会状况的权力"；而这种"限制政府权力的行为可能会容许一些比政府本身更加不负责任的控制形式扩展对个人的控制——这种控制不可避免地导致了拥有土地和资本的阶级的经济霸权"。②赫伯特·克罗利则认为自由放任主义之下的美国宪政体制使得"治理者，无论他代表多数派，还是少数派，都不能而且也注定不能有所作为。它是一种禁止与预防的组织机构——实际上是基于对人类本性深刻的怀疑"。③伍德罗·威尔逊说道，"在讨论不可剥夺的个人权利中存在大量的无稽之谈，而且，其中大量的只是些含混不清的情绪和令人愉悦的猜测"。④ 沃尔特·李普曼直言：自由放任主义哲学与实践"使人们放任于各种时代潮流之上，憧憬着遥不可及的港湾"。⑤沃尔特·韦尔敏锐地指出：美国的个人主义"已经成为产生'垄断者'和'铁路大盗'、血汗工厂等种种不人道行径以及贪污、收取回扣等欺诈行为的源头，并成为其御用工具"；不断膨胀且漠视公益的个人主义"使得美国人的精神具有一点自我中心主义，不承认各种忠诚，也没有各种义务。它创造了自满、短视、

---

① Richard T. Ely, *Ground Under Our Feet: An Autobiography*, New York: The Macmillan Company, 1938, p. 130.

② J. Allen Smith, *The Spirit of American Government: A Study of the Constitution: Its Origin, Influence and Relation to Democracy*, New York: The Macmillan Company, 1907, pp. 305 - 306.

③ Herbert Croly, *Progressive Democracy*, New Brunswick and London: Transaction Publishers, 1998 (1st edition, 1914), p. 90.

④ ［美］伍德罗·威尔逊著：《美国宪制政府》，宫盛奎译，北京：北京大学出版社，2016 年，第 23 页。

⑤ Walter Lippmann, *Drift and Mastery: An Attempt to Diagnose the Current Unrest*, Englewood Cliffs, N. J.: Prentice-Hall, Inc., 1961(1st edition, 1914), p. 105.

无法无天，注定还要打败自己的个人主义"。①鉴于旧有的自由放任主义已经无力指导工业社会下美国人民，已然沦为守旧势力与权贵集团的保护伞与遮羞布，由此，进步主义思潮应运而生。

第二，建设民有、民治、民享的政府，还政于民。进步主义者努力拉近"权力之杯与人民之唇的距离"，支持民有，民享，甚至直接的民治政府。②换句话说，进步主义者就是要使政府成为人民公仆，对公民负责，并为全体公民谋福利。他们力图清除政治腐败，提高政府工作效率，争取建立优良政府。例如，他们攻击政党与利益集团这些中介机构以便取得普通民众的支持。他们不仅支持妇女选举权和参议员直选，而且提出直接创制权、复决权以及罢免权，以便扩大普通民众对全国政治生活的参与。同时，为了实现其所倡导的政治体制，他们也支持并加强一定的社会运动与社会体制。进步主义者支持诸如工会、道德与政治改革运动、济贫院以及大学等体制，力图借此造就新公民。这些公民将参与跨党派的活动，并尽可能绕开各种宪政体制的限制，以便参与到全国性的政治活动当中。③

第三，强化联邦政府权威，规制经济权力，革新政府机构，运用政府政策增进公民福利；也就是说，在经济上，主张在维护自由市场经济的基础上实施经济民主，即民主化自由资本主义。它主要包括两方面：一是规制资本主义经济，二是建设福利国家。内战之后的半个世纪里出现了日益集中的经济权力，由此形成了一小撮富豪寡头集团；而这种资本的力量往往会腐化政府与政治，由此形成了金权政治与权贵资本主义。作为美国劳工发言人之一的乔治·麦克尼尔(George E. McNeill)警告道："集中化的资本势力已经变成了'一种比国家还要强大的权力'"，而社会的极度贫富分化"已经威胁到了民主政府的生存"。④因此，要行汉密尔顿主义，即建立中央集权的联邦政府，进而创建由专家任职的专

---

① Charles Forcey, *The Crossroads of Liberalism: Croly, Weyl, Lippmann, and the Progressive Era, 1900 - 1925*, New York: Oxford University Press, 1961, p. 78; Walter E. Weyl, *The New Democracy: An Essay on Certain Political and Economic Tendencies in the United States*, New York: Harper & Row, Publishers, 1964(1st edition, 1912), p. 36.

② Sidney M. Milkis, "Introduction: Progressivism, Then and Now", in Sidney M. Milkis and Jerome M. Mileur eds., *Progressivism and the New Democracy*, Amherst: University of Massachusetts Press, 1999, p. 7.

③ Ibid.

④ [美]埃里克·方纳著：《美国历史：理想与现实》，王希译，北京：商务印书馆，2017 年，第 777 页。

业化联邦管理机构,规制大商业的活动。①为了规制经济权力,一方面,需要改革行政机构,创立更加专业化、政治与行政分立的行政队伍,实行功绩制,取代原有政党分肥的恩荫制;另一方面,通过创制权、复决权、罢免权、参议员直选等一系列举措,促进政府的更加民主化。②

这意味着原有的古典自由主义的政府是"必要之恶"的观念已经不符合人民的需要了,过去认为政府必然会带来种种弊端,需要时时提防,但在进步主义时代,政府则被视为善,被当作是善的工具,通过它可以行善。由此,就可以安然无虞地加强国家权力,特别是联邦政府的权力。威尔逊说道:"政府不是一股盲目的力量;它由一群人构成,无疑,在专业化的现代社会,除去拥有共同的职责和目标之外,还具有高度分化的职能。政府部门间的合作是不可或缺的,它们的战争状态则是灾难性的。没有领导,没有生命与行动有机体之间亲密无间,甚至是出于本能的合作,就不会有成功的政府。这不是理论,而是事实,并会作为事实显示它的力量,无论什么样的理论抛置在它的路径上。活的政治宪法在结构与实践上必须是达尔文式的。"③因此,在现代工业社会,强化联邦政府的权力,政府部门的专业化与科层化是成功政府的必要条件。

而针对大企业,进步主义者一般都承认大企业的兴起,即托拉斯的出现,是经济发展的必然产物与趋势。大企业不仅具有高效率,而且"通过提供低廉的商品为社会福利作出了贡献"。④不过,大企业的经济活动规模与经济权力日益成为"美国社会中不受控制且不负责任的权力组成部分",如果不加以规制,必然会造成经济权力的滥用,进而腐化共和政体,侵犯公民的权益。⑤因此,必须加以有效调控,规制财富的集中,尤其是大企业的权力。对此,以总统西奥多·罗斯福为代表的改革家主张"新国家主义",依靠行政力量,"通过与企业以及重要经济利益的代表们形成一种密切的关系"来实现规制大企业。⑥该方式注重私下调解与协商,关注的是大企业的行为是否造成了不良的后果,是否存在不良的行为,

---

① Randall G. Holcombe, *From Liberty to Democracy: The Transformation of American Government*, Ann Arbor: The University of Michigan Press, 2002, pp. 169 – 170.

② Ibid.

③ [美]伍德罗·威尔逊著:《美国宪制政府》,宫盛奎译,北京:北京大学出版社,2016年,第83页。

④ Marc Allen Eisner, *Regulatory Politics in Transition*, Baltimore and London: The Johns Hopkins University Press, 2000, p. 37.

⑤ Ibid.

⑥ Ibid. , p. 38.

并以此来决定规制与否。换句话说,罗斯福对大企业的发展总体上是持欢迎与开放的态度。罗斯福任职期间提出的公平施政就要"通过对'好'和'坏'大公司进行区别的方式来解决资本集权化带来的问题。他认为,包括美国钢铁公司和标准石油公司在内的好的大公司是为公共利益服务的,而那些为只想捞取利润的、为贪婪金融家们控制的坏的大公司则没有存在的权利"。① 以总统伍德罗·威尔逊为代表的"新自由"则力主通过立法更为广泛地规制经济,既可恢复自由竞争的市场经济秩序,也可"防止更为激进地限制公司权力的立法产生"。②

福利国家则主要是指运用国家权力保护和增加公民们,尤其是弱势群体的经济福利。就规制国家而言,采取的主要立法举措包括保护童工、女工,规定最低工资与最高工时等。

第四,依靠各种力量与途径争取社会公平与正义,实现公民的真正自由与民主权利。埃里克·方纳指出,"公民权始终是进步时代自由观的中心"。③ 其实现目标的方法:一是依靠私人力量,通过建立非官方的组织;二是扩张政府的权力,塑造一个积极有为的政府。

在进步主义的解读上,以往的研究者往往忽视了个人力量与非官方组织机构的重要性。约翰·W. 钱伯斯敏锐地指出,进步主义者往往首先借由各种自愿组织,采取非强制方式去争取诸多社会与经济的变革。④例如,简·亚当斯、奥斯瓦尔德·加里森等人致力于的社会福利事业;林肯·斯蒂芬斯、艾达·M. 塔贝尔、雷·斯坦纳德·贝克、厄普顿·辛克莱等人所从事的黑幕揭发事业;W. E. 杜波依斯、布克·T. 华盛顿等人领导的黑人运动、露西·斯通、亨利·沃德·比彻、威廉·劳埃德·加里森等人倡导的妇女运动为进步主义增添了新活力与新内容。⑤

然而,渐渐地,当借助私人力量难以实现变革人士的主张时,他们转而支持通过积极有为的政府来实现变革的目标。对此,托克维尔早在 19 世纪 30 年代就对此情形有所预见:"平等使人产生了关于单一的、划一的和强大的政府的思想;我现在又使读者看到,平等使人们喜爱了这样的政府,以致现今的各国都力求建立这样的政府。"他继续说道:"我认为,在展现于眼前的民主时代,个人独立

① [美]埃里克·方纳著:《美国历史:理想与现实》,王希译,北京:商务印书馆,2017 年,第 883 页。

② 同上书,第 892 页。

③ [美]埃里克·方纳著:《美国自由的故事》,王希译,北京:商务印书馆,2002 年,第 222 页。

④ John Whiteclay Chambers II, *The Tyranny of Change: America in the Progressive Era, 1900 - 1917*, New York: St. Martin's Press, 1980, p. 120.

⑤ 赵辉兵:《美国进步主义政治思潮与实践研究》,北京:中国社会科学出版社,2013 年,第 105 页。

和地方自由将永远是艺术作品,而中央集权化则是政府的自然趋势。"①有关进步主义者对积极有为政府的诉求,美国学者霍尔库姆就认为,事实上这种诉求早就蕴涵在美国革命之中。因为美国革命的政治哲学根基是政府为人民的仆人,是以那些确定的、不可转让的公民权利为转移的。由此,政府的公共政策就倾向于为公共利益服务,而不是少数的精英阶层。不过,在美国建国初期,公共利益被简单地理解为自由,即免于政府压迫的自由。即便是在安德鲁·杰克逊时期,也是将民主视为达到目的(自由或公共利益)的手段并且是作为控制政府的方法,使之免于获得更多的权力。然而到了 19 世纪末,杰克逊民主已经"发展到其民主本身就是目的的程度,并且政府的适当角色被认为就是保护公民的利益,不管是何种利益,而不再是仅仅保卫自由"。②不过"主流进步主义者急切地想推进社会的团结一致,鼓吹国家政府是民主的象征和代表",使得他们并没有对另一些公民自由,"包括对个人隐私和自由表达思想权利的重视以及关心少数种族和族裔权利的多元思想"等,予以重视。③

最后,为了实现进步主义民主,许多进步主义者希望修正美国三权分立的宪政体制。在多数进步派看来,传统的美国自由民主的宪政体制已经不能应付现代政府所要求的任务,尤其是"内战后美国为工业化兴起所引发的诸多新问题所困扰,这使得拘泥形式的宪法界限,即权力分立与联邦主义的原则,过时了"。④因此美国的政治理论与制度亟待改造与重建。考虑到修改宪法的实际困难以及召开第二次制宪大会的希望渺茫,进步主义者一般都主张在既定宪政框架下,对美国的宪政理论进行重新解释与改造。克罗利写道,"他们的目标是不摒弃任何国家现存体制,而且也不力图做任何过于激进变革的同时,将诸多改善嫁接在现有制度的树干上"。⑤韦尔也敏锐地指出,"我们新民主的内在灵魂不是依照消极且个人主义的方式解释的不可转让的权利,而是扩展并给予'生命、自由以及追求幸福'这些权利以一种社会的解释"。⑥

---

① [法]托克维尔著:《论美国的民主》,董果良译,北京:商务印书馆,2017 年,第 926 页。

② Randall G. Holcombe, *From Liberty to Democracy*:*The Transformation of American Government*, Ann Arbor:The University of Michigan Press, 2002, pp. 161 - 162.

③ [美]埃里克·方纳著:《美国自由的故事》,王希译,北京:商务印书馆,2002 年,第 222 页。

④ Herbert Croly, *Progressive Democracy*, New Brunswick and London:Transaction Publishers, 1998 (1st edition, 1914), Introduction by Sidney A. Pearson, Jr., p. xxvi.

⑤ Herbert Croly, *Progressive Democracy*, New Brunswick and London:Transaction Publishers, 1998 (1st edition, 1914), p. 291.

⑥ Walter E. Weyl, *The New Democracy*:*An Essay on Certain Political and Economic Tendencies in the United States*, New York:Harper & Row, Publishers, 1964(1st edition, 1912), p. 161.

克罗利等进步主义理论家"力图发展一套与对自由新理解相容的制度",这套政治制度要"使真正具有教育性民主参与的体制与具有认同并追求一种真实的共同利益能力的高效专家行政体制相结合"。①换句话说,重建的核心就是要增强行政部门的权力并协调行政机关与立法机关的紧张关系。②具体主张包括加强行政权,强化行政部门权力;改造立法机关,强化代表职能;重塑司法机关,建立行政法院,通过全民公投罢免法官、撤销司法判决等举措。③

然而,无论如何,进步主义者们"要求政府行动起来,以处理一些迫在眉睫的经济和社会问题"。④ 积极有为的规制国家被视为一种实现社会进步与推进公共利益的有力高效的化解之道。⑤

第 3 节　自由放任主义 versus 进步主义：
争论中的最小国家与规制国家

"在 19 世纪最后 25 年里,我们见证了沧海桑田般的变革:曾经激励了许多美国建国者的洛克式自然状态遭到了碾压,取而代之的是一种达尔文式社会秩序,彼此依赖,而不是独立自主,日益成为一种共同的社会经历与体验,'迁延日久的雇主与工人之间围绕生产成本展开的持续冲突',即普遍而暴烈的阶级冲突,就是最为明显有力的证明。"

——霍华德·吉尔曼⑥

---

① Marc Stears, Progressives, *Pluralists, and the Problems of the State*：*Ideologies of Reform in the United States and Britain, 1909 - 1926*, Oxford and New York：Oxford University Press, 2002, p. 83.

② 赵辉兵:《美国进步主义政治思潮与实践研究》,北京:中国社会科学出版社,2013 年,第 111 页。

③ 同上书,第 111—115 页。

④ [英]M. J. C. 维尔著:《宪政与分权》,苏力译,北京:生活·读书·新知三联书店,1997 年,第 250 页。

⑤ Charles R. McCann, Jr., *Order and Control in American Socio-Economic Thought*：*Social Scientists and Progressive-Era Reform*, London and New York：Routledge, 2012, p. 9.

⑥ Howard Gillman, *The Constitution Besieged*：*The Rise and Demise of Lochner Era Police Powers Jurisprudence*, Durham and London：Duke University Press, 1993, p. 63.

通过前面章节的讨论，我们了解到政府规制经济与社会的情况早在美国革命，特别是在建国以来就一直存在，甚至是在殖民地时期的美国也不乏政府规制经济与社会的情形。对此，美国学者马弗·H.伯恩斯坦早在1955年就指出：政府规制经济始于内战前；比如有关宾夕法尼亚州、马萨诸塞州、新泽西州和弗吉尼亚州政府的研究表明，这些州政府自1790至1860年间就致力于推动、引导并规制经济。①然而，美国现代规制国家的形成却是始于内战后。关于美国现代规制国家开始的时间，大多数学者倾向于1887年美国州际商业委员会的诞生。不过，最近的研究表明，在内战与重建时期，美国政府对经济与社会的规制与管控就已经十分全面，但大多数学者将其视为非常时期，所以，充其量可以将其视为规制国家的发轫期；以兰德尔·霍尔库姆为首的政治学者倾向于认可1877年是美国规制国家的开端，笔者也认为以1877年作为美国规制国家初兴的标志，能够更好地考察美国规制国家兴起的全过程。

那么，美国现代规制国家兴起何以始于内战后，而非内战前，除了工业社会的兴起以外，我们认为，其中最为重要的因素之一就是古典自由主义或后来被称为的自由放任主义向现代自由主义或进步主义的意识形态转型在其中发挥了无可替代的作用。以往有关美国现代化社会转型的研究，更多凸显了进步主义思潮与进步主义运动的重要性，事实上，在这种转型的过程中，二者之间始终存在着争论与竞争，充其量是后者更多地处于一种上升期与处在攻势的位置上，而前者则有选择性地撤退，表现出一种防御的姿态。如若不然的话，我们就无法理解在后进步主义时代，随着伍德罗·威尔逊黯然离开白宫，美国何以迅速恢复了"常态"。有鉴于此，我们有必要了解一下自由放任主义与进步主义之间围绕最小国家（限权政府）与规制国家（有为政府或积极能动政府）展开的争论，以及进步主义者围绕着规制国家进行的内部讨论。

一、 在自由放任主义与进步主义之间：最小国家与规制国家之争

1. 自由放任主义与最小国家

所谓"自由放任主义"就是指强调政府是一种必要之恶，希望能够最大限

---

① Marver H. Bernstein, *Regulating the Business by Independent Commission*, Princeton: Princeton University Press, 1955, p. 19.

度地限制与防范政府功能与国家权力的学说。在自由放任主义者看来,政府必须保护公民的生命和财产,并提供一些基本的服务,诸如对外进行共同的防御与对内维持秩序与安全,但他们基本上消极地看待国家,而且不愿意其为了公共福利而承担积极的义务。①他们对强大的国家时时保持一种提防与警惕的立场。

(1)自由放任主义的历史演进

这种自由放任主义学说在内战前的美国可谓大行其道。在建国时期该学说得到了自然权利理论与个人主义的拥护。就自然权利理论而言,它假定存在着一种"自然法",作为神法的理性化形式,高于人为的法律。这种观念在17世纪的英国得到了积极的拥护,并由此传到了美洲殖民地。一些殖民地领袖,诸如詹姆斯·奥蒂斯(James Otis),塞缪尔·亚当斯(Samuel Adams),约翰·亚当斯(John Adams),托马斯·潘恩(Thomas Paine)以及托马斯·杰斐逊都宣称有一种法,高于国王和议会,限制它们恣意使用政府权力。他们坚称个人拥有一定的不可转让的权利,任何政府都不能予以取消,而且组建起来的政府的真正目的就是为了维护这些权利。在革命时代,对不可转让的自然权利的信念写入了独立宣言以及州宪法当中。在州宪法中,通过权利法案来尝试限定个人的权利,任何政府都不能予以干涉,政府对此负有保护之责。最终,这样的权利法案增入到联邦宪法之中,其设计的目的就是将联邦政府的权力严格限定在规定的界限之内。②在维护财产持有人的既得权利方面,法官们有时会提到"自然正义法则"、"自由政府的基本公理"或"理性的令言",它们高于宪法和立法机关通过的法律,进而对后者起到了限制的作用。③

自由放任主义不仅得到了自然权利学说的卫护,而且美国人强调自主、自立的个人主义观念也起到了加持的效果。一位纽约州的法官莱昂纳德·C. 克劳奇(Leonard C. Crouch)对个人主义进行了很好的描述:"19世纪是个人主义的世纪。政治上,最小政府(Minimum of Government)是最好的政府;经济上,自由竞争是基础;法律上,维护个人权利与财产权包括契约自由

---

① Sidney Fine, *Laissez Faire and the General-Welfare State: A Study of Conflict in American Thought, 1865-1901*, Ann Arbor: The University of Michigan Press, 1956, p. vii.

② Sidney Fine, *Laissez Faire and the General-Welfare State: A Study of Conflict in American Thought, 1865-1901*, Ann Arbor: The University of Michigan Press, 1956, pp. 3-4.

③ Ibid., p. 4.

是根本。"①

内战后,随着达尔文主义的传入,赫伯特·斯宾塞的社会达尔文主义在新大陆也开始传播起来。达尔文的进化论认为进化的主要方式和规则是"生存竞争"与"适者生存"。将这种规则应用于人类社会生活时,就意味着:大自然会倾向于竞争中的强者获胜,社会在这种优胜劣汰的过程中则不断进步。这样,进化论不知不觉地为保守的自由放任主义政治经济学说提供了支持。而且,进化论强调所有完善与进步都必须是缓慢而有条不紊的,这对社会改革的隐寓是:"所有要改革社会的企图,都是知其不可为而为之的努力,是想干涉自然的智慧,而且这种企图,只会导致退步。"②当这种思想应用到社会当中就形成了赫伯特·斯宾塞所极力倡导的社会达尔文主义,威廉·格雷厄姆·萨姆纳(William Graham Sumner)则是该学说在美国最为重要的代言人与拥护者。

社会达尔文主义的基本主张:竞争、毁灭、优胜劣汰、适者生存是人类社会的基本法则,社会藉此而不断进步;进步的源泉是自然进化,取决于自由竞争;国家的基本功能应该维持在最小范围内,理想的政府是无为的政府。这种学说特别适合于内战结束后美国的经济发展,并维护社会现状,攻击各种改革计划与主张。这种哲学不遗余力地为不受限制的工业资本主义与大企业辩护,鼓吹宪法是神圣的文件,最高法院是"神判"的解释者,工业与金融巨头促进了国家的进步。③然而具有讽刺意味的是,"当这些作者们在宣扬缓慢的改变与敦促人们适应环境时,那些他们认为是生存竞争中的最适者的百万富翁们却以令人难以置信的速度在改变环境,并且将斯宾塞与萨姆纳所推崇的价值实践出来,而使得这个世界愈来愈不适于生存了"。④

当达尔文的进化论与社会达尔文主义同种族主义相结合,转向国际关系领域时,就形成了白种人的负担与帝国主义的理论。西奥多·罗斯福这样说道:"在这个世界上,把自己陶炼成文弱与孤立苟安的国家,到最后,注定要在尚未失

---

① Leonard C. Crouch, "Judicial Tendencies of the Court of Appeals during the Incumbency of Chief Judge Hiscock", *Cornell Law Quarterly*, vol. 12, no. 2, 1927, p. 142

② 〔美〕霍夫斯达德:《美国思想中的社会达尔文主义》,郭正昭译,台北:联经出版事业公司,1982年,第4—5页。

③ 余志森:《崛起和扩张的年代,1898—1929》,北京:人民出版社,2002年,第252页。

④ 〔美〕霍夫斯达德:《美国思想中的社会达尔文主义》,郭正昭译,台北:联经出版事业公司,1982年,第10页。

去勇武与冒险犯难气概的国家之前倒下去。"①

(2) 内战后自由放任国家的代表人物与基本主张

作为反对进步主义和改革派自由主义、或许也是该时期自由放任主义政策的最为重要的人物之一,萨姆纳信奉个人就是一个自由社会中的自由人,而且个人的"社会义务"就是照管好自己;自由意味着:当一个人运用自身的能力为自己谋福利时,不该受到法律保障者的干涉;而国家除了担当"和平、秩序与权利的保障者"之外,别无他事。②萨姆纳相信,自由放任主义可以同社会达尔文主义联袂而行。自由放任政策让个人自由地进行生存竞争,结果就是"适者生存"。尽管这一过程可能残酷无情,但它合乎自然法则;而社会是这一过程的最终受益者。立法规制只会损害而不会促进自然法则的运行。③他认为:"自由、不平等、适者生存;不自由、平等、不适者生存。前者推动社会前进,并在最大程度上有利于社会成员;后者则令社会倒退,并最不利于社会成员。"④对萨姆纳来说,工业体系与政治体系显然是"正当而独立的"两个不同的活动领域。美国民主需要实行"一个国家与市场分离的准则"。因此,"明智之道似乎再次提出国家要尽可能地俭朴,并扩大各种政治以外的社会之自然功能的范围"。⑤当然,萨姆纳也承认:现代社会中存在着许多个人无力解决的问题,但这并不一定就必然需要政府出面,最好是"受苦受难者之间自愿的联合与合作";工人们可以通过建立自己的组织即工会来进行自保。⑥萨姆纳也反对关税保护,将其称为是某种社会主义的形式。在他看来,无论何时国家干预复杂的社会问题都是一种"狂躁症"(mania)的表现,而不干预的自由放任学说则是"至高智慧"。⑦

自由放任政策的另一位领军人物就是安德鲁·卡耐基。深受社会达尔文主义影响的卡耐基努力宣扬财富福音的理论。卡耐基宣称:竞争法则是促进种族生存与进步最好的法则;当前物质的进步就是自由竞争的结果,而且它依然是未

---

① [美]霍夫斯达德:《美国思想中的社会达尔文主义》,第195页。

② James E. Anderson, *The Emergence of the Modern Regulatory State*, Washington, D. C.: Public Affairs Press, 1962, p. 15.

③ Ibid.

④ Ibid.

⑤ Ibid.

⑥ Ibid.

⑦ Ibid., pp. 15 - 16.

来进步的根本大法。①卡耐基相信"资本的集中与各个工厂规模的扩大是所向披靡、无可抵挡的趋势";它不应该遭到抵制,而应该受到热烈欢迎,因为它会有益于数以百万计的穷人。每一次的扩张都是进步的前奏,其结果就是一种"更高的文明"的建立,这种人类生活的富足会泽被社会各个阶层。此即财富的福音。②卡耐基的这一看法可以说与后来人们常说的滴漏假说(或涓滴效应)有异曲同工之处。

在许多保守主义者看来:自然经济法则优于许多规制经济的人为立法;自然经济法则不在政府规制的范围之内;人为的财富分配意味着"专制、暴政与奴役""进步的丧钟"以及"文明的毁灭",而财富的自然分配意味着自由、正义与进步。因此,明智有益的立法体系只能与现有的习惯和谐才行。③

最令该时期保守人士担惊受怕的就是慈父式政府(paternal government)。"这种政府必须保护并指导全国各行各业的人们,而且没有给独立与人格留下任何空间";慈父式家长作风(Paternalism)是对我们政府根基的公然侵犯。④

由工商业集团构成的保守主义者极力维持现有的秩序,特别是美国建国者留下的宪政体制。他们形成于"内战后的岁月里,共和党在全国政府中的霸权格局为北方工业家和制造商所拥护的商业共和国的推进扫清了道路"。⑤相比于政府的其他两个分支,保守派对法院更有信心,因为后者大体上对财产权最为关切。在进步主义时代,宪政保守主义者的主要代表人物是:伊莱休·鲁特(Elihu Root),威廉·霍华德·塔夫脱(William Howard Taft)和老亨利·卡波特·洛奇(Henry Cabot Lodge, Sr.)。他们全力维护美国宪政的核心信条,极力抵制进步主义者对不受限制的直接民主的冲动以及由此形成的对法院、代表制政府(representative government)以及对总统的传统限制的攻击。⑥例如,在对待后来

---

① James E. Anderson, *The Emergence of the Modern Regulatory State*, Washington, D. C. : Public Affairs Press, 1962, p. 16.

② Ibid. , pp. 16 – 17.

③ Ibid. , p. 17.

④ Ibid. , pp. 17 – 18.

⑤ Howard Gillman, *The Constitution Besieged*: *The Rise and Demise of Lochner Era Police Powers Jurisprudence*, Durham and London: Duke University Press, 1993, p. 63.

⑥ Johnathan O'Neill, "Constitutional Conservatives in the Progressive Era: Elihu Root, William Howard Taft, and Henry Cabot Lodge, Sr. ", no. 5, 2013, retrieved from http://report. heritage. org/mapT-05, at July 31, 2021.

的美国宪法第 18 条修正案(禁酒令)上,这三位保守主义者都倾力反对,认为这是一个危险的错误,已经脱离了美国信条,侵犯了联邦制原则,特别是接管了本来属于地方和州政府的权力。[①]

(3) 司法消极主义与契约自由的保守主义法理学

传统上的法院在公法方面信奉自然法,私法方面遵循习惯法;法官们则相信自然权利和自然法则的理论,认为美国宪法是神圣的文献,体现了上帝的智慧与意志,因此,对法官来说,只能解释,而不能创造和重建宪法以及其他法律。这种来自欧陆的自然法原则,建构了美国宪法。它起初是作为一种限制专制与集权的进步力量。然而,自内战结束后,在美国现实中最高法院由于坚持其"自动的、机械的和不具人格的"自然法哲学,发展了一套新的宪法原则,打击了大量的规制私人商业的法律,日益成为维护富豪政治与私有财产的工具。[②]

这种新的宪法理论的主要依据是 1868 年通过的美国宪法第 14 条修正案的第一款:"所有在合众国出生或归化合众国并受其管辖的人,都是合众国的和他们居住州的公民。任何一州,都不得制定或实施限制合众国公民的特权或豁免权的任何法律;不经正当法律程序,不得剥夺任何人的生命、自由或财产;在州管辖范围内,也不得拒绝给予任何人以平等法律保护。"[③]尽管该修正案中的"正当法律程序"条款其初衷是为了保护刚刚获得自由的黑人奴隶的各项法律权利,但最高法院对此作出了狭隘解释,使保护黑人权利的目的未能得到有效实施。[④]同时,在当时盛行的支持发展商业的舆论氛围下,最高法院赋予正当程序条款以新内涵,用来保护私人商业免于公共规制。对此,我国著名美国宪政史专家王希教授指出:"联邦最高法院从保护私有财产的角度出发,在一系列重要的经济案件中,坚持奉行自由竞争、契约自由的信条,反对政府过分干预经济,限制了联邦政府调节经济秩序的权力。"[⑤]1905 年最高法院在"洛克纳诉纽约州案"中,法院将

---

① Johnathan O'Neill, "Constitutional Conservatives in the Progressive Era: Elihu Root, William Howard Taft, and Henry Cabot Lodge, Sr. ", no. 5, 2013, retrieved from http://report. heritage. org/mapT-05, at July 31,2021.

② 赵辉兵:《美国进步主义政治思潮与实践研究》,北京:中国社会科学出版社,2013 年,第 194 页。

③ 参阅刘绪贻、李世洞:《美国研究词典》,北京:中国社会科学出版社,2002 年,第 1171 页;Samuel P. Hays, *The Response to Industrialism: 1885 - 1914*, Chicago: University of Chicago Press, 1957, p. 159。

④ Samuel P. Hays, *The Response to Industrialism: 1885 - 1914*, Chicago: University of Chicago Press, 1957, p. 159.

⑤ 王希著:《原则与妥协:美国宪法的精神与实践》,北京:北京大学出版社,2014 年,第 325 页。

"契约自由和宪法第十四条修正案的自由放任原则推向顶峰",进而形成了霍华德·吉尔曼所称之为的"洛克纳时代"。①这使得公众与进步主义者愈加不信任法院,他们确信"美国的最高法院已沦为铁路、公司和百万富翁的御用工具"。②康马杰写道,在1880年代中期到1930年间,"政治战场上到处是被司法之剑砍倒的社会福利法的尸体"。③

总之,在他们看来,国家活动应当受到贬抑的原因"并不在于不干涉的自由放任政策往往能够造就最好的经济结果,而是因为干涉往往会造成最坏的政治后果"。规制国家既不明智,不知权变,也不合法,至少其正当性是值得怀疑的。④因此,他们主张维护既定的秩序,包括作用有限的政府;如果可能,最好是一如既往,原封不动;只有在迫不得已的情况下,才极不情愿地认可政府规制,但只接受最低限度的规制国家。⑤

2. 进步主义与规制国家

(1) 从农村进步主义到城市进步主义

对此,自1870年开始多次到访过美国的詹姆斯·布赖斯(James Bryce)在1888年评论道:迄今为止美国人对此的理论只有自由放任主义,"无论是联邦立法机关还是州立法机关正统公认的理论"到处都是自由放任主义。⑥然而,当这位英国人写下这些字句时,自由放任主义正在遭受猛烈的攻击。美国学者霍华德·吉尔曼(Howard Gillman)写道:"在19世纪最后25年里,我们见证了沧海桑田般的变革:曾经激励了许多美国建国者的洛克式自然状态遭到了碾压,取而代之的是一种达尔文式社会秩序,依赖,而不是独立日益成为一种共同的社会经历与体验,'迁延日久的雇主与工人之间围绕生产成本展开的持续冲突',即普遍

---

① 任东来,胡晓进等著:《谁来捍卫法治:10位最有影响力美国大法官的司法人生》,北京:中国法制出版社,2019年,第189页;Howard Gillman, *The Constitution Besieged：The Rise and Demise of Lochner Era Police Powers Jurisprudence*, Durham and London：Duke University Press, 1993。

② [美]阿瑟·林克·威廉·卡顿著:《一九○○年以来的美国史》,上册,刘绪贻等译,北京:中国社会科学出版社,1983年,第131页。

③ [美]亨利·斯蒂尔·康马杰著:《美国精神》,杨静予等译,北京:光明日报出版社,1998年,第546页。

④ James E. Anderson, *The Emergence of the Modern Regulatory State*, Washington, D. C.：Public Affairs Press, 1962, pp. 20 - 21.

⑤ Ibid., p. 14.

⑥ Sidney Fine, *Laissez Faire and the General-Welfare State：A Study of Conflict in American Thought*, *1865 -1901*, Ann Arbor：The University of Michigan Press, 1956, p. 3.

而暴烈的阶级冲突,就是最为明显有力的证明。"①

而这种攻击主要来自进步主义者,起初来自农村的进步主义者,即我们一般通称的平民主义者,及至 1896 年或 1900 年以后,其推动力则主要来自城市中产阶级的进步主义者。他们力主通过积极运用与扩张各种集体力量,尤其是动用并扩大国家与政府的权力,积极干预并规制经济与社会生活,保护公民的利益,维护公共利益。②在他们看来,国家与政府是一种积极的善,一个积极有为的政府有助于对抗日益强大的资本力量与金权主义。霍尔库姆写道:进步主义"就是政府要增强对全国经济的管制,并运用政府政策来提高公民经济福利的运动"。③

(2) 进步主义的代表人物与规制国家的基本主张

进步主义规制国家的代表人物主要有:在政界,倡导新国家主义的西奥多·罗斯福、高擎新自由的伍德罗·威尔逊、威廉·詹宁斯·布赖恩;进步主义法理学或社会法理学的倡导者小奥利弗·温德尔·霍姆斯(Oliver Wendell Holmes, Jr.),罗斯科·庞德(Roscoe Pound),路易斯·布兰代斯(Louis Brandeis);经济学界的理查德·西奥多·伊莱(Richard Theodore Ely),约翰·罗杰斯·康芒斯(John Rogers Commons);社会学界的莱斯特·弗兰克·沃德(Lester Frank Ward),爱德华·A. 罗斯(Edward Alsworth Ross),查尔斯·霍顿·库利(Charles Horton Cooley);社会改革家如珍妮·亚当斯、雅各·里斯(Jacob Riis),玛格丽特·桑格(Margaret Sanger),爱丽丝·汉密尔顿(Alice Hamilton),亨利·乔治;宗教界的神父约翰·A. 瑞安(John A. Ryan);新闻记

---

① Howard Gillman, *The Constitution Besieged*：*The Rise and Demise of Lochner Era Police Powers Jurisprudence*, Durham and London：Duke University Press, 1993, p. 63. 笔者注:在霍布斯版本的自然状态,人人互为寇仇,"人们不断处于暴力死亡的恐惧和危险中,人的生活孤独、贫困、卑污、残忍而短寿"。因此,为了摆脱人人相互为战的自然状态,人们就需要按约建立主权国家;而在洛克的自然状态是一种"完备无缺的自由状态",人人平等、友善、互助、自由,由此,人人享有同样多的权利与管辖权,遵循理性的原则,享有自然权利,特别是"生命、自由和财产"权,其中财产权主要来源于劳动。鉴于自然状态下拥有自然权利的人们有诸多不便,所以依约建立了主权国家与政府,而后者的合法性来源于人民的同意与人民的委托,因此国家与政府的权力是有限的。[英]托马斯·霍布斯著:《利维坦》,黎思复,黎廷弼译,北京:商务印书馆,2020 年,第 94,132—133 页;《西方政治思想史》编写组:《西方政治思想史》,北京:高等教育出版社,2011 年,第 167—169 页。

② Sidney Fine, *Laissez Faire and the General-Welfare State*：*A Study of Conflict in American Thought*, *1865－1901*, p. vii.

③ Randall G. Holcombe, *From Liberty to Democracy*：*The Transformation of American Government*, Ann Arbor：The University of Michigan Press, 2002, p. 162.

者与作家中有赫伯特·克罗利、沃尔特·E.韦尔、沃尔特·李普曼、爱德华·贝拉米(Edward Bellamy),厄普顿·辛克莱(Upton Sinclair)等。

在他们看来,工业上的地方主义与简单化的组织正在消失;集体行动正在取代个人行动;个人与其同胞的关系是相互依存,而不是独立行事;昔日的自力更生的自给自足正在消失;工业进步了,但政治科学却在扯后腿。原有的治理经济体系的规则已经落伍了,弊端日益显著。①因此,他们都或多或少支持某种旨在进行社会规制与社会控制的社会政策,在不同程度上承认强制性手段在推动整个社会进步目标上的重要作用。"尽管教育在实现社会秩序中是更优手段,但还要辅之以必要的更具'影响力'的手段。尽管并非所有人,但他们中的许多人致力于促进并推动强制性的法律救济手段。"②诸如,一些进步主义者认可采用优生学的解决办法来化解社会退化与社会衰败问题;为了推动社会进步,可以通过行政手段与规制国家的方式来实现个人、社会、种族与民族国家以及文明的进步与完善。

第一,推进规制国家建设,"为了推进个人自由与社会福利,一个行善爱仁的国家可以扩大管理经济,甚至是社会事务的范围"。③ 在进步主义者看来,在工业社会中,原有的消极自由——强调人拥有造物主赋予的自然权利,而国家不应

① James E. Anderson, *The Emergence of the Modern Regulatory State*, Washington, D. C. : Public Affairs Press, 1962, p. 23.

② Charles R. McCann, Jr. , *Order and Control in American Socio-Economic Thought : Social Scientists and Progressive-Era Reform*, London and New York: Routledge, 2012, p. 11.

③ Charles R. McCann, Jr. , *Order and Control in American Socio-Economic Thought : Social Scientists and Progressive-Era Reform*, p. 11. 笔者注:以往学者更多采用行政国家或公共福利国家的说法,从现在看来,都存在一定的偏颇,行政国家更多强调的是加强行政机关与行政领导在社会政治改革、规制经济与社会中的重要作用,而实际上,我们看到,在进步主义时代,总统以及行政机关、国会、法院特别是最高法院在规制经济与社会中都发挥了积极的作用,特别是行政和立法机关,故行政国家的说法更多强调了行政机关,而忽略了国会和法院的重要性。我们知道:作为规制国家开始于1877年最高法院的"芒恩诉伊利诺伊州"(*Munn v. Illinois*)案,而1887年州际商业法是国会通过的立法,此时的总统格罗弗·克利夫兰依然固有旧有的原则,不愿越进步主义"雷池"半步,他认为"应当坚决抵制当下流行的趋势,即无视(政府)权责有限的使命,为此应当持续实施的教训就是,尽管人民支持本政府,但本政府不应当支持人民"。参见:Randall G. Holcombe, *From Liberty to Democracy : The Transformation of American Government*, Ann Arbor: The University of Michigan Press, 2002, pp. 151 – 152;158 – 159; "Veto Message – Distribution of Seeds," Congressional Record, 49th Cong. , 2nd Sess. , Vol. 28, Pt. II, p. 1875, quoted from Robert Higgs, *Crisis and Leviathan : Critical Episodes in the Growth of American Government*, Oxford: Oxford University Press, 1989, p. 84; "February 16,1887 : Veto of Texas Seed Bill," https://millercenter. org/the-presidency/presidential-speeches/february-16-1887-veto-texas-seed-bill, at August 1,2021。

干涉——已经不合时宜。因为"真正的自由要求每个人都应拥有实现其潜力的最大机会,为达此目的,最好是要求国家各个机构的积极介入"①。由此,国家必须积极作为,它"不仅要清除阻碍进步的障碍,而且要积极推动、促进人尽其能的各种条件"②。为了达到公平与效率的目标,政府规制商业具有特别重要的意义,这有助于应对各种托拉斯与大公司之权力的滥用。

第二,公共利益与进步主义法理学

一如许多美国人对政府角色的观念正在发生变化,他们有关法的性质(nature of Law)的观念也在发生变化。对自然法与自然权利的信仰开始式微,尤其是当他们看到最高法院通过对宪法的解读来反对社会变革之时。规制的拥护者们倾向于给出新的法哲学,称之为"社会法理学"(sociological jurisprudence)。③

罗斯科・庞德(Roscoe Pound)将其描述为"一场实用主义法哲学运动;其目的是调整各种原则与理论来适应这些理论治理下的人类处境(human conditions),而不是人类的处境适应这些假定的第一原则;要把人类因素放在中心位置而把逻辑贬抑到其真正合适的工具位置"④。社会法理学强调法律是社会控制的一种方式,是满足社会需求的一种手段,而不是抽象的权利或正义制度;人类可以明智地运用立法来完善社会制度;法律的效力是由其实际的运行效果来决定的,而不是抽象的逻辑。⑤

1877 年最高法院在芒恩诉伊利诺伊州案中,7 比 2 的多数宣判,"伊利诺伊州限制电梯操作收费的法律是合宪的,因为州有权就本州人民的健康、安全、道德和社区福利问题而立法,这是州的监管权的一部分"⑥。最高法院提出了公共福利与公共利益的原则,即"根据普通法的传统,当一项私有财产(或事业)被用来服务大众时,它就不再是纯粹意义上的私有财产了,由于它的使用与公众的利益有关,它的使用方式自然也要受到公众社会的管理"⑦。

路易斯・D. 布兰代斯在穆勒诉俄勒冈州案(*Muller v. Oregon*)(1908)中将

---

① Charles R. McCann, Jr., *Order and Control in American Socio-Economic Thought: Social Scientists and Progressive-Era Reform*, London and New York: Routledge, 2012, p. 11.

② Ibid.

③ James E. Anderson, *The Emergence of the Modern Regulatory State*, Washington, D. C.: Public Affairs Press, 1962, p. 24.

④ Ibid., pp. 24 - 25.

⑤ Ibid., p. 25.

⑥ 王希:《原则与妥协:美国宪法的精神与实践》,北京:北京大学出版社,2014 年,第 345—346 页。

⑦ 同上书,第 346 页。

社会法理学引入了最高法院。争论的问题就是一项俄勒冈州法的合宪性,即在制造业和洗衣业中妇女一天最长的工作时间不能超过 10 小时。以往,有关劳动法的论证,是根据财产权、契约自由与阶级立法的原则进行抽象的论辩。布兰代斯在其为俄勒冈州辩护的诉讼摘要(或委托辩护)中,支持此类立法,为此,他强调了与之息息相关的经济与社会因素和他所称之为的"世俗经验"(the world's experience);而有关法律规则与先例的讨论他只用了 2 页来讨论。① 布兰代斯的这种做法,"即引用案件所涉及的社会事实和统计数据,而不是法律先例,来说明立法必要性和合理性的做法,开创了新的法律辩护形式。这种法律辩护形式和文件统称为'布兰代斯诉讼法'(Brandeis brief)"。②

在保护劳工权益方面,霍姆斯自 1905 年的"洛克纳诉纽约州案"中就开始反对所谓的"契约自由"而站在劳工一边。他认为:1897 年纽约州议会制定的"面包房工人每天工作不能超过 10 小时,以保护他们的健康"的州法"应被视为多数人的意志,它并没有抵触联邦宪法";他提出"如果仅凭联邦宪法第十四条修正案中的'自由'一词去阻止大多数意见的结晶,则'自由'一词,已受到曲解和滥用"。③ 此后在 1915 年的"考佩治诉堪萨斯州案"(Coppage v. Kansas)中,霍姆斯继续维护劳工利益,他提出了其异议:"在现存的条件下,工人可能自然相信,只有加入工会,他才能保证获得对他公正的契约。……在长远来看,制定这类立法对工人是否明智,并非我的考虑;但我强烈认为,宪法并不存在任何条款去阻止这类立法。"他主张,要制定保护劳工立法,将"治安权用于平衡雇主和雇工的经济权利"当中,以保护其获得"平等的谈判地位"的自由。④

第三,通过优生学与移民控制来保护文化、文明与种族。这一时期的社会改革往往同有目的的通过设计与规划来实现社会进步的社会试验联系在一起。此

---

① James E. Anderson, *The Emergence of the Modern Regulatory State*, Washington, D. C. : Public Affairs Press, 1962, p. 25.

② 任东来,胡晓进等著:《谁来捍卫法治:10 位最有影响力美国大法官的司法人生》,北京:中国法制出版社,2019 年,第 188 页。笔者注:不过该案在一些主张男女平权的女权主义者看来,布兰代斯强调女性因其与男性身体的差异,需要"特别保护"这一论据,实际上是强化了有关性别上的成见,最终限制了女性的经济机会。See "Muller v. State of Oregon", retrieved from https://www. britannica. com/event/Muller-v-State-of-Oregon, at August 20,2021.

③ 任东来,胡晓进等著:《谁来捍卫法治:10 位最有影响力美国大法官的司法人生》,北京:中国法制出版社,2019 年,第 150—151 页。

④ *Coppage v. Kansas*, 236 U. S. 1,27(1915),转引自任东来,胡晓进等著:《谁来捍卫法治:10 位最有影响力美国大法官的司法人生》,北京:中国法制出版社,2019 年,第 152 页。

类社会改革的依据是"达尔文式科学与道德哲学"。①优生学家麦迪逊·格兰特（Madison Grant）在 1916 年的《那个正在消逝的伟大种族》（*The Passing of the Great Race*）中写道：

> "通过清除弱者与不适者——换句话说就是社会失败者——而进行的一个严格的选择与淘汰的体系，将会解决一百年来的所有问题，同时也能让我们清除那些充塞于我们的监狱、医院和精神病院的不受欢迎之人。在其有生之年，这些个人会得到共同体的滋养、教育与保护，但是通过绝育的手段，国家必须确保其血统到此为止，否则其下一代就会受到诅咒，这些受害者会不断地加重受到误导的多愁善感人士的负担。"②

在阻断不适者的下一代人方面，教会也要承担其责任。在造成劣等类型的人繁衍、阻断自然惩罚那些劣等人不计后果地生育方面，利他主义、慈善或多愁善感会对这一高尚目标起到阻碍作用。③"聋哑人的婚姻在一代人以前被欢呼为人道的胜利。现在则被公认为绝对是一个反种族罪行。"④他认为，酗酒也会造成一个伟大种族的消失，"现在的北欧人正在承受酗酒与饮酒这个北欧人的恶习的选择与甄别"。⑤ 这种思想看似与增进社会福利的进步主义思想格格不入，但从个人改善与种族进步的角度看却并不冲突。这种思想极力抵制自由放任人口的增长的经济学说。对此，西蒙·佩顿、耶鲁大学的欧文·费舍尔（Irving Fisher），哈佛大学的经济学家弗兰克·陶西格（Frank Taussig），哥伦比亚大学的经济学家亨利·罗杰斯·西格尔（Henry Rogers Seager）都从不同的角度赞成优生学的理论。比如西格尔主张：在推行最低工资和社会保险立法的过程中，

---

① Charles R. McCann, Jr., *Order and Control in American Socio-Economic Thought: Social Scientists and Progressive-Era Reform*, London and New York: Routledge, 2012, p. 22.

② Madison Grant, *The Passing of the Great Race, or the Racial Basis of European History*, New York: Charles Scribner's Sons, 1916, pp. 46 - 47, quoted from Charles R. McCann, Jr., *Order and Control in American Socio-Economic Thought: Social Scientists and Progressive-Era Reform*, London and New York: Routledge, 2012, pp. 22 - 23.

③ Madison Grant, *The Passing of the Great Race, or the Racial Basis of European History*, New York: Charles Scribner's Sons, 1936(Fourth Revised Edition), p. 48.

④ Ibid., pp. 49—50.

⑤ Ibid., p. 55.

需要设定一条尤为重要的法规,即规定"对有先天缺陷者进行隔离或绝育"。①

致力于人口"质量提升"(enhancement)的愿望是进步主义时代社会政策变革的心理原因。倡导节育的玛格丽特·桑格 1922 年在其书《文明的枢纽》(The Pivot of Civilization)中,一再强调优生学告诉我们对那些弱智低能的女性进行绝育是必要的,长期以来在生育方面不受限制的、自由放任政策造成了极大的危害:不适者和弱智低能者的高生育率与适者的低生育率不利于种族的更新换代、社会重建与文明进步,因此,对前者进行绝育或隔离是必要的,这样才能够使健康人口(适者)的比例高于不健康人口(不适者);在解决现代工业社会面临的问题上,节育是可以扭转乾坤的"枢纽性因素"(pivotal factor)。②

此外,为了维护美国文化的独特性,必须限制(如有必要,可以采取强制手段)那些生理或文化上的劣等人的数量,比如黑人、东欧和南欧人、亚洲人。在移民问题上,可以实施严格的移民配额制度。为了控制移民潮,《1891 年的移民法》不准下列人士入境,包括"所有的白痴、精神病人、穷人或可能成为公众负担之人、令人讨厌者或患有危险传染病者、重罪犯或其他犯有恶名昭彰罪行的人或涉及道德堕落的品行不端者、[还有]多配偶者……"。③1907 年 3 月 14 日,罗斯福签署了 589 号行政令,禁止"已经拥有去墨西哥、加拿大或夏威夷护照的日本或朝鲜劳工,无论有无技术特长"入境。④

最后推进行政机构改革,即文官考试制度取代政党分配的恩荫制,创立政府"第四个分支机构"(fourth branch agencies),即独立的规制委员会。行政机构改革是进步主义运动的重要组成部分。安德鲁·杰克逊将政党分肥制度引入行政机构。不过到了 19 世纪晚期,一方面,其他国家正在进行行政机构的改革,另一方面,人们认为在商业上已经得到了证明行之有效的人员管理方法,同样也可以应用于政府。再加上明目张胆的、政治徇私行为频繁地成为政治打击的目标。

---

① Charles R. McCann, Jr., *Order and Control in American Socio-Economic Thought: Social Scientists and Progressive-Era Reform*, London and New York: Routledge, 2012, p. 23.

② Margaret Sanger, *The Pivot of Civilization*, Oxford: Pergamon Press, 1969 (1ˢᵗ edition, 1922), pp. 101 – 104;127.

③ Charles R. McCann, Jr., *Order and Control in American Socio-Economic Thought: Social Scientists and Progressive-Era Reform*, pp. 24 – 25.

④ Ibid., p. 25.

由此,推行文官制度改革就成为一种防御性的措施。①

在19世纪后期,随着联邦政府规模的不断扩大,有许多事情需要去处理而更少审议的可能。因为工业社会下国会需要处理的问题堆积如山,它不再也无力作为一个整体来处理诸多问题,而是开始把许多问题交给委员会去处理。国会对委员会的处理结果可以进行修正。这样,整个国会的工作倾向于对委员会的工作进行评估,而不是进行立法。②当然,这些委员会的创立也与进步主义者倡导的行政改革理念相关,即政治与行政分立。行政逐渐成为一门"科学"委托给专家,这样就可以与选举政治隔绝,做到超脱于政治之外。由此,独立的规制委员会就成为自然而然的选择。这"第四分支机构"拥有其创建者授权的独立性,而且它们的独特之处在于被授予了立法、行政与司法的三权合一的大权。这些机构可以立法——拥有制定规则的联邦立法之全权——它们能够执行法规,也可以裁断规制争端。③对此,日本学者冈山裕(Hiroshi Okayama)也认为,这些独立的规制委员会的主要特色是:"多成员的专门小组形式、成员任免不受总统的裁断、成员任职时间远远要比总统的四年任期长。它们也以一事一议的决策方式(case-by-case approach to decision-making)和法院式行政程序(court-like administrative procedures)而著名。"④

二、 进步主义者内部关于规制国家的分歧

有关规制国家,进步主义者之间也存在着不少分歧。如果选取一个历史事件来说明的话,或许首选应该是1912年的总统大选。

1. 1912年总统大选与规制国家之争

1912年直接民主制已经从各州波及全国政治,1912年5月,参议院已经通过了一项合众国宪法修正案,允许选民直选参议员;许多州首次实施初选制,遴选自己送往全国代表大会的代表;甚至有些代表呼吁民主的权力要延伸到司法

---

① Randall G. Holcombe, *From Liberty to Democracy*：*The Transformation of American Government*, Ann Arbor：The University of Michigan Press, 2002, p. 175.

② Ibid., p. 183.

③ Thomas C. Leonard, *Illiberal Reformers*：*Race, Eugenics and American Economics in the Progressive Era*, Princeton and Oxford：Princeton University Press, 2016, p. x.

④ Hiroshi Okayama, *Judicializing the Administrative State*：*The Rise of the Independent Regulatory Commissions in the United States*, *1883 - 1937*, London and New York：Routledge, 2019, p. 2.

机关。①可以说 1912 年的选举无异于一场政治革命,它决定着在因应工业化与工业资本主义方面,采取何种政治道路与政治制度才是最佳方案。②进而言之,主要涉及两大问题:一是,面对 19 世纪后期 20 世纪初新兴且强大的巨型企业,美国应该如何调整? 二是,伴随着经济的集中化,民主政治如何维系?③

在 1912 年总统大选的角逐中,威廉·霍华德·塔夫脱作为共和党的总统候选人与在任总统,为争取连任总统而战;尤金·德布斯作为社会党的总统候选人,为工人与社会主义而战;西奥多·罗斯福则因不认可以塔夫脱为代表的共和党保守势力,愤而另组新党,为进步党和新国家主义而战;伍德罗·威尔逊作为民主党的总统候选人,为新自由而战。

(1)威廉·霍华德·塔夫脱的保守主义类型(或法律主义)的规制国家

塔夫脱在 1912 年接受共和党总统提名的演说中开篇就声明:共和党将继续"推进自由与真正繁荣"的共和党历来的政策。不过,"近十多年来,我国经历了一场划时代的物质进步,而这在以往的世界是从未有过的。在这一过程中,确实有一些罪恶溜了进来"。④ 在对待大商业问题上,塔夫脱和罗斯福都认为现代大企业与经济集中是不可避免的自然结果,其效率最大化的生产方式是有益于公众的。只要不是致力于垄断,处于适当竞争的环境中,并受到很好规制的大企业是不应该遭受损害的。布赖恩与民主党人的政策是毁灭性的,而罗斯福的政策是允许商业继续发展,但要规制商业中形成的种种弊端。与罗斯福政府进步主义规制商业政策上有所不同之处是:塔夫脱将采取更为及时、精确的限制与惩罚商业上的垄断行为,同时尽最大限度不妨碍正当合法的商业;应该通过司法救济,而不是行政救济的途径,规制托拉斯。在对待参议员直选和个人收入所得税

① Brett Flehinger, *The 1912 Election and the Power of Progressivism: A Brief History with Documents*, Boston and New York: Bedford/St. Martin's, 2003, p. 32. 笔者注:1912 年 5 月 13 日,国会两院通过了第 17 条宪法修正案,1913 年 4 月 8 日,在伍德罗·威尔逊就任总统一个月之后,各州批准了该修正案,正式成为美国宪法的一部分。

② Johnathan O'Neill, "Constitutional Conservatives in the Progressive Era: Elihu Root, William Howard Taft, and Henry Cabot Lodge, Sr. ", no. 5, 2013, retrieved from http://report. heritage. org/mapT-05, at July 31, 2021.

③ Brett Flehinger, *The 1912 Election and the Power of Progressivism: A Brief History with Documents*, Boston and New York: Bedford/St. Martin's, 2003, p. 32.

④ William Howard Taft, "Address Accepting the Republican President Nomination", https://www. presidency. ucsb. edu/documents/address-accepting-the-republican-presidential-nomination-0, at August 2, 2021.

宪法修正案上,塔夫脱赞成前者,反对后者,认为后者是不必要的;在妇女拥有选举权方面,他保持适度认可的态度。他支持自然资源保护的立法,赞同建立一个司局级保护国民健康的卫生部门,关注农村问题,认可继续高关税政策,外交上致力于和平外交。最后塔夫脱总结道,他将继续推进罗斯福推行的进步与规制的各项政策。①

在对待规制机构方面,塔夫脱在 1926 年的迈尔斯诉合众国(*Myers v. U. S.*)案中,比较清晰地反映了其规制国家观:他承认现代规制机构的目的就是要求其行动要与行政机关的直接控制保持一定的距离,总统在规制机构处理特定案子的过程中进行干预可能是不正当的。不过,他对将裁断权交由规制机构中的某位官员的做法是否正当也持怀疑的立场。换句话说,国会不具有正当的权力去创立独立的规制委员会,允许那些官员执行并强制实施法律,美其名曰不持政治立场的进行规制的"专家",进而使得总统无权罢免他们。如此做法,违背了三权分立的原则与公共官员要对公众负责的原则。②

简言之,塔夫脱并不反对规制国家,但他理想中的规制国家的核心理念是公正,是法律主义与宪法中心取向的,即规制的行为必须是正当的、合宪的,要通过推动程序性的正当程序、个人权利与运用法院式对抗性程序实现公平与公正。③在某种意义上,可以这样说,塔夫脱的法律主义思维使得他能够成为一位优秀的最高法院的法官,却无法成为顺应民意的好总统。因为他"骨子里就是一位法律主义者与保守主义者。他无论先天还是后天都不是一个政党领袖,而是一个律师与法官"。④ 就规制经济与社会程度而言,塔夫脱的规制国家属于低度规制。

(2) 尤金·德布斯的社会主义式规制国家

作为社会党的总统候选人,德布斯支持从根本上改造美国宪政,在现有的政

---

① William Howard Taft, "Address Accepting the Republican President Nomination", https://www. presidency. ucsb. edu/documents/address-accepting-the-republican-presidential-nomination-0, at August 2,2021.

② Johnathan O'Neill, "Constitutional Conservatives in the Progressive Era: Elihu Root, William Howard Taft, and Henry Cabot Lodge, Sr. ", no. 5,2013, retrieved from http://report. heritage. org/mapT-05, at July 31,2021. 笔者注:1921 至 1930 年间塔夫脱任最高法院首席大法官,是美国历史上唯一一位既做过总统,也当过首席大法官的人物。

③ Hiroshi Okayama, *Judicializing the Administrative State: The Rise of the Independent Regulatory Commissions in the United States, 1883 - 1937*, London and New York: Routledge, 2019, p. 28.

④ Brett Flehinger, *The 1912 Election and the Power of Progressivism: A Brief History with Documents*, Boston and New York: Bedford/St. Martin's, 2003, p. 49.

府结构下,真正的改革是无法实现的。我们不妨通过 1912 年社会党政纲来了解德布斯理想中的规制国家。

1912 年的美国社会党纲领强调资本主义制度的发展已经超出了其历史的功能,"已经完全不能解决当下社会所面临的各种问题。我们谴责这个过度发展的腐败无能的制度,它已经成为全体工人阶级无可言表的悲惨与苦难的来源"。① 在这一体制下,美国的工业设施已经沦入到金权政治的绝对控制中。工人、农民、小商人都处于这一"毫无灵魂的工业专制"之下。而面对着资本主义制度的种种弊端,共和党和民主党的立法机关的代表们依然"甘心做这些压迫者信实的仆人"。"为了社会的福利","唯有通过社会主义"才能救济并在实质上缓解这些资本主义弊端,服务于公共利益的工业政策才能得以贯彻,工人们才有望得到"其所创造财富的全部社会价值"。②

作为工人阶级经济利益的政治代言人的社会党(Socialist Party),为争取工人阶级的新自由而战,为"从经济个人主义转向社会主义、工资奴役转向自由合作、资本主义寡头政治转向工业民主"而战。③

就具体策略而言,首先,核心就是实行集体所有制,比如所有的交通、通讯和大企业、土地、银行与货币体系都要实行集体所有与民主管理;涉及诸如谷物升降机等农业机构要立即实行市、州和联邦政府所有;此外,矿产、水利、森林等领域也要实行公有制。④其次,在失业方面,政府要通过开展有益的公共工程进行直接的救济;政府要建立就业局等举措。⑤第三,保存人力资源,特别是注重维护工人及其家庭的生活与福利,比如定期休假、最低工资、缩短劳动时间、禁止童工等措施。最后,政治上的一系列举措,比如新闻、言论与机会的绝对自由,个人收入累进所得税,废除专利的垄断制度代之以集体所有制,实施创制权、复决权和罢免权,取消参议院和总统的否决权,劳动局从商业与劳动部中独立出来,控制法院发布禁令的权力,教育局升级为教育部,改总统选举人团制为人民直选等。⑥其

---

① "Socialist Platform of 1912", Arthur M. Schlesinger, Jr. ed., *History of U. S. Political Parties*, *vol. III*, 1910-1945, *From Square Deal to New Deal*, New York: Chelsea House Publishers, 1973, p. 2486.
② Ibid., pp. 2486-2487.
③ Ibid., p. 2488.
④ Ibid., pp. 2488-2489.
⑤ Ibid., p. 2489.
⑥ Ibid., p. 2490.

中部分举措在后来变成了现实,比如以工代赈在罗斯福新政时得以实施。鉴于其所展望的规制国家是一种全面的规制,甚至是全面控制的有益于工人阶级,同时也有益于被压迫人民权益的国家计划,因此,带有明显的激进性质,很难赢得其他阶层人士的拥护与认可。就规制经济与社会程度而言,属于全面规制国家。

(3)罗斯福的新国家主义式规制国家

面临工业资本主义与自由放任政策所带来的种种危机,罗斯福给出的解决方案就是通过新国家主义,致力于提升人权的真正民主国家。其核心主张就是运用汉密尔顿主义手段来实现杰斐逊民主的目标。罗斯福在《罗斯福自传》中写道:"理解和实践林肯派美国政治思想哲学的人,必定也认同汉密尔顿关于建立强有力的国民政府的主张,以及杰斐逊所提出的人民才是终极权威,政府的终极目标是为人民造福的思想。"[1]

就工业资本主义与大商业而言,在承认工业资本主义与大企业所带来的物质繁荣与经济效率方面,罗斯福与塔夫脱的观点大同小异。不过,罗斯福基于"合理原则"(the rule of reason)对大商业与托拉斯进行了合理与否的区分,即好的托拉斯与坏的托拉斯。[2]他认为,类似民主党人的以"个人主义的思想来拯救业已存在的个人主义所产生的后果",进而"打算用摧毁它们的方式,将国家经济状况打回到19世纪中期的模样",这是"典型的小农保守主义意识","他们混淆了垄断企业与大企业合并的本质,却采用了将两者一网打尽的行动,而不是限制其中一者并严格控制另一者的措施"。[3]因此,"新国家主义把行政权力视为公共福利的统筹人(steward)。它要求司法部门应重点关注人类福利,而不是财产,一如要求代表机关应该代表全体人民,而不是其中的任何一个阶级或部门"。[4]

可以说,与伍德罗·威尔逊的规制国家观相比,罗斯福在对待大企业方面,强调的是规制联合(regulated combination)与垄断。早在1905年,罗斯福对国会议员就说,"这是联合的时代。任何想要阻止所有联合的尝试不仅是徒劳无功

① [美]西奥多·罗斯福著:《罗斯福自传》,范斌珍译,天津:天津人民出版社,2017年,第234页。
② Carl Resek ed., *The Progressives*, Indianapolis and New York: The Bobbs-Merrill Company, Inc., 1967, p. 181.
③ [美]西奥多·罗斯福著:《罗斯福自传》,范斌珍译,天津:天津人民出版社,2017年,第235页。
④ Theodore Roosevelt, "The New Nationalism (Speech at Osawatomie, Kansas, August 31, 1910)", Arthur M. Schlesinger, Jr. ed., *History of U. S. Political Parties*, vol. III, 1910-1945, *From Square Deal to New Deal*, New York: Chelsea House Publishers, 1973, p. 2582.

的,而且最终也会是邪恶的,这不可避免地会造成因执法不力而蔑视法律的情况发生"。① 不过,由此也产生了"有利于发展的好的,同时也产生了……坏的"境况。他警告道:"一些弊端是真实存在的,其中部分是来势汹汹的;但它们是一种繁荣的过度发展的产物,而不是悲惨或衰落之过度发展的产物——是工业发展进程的产物。不应该遏制工业的发展,而是应该与之并肩工作,应该通过进步立法,逐渐消除其弊端。……我们应该具备常识与果敢,耐心地继续区分出好坏,扬善除恶。"②

管制的目的应该是清除公司的弊端,使其"为公益服务",而不能因噎废食。我们的方针是"反对不当行为,但不与财富为敌"。③ 只要在政府的适当管制下,他并不担心经济集中。真正需要做的并不是"不分青红皂白,禁止所有协定",并不是要禁止竞争,"但要阻止那些有害于公众的任何限制竞争的行为,对其进行充分的监管"。④ 1907 年 10 月给国会的年度咨文中,罗斯福提出了一项"十分激进的联合计划"。他说道,为了使规制联合的各项法律切实有效,就"应当交由一个行政机关来进行管理,而不是仅仅通过法律诉讼的方式。它们应当……预先阻止造成各种无良且不当联合的胡作非为,而不是等到木已成舟,然后试图通过刑事或民事诉讼来摧毁它们"。⑤ 他建议采用全国公司注册(incorporate)、营业许可,或这两种方式杂然之,作为合适的规制手段。因此,罗斯福的规制国家理念是,在商业合作的基础上,采用行政规制而不是司法规制的方式来解决工业资本主义发展过程中出现的种种弊端。作为罗斯福新国家主义的拥护者,威斯康星大学校长查尔斯·范·希斯(Charles Van Hise)写道:"工业集中与合作是为了获得效率,这是世界性运动。美国不能螳臂当车……要么我们必须修正当前过时的有关集中与合作的法律以同世界性运动合拍,要么就会在世界市场的竞争中被甩在后面。集中与合作对工业进步来说是必要条件;但如果我们允许集中与合作,为了保护人民,必须进行管控,而唯有通过行政管理委员才有可能进行充分的管控。"⑥

---

① James E. Anderson, *The Emergence of the Modern Regulatory State*, Washington, D. C.: Public Affairs Press, 1962, p. 27.

② Ibid.

③ Ibid, p. 127.

④ Ibid., pp. 127-128.

⑤ Ibid., p. 128.

⑥ Ibid., p. 133.

对此,美国学者戴维·罗森布卢姆(David Rosenbloom)指出:在宪政分权与共权(the Constitution's system of separated and shared powers)的范围内,美国的公共行政管理就其本质与目标而言,对公共政策进行评估存在着三种彼此冲突的研究取向,其所致力于的价值理念与组织结构各不相同:管理主义视角(managerial perspective)关注的是推行公共政策的政府机制,强调政策执行的效率与韦伯式科层官僚制的运用;"政治主义视角"(political perspective)关注的是政府职能中政策议程的设定与形成过程,看重民选官员之于公民的代表性(representativeness),快速反应或敏感性和负责,而且强调多元主义的组织路径,即"政府运行的代表性、反应度与负责性";而法律主义视角(legal perspective)关注的是政府职能中对涉及个体维护权利相互冲突的诉求、或是合法公认的利益集团的彼此冲突或是对冲突的政府诉求进行裁断的政府职能,主要致力于推动程序性的正当程序、个人权利与运用法院式对抗性程序实现公平/公正(equity/fairness)。[①]以此观之,罗斯福的规制国家理念尽管徘徊于管理主义与政治主义之间,但管理主义更显浓厚。就规制经济与社会程度而言,属于行政主导的适度规制国家。

(4) 伍德罗·威尔逊的新自由式规制国家

威尔逊的新自由式规制国家是建立在历史主义与进化论两大理论基石之上的。美国著名的研究威尔逊思想的学者罗纳德·J. 佩斯特里托(Ronald J. Pestritto)写道:"威尔逊信奉一种有机国家观(an organic concept of the state),植根于历史主义——特别是拒斥自然权利理论的历史主义之中。"由此,威尔逊"支持增强民族国家权力,认为一个更加强大、集权的国家是美国历史发展的自然结果"。[②] 在威尔逊看来,对美国的建国以及《独立宣言》与美国宪法中的社会契约与自然权利的语言要从进步主义的角度进行理解,而不能仅从普世主义的抽象自然权利的角度解读。因此,并不存在一个适用于千秋万代的单一形式的公义政府(just government)。也就是说,随着历史的前进,人类的环境也在不断改善,曾经作为限制政府的那些手段与制衡措施也就不再必要,而且越来越不合

---

① David H. Rosenbloom, "Constitutional Perspective on Public Policy", *Policy Studies Journal*, vol. 16, no. 2, 1987, pp. 233 - 234; Hiroshi Okayama, *Judicializing the Administrative State: The Rise of the Independent Regulatory Commissions in the United States, 1883 - 1937*, London and New York: Routledge, 2019, p. 28.

② Ronald J. Pestritto, *Woodrow Wilson and the Roots of Modern Liberalism*, Lanham: Rowman & Littlefield Publishers, Inc. , 2005, p. 24.

公义了。①因此,现代的政府必须超越权力的分立,而变成一个"有着统一的人民意志的国家",因此,"为了贯彻人民的意志,国家必须不受羁绊"。②

威尔逊在 1912 年的总统竞选演说"变革旧秩序"(The Old Order Changeth)中讲道:"我们正处在新的社会组织之中。我们的生活已经告别了过去。美国人现在的生活与 20 年前不一样。我们的经济条件从头到脚发生了绝对性的变化。原有的政治公式不适合解决当前的各种问题;它们读起来就像是年代久远的文献。"③现代的商业、交通、通讯的发展,让我们感觉"个人已经湮没了"。④ 而当大多数人及其个性被"庞大组织的目标和个性吞噬""沦为公司的仆人"之时,"少数人,极少的一小撮人的权力被抬高到以往作为个人从未运用过的地步"。⑤ 现在的雇主们"正如我所说的,普遍不再是一个人,而是一个权势显赫的集团;然而工人在现有的法律之下与他的雇主打交道时,却是个体"。⑥ 因此,"我们的国家的法律机关最需要照顾的是那些正在争取成功的人们,而不是已经功成名就之士"。⑦ 但我们的政府目前采取的管制商业的做法的实质是"政府与商业的密切合作",由此发展出了许多邪恶的、政府徇私偏袒的体制与计划出来。⑧在此,威尔逊暗指塔夫脱和罗斯福的共和党人政府的规制经济政策。由此,"要变革那个旧秩序——我们眼中的变革,不再是安安静静、按部就班地,而是雷厉风行、热火朝天、大张旗鼓地重建"!⑨

威尔逊宣布:"美国将会坚决主张在实践中恢复那些其一再宣示过的理想,要确保政府致力于全体人民的利益,而不是服务于特殊利益。"⑩这就需要"富有创造力的政治家"(creative statesmanship)。⑪那么这位创造性的政治家的治国

①　Ronald J. Pestritto ed. , *Woodrow Wilson*: *The Essential Political Writings*, New York: Lexington Books, 2005, Introduction by Ronald J. Pestritto, p. 2.

②　Ibid. , p. 3.

③　Woodrow Wilson, "The Old Order Changeth (1912)", Arthur M. Schlesinger, Jr. ed. , *History of U. S. Political Parties*, vol. III, 1910 - 1945, *From Square Deal to New Deal*, New York: Chelsea House Publishers, 1973, p. 1846.

④　Ibid. , p. 1847.

⑤　Ibid. , p. 1847.

⑥　Ibid. , pp. 1847 - 1848.

⑦　Ibid. , p. 1850.

⑧　Ibid. , pp. 1852 - 1853.

⑨　Ibid. , p. 1854.

⑩　Ibid. , p. 1854.

⑪　Ibid. , p. 1854.

方略是什么呢？就是用行政与政治分立来取代传统的三权分立,其核心就是行政酌情裁断权(administrative discretion)。①

就其规制国家观而言,威尔逊在路易斯·布兰代斯的建议下,提出规制国家的重点是"规范竞争而非管理垄断,以保护公平竞争的市场环境";而管制竞争的好处是能够"使中小业主有平等的竞争机会"。②对此,作为威尔逊竞选总统的智囊之一的布兰代斯指出:"规制竞争"的拥护者们"坚信在那些受到托拉斯压制的工业部门中能够而且应该恢复竞争。他们相信现有的规制手段以及能够设计出来的规制手段都不能清除私人垄断中潜在的威胁或飞扬跋扈的金融权力。而且,设若在将来在任何工业部门中垄断深得人心的话,那么垄断也应该是公共垄断——民有的垄断,而不是归资本家所有。"③

简言之,尽管罗斯福与威尔逊的主张同属进步主义,但威尔逊的规制国家观是现代自由主义的或进步自由主义的,其规制竞争,而不是规制垄断的做法,有利于那些有待成功的或正在争取成功路上的人们,而有别于罗斯福的那种与功成名就的大企业进行合作的做法。就其规制经济与社会的程度而言,相比于罗斯福的新国家主义而言,威尔逊版本的规制国家会较罗斯福的激进一些,但远远没有达到德布斯的程度。

2. 社会进步主义者、强制进步主义者与规制国家

有关进步主义围绕规制国家在其他方面的争论,我们在此以美国学者阿瑟·S·林克和理查德·L.麦考密克(Arthur S. Link and Richard L. McCormick)的划分为依据,即社会进步主义者(social progressives)与强制进步主义者(coercive progressives)。④在笔者看来,或许将二者定名为社会进步主义者与国家进步主义者更容易理解一些。

社会进步主义者主要是指那些力图让生活更公正、更宽容、更体面的中上阶级人士。其成员的改革动力比较多元,既包括基督教的社会福音运动、女权主

---

① Ronald J. Pestritto ed., *Woodrow Wilson: The Essential Political Writings*, New York: Lexington Books, 2005, Introduction by Ronald J. Pestritto, p. 24.

② 任东来,胡晓进等著:《谁来捍卫法治:10位最有影响力美国大法官的司法人生》,北京:中国法制出版社,2019年,第192页。

③ James E. Anderson, *The Emergence of the Modern Regulatory State*, Washington, D. C.: Public Affairs Press, 1962, p. 134.

④ Arthur S. Link and Richard L. McCormick, *Progressivism*, Wheeling, Illinois: Harlan Davidson, Inc., 1983, pp. 72‐96.

义、社会主义、平民主义,也包括力图运用科学知识与专业知识改造社会的专职人员。[1]这方面代表性的社会改革包括睦邻安置之家运动(social settlement)[2],黑幕揭发运动、市政管家运动、环境保护运动等争取社会正义的运动。而强制进步主义者则更多是许多本土出生的美国人发起的,力图将其生活与文化强加于其他种族或民族团体,乃至进行隔离、排外的运动。诸如排华运动、针对黑人的种族隔离以及上文提到的各种优生运动等。[3]大体来说,在规制国家方面,社会进步派相较于强制进步主义者来说,更多倾向于采用非政府的志愿组织方式进行改革,即便是借助政府力量,也是更多或更愿意诉诸市或州政府的力量;前者追求的目标更多是社会正义,而后者更关注的是社会控制与强制。

第4节　规制国家的引路人:罗斯的社会控制理论

　　"我们的社会组织已经发展到了这样的阶段:原有的正义已经捉襟见肘了。我们需要年复一年地给十诫增添新的内容。信贷机构的增加,信托关系的扩展,工业与法律的交织,政府与商业的交融,董事会与检查员的激增,——尽管这些原本是有益的,但它们也招引来了罪恶。它们打开了多少贪婪之门啊!它们让多少寄生虫吮吸我们啊!在新的形势下吟诵旧的祈祷词是多么徒劳无益啊!"

——爱德华·A. 罗斯[4]

---

[1] Arthur S. Link and Richard L. McCormick, *Progressivism*, Wheeling, Illinois: Harlan Davidson, Inc., 1983, p. 73.

[2] 笔者注:该词译法比较多样,"社区服务中心""睦邻安置之家""社会服务中心"等。尽管在翻译上略有差异,但所指向的运动是同样的,均为"睦邻安置之家"运动,即 the settlement houses movement。就改革运动的核心目标与手段而言,或许睦邻安置之家更为准确些,毕竟该改革运动的核心是要让那些新移民能够安家落户,让底层民众安居乐业,改革者的初心是"安得广厦千万间,大庇天下寒士俱欢颜"。

[3] Arthur S. Link and Richard L. McCormick, *Progressivism*, Wheeling, Illinois: Harlan Davidson, Inc., 1983, pp. 96 - 103.

[4] Edward Alsworth Ross, *Sin and Society: An Analysis of Latter-Day Iniquity*, Boston and New York: Houghton Mifflin Company, 1907, p. 40.

1896 到 1898 年间,美国社会学家爱德华·A. 罗斯(1866—1951)在《美国社会学学刊》上发表了若干以"社会控制"为题相关论文,宣告其极具原创性的社会控制论的初步提出;1901 年,《社会控制:对秩序基石的一项勘察》的出版则标志着爱德华·A. 罗斯的社会控制论的最终形成。①罗斯因《社会控制》而享誉全美,进而奠定了其美国"社会学的拓荒人与诠释者"与进步主义改革家的地位。②此后,罗斯的社会控制论经历了近半个世纪的发展与兴盛后,至二战后趋于衰落,社会学家们甚至不再使用"社会控制"的概念,转而以"规范"(norms),"整合"(integration)和"社会制裁"(social sanctions)等术语取而代之。③罗斯的社会控制论乃是对 19 世纪末 20 世纪初美国的现代化转型中出现的种种失序问题的理论因应。考察罗斯的社会控制理论有助于我们认识进步主义者理论家对社会之恶的批判与重建。

一、 罗斯的学术生涯及其时代背景

考虑到罗斯的人生历程反映了"个人与国家的发展",我们有必要简略地梳理其个人情况。④罗斯 1866 年 12 月 12 日生于伊利诺伊州弗登市,是农场主威廉·卡彭特·罗斯与教师瑞秋·艾尔斯沃斯之子。1874 年,其母离世,18 个月后,其父也去世了。1876 年秋,艾奥瓦州马里昂镇的地方治安法官约翰·毕奇(John Beach)收养了他,并给他提供了一个温馨而不失严苛的家庭环境。⑤

1886 年罗斯毕业于宣扬正统派基督教思想的科伊学院,获得了文学学士学位,之后赴柏林大学学习一年,并游历了法国与英国(1888 至 1889 年间)。随着对赫伯特·斯宾塞与查尔斯·达尔文著作的研习,他原有的基督教理念受到了

① 其社会控制论的大致历程参见:Edward Alsworth Ross, *Social Control: A Survey of the Foundations of Order*, New York: The Macmillan Company, 1901, preface, p. vii。

② J. O. Hertzler, "Edward Alsworth Ross: Sociological Pioneer and Interpreter", *American Sociological Review*, Vol. 16, No. 5, 1951; Julius Weinburg, *Edward Alsworth Ross and the Sociology of Progressivism*, Madison: The State Historical Society of Wisconsin, 1972, p. 89.

③ Julius Weinburg, *Edward Alsworth Ross and the Sociology of Progressivism*, p. 94.

④ Sean H. Mcmahon, *Social Control & Public Intellect: The Legacy of Edward A. Ross*, New Brunswick (U. S. A.) and London (U. K.): Transaction Publishers, 1999, Introduction, p. xi.

⑤ Julius Weinberg, *Edward Alsworth Ross and the Sociology of Progressivism*, Madison: The State Historical Society of Wisconsin, 1972, pp. 3 - 6.

冲击。[1]1890 年他开始了在约翰·霍普金斯大学的研究生学习,主攻经济学。1891 年在理查德·T. 伊莱的指导下获得了约翰·霍普金斯大学政治经济学博士学位。在此期间,罗斯受其老师,如理查德·伊莱、詹姆斯·布莱斯、伍德罗·威尔逊等影响很深。他们大多关注当时美国的社会问题,主张学术与改革相结合。此外,莱斯特·弗兰克·沃德的改良主义社会学对其影响亦不可小觑。1892 年他与沃德的侄女罗莎曼德·西蒙斯结为伉俪。[2]

在其早期职业生涯中,罗斯先后担任了印第安纳大学教授(1891 至 1892 年间),美国经济学会秘书(1892 年),康奈尔大学教授(1892 至 1893 年间)与斯坦福大学教授(1893 至 1900 年间)。在 1893 年以前,他任职的是经济学教授。不过,在经济学领域他感觉很不如意,于是在进入斯坦福大学后,在沃德等人的劝说下,他开始转战社会学。[3]在斯坦福大学任教期间,由于罗斯喜爱自由言论,引发了一起当时著名的公共事件,即 1900 年 11 月 12 日罗斯被斯坦福大学解聘。原因是其进步主义、排外主义与平民主义杂糅的立场,加之率直的个性惹恼了当时斯坦福大学实际控制者珍妮·莱斯罗普女士(即斯坦福夫人,其丈夫利兰·斯坦福于 1893 年死后,她在此后的 12 年里,成为斯坦福大学的唯一理事)。[4]她认为:"罗斯结交了旧金山的政客,鼓动他们邪恶的激情,在人和人——所有劳动者,上帝眼中平等的人——之间划分了界限,实际上是支持社会主义最低劣、最可耻的因素……我必须承认我讨厌罗斯教授参与政治事务,我认为他不应该留

---

① Charles R. McCann, Jr., *Order and Control in American Socio-Economic Thought: Social Scientists and Progressive-Era Reform*, London and New York: Routledge, 2012, p. 87.

② Julius Weinberg, *Edward Alsworth Ross and the Sociology of Progressivism*, p. 27; Matthias Gross, "When Ecology and Sociology Meet: The Contributions of Edward A. Ross", *Journal of the History of the Behavioral Sciences*, vol. 38, no. 1, 2002, p. 28.

③ Charles R. McCann, Jr., *Order and Control in American Socio-Economic Thought: Social Scientists and Progressive-Era Reform*, p. 87.

④ 对于罗斯被解聘的原因,其本人在其回忆录《弹指一挥七十年:自传》(*Seventy Years of It: An Autobiography*)中专门提及,学者劳伦斯·R. 维赛、詹姆斯·C. 摩尔(James C. Mohr)等学者也从不同角度分析了该事件。罗斯自己认为得罪莱斯罗普的主要原因是缘于两次演讲:1900 年 5 月在旧金山的一次演讲中,他抨击了美国持续不断地从东方输入劳工的政策(而斯坦福家族参与了联合太平洋铁路的修建,该铁路的修建使用了大量的华工);而在同年 4 月份的一次演讲中提到市政国有化是大势所趋。此外,在 1896 年的美国总统大选中,罗斯持平民主义立场,支持民主党总统候选人詹宁斯·布莱恩的自由银币政策。据说,莱斯罗普代表的是特殊利益集团,尤其是东部金融家的利益。以上种种促成了罗斯的被解聘。参见:Edward Alsworth Ross, *Seventy Years of It: An Autobiography*, New York; London: D. Appleton-Century Company, 1936, pp. 64 - 100; James C. Mohr, "Academic Turmoil and Public Opinion: The Ross Case at Stanford", *Pacific Historical Review*, vol. (转下页)

在斯坦福……上帝不允许斯坦福大学支持任何种类的社会主义。"①时任校长戴维·斯塔尔·乔丹应珍妮的要求开除了罗斯。这引发了一系列连锁事件:另一位斯坦福大学教授乔治·艾略特·霍华德(后来第七任美国社会学学会会长)也主动离职以示不满。随后,又有 5 位斯坦福大学教师辞职以示抗议。由此,该事件不仅引发了一场围绕表达自由与私人利益集团控制大学的全美辩论,也促发了一场有组织地保护终身教师(tenured academics)的运动。②

1901 年,罗斯获得了内布拉斯加大学的教职。在此,他与社会学教授乔治·艾略特·霍华德、法学教授罗斯科·庞德一起将该大学建设成为社会学的重地。在内布拉斯加期间,罗斯出版了其名著《社会控制》(1901 年);在《种族优越观的各种原因》(1901)一文中,他全面探讨了种族主义,创造了"种族自杀"概念;在《社会学基础》(1905 年)中,罗斯提出了一套系统的社会学理论。③

1906 年,罗斯接受了威斯康星大学的邀请,成为该校唯一的社会学教授,开设了大量相关的社会学课程,发表了一系列广受欢迎的文章。④1907 年,他将其此前发表的一些文章集结成书:《罪恶与社会》,获得了当时美国以改革著称的总统西奥多·罗斯福的认可。1908 年他出版了《社会心理学》,力图扩展法国社会学家加里布埃尔·塔尔德的理念。其两部著作:《变化中的美国》(1909 年)与《社会趋势》(1922 年)为后来美国社会改革提供了理论基础。1914 至 1915 年间,罗斯任美国社会学学会第五任会长。期间,他举办了不少关于表达自由的会议,并连同罗斯科·庞德创建了美国大学教授协会。1920 年,罗斯、霍华德与庞德合写了《社会学原则》(1920 年)。1929 年,罗斯在威斯康星组建了社会学与人类学系,任系主任直至 1937 年退休。此外,他为了学术研究到世界各地了解社

(接上页)39, no. 1,1970, pp. 39 - 42;[美]劳伦斯·维赛著:《美国现代大学的崛起》,栾鸾译,北京:北京大学出版社,2011 年,第 419—427 页。

① "Mrs. Stanford to Jordan", May 9,1900,引自 J. L. Stanford, Address, 1903, pp. 9 - 10,转引自[美]劳伦斯·维赛著:《美国现代大学的崛起》,栾鸾译,北京:北京大学出版社,2011 年,第 423 页。注:不无反讽的是:当时的平民主义者与进步主义者,为了本民族的利益,大多对美国的华工持本土主义的排外立场;而被罗斯等人视为特殊利益集团代表的珍妮·莱斯罗普却对华工持较为开明的态度。由此可见:当时的种族主义、民族主义与社会达尔文主义夹杂在一起所带来的消极影响不容小觑。

② [美]劳伦斯·维赛著:《美国现代大学的崛起》,栾鸾译,北京:北京大学出版社,2011 年,第 423 页。

③ "Edward Alsworth Ross", the website of American Sociological Association, retrieved from:http://www. asanet. org/about/presidents/Edward_Ross. cfm, Aug. 22,2019.

④ Matthias Gross, "When Ecology and Sociology Meet:The Contributions of Edward A. Ross", *Journal of the History of the Behavioral Sciences*, vol. 38, no. 1,2002, p. 28.

会情况。1910 年到中国,1913 至 1914 年到南美洲,1917 至 1918 年到俄国,1924 年到葡属非洲与印度,1929 至 1930 年,到近东、亚洲、欧洲与澳大利亚,相继撰写了《变化的中国人》(1911 年),《巴拿马之南》(1915 年),《剧变中的俄国》(1918 年),《墨西哥的社会革命》(1923 年)等一系列著作。[①]1951 年罗斯逝世于威斯康星州麦迪逊市。

依照威廉·斯特劳斯与尼尔·豪的代际理论,罗斯属于美国大国周期中的使命一代(生于 1860 至 1882 年间),其性格类型属于理想主义者。其青壮年时期正值美国历史上的平民主义与进步主义时期。受到内战结束以来美国自由资本主义快速发展所带来的各种世俗危机的影响,这一代人力图改造美国社会,乃至推动全球范围内的改革。[②]

二、 构建社会学界的《物种起源》: 社会控制论的依据

关于罗斯社会控制论的形成背景,我们可以从两大方面进行解读:

1. 社会控制论形成的现实层面

在罗斯看来,在美国社会中存在着一套精密地控制普通民众的商业体系,即"为了提高以租金、利润、股息、收益(earnings)、利息、薪水或奖金等形式的整个国民收入而创造的庞大无形组织,该体系逐渐成为我们经济体制的主宰"。[③] 他特别指出这个商业控制体系不宜称之为"资本主义控制"体系,因为"农场主或专职人员(professional man)或许也有可观的资本,然而让人感觉不到他们是统治阶级中的成员"。[④]

这套商业控制体系在 19 世纪后期以来的美国日益朝着组织化、集中化、公司化方向发展。具体体现在:一方面,企业间通过"托拉斯"或"联合",组成定价同盟。这样,它们不仅拥有了庞大的资金,可以获取高额利润,而且还能免受彼

① Matthias Gross, "When Ecology and Sociology Meet: The Contributions of Edward A. Ross", *Journal of the History of the Behavioral Sciences*, vol. 38, no. 1, 2002, p. 28.

② William Strauss and Neil Howe, *Generations: The History of America's Future, 1584 – 2069*, New York: William Morrow and Company, Inc., 1991, pp. 232 – 246.

③ Edward Alsworth Ross, *Seventy Years of It: An Autobiography*, New York; London: D. Appleton-Century Company, 1936, p. 51.

④ Ibid., pp. 51 – 52.

此间你死我活的自由竞争之苦。①另一方面,企业内部的组织管理方式也发生了重大变化,即所有权与经营权的分离,即公司的"所有者与经理不再是由同一个人担任"。公司的所有者是由一些了解内情的大股东与众多的小股东组成;而公司的经理则遵循效率原则,"创造了一套非凡的机制,将其压力无情地转嫁给主管们",最终转嫁到工人身上。②这套机制就是每周的成本评估,借此能够准确地计算出每个工人生产单位产品的成本,进而对不同工人进行比较,解雇掉效率不高的工人。③这样,借助这种"最贪婪、最无情与最富侵略性的管理部门",股东就可以将红利中的部分收益回馈到投资者的手中。④而且,这种"赚钱至上,罔顾道德准则与本国法律"的商业理念并不局限于经济领域,日益向政治、学校、教会、新闻业等其他领域扩散。⑤如果这种商业理念不加以遏制的话,它会造成诸多后果:破坏乃至耗尽自然资源;导致人力的浪费与工伤事件的频发;以牺牲本民族的福利为代价而不断地吸收外来移民;纵容特殊利益集团;政治腐败;乃至会侵蚀到教育与宗教等领域。⑥而这种甚嚣尘上的商业理念在美国的社会中却得到建国以来形成的古典自由主义社会政治哲学(注:人们习惯上称其为"自由放任主义")与 19 世纪后期兴起的社会达尔文主义的辩护。

简言之,在经济上,自由资本主义经济体系逐步让位于垄断资本主义经济体系;在政治上,原有的基于自然权利的限权政府的宪政体制无力应对工业化所造成的各种社会政治问题;社会上,旧有的道德体系分崩离析、财富与权力上社会的两极分化日益严重、国际上马克思主义深入人心。⑦

2. 社会控制的理论依据

考虑到 19 世纪后期工业主义所引发的种种失序问题,而当时的社会政治理论在纾解这种转型阵痛方面显得苍白无力。因此,罗斯主张要基于社会现实主义、实证主义与有机论,重新审视原有的社会政治理论。第一,他秉持社会现实

---

① Edward Alsworth Ross, *What is America*?, New York: The Century Co., 1919, p. 99.
② Edward Alsworth Ross, *Changing America*: *The Studies in Contemporary Society*, New York: Century Co., 1912, pp. 89 - 90.
③ Ibid., p. 90.
④ Ibid., p. 90.
⑤ Edward Alsworth Ross, *What is America*?, New York: The Century Co., 1919, p. 104.
⑥ Edward Alsworth Ross, *Changing America*: *The Studies in Contemporary Society*, pp. 93 - 105.
⑦ See Charles R. McCann, Jr., *Order and Control in American Socio-Economic Thought*: *Social Scientists and Progressive-Era Reform*, London and New York: Routledge, 2012, p. xviii.

主义的理念,反对"形式主义"的传统。他认为:旧有的社会政治理论"采取形而上学的假设或将假定的人性作为其推理的起点",①因此其理论体系必然是贫瘠无力的。这些跟不上时代发展的理论体系包括"抽象的政治经济学、无历史根据的法理学、先验的伦理学和臆测的政治学"。②第二,力主实证主义的方法论,反对各种简单化与一元取向的方法论。他主张社会学研究必须要"从对过去文明的演绎与描述"转向"对小规模的当代现象的归纳与解析"。③第三,能动的有机社会观。就反对人性与人类社会的先验论,强调社会进步而言,罗斯与斯宾塞等人的社会达尔文主义者是一致的。但罗斯认为在通向社会进步之途中,并非千篇一律,仅有华山一条道。在社会进步的过程中,罗斯认为斯宾塞等社会达尔文主义者没有考虑到社会环境这个变量与人的自主选择能力。斯宾塞的社会达尔文主义可能适合英国那样"僵化的社会",但美国学者不能盲从轻信,简单照搬照抄,毕竟美国与英国存在着很大差异。在罗斯看来,美国不仅是一个拥有无限机会的可塑性社会,而且,因移民的不断涌入与各种异质文化的持续交融等因素的刺激与鞭策,它也是一个具有高度流动性的开放社会。④

　　鉴于原有的社会政治理论已经无力描述急剧变迁的美国,那么如何在一个高度"进取的人群中"维持秩序呢?⑤"个人愿望相互冲突之奔腾的激流怎样才能引入合理竞争的河道平静地流淌?"⑥罗斯认为,美国的社会学已经到了一个至关重要的临界点,罗斯在其自传中写道:"我要建构一套罗斯体系!"⑦在 1891 年罗斯对美国著名的社会学家莱斯特·沃德(Lester Ward)说,"在黎明之际,难道我们不需要一部美学与社会心理学的《物种起源》?"⑧罗斯孜孜以求地试图找寻

---

① Edward Alsworth Ross, *Foundations of Sociology*, New York and London: The Macmillan Company, 1925 (1ˢᵗ edition 1905), pp. 14 – 15.

② Ibid. , p. 15.

③ Julius Weinberg, *Edward Alsworth Ross and the Sociology of Progressivism*, Madison: The State Historical Society of Wisconsin, 1972, p. 60.

④ Julius Weinberg, *Edward Alsworth Ross and the Sociology of Progressivism*, p. 69; Edward Alsworth Ross, *Foundations of Sociology*, p. 45.

⑤ [美]E. A. 罗斯著:《社会控制》,秦志勇等译,北京:华夏出版社,1989 年,第 2 页。

⑥ 同上书,第 3 页。

⑦ Edward Alsworth Ross, *Seventy Years of It: An Autobiography*, New York: London: D. Appleton - Century Company, 1936, p. 95.

⑧ Ross to Ward, December 13,1891, in Bernard J. Stern (ed.), "The Ward-Ross Correspondence, 1891 – 1896", *American Sociological Review*, vol. 3, no. 3,1938, p. 364.

"将社会整合起来的制轮楔(linch-pins)",①罗斯终于"无意中发现了一个重大的社会秘密",即用"社会控制"这一概念来意指"所有左右个体的社会力量"。②

三、 社会控制的理论体系

罗斯的社会控制论体系有控制对象、目的、手段、主体及原则五位一体。

1. 社会控制的对象

在罗斯看来,当时美国的工业社会就是亟须控制的对象。与 19 世纪后半叶的许多社会学家一样,罗斯认可达尔文的生物进化理论,并相信人类社会也是一个有机体。作为一个有机体,美国正在进入到"一个更高级的组织阶段";互利共生是其显著特点。③他写道:"在当下的生活方式中,我们必须将许多我们的核心利益委托给他人! 现在自来水管取代了我曾经的水井,无轨电车取代了我曾经的马车,银行家的保险箱取代了我的旧袜筒。警察的警棍取代了我的拳头。我自身的判断让位于食品、药品、煤气、工厂、廉价公寓或保险公司的检查员。"④可以说,现代工业社会的到来,为人们带来了诸多的福祉与便利,然而,各种罪恶与问题也如影随形,不期而至。而这些罪恶与问题与以往时代大不相同,它们往往具有极强的隐蔽性、挥发性与客观性。例如,过去典型的犯罪分子往往是鸡鸣狗盗、地痞流氓之辈,而现代的犯罪分子则是衣冠楚楚,谈吐风雅的绅士之流;过去的犯罪方式,往往是明火执仗、公然抢劫,现在的犯罪方式则是坑蒙拐骗、男盗女娼、供应污水等隐性手法;过去的受害人往往是个体,而现在的受害者则是公共机构,如"腐败的党魁谋杀的是代表制度""选举中的营私舞弊伤害的是选举制度"。⑤对此。罗斯不无忧虑地指出:"我们的社会组织已经发展到了这样的阶段:原有的正义已经捉襟见肘了。我们需要年复一年地给十诫增添新的内容。

---

① Edward Alsworth Ross, *Seventy Years of It*: *An Autobiography*, New York; London: D. Appleton-Century Company, 1936, p. 56.

② Ross to Ward, February 2,1896, in Bernard J. Stern (ed.), "The Ward-Ross Correspondence, 1891 - 1896", *American Sociological Review*, vol. 3, no. 3,1938, p. 399.

③ Edward Alsworth Ross, *Sin and Society*: *An Analysis of Latter-Day Iniquity*, Boston and New York: Houghton Mifflin Company, 1907, p. 37;3. 注:罗斯在社会上是一个有机体还是一个人工聚合体的问题上,其思想存在着一定的张力,这体现在《社会控制》和《罪恶与社会》两本书中(下文中会论及)。

④ Ibid., p. 3.

⑤ Ibid., pp. 7 - 13.

信贷机构的增加,信托关系的扩展,工业与法律的交织,政府与商业的交融,董事会与检查员的激增——尽管这些原本是有益的,但它们也招引来了罪恶。它们打开了多少贪婪之门啊! 它们让多少寄生虫吮吸我们啊! 在新的形势下吟诵旧的祈祷词是多么徒劳无益啊!"①简言之,罗斯认为:当下的美国工业社会是从传统的共同体式社会中演化而来的;作为社会组织高级阶段的工业社会是各种利益交织的人工聚合体,是以个人主义为中心、追逐私利的经济人世界。而仅仅依靠旧有的社会政治理论与治理方法根本无法维护社会的公平与安全。

他对工业社会本质的这一认识,可以从以下两个方面进行读解:

一方面,罗斯大体上接受了德国著名的社会学家斐迪南·滕尼斯对社会的二分法:即礼俗社会(community,也可译为"共同体""传统社会")与法理社会(civil society,也可译为"公民社会""现代社会")。②滕尼斯认为:礼俗社会与法理社会都是人与人结合的不同形式,后者是从前者中分化出来的,即礼俗社会先于法理社会而出现的;③前者往往被认为是"一种生机勃勃的有机体",而后者则是"一种机械的聚合和人工制品";④前者往往与农村生活联系在一起,其自然基础是亲属关系、邻里关系、相互提携和帮助(即友谊);而后者往往与城市联系在一起,其基础是惯例与自然法;⑤前者强调集体第一,后者则关注个人优先。⑥而当时西方经济与社会的趋势(指19世纪末20世纪初)就是:"从普遍的家族经济向普遍的商业经济的过渡";"从占主导的农业耕作向占主导的工业的过渡。"⑦当然,罗斯并不是直接将其理论照搬过来,而是进行了创造性的发展。他将滕尼斯的礼俗社会等同于早期的社会组织阶段,在其中自然秩序起着主导作用;工业社会是高级的社会组织阶段,单单自然秩序无法满足其抑制冲突的需要。其中,从早期阶段向高级阶段的演进过程中,社会交往发挥了重大作用。罗斯写道:"根据推论,进化过程的实质在于本能被取代。理智已经取代情感,并决

---

① Edward Alsworth Ross, *Sin and Society*: *An Analysis of Latter-Day Iniquity*, Boston and New York: Houghton Mifflin Company, 1907, p. 40.

② Julius Weinberg, *Edward Alsworth Ross and the Sociology of Progressivism*, Madison: The State Historical Society of Wisconsin, 1972, p. xii.

③ [德]斐迪南·滕尼斯著,林荣远译,《共同体与社会:纯粹社会学的基本概念》,北京:商务印书馆,1999年(第一版为1887年),第52;16页。

④ 同上书,第52页。

⑤ 同上书,第54—68;108页。

⑥ 同上书,第16页。

⑦ 同上书,第112页。

定社会交往的范围和亲密程度。在联合过程中,推动我们一步一步前进的力量是经济的而不是道德的。异乎寻常的社会发展已经发生,但不是在人类最友善的各民族中,而是在那些充分领悟到社会交往的好处,并十分清楚要建造一个健全的社会组织的民族中。"①同时,罗斯也指出:"早期的集团是自然的共同体,文明人的联合体是人工的社会。"②"它(指:社会秩序)似乎是建造物,而不是长成物。"③"我们所有社会组织的迅速增长,一点也没有恢复同团体一致的舒适感,这意味着对我们来说,社会是高耸于贪婪的自我利益浪涛之上的一件精巧的木工制品。"④也就是说,尽管罗斯相信一般的社会演进规律,但在这一演进过程中,传统的社会秩序逐渐被更高级的社会秩序所取代,社会本能被理智所取代。⑤换句话说,罗斯反对斯宾塞等人的宿命论式社会达尔文主义,而在人类行为中为"价值"与"理念"留下了空间与余地。⑥当然,我们不宜过多强调滕尼斯对罗斯社会控制论所产生的影响,罗斯写道:"这里所作的比拟尽管与滕尼斯在《礼俗社会与法理社会》中作出的比拟十分类似,但在熟悉其著作好久以前我就已经做了这一比拟。"⑦

　　另一方面,工业社会并非是完美的,而旧有的自然秩序无法有效维持现代的工业社会秩序。罗斯认为:现代的社会已经从以本能为基础的共同体中走出来,迈向了一个各种利益错综纠缠的、人工的、经济人的世界。城市的发展可以说淋漓尽致地体现了现代社会的本质。"现代商业和工业城市,连同它和睦的缺乏,它的彼此冷漠,它没有友情结交和没有交往的熟人,它的共同见解的缺少,它机械的赈济,它的代理的慈善机构,它富有和贫穷的凄凉对照,它为了个人成功而进行的不择手段的争斗,它的犯罪、欺诈、剥削和寄生现象——这种奇怪的混合体恰恰是经济人,而不是友善人的创物!"⑧面临着各种迈入现代工业社会的权威危机与社会失序的挑战,传统的自然秩序根本不足以应对现代的社会冲突与变迁,因此,就有必要将利己主义与利他主义,个人优势与社会优势结合起来

---

① [美]E. A. 罗斯著:《社会控制》,秦志勇等译,北京:华夏出版社,1989 年,第 13—14 页。

② 同上书,第 14 页。

③ 同上书,第 4 页。

④ 同上书,第 16 页。

⑤ 同上书,第 13 页。

⑥ Julius Weinberg, *Edward Alsworth Ross and the Sociology of Progressivism*, Madison: The State Historical Society of Wisconsin, 1972, p. 71.

⑦ [美]E. A. 罗斯著:《社会控制》,秦志勇等译,北京:华夏出版社,1989 年,第 328 页。

⑧ 同上书,第 15 页。

进行应对。

2. 社会控制的目的与手段

鉴于旧有的自由放任主义不再适应变化了的社会政治形势,那么,就需要用"重建社会,使其更加高效、正义与公平"。①用罗斯的话来说,就是"所有社会控制应有利于人类福利,这是各方面都同意的。但人类福利一词常被理解为社会福利"。② 具体来说,社会控制的首要目的是"保护个体的尊严与流动性"。③实际上,在社会控制中,罗斯并没有神化社会,因为社会的唯一目的就是增进其个体成员的福祉。换句话说,社会不过是所有个体的代称而已。社会控制的另一目标就是维护一种竞争性的秩序。在这种秩序中,每一位有才华的人都应该有出人头地的机会。④

为了实现维护公共利益的目标,形成一个更加完善、正义的社会秩序,就必须"管控社会变革——以便确保达成一个道德社会:其中要培育社会本能,使自利与社会公益和谐发展。有时,这可能就需要国家出面干预个人行动自由;通过教育手段,如有必要,通过强制,使得个人的行为符合公共利益。"⑤具体来说,主要通过以下两方面来着手改革:

一方面,要充分利用社会本能,发挥共同体的正能量,促进社会有机体的和谐健康发展,进而实现从伦理层面的社会控制。这些手段主要包括人类原始的道德情感(如怜悯、爱、友谊、恨、正义感等),暴众心理、时尚、风俗、习惯、舆论等。⑥要"借以暗示形成人类意志,借以教育构成人类思想,启迪人类的判断力,建立光明的目标,在人类生活的田野上竖立影响人类选择的稻草人——这些如果进行顺利的话,社会就不会惹起反抗情绪"。⑦

另一方面,要充分利用人类的理性,借用集体力量(即非政府组织与政府组织),为实现某种目的而精心选择手段,进行社会控制,以期弥补自然秩序之不

---

① Charles R. McCann, Jr., *Order and Control in American Socio-Economic Thought: Social Scientists and Progressive-Era Reform*, London and New York: Routledge, 2012, p. 1.

② [美]E. A. 罗斯著:《社会控制》,秦志勇等译,北京:华夏出版社,1989 年,第 317 页。

③ Julius Weinberg, *Edward Alsworth Ross and the Sociology of Progressivism*, Madison: The State historical Society of Wisconsin, 1972, p. 99.

④ Ibid., pp. 99 – 100.

⑤ Charles R. McCann, Jr., *Order and Control in American Socio-Economic Thought: Social Scientists and Progressive-Era Reform*, London and New York: Routledge, 2012, p. xix.

⑥ [美]E. A. 罗斯著:《社会控制》,秦志勇等译,北京:华夏出版社,1989 年,序言,第 1 页。

⑦ [美]E. A. 罗斯著:《社会控制》,秦志勇等译,北京:华夏出版社,1989 年,第 319 页。

足。换句话说,就是社会中的有识之士要充分利用国家、科学、教育、宗教、法律等手段,"推动组织效率与控制,进而管控经济与社会变迁"。①为此,"需要实施以下政策:社会福利措施、反垄断立法、劳工保护、移民限制、优生控制、社会法理学、环境治理与政治集权"。② 此外,罗斯还赞成禁酒、涨工资、言论自由、建立一个类似后来的国联或联合国的国际组织以及专家政治等。③

3. 社会控制的主体与原则

那么,应该由谁来进行社会控制呢? 罗斯认为个人与社会是存在着一种控制与反控制的互动关系。其中国家、"正式接受过考察、任命和职称的官员、牧师和学者"与杰出人物在其中起到控制作用,普通民众则会对上述的控制主体予以因应:即"扮演社会大脑角色的少数派的权力,却完全取决于大众对它的屈从程度。来自长者的控制的辐射,受到年轻人的反作用的限制;来自牧师的控制的辐射,受到俗人反作用的限制;来自官僚主义的控制的辐射,受到公民反作用的限制;来自杰出人物的控制的辐射,受到世人的反作用的限制"。④ 在论及社会控制的主体中,罗斯特别肯定了国家的重要作用。在 20 世纪以前,美国社会政治的传统观念中,国家与政府向来被认为是一种"坏东西",是一种"不可避免的祸害"。例如,托马斯·潘恩在《常识》的开篇中就对社会与政府进行了区分,指出"社会是由我们的欲望产生的,政府是由我们的邪恶产生的。前者使得我们能一体同心,从而努力地增加我们的幸福;后者的目的则是制止我们的恶行,从而消极地增进我们的幸福。一个是鼓励我们互相之间的交流;另一个是制造差别;前一个是鼓励者;后一个则是惩罚者"。⑤ 而"社会在各种情况下都是受人欢迎的。但说到政府,即使是在它最好的情况下,也是一件免不了的祸害,而一旦碰上它最坏的时候,它就成了不可容忍的祸害"。⑥ 既然国家与政府是"坏东西",因此就必须对其加以防范。然而在罗斯看来,国家"通过社会权力的集中、转移和分配以至实际运用而成为一种渠道"。它因为拥有庞大的"官方统治集团和它的大

---

① Charles R. McCann, Jr. , *Order and Control in American Socio-Economic Thought: Social Scientists and Progressive-Era Reform*, London and New York: Routledge, 2012, p. 1.

② Ibid. , p. xix.

③ Edward Alsworth Ross, *The Social Trend*, New York: The Century Co. , 1922, pp. 15-234;[美]E. A. 罗斯著:《社会控制》,秦志勇等译,北京:华夏出版社,1989 年,第 60—168 页。

④ [美]E. A. 罗斯著:《社会控制》,秦志勇等译,北京:华夏出版社,1989 年,第 63—64 页。

⑤ [美]托马斯·潘恩著:《常识》,何实译,北京:华夏出版社,2003 年,第 2 页。

⑥ 同上。

批工作人员的缘故"而具有"巨大的威力,并且成为一个独立的社会力量中心"。① 也就是说,罗斯开始更加客观公正地肯定了国家在构建公平社会中的重大作用。考虑到财富反对共和国的问题,即"富翁们在逐渐控制经济时,肯定能取得社会权力",因此,"我们将必须发展国家,特别是完善它的管理方面。这包含了肯定成为社会权力中心的官僚机构的组成"。② 无疑,相对于古典自由主义的国家观来说,这是一次重大的反叛。

不过,对于如此规模的国家力量与社会干预,为了维护公共利益,罗斯也采取了相应的防范机制,他为社会控制与干预划了四条边界,避免误入歧途。第一,功利的原则,即改革的收益应该要大于改革所带来的损失。罗斯指出:"社会干预的每一增加给作为社会成员的人带来的利益应大于它对作为个人的人所引起的不便。"③第二,要认可古典自由主义中对自然权利维护的合理诉求。他写道:"社会干预不应轻易激起反对自身的渴望自由的感情。"④第三,要遵循传统。对支持正义,反对不义的各种基于本能的情感与传统,应该予以认可。"礼法、理想、准则直接生产公共福利是不够的,它们必须不妨害最原始的本能——偏爱——以免社会无意识地引起其天然同盟者的反对。"⑤第四,不要限制生存竞争,取消自然选择进程。不应采取家长专断的方式,随意干预社会进程,因为"当限制效率和发展所必需的竞争超过一定点时,就会引起种族的退化"。⑥

四、 社会控制论的历史意义

罗斯的社会控制论一经问世,就产生了极大的轰动效应。因其优美的文笔,海量的知识与强烈的现实关怀,罗斯与他的《社会控制》赢得了许多有识之士的赞誉与服膺,如时任美国总统的西奥多·罗斯福、最高法院大法官奥利弗·温德

---

① [美]E. A. 罗斯著:《社会控制》,秦志勇等译,北京:华夏出版社,1989 年,第 63 页。
② 同上书,第 66 页。
③ 同上书,第 318 页。
④ 同上书,第 319 页。
⑤ 同上。
⑥ 同上书,第 322 页。

尔·霍姆斯(Oliver Wendell Holmes)等。[1]1906 年 6 月,罗斯相继收到了霍姆斯和罗斯福的赞扬信。[2]

1. 社会控制论的积极意义

首先,其极具创造力与想象力的社会控制论在美国社会学思想史中都具有举足轻重的意义。就其短期的学术成就而言,许多美国大学的社会学系都设立了有关社会控制的课程;1917 年冬季召开美国社会学学会的年会上主要探讨了社会控制问题;该书的销售记录可与罗斯的学术声誉并驾齐驱,在其出版的当年,卖出了 600 多册;而到 1933 年则达到了 18000 册。[3]就其长远的理论影响而言,其社会控制论"不仅确立了社会学的基本准则,而且也建立了较为恢弘的效率范式",进而奠定了美国现代社会学的基础。继罗斯的社会控制论之后,美国法学、控制论、社会哲学等学科相继进入社会控制领域,产生了一批重要的学术成果:如查尔斯·霍顿·库利(Charles Horton Cooley)的《人类本性与社会秩序》(1902 年),弗雷德里克·埃尔摩·拉姆利(Federick Elmore Lumley)的《社会控制的工具》(1925 年),罗斯科·庞德(Roscoe Pound)的《通过法律的社会控制》(1942 年),塔尔科特·帕森斯(Talcott Parsons)的社会行动理论与结构功能学说,艾伦·V. 霍威茨(Alan V. Horwitz)的《社会控制的逻辑》(1990 年)等。他对工业化和人口增长引发环境问题的探讨"为后来的环境社会学提供了基本框架"。他对社会心理学的研究对现代心理学运动有重要影响。更为重要的是,他的相关著述"形塑了美国社会学,使其进一步科学化,有力地纾解了诸多社会问题"。[4]

其次,也是最为重要的,就是罗斯的社会控制论在很大程度上破除了对传统美国社会政治文化中的重要观念与神话的迷信。一如前文中潘恩所言,原有的古典自由主义政治哲学对政府(国家)与社会进行了二元对立的两分:它认为政府是坏东西,还是必然的祸害;而社会则是好东西,是有百利而无一害的。因此要鼓励个人与社会发展,同时要尽可能限制政府(国家)的行为,尤其是对社会经

[1] Julius Weinberg, *Edward Alsworth Ross and the Sociology of Progressivism*, Madison: The State Historical Society of Wisconsin, 1972, p. 89.

[2] Edward Alsworth Ross, *Seventy Years of It: An Autobiography*, New York; London: D. Appleton-Century Company, 1936, pp. 99 – 100.

[3] Julius Weinberg, *Edward Alsworth Ross and the Sociology of Progressivism*, Madison: The State Historical Society of Wisconsin, 1972, pp. 89 – 90.

[4] Sean H. McMahon, *Social Control and Public Intellect: The Legacy of Edward A. Ross*, New Brunswick (U. S. A.) and London (U. K.): Transaction Publishers, 1999, p. xi.

济生活的干预。而罗斯的社会控制论中对社会中种种罪恶与弊端的针砭,无疑打破了人们对社会是善或共善的传统观念,进而颠覆了政府是恶或祸害的旧有认知;而应对或治理社会中的各种问题的途径,无疑就需要从政府(国家)中去寻找。换句话说,罗斯的社会控制论深刻地剖析了工业社会存在的深层问题,有力地驳斥了美国建国以来古典自由主义社会政治哲学中的重要理论预设——社会是善而政府是恶,进而为强调政府干预与福利国家的现代自由主义的到来提供了社会学基础。从这个意义上讲,罗斯的社会控制论为化解 19 世纪末 20 世纪初美国社会转型所带来的权威危机提供了重要的智力支撑。①罗斯不仅很好地完成了对旧有社会政治哲学的批判工作,他进而提出了化解工业化转型时期美国人面临诸多问题的应对之道。可以说,罗斯的社会控制论"超越了爱德华·贝拉米的乌托邦主义或亨利·乔治过于简单的单一税论,扩大和深化了改革的性质"。② 由此,他的控制理论就成为了美国"进步主义改革家的一部行动指南",有助于"平衡个人自由与社会化福利、自由与权威、进步与秩序、竞争与规制、道德与功利之间内在冲突与紧张"。③

第三,其社会控制论促进了 20 世纪 20 年代以来民国时期中国社会学理论体系的构筑。在罗斯社会控制论的基础上,我国民国时期的社会学学者吴泽霖在 1930 年出版了《社会约制》一书,明晰了社会控制的定义,进一步探讨了社会控制的意义、工具、方法与组织等问题。④

最后,对当代中国的社会主义现代化建设而言,罗斯的社会控制论有助于我们深刻地认识到工业社会的复杂性与艰巨性;他所主张的要善于借助人类的非理性因素来弘扬社会正能量的理念,对于当代中国梦之营造有着一定的启示意义;而他所提出的一系列治理工业社会弊端的具体措施,如推进社会福利、反垄断立法、保护劳工立法等,对处于大转型时期的中国来说,亦有可借鉴之处。

2. 罗斯社会控制论中的消极方面与内在缺陷

就其社会控制论存在的问题与不足之处,主要体现在以下方面:

第一,没有给出一个明晰的、前后连贯的社会控制的定义,由此造成该概念

---

① Sean H. McMahon, *Social Control and Public Intellect:The Legacy of Edward A. Ross*, New Brunswick (U. S. A.) and London (U. K.):Transaction Publishers,1999,p. xi. p. 53.

② Julius Weinberg, *Edward Alsworth Ross and the Sociology of Progressivism*, Madison:The State Historical Society of Wisconsin,1972,p. 96.

③ Ibid. , p. 99.

④ 参见吴泽霖:《社会约制》,上海:世界书局,1930 年。

过于宽泛化与模糊化的问题。例如,涂尔干的弟子乔治斯·古维契(Georges Gurvitch)指出:罗斯的社会控制概念前后不一,有时指神经心理学意义上的社会施加于个人的限制,有时则指维系社会稳定的价值观。[①]

第二,尽管罗斯一再标榜客观与实证,但其社会控制论主要是一种定性分析,而非定量的实证研究。[②]罗斯强调了社会控制的依据、目的、手段、主体与原则的同时,并没有精确规定一个社会控制的幅度,即是否存在着一个社会干预的临界点问题。[③]与此同时,社会学家威廉·诺伯(William Knob)认为,尽管罗斯提出了社会控制的机制,但未能给出实现这些社会机制的可行性途径。[④]

第三,罗斯社会控制论带有的强烈种族主义与平民主义倾向,由此引发的是他一直以来标榜的其控制理论的科学性与客观性问题。对此,他的精神导师莱斯特·沃德曾警告他不要过于迷信自由银币运动在"扼制金钱力量"中所能发挥的作用。[⑤]最后也是最为重要的问题就是罗斯的社会控制论,尽管论述了国家或政府应该在社会转型当中发挥重大作用,但他未能也不敢冒天下之大不韪祭出规制国家或行政国家的大旗,而是抛出了相对温和的社会控制论。罗斯社会控制中存在的美中不足之处,既与其早年不幸的生活经历有关,也受制于其时代背景。可以说,其童年时代的人生经历铸就了其平民主义精神;而其后来的学术训练,又锻造了其进步主义的品格。然而,平民主义往往难免带有排外主义,而进步主义往往暗含种族主义。[⑥]这也造就了罗斯的多重人格,以致后来学者对其评价往往带有矛盾性:即他集平民主义、进步主义、排外主义、种族主义的矛盾性质于一身。但不论如何,罗斯的社会控制论颠覆了美国建国以来古典自由主义社会政治哲学中的重要理论预设——社会是善而政府是恶的理念,为现代自由主义铺平了道路,从学理上引领了规制国家的到来。

---

① Julius Weinberg, *Edward Alsworth Ross and the Sociology of Progressivism*, Madison: The State Historical Society of Wisconsin, 1972, p. 91.

② Sean H. McMahon, *Social Control and Public Intellect: The Legacy of Edward A. Ross*, New Brunswick (U. S. A.) and London (U. K.): Transaction Publishers, 1999, p. 165.

③ Ibid. , p. 167.

④ Julius Weinberg, *Edward Alsworth Ross and the Sociology of Progressivism*, Madison: The State Historical Society of Wisconsin, 1972, p. 92.

⑤ See Bernard J. Stern (ed.), "The Ward-Ross Correspondence, 1891 - 1896", *American Sociological Review*, vol. 3, no. 3, 1938, p. 363.

⑥ 有关进步主义与排外主义、种族主义的内在关系,可参看赵辉兵:《美国进步主义政治思潮与实践研究》,北京:中国社会科学出版社,2013 年,第 231 页。

第5节　规制国家的限度：李普曼的社会主义思想及其转向

　　"我把那种更好的社会称为社会主义。当然我并不是指社会党所勾勒的那种。我也并不把它等同于国有化（government ownership）或是大罢工。我认为它应该是这样的一个社会：社会机会平等，这样财产权就失去了其政治权力；这个社会里每个人都有真正的投票权，不仅仅是拥有一种选票，而且能够真正共享经济的发展，自由地获得文明之种种资源。"①

　　1906 年德国学者维尔纳·桑巴特（Werner Sombart）在《为什么美国没有社会主义》中提出了著名的"桑巴特命题"。按照马克思主义的一般理论与欧洲的经验，"如果现代社会主义是对资本主义的一个必然反应，那么资本主义发展最先进的国家，即美国，就将同时也是社会主义的经典案例，它的工人阶级将成为最激进的社会主义运动的支持者"。②换句话说，资本主义越发达，社会主义运动应该会更激进。二者之间应该是正相关。"然而人们从各个方面和各种论调中（社会主义者是抱怨、而他们的反对者则是欢呼）听到的恰恰是相反论断。"③由此，应该如何解释这种桑巴特之问呢？青年时代的沃尔特·李普曼适值 19 世纪末 20 世纪初美国的现代化转型，他当时的社会主义思想及其思想转向或许有助于我们从一个侧面理解"桑巴特命题"。改革开放前，国内学术界称李普曼为"帝国主义的谋士""美国资产阶级的策士""美国最有名气的资产阶级记者之一"。④及至改革开放以来，国内学界对李普曼的研究日趋客观。学界大都同意：他不仅是 20 世纪美国伟大的新闻评论家与专栏作家，现代新闻社会学

---

① "Walter Lippmann to Marie Hoffendahl Jenny Howe"，February 16，1915，John Morton Blum（ed.），*Public Philosopher: Selected Letters of Walter Lippmann*，New York：Tricknor & Fields，1985，p. 22.

② ［德］W. 桑巴特著：《为什么美国没有社会主义》，赖海榕译，北京：社会科学文献出版社，2003 年（1906 年第一版德文），第 27—28 页。

③ 同上书，第 28 页。

④ 参见克琪：《帝国主义谋士的自白和哀鸣——评李普曼的〈冷战〉和凯南的〈美国对外政策的现实〉》，《读书》1959 年第 13 期；乐山：《李普曼——美国资产阶级的策士》，《新闻业务》1961 年第 3 期；公敬之：《华尔特·李普曼》，《世界知识》1962 年第 9 期。

之父,更是著名的政治思想家与公共知识分子。但学界主要关注李普曼在国际政治与新闻学领域中的贡献,而对隐藏在这种贡献与荣光背后的基本政治思想与政治哲学的研究则相对有限。而对于其青年时代的社会主义思想及其经历国内学界更是鲜有提及。实际上,只要我们对李普曼的个人经历稍加了解,就会发现一个无法回避的事实:青年时代的李普曼在哈佛大学求学期间(1906—1910)参与了哈佛社会主义俱乐部的创建;大学毕业后加入了纽约市的社会党;1912年间短暂地做过纽约州斯克内克塔迪市的市长、社会主义者乔治·伦恩(George Lunn)的行政秘书。可以说,青年李普曼的社会主义立场与后来的资产阶级策士形象形成了鲜明的对比,二者之间是否存在着关联? 促使李普曼立场转变的因素有哪些? 在规制国家上,进步主义、社会主义与现代自由主义有着怎样的关联与差别呢? 带着上述这些问题,笔者拟在解读其早年涉及社会主义的往来信札的基础上,试图对其青年时期的社会主义理念及其立场的转向进行初步的梳理。

一、 李普曼早年的生涯与社会主义思想的初步形成（1889—1911）

沃尔特·李普曼1889年9月23日出生于纽约市一个生活优裕的上层中产阶级犹太人家庭。他的父亲雅各·李普曼(Jacob Lippmann)是美国本土出生的德国裔犹太移民,既是一位服装制造商,也是一位不动产经纪人。他的母亲黛西·鲍姆·李普曼(Daisy Baum Lippmann)也是一位纽约出生的德国裔犹太人,获得了亨特学院(Hunter College)研究生学历。[1]可以说,李普曼从小就浸润在某种书香门第的文化氛围之中。在初等教育阶段,他不仅能够"进入纽约仅对犹太裔学生开放的最有名气的学校学习",而且能够经常跟随父母游历欧洲。[2]他自孩提时代所拥有的这些得天独厚的条件与其天资聪颖使得李普曼在学业上可谓一帆风顺。此外,尽管李普曼儿时受过传统的宗教训练,但"没有证据表明犹太教信仰给李普曼留下了深刻影响"。[3] 此时的美国正处于美国进步主义运动的前夜。诚如罗纳德·斯蒂尔(Ronald Steel)所言:"沃尔特·李普曼

① Charles Wellborn, *Twentieth Century Pilgrimage*：*Walter Lippmann and the Public Philosophy*, Baton Rouge：Louisiana State University Press, 1969, pp. 10 - 11.

② D. Steven Blum, *Walter Lippmann*：*Cosmopolitanism in the Century of Total War*, Ithaca and London：Cornell University Press, 1984, p. 24.

③ Charles Wellborn, *Twentieth Century Pilgrimage*：*Walter Lippmann and the Public Philosophy*, Baton Rouge：Louisiana State University Press, 1969, p. 11.

的生涯开始于第一次世界大战前歌舞升平的年代,在那些日子里,人类的进步似乎前途无量、势不可挡;在那些日子里,诗人们在广场上翩翩起舞,科学答应要让所有人生活得悠闲自在、丰衣足食。"①

　　他于 1906 年进入哈佛大学,本来有志于成为一位艺术史学家,这很大程度上与其儿时的兴趣有关。②根据李普曼自己的回忆,小时候"我钟情于意大利文艺中的古典学即拉丁文与希腊文以及哥特式建筑。那时在巴黎,我大量的时间都花在了卢浮宫。我往往是在其开馆时到,至闭馆方归。如此这般,每次到巴黎都要在卢浮宫花 3 到 4 周的时间"。③带着对人文知识的渴望,李普曼在大学时期阅读了大量的 19、20 世纪的文学作品,如易卜生(Henrik Ibsen),萧伯纳(George Bernard Shaw),梅瑞狄斯(George Meredith),韦尔斯(H. G. Wells),亨利·詹姆斯(Henry James),吉卜林(Rudyard Kipling)等人的作品。④这些现代社会批评家的作品对正处于风华正茂阶段的李普曼来说,无疑激发了他悲天悯人,积极改造社会的意识与冲动。这一点在 1907 年左右,写给他的初恋情人露西尔·埃尔萨斯(Lucile Elsas)的信中,体现得淋漓尽致。他写道:既然"我们看到巨额财富所带来的诅咒就是贫者愈贫,社会地位是建筑在贫民窟之上的",那么他的信仰与责任就是:"在悲惨的贫民窟之上构筑人类欢乐的城堡⋯⋯。深思熟虑之后,接下来的工作就是去实现。"⑤这一点与马克思的为全人类谋福利的人生观是不谋而合的。可以说,这种愤世嫉俗、洗涤流弊的初心在一定程度上促成了李普曼自觉地选择皈依社会主义。对此,他的朋友梅布尔·道奇(Mabel Dodge)认为:青年时期的李普曼对贫困者和受压迫者有着一种天生的深切同情之心。⑥

　　不过,真正使得李普曼矢志于社会主义的是 1908 年 4 月 12 日发生在临近

---

①［美］罗纳德·斯蒂尔著:《李普曼传》,于滨等译,北京:新华出版社,1982 年,第 1 页。

② 同上书,第 23 页。

③ *The Reminiscences of Walter Lippmann*, 1950, Columbia University Center for Oral History, p. 24, quoted from Craufurd D. W. Goodwin, *Walter Lippmann*: *Public Economist*, Cambridge, Massachusetts: Harvard University Press, 2014, p. 6.

④ Craufurd D. W. Goodwin, *Walter Lippmann*: *Public Economist*, Cambridge, Massachusetts: Harvard University Press, 2014, p. 9.

⑤ "Walter Lippmann to Lucile Elsas", c. 1907, from John Morton Blum (ed.), *Public Philosopher*: *Selected Letters of Walter Lippmann*, New York: Tricknor & Fields, 1985, p. 3.

⑥ John Morton Blum (ed.), *Public Philosopher*: *Selected Letters of Walter Lippmann*, Introduction, p. xii.

哈佛大学的切尔西城贫民区的一场大火；这场火灾造成了 19 人死亡，1500 人流离失所。[①]李普曼参与了哈佛大学的学生自愿组织的救助灾民活动。"对李普曼来说，工人阶级一直是无名无姓的看门人、警察、店员之类抽象的概念。当他在冒烟的断壁残垣间徜徉时，他第一次看到，贫困是人类社会的现实。"[②]

可以说，这场大火使得李普曼真正感切到了美国社会中的贫困问题。那么，如何才能对当时的美国社会问题进行改造呢？这促使了李普曼在两个方面发生了转变。一方面，他开始认真反思自己先前所阅读的大量的人文知识。他发现从这些人文知识与古典名著中很难找到改善美国贫困问题的答案，因此他转而研究社会科学，开始关注索尔斯坦·凡勃伦(Thorstein Veblen)，莱斯特·弗兰克·沃德(Lester Frank Ward)，查尔斯·A. 比尔德(Charles A. Beard)等人的作品。[③]另一方面，他也开始思考美国社会制度中的不平等问题，进而开始考虑社会主义的问题。而这与当时美国主流社会的文化是格格不入的。"即便在哈佛，讨论社会主义这个题目也是胆大包天的事。在李普曼所生活的社交圈子里，这更是不可思议的。"[④]对此，他在 1908 年 5 月 10 日写给露西尔·埃尔萨斯的信中这样说："我觉悟过来，把社会主义作为一种人生信条。这并不是那种半吊子的幼稚者的信仰，即将社会主义看作是放之四海而皆准的灵丹妙药。相反，我是通过艰难的工作与辛苦的思考得来的。"[⑤]而为什么会把社会主义作为他的政治信仰，他自认为主要是出于两点考虑：一是，对当时美国资本主义的种种问题与弊端的不满与忧虑。"上流社会的富丽堂皇意味着民不聊生；可怜的 18 世纪的资产阶级理想业已不可救药；工资奴隶(wage slave)[⑥]的地位恶化到了无以复加的地步，使得现今有 1,700,000 童工每天至少工作 12 小时——我们文明中这些昭然若揭的恶习促使我产生了人皆有之的反应。"[⑦]对于这种情况，他在同年写

---

① "Great Chelsea Fire of 1908", from https://en. wikipedia. org/wiki/Great_Chelsea_fire_of_1908, retrieved at Sept. 11,2016.

② ［美］罗纳德·斯蒂尔著：《李普曼传》，于滨等译，北京：新华出版社，1982 年，第 42 页。

③ Craufurd D. W. Goodwin, *Walter Lippmann: Public Economist*, Cambridge, Massachusetts: Harvard University Press, 2014, p. 9.

④ ［美］罗纳德·斯蒂尔著：《李普曼传》，于滨等译，北京：新华出版社，1982 年，第 42 页。

⑤ "Walter Lippmann to Lucile Elsas", May 10, 1908, from John Morton Blum (ed.), *Public Philosopher: Selected Letters of Walter Lippmann*, New York: Tricknor & Fields, 1985, p. 4.

⑥ 注：工资奴隶指那些挣工资为生的劳动者或工人，可参照内战前南方黑人所受的人身奴役来理解。

⑦ "Walter Lippmann to Lucile Elsas", May 10, 1908, from John Morton Blum (ed.), *Public Philosopher: Selected Letters of Walter Lippmann*, New York: Tricknor & Fields, 1985, p. 4.

给埃尔萨斯的另一封信中再次表达了对美国社会政治状况的不满。他写道：纽约州的政治理念还停留在 18 世纪，而通行的商业竞争做法无异于是生活在丛林中的野蛮人的行径。现代的商业生活辅之以落后者遭殃的生活哲学、财富集中到变态的地步以及数以百万计的失业人员，如此种种，"除了诉诸社会主义，难道还有他途吗"？[①] 二是他对当时美国黑幕揭发运动的做法并不满意，而是希望能够进行积极行动与社会改造，而不是简单地揭黑。他写道："如果我停留在这个层面，我本应是一位单纯的黑幕揭发者。"[②]

为此，1908 年 5 月李普曼联合艾伦·西格尔（Alan Seeger）、爱德华·艾尔·亨特（Edward Eyre Hunt）等八位同学组建了探究社会主义问题的"哈佛社会主义俱乐部"（Harvard Socialist Club）。[③]这个俱乐部不仅成员间讨论社会主义问题，而且还邀请许多社会政治活动家来演讲，如著名的黑幕揭发者林肯·斯蒂芬斯（Lincoln Steffens），社会党人莫里斯·希尔奎特（Morris Hillquit）等。[④]更为重要的是，他们并非纸上谈兵，而是积极行动起来。一方面，他们提出抨击哈佛校园中的不合理的体制，比如要求为薪水低廉的校工涨工资、允许妇女讲课，开设探讨社会主义的课程等；与此同时，他们甚至走出校园，为城市选举中的社会党人起草政纲，游说马萨诸塞州进行社会立法。[⑤]

那么，大学时期李普曼的社会主义理念到底是什么呢？ 后来，李普曼在 1915 年 2 月 16 日写给一位女权主义者玛丽·霍芬达尔·珍妮·豪（Marie Hoffendahl Jenny Howe）的信中，对他的社会主义理念进行了整体勾勒：

> "我把那种更好的社会称为社会主义。当然我并不是指社会党所勾勒的那种。我也并不把它等同于国有化（government ownership）或是大罢工。我认为它应该是这样的一个社会：社会机会平等，这样财产权就失去了其政治权力；这个社会里每个人都有真正的投票权，不仅仅是拥有一种选

---

① "Walter Lippmann to Lucile Elsas", c. 1908, from John Morton Blum (ed.), *Public Philosopher : Selected Letters of Walter Lippmann*, p. 5.

② Ibid. , p. 4.

③ Charles Forcey, *The Crossroads of Liberalism : Croly, Weyl, Lippmann, and the Progressive Era, 1900–1925*, New York : Oxford University Press, 1961, pp. 95–96.

④ ［美］罗纳德·斯蒂尔著：《李普曼传》，于滨等译，北京：新华出版社，1982 年，第 45 页。

⑤ Charles Wellborn, *Twentieth Century Pilgrimage : Walter Lippmann and the Public Philosophy*, Baton Rouge : Louisiana State University Press，1969, p. 18.

票,而且能够真正共享经济的发展,自由地获得文明之种种资源。没有女权主义,这样的社会是无法实现的。"①

简言之,李普曼的社会主义的定义就是创建一个他所说的"更好的社会"(a better society)或"美好社会"(a fine society)②。从这封个人书信中,尽管我们可以看到:他与马克思所致力于的为全人类谋福利的初衷是一致的,要建立一个正义的社会,但他并不认可马克思主义中的革命学说与无产阶级专政理论。可以说,"他的社会主义既不'科学',也不'革命',而且几乎没有涉及社会主义经济理论。其原则是折衷主义的,在今日可以称之为'社群主义'(communitarianism)"。③ 不过,在强调社会正义的同时,他有着一种强烈的现实主义倾向。他之所以皈依社会主义是因为他认为"社会主义的首要优点就是它具有消除浪费与怠惰的能力"。④可以说,具体到主要策略,他倾向于更为务实的费边社会主义。他后来回忆道:"我认为贝拉米的《回顾》(Looking Backward)是一本引人入胜的书,但我要说对我影响不大,因为在我的情感中,我太不擅长于空想了。"⑤这一点,通过他的一些实际行动也能体现出来。在 1909 年他加入了英国费边社,1914 年参加了费边暑期班(Fabian Summer School)。在暑期班中结识了像 G. D. H. 科尔(G. D. H. Cole)这样的费边社会主义者。⑥由此找到了一套令其满意的社会主义,即不需要革命而通过改良渐进地实现社会主义。对此,美国学者亨利·斯蒂尔是这样评论李普曼所青睐的社会主义理念的:

"费边主义既有足够的马克思主义使其赶上时代的潮流,又去掉了各种

---

① "Walter Lippmann to Marie Hoffendahl Jenny Howe", February 16,1915, John Morton Blum (ed.), *Public Philosopher*: *Selected Letters of Walter Lippmann*, New York: Tricknor & Fields, 1985, p. 22.

② "美好社会"的说法,可参见"Walter Lippmann to Marie Hoffendahl Jenny Howe," February 16,1915, p. 22。

③ Craufurd D. W. Goodwin, *Walter Lippmann*: *Public Economist*, Cambridge, Massachusetts: Harvard University Press, 2014, p. 11.

④ Barry D. Riccio, *Walter Lipppmann—Odyssey of a Liberal*, New Brunswick and London: Transaction Publishers, 1996, p. 5.

⑤ *The Reminiscences of Walter Lippmann*, 1950, Columbia University Center for Oral History, p. 33, quoted from Craufurd D. W. Goodwin, *Walter Lippmann*: *Public Economist*, p. 11.

⑥ Craufurd D. W. Goodwin, *Walter Lippmann*: *Public Economist*, Cambridge, Massachusetts: Harvard University Press, 2014, p. 11.

威胁社会稳定的东西。费边主义者确信,民众是干不出什么建设性的事情来的,他们主张组织一个由无私的领袖为核心,如韦尔斯所说的'能人的崭新团体',这个团体主要由负有'强烈使命感'的科学家和工程师组成。这些男女们应使自己的欲望服从于为国家服务,来克服大众化民主所具有的效率低下和偏见的弊病。"①

不过,有一点可以肯定的是,此时的李普曼已然游移于民众的信任与精英政治之间;否则,我们就无法解释其在大学毕业后的一些社会主义的实践了。大学毕业后,他放弃了其早期当教授的计划,转而从事新闻事业。他做过著名的黑幕揭发者林肯·斯蒂芬斯的秘书。不过,他并不满足于写作消极的揭发文章,而希望对社会现象进行更具建设性与穿透力的分析。②

二、 李普曼在斯克内克塔迪市的社会主义经历及其立场的转向 (1912—1925)

经美国社会党的奠基人之一莫里斯·希尔奎特的介绍,1912年,刚刚当选纽约州斯克内克塔迪(Schenectady)市市长的社会党人乔治·R.伦恩邀请李普曼当他的行政秘书。对此,1912年1月,李普曼欣然前往赴任。李普曼的主要工作就是"拟写发言稿,为市政府起草预算,会见选区的头子和工会领袖,向记者提供情况"。③

赴任伊始,李普曼本来对伦恩充满期待:希望积极改造社会,向特权阶层开战,推动各种公共事业。结果,伦恩根本无意进行激进的社会改革措施,仅仅采取了一些满足人们"种种最直接需求"的行动。他认为:伦恩市政府在教育、公共卫生、福利与娱乐方面所采取的举措不过是改良政治,与进步主义者无异。④为此,李普曼在伦恩市政府内为推进更加长远的社会主义事业奔走游说,但终归徒

① [美]罗纳德·斯蒂尔著:《李普曼传》,于滨等译,北京:新华出版社,1982年,第43页。
② Walter Lippmann, *Drift and Mastery: An Attempt to Diagnose the Current Unrest*, Englewood Cliffs, N. J. : Prentice-Hall, Inc. , 1961(1st edition, 1914), an introduction and notes by William E. Leuchtenburg, p. 3.
③ [美]罗纳德·斯蒂尔著:《李普曼传》,于滨等译,北京:新华出版社,1982年,第69—70页。
④ Barry D. Riccio, *Walter Lipppmann—Odyssey of a Liberal*, New Brunswick and London: Transaction Publishers, 1996, pp. 7 - 8.

劳,这导致李普曼极度心灰意冷。事实上,早在刚刚赴任不久,李普曼就对伦恩的施政理念持反对态度。他在 1912 年 1 月 8 日给黑兹尔·艾伯森(Hazel Albertson)①的信中提到,在赢得市长选举胜利后,接下来所面临的困难多半是来自于"被毫无想象力的、干巴巴的、胆怯的、机械的选票箱牵着鼻子走",而不是什么"资本家的贪婪或恶意"。②期间,"他对政客们十分反感,对那些选区里的阿谀奉承之辈、工会官员和溜须拍马的选民们更是腻味已极"。③ 这一点通过同年3 月 4 日,他给黑兹尔·艾伯森的去信中可以印证。他写道:"斯克内克塔迪的社会主义有名无实。……他们赢得了选票,但并不怎么热衷成为社会主义者。结果是我们本来可以想见的:帮派规矩(ring rule)与机器政治(machine politics)的发展都是围绕着保住权力这一直白的目标。"而对此,"我的立场明确。我的工作不是去进行妥协,掩盖错误,粉饰太平(putting on a front of steel to cover to a heart of butter),并且生活在一种夸夸其谈与阴谋诡计的氛围之中"。④ 斯克内克塔迪的经历使他相信:如果人民没有经历思想上的革命,也就不会有政治上的革命。⑤因此,23 岁的李普曼在为伦恩做了四个月的秘书后,辞掉工作,跑到缅因州森林里的一间小屋去专心写作他的第一部著作《政治学序论》。

　　李普曼的辞职可以看作是他社会主义立场转变的重要标志,此后的李普曼转而赞成进步主义,成为美国进步主义运动中的重要改革理论家之一。当然,19世纪末 20 世纪初美国的社会主义和进步主义有着密切联系,二者之间的差别远没有现在看起来那么明显,二者同属于美国政治光谱中的左翼力量与变革派。对此,美国哲学家理查德·罗蒂(Richard Rorty)写道:"我提议使用'改良左派'这个术语,用来涵盖所有那些 1900 至 1964 年间在宪政民主框架内努力保护弱者免遭强者欺凌的美国人。该术语包括了很多自称为'共产主义者'和'社会主

① 拉尔夫·艾伯森(Ralph Albertson)的妻子,在马萨诸塞州西纽伯里(West Newbury)的农场里创办了一个非正式的联谊会,这里成为李普曼及其朋友们的活动场所。

② "Walter Lippmann to Hazel Albertson", January 8,1912, from John Morton Blum (ed.), *Public Philosopher*: *Selected Letters of Walter Lippmann*, New York: Tricknor & Fields, 1985, p. 8.

③ [美]罗纳德·斯蒂尔著:《李普曼传》,于滨等译,北京:新华出版社,1982年,第70页。

④ "Walter Lippmann to Hazel Albertson", March 4,1912, from John Morton Blum (ed.), *Public Philosopher*: *Selected Letters of Walter Lippmann*, New York: Tricknor & Fields, 1985, p. 9.

⑤ [美]纳尔逊·曼弗雷德·布莱克著:《美国社会生活与思想史》,许季鸿等译,下册,北京:商务印书馆,1997 年,第 216 页;Charles Forcey, *The Crossroads of Liberalism*: *Croly, Weyl, Lippmann, and the Progressive Era*, 1900 -1925, New York: Oxford University Press, 1961, pp. 105 -106;109。

义者'的人士以及很多做梦也没有想到用这两个术语指代自己的人士。"①这里
举个十分有趣的例子,或许可以在一定程度上说明社会主义与进步主义的密切
关系。在美国进步主义理论家中,李普曼起初信奉社会主义,继而思想不断向右
转,成为进步主义者;而沃尔特·韦尔(Walter Weyl)则由最初的进步主义者,最
终因对通过民主手段改造资本主义的做法悲观失望,毅然在晚年加入了美国社
会党,成为一位社会主义者。②易言之,进步主义者继续向前走就有可能成为社
会主义者;而社会主义者向后退极有可能成为进步主义者。

辞职后的李普曼在 1912 年 6 月 19 日的《纽约呼声报》(New York Call)批
评了被其称为"人间新天堂"的、由伦恩领导的社会主义市政府;1913 年 10 月 29
日,他又致信给伊利诺伊州芝加哥市的美国社会党全国办公室信息部主任
(manager information department)卡尔·D. 汤普森(Carl D. Thompson)再度
表明了其对斯克内克塔迪市政社会主义的强烈不满,表明其激进的社会主义立
场。但写于 1913 年的第一本著作《政治学序论》(A Preface to Politics)与 1914
年的《飘泊与驾驭》(Drift and Mastery),一般被公认为是李普曼作为进步主
义理论家的经典之作。那么,何以几乎在同时会出现两个李普曼(社会主义的
李普曼和进步主义的李普曼)呢? 这就需要我们对李普曼辞职的原因做深入
的探究。

通过李普曼的个人书信与政治言说,我们可以看到李普曼强调其辞职的主
要原因在于对伦恩社会主义市政府施政纲领的不满与失望。换句话说,李普曼
认为伦恩市政府搞的是伪社会主义,打着社会主义的旗号,行资产阶级的改良主
义之实。他早在 1912 年 4 月就公开指责一些半吊子的社会主义者"根本不懂社
会主义"。③他尖锐地指出:斯克内克塔迪的市政社会主义在实践上是畏首畏尾
的,在理论上是空洞无物的;"摆在社会主义者面前的工作,不仅仅是要做好医生
和好律师,而且这些好医生与好律师必须是社会主义者。一位好律师与一位好

① Richard Rorty, *Achieving Our Country*: *Leftist Thought in Twentieth-Century America*,
Cambridge, Massachusetts and London: Harvard University Press, 1998, p. 43.

② 可参考赵辉兵:《美国进步主义政治思潮与实践研究》,北京:中国社会科学出版社,2013 年,第 149 页;
赵辉兵:《沃尔特·韦尔的新民主政治思想初探》,《当代世界社会主义问题》2012 年第 1 期。

③ Walter Lippmann, "Two Months in Schenectady", *The Masses* (April 1912): 13, quoted from Barry
D. Riccio, *Walter Lipppmann—Odyssey of a Liberal*, New Brunswick and London: Transaction
Publishers, 1996, p. 8.

的信奉社会主义的律师是判若云泥的"。① 他在 1912 年 7 月 31 日给英国著名的
费边社会主义者格雷厄姆·沃拉斯(Graham Wallas)②的信中写道:"(笔者注:
斯克内克塔迪市长选举中社会主义的)胜利的到来很大程度上是出于对两个腐
败的机器(corrupt machines)③的厌恶,通过一次雄辩的选战,一位年轻的牧师在
皈依社会主义不久后赢得了这场胜利。"④换句话说,伦恩的当选根本原因在于
选民们对两党政治中的市政腐败忍无可忍。因此,在李普曼看来,伦恩当选市长
后,不仅无意推进实质性的社会主义事业,而且为了赢得连选连任,"在每一个生
死攸关的问题上,这些社会主义者都忽略了自身的观点,并且堕入到我们所熟知
的'好政府'(good government)或'改良主义的'政治('goo-goo' politics)
中"。⑤ 尽管"在'组织'内我奋力斗争,但没有任何结果。我见政策纲领都已尘
埃落定,我就辞职了,并在一家社会主义的报纸上批评了本届(笔者注:社会主义
市)政府"。⑥

对于李普曼的这番解释,他在给卡尔·D.汤普森的信中,再次为他在 1912
年 6 月 9 日的《纽约呼声报》发表的题为《斯克内克塔迪,时机未到》的批评性文
章进行了辩护。在这封长信中,他言辞激烈地指出:"在大是大非面前,即是否大
幅削减有权有势者的利益方面,斯克内克塔迪应该说不。"而且,"如果不能攻击

---

① Walter Lippmann, "Schenectady the Unripe", *New York Call* (16 June 1912), quoted from Barry D.
　Riccio, *Walter Lippmann—Odyssey of a Liberal*, 1996, p. 8.

② 格雷厄姆·沃拉斯(1858—1932),是一位英国社会主义者、社会心理学家、教育家、费边社的领导人之
　一、著有《政治中的人性》和《伟大社会》。沃拉斯在《政治中的人性》特别强调:"人并不总是按照对目的
　和手段的推理行事的。我申辩说,在政治中,人往往在感情和本能的直接刺激下行事,感情和兴趣可能
　针对那些与我们有意观察分析而发现的周围世界的实际情况不大相同的政治实体。"可参见[英]格雷厄
　姆·沃拉斯著:《政治中的人性》,朱曾汶译,北京:商务印书馆,1996 年,第 63 页。李普曼是在 1910
　年春,即大学四年级的时候结识沃拉斯的,并受其影响很深。一方面,他接受了沃拉斯的政治中非理性
　的观念,即"19 世纪初期教条主义政治学家声名扫地""必须克服政治学传统以及一般人的心理习惯所
　产生的那种'唯理智论'";另一方面,他从沃拉斯那里也接受了马克思的如下理念,即"技术变革无情地
　改变着现代世界的下层建筑,而社会制度中的上层建筑则很难跟得上这种变迁"。可参见:[英]格雷厄
　姆·沃拉斯著:《政治中的人性》,朱曾汶译,北京:商务印书馆,1996 年,第 3 页;Craufurd D. Goodwin,
　"The Promise of Expertise: Walter Lippmann and the Policy Science," *Policy Science*, vol. 28, no. 4,
　1995, p. 319。

③ 注:即指在斯克内克塔迪市的市级民主党和共和党。

④ "Walter Lippmann to Graham Wallas", July 31, 1912, from John Morton Blum (ed.), *Public
　Philosopher: Selected Letters of Walter Lippmann*, New York: Tricknor & Fields, 1985, p. 11.

⑤ Ibid.

⑥ Ibid.

特权,那么斯克内克塔迪其他的政治作为终将是徒劳无功的。因为这是前提"。① 那么,社会主义者与那些普通的改良主义者即进步主义者将毫无差别。而没有人民思想上的革命,那么社会主义的成功必然难以为继。②而且这个人民,需要去争取的对象就是"一个庞大的、具有决定性力量的进步主义选民群体,它维系着今日美国的力量均势"。③ 因此,我们最大的任务就是"把劳工组织起来,政治要完全为此服务"。④

不过,这是否只是李普曼的一面之词? 他所讲的是否属实呢? 对此,当代美国学者小肯尼斯·E. 亨德里克森(Kenneth E. Hendrickson, Jr.)对斯克内克塔迪市政社会主义的研究可以提供佐证。小亨德里克森指出:一战前纽约州社会主义者在选举上取得的最大胜利就是 1911 年 11 月,社会主义席卷了斯克内克塔迪市。美国社会党人几乎控制了整个市政,从市长、市政府到市议会(the Common Council)(笔者注:13 个市议员席位中社会党人占据 8 席),甚至还有许多社会党人担任区主管(district supervisor)。⑤而且,他也承认伦恩的确实施了一定的市政改革措施,也取得了一定的成效。但小亨德里克森总结道:"不争的事实是伦恩政府从字面意义上看很难说是社会主义的。在斯克内克塔迪并没有做任何威胁资本主义制度的事情。"⑥他的"一些公共举措与进步主义者或改革家没什么本质区别"。⑦ 由此,我们可以清楚地看到:李普曼所说的理由是成立的。

但吊诡的是,通过其政治言说,我们可以断定李普曼本来应该是美国社会主义者中的激进分子,"但很快我们发现他本人与社会主义渐行渐远"。⑧ 后来李普曼的行动以及他的两本进步主义著作的发表说明:对伦恩的市政社会主义政

---

① "Walter Lippmann to Carl D. Thompson (On Municipal Socialism, 1913: An Analysis of Problems and Strategies)", October 29, 1913, from Bruce E. Stave, *Socialism and the Cities*, New York: Kennikat Press, 1975, p. 186.

② Ibid.

③ Ibid., p. 187.

④ Ibid., p. 195.

⑤ Kenneth E. Hendrickson, Jr., "Tribune of the People: George R. Lunn and the Rise and Fall of Christian Socialism in Schenectady", from Bruce E. Stave, *Socialism and the Cities*, New York: Kennikat Press, 1975, p. 72.

⑥ Ibid., p. 94.

⑦ Ibid., pp. 94 - 95.

⑧ Ibid., p. 86.

策的不满,如果不是其辞职的口实或托词的话,至少也不过是外部因素,而不是其内在更深刻的因素或动机。对此,他在 1912 年 3 月 4 日给黑兹尔·艾伯森的信中说道:"原因是复杂的,既有外在于我的环境因素,也有一些是我内心当中的决意。"①究其辞职的内在原因,他在 1912 年 3 月 11 日给黑兹尔·艾伯森的去信中写道:"政治需要去表演,舆论需要去争取,……而我所要做的就是去观察。"②因此,"我可能要在这干到 5 月 1 日。届时我应该会满意我所要学到的经验"。③ 这句话更可能会对理解李普曼辞职的内在动机有所帮助。对此,小亨德里克森断言:在写《政治学序论》时,"他已经准备好拒绝社会主义,转而成为一个进步主义者"。④

笔者认为,小亨德里克森的说法并不完全正确,事实上此时的李普曼只是从社会主义逐渐滑向进步主义的下坡路上,其间经历了二者此消彼长的过程。对此,美国学者威廉·E. 洛克滕堡(William E. Leuchtenburg)也认为:"离开斯克内克塔迪之时,他还是一个社会主义者,只是不怎么热衷了。"⑤可以说,辞职以后的李普曼,专心写作,完成了《政治学序论》和《飘泊与驾驭》。这些作品所做的重要工作,我们可以如是来理解李普曼:利用其业已学到的政治经验,通过更加客观的观察,进而实现政治说服,教育民众的工作。仔细研究他的这两部著作,我们会发现其很多主张与见解都与费边社会主义的主张有着千丝万缕的联系。不过,他对马克思的科学社会主义并不怎么认同。他在《政治学序论》中特别提到了人的欲望、需求与意志的重要性与优先性。他认为:"因为如果所有权(ownership)是一种人类的需求,我们当然不能像一些过于教条的共产主义者所主张的那样,通过清规戒律去禁止它。"⑥他认为这种做法过于正统。而且,从哲学的角度看,他认为:"社会主义作为一种鲜活的力量也是意志的产物——追求美、秩序、邻里和睦(neighborliness),偶尔也追求健康。人们先有欲求,然后他

① "Walter Lippmann to Hazel Albertson", March 4, 1912, from John Morton Blum (ed.), *Public Philosopher: Selected Letters of Walter Lippmann*, New York: Tricknor & Fields, 1985, p. 9.

② Ibid. , p. 10.

③ Ibid.

④ Ibid. , pp. 86 - 87.

⑤ Walter Lippmann, *Drift and Mastery: An Attempt to Diagnose the Current Unrest*, Englewood Cliffs, N. J. : Prentice-Hall, Inc. , 1961(1st edition, 1914), an introduction and notes by William E. Leuchtenburg, p. 3.

⑥ Walter Lippmann, *A Preface to Politics*, Ann Arbor: The University of Michigan Press, 1962(1st edition, 1913), pp. 66 - 67.

们理性思考;他们痴迷于未来,为此发明了'科学社会主义'去实现他们的目标。"①换句话说,在他看来,社会主义也是某种意志的产物,变换了说辞来表达沃拉斯的观点,即强调政治中人的非理性之重要性。既然如此,他主张:现代政治就是要"从以机械为中心转向以人类为中心"(from a mechanical to a human center)②;而具有创新精神的政治家的任务就是要"致力于使各种信条与制度符合人类的欲求,尽可能充分而善意地满足他们的种种冲动"。③

不过,他的这种看法对我们来说并不陌生,早在2300多年前的荀子就写道:"人生而有欲,欲而不得,则不能无求;求而无度量分界,则不能不争;争则乱,乱则穷。先王恶其乱也,故制礼仪以分之,以养人之欲,给人之求,使欲必不穷于物,物必不屈于欲,两者相持而长,是礼之所起也。"④而到了《飘泊与驾驭》中,李普曼修正了此前对所有权的看法,主张关乎国计民生的产业可以纳入到公共服务企业当中去,集体主义或"国家社会主义"可能会成为让消费者真正觉悟的主要推进器。⑤他主张将美国那些"不劳而获的财富",即马克思所说的"社会剩余价值",拿来作为"进步基金",用以推动各项改革事业。⑥现在,他认为集体主义或"国家社会主义"的真正问题不再是所有权问题,而是如何规制民主控制与行政权威之间的冲突。⑦他提出的解决办法就是:依靠科学、国家、有组织的劳工以及消费者的力量。李普曼认为,科学与民主政治是孪生兄弟,要避免人与社会的"飘泊"状态,就需要承认人类的欲望,用科学知识加以约束,"用自觉的目的指导他们的生活"。⑧科学可以训练民主,避免放任自流,开阔自由人的视野,去伪存真。⑨李普曼认为,科学精神将成为民主准则与手段;而这些科学精神的代表者就是"从所有权与交易中分离出来的"企业管理层与那些强有力的政治领袖。⑩

---

① Walter Lippmann, *A Preface to Politics*, Ann Arbor: The University of Michigan Press, 1962(1st edition, 1913), p. 163.

② Ibid., p. 67.

③ Ibid., p. 68.

④ 荀子著,安小兰译注:《荀子》,北京:中华书局,2007年,第158页。

⑤ Walter Lippmann, *Drift and Mastery: An Attempt to Diagnose the Current Unrest*, Englewood Cliffs, N. J.: Prentice-Hall, Inc., 1961(1st edition, 1914), pp. 51;55.

⑥ Ibid., p. 68.

⑦ Ibid., p. 50.

⑧ Ibid., p. 149.

⑨ Ibid., pp. 149 – 150.

⑩ Craufurd D. Goodwin, "The Promise of Expertise: Walter Lippmann and the Policy Science", *Policy Science*, vol. 28, no. 4, 1995, p. 319.

谈到工会,他也开始强调工会在美国民主中的重要作用。"没有工业中的民主,这一点是最重要的,在美国就没有民主这回事。"①消费者,即那些大声疾呼反对"高生活成本"的人民群众,是民主政治中的真正力量。②通过维护消费者利益,他希望避免阶级冲突,赋予社会一种公共利益的目标。而依靠国家的力量则是实现"驾驭"的主要机构。可以说,从中我们随处都能看到费边社会主义与规制国家的影响与主张。

那么,到何时李普曼才真正告别了社会主义,彻底沦为保守派了呢? 对此,美国著名进步主义史家查尔斯·A.比尔德的看法是:"他曾大力宣扬温和版本的社会主义哲学。他离开《新共和》周刊而成为《纽约世界报》的编辑后,其编辑的生涯就走入了坟墓。此后不久他又成为了《纽约先驱论坛报》的专栏作家,他逐渐走向右翼,迅速趋于保守。"③换句话说,大概是在 1925 年前后。④这部分可以通过 1922 年李普曼发表的《公共舆论》(*Public Opinion*)与 1925 年出版的《幻影公众》(*The Phantom Public*)予以佐证。伴随着进步主义运动的衰落与对一战的理想主义与浪漫主义想象的幻灭,李普曼在 1919 年出版的《自由与新闻》和 1922 年出版的《公共舆论》⑤中,抛弃了"通过集体方式组织起来的理性公众可以实现控制"的观点,重新将公众定义为"千篇一律的群众",转而完全依靠"知识精英"去实现文明的救赎。⑥他特别关注民主政治中非理性的作用,指出政治行为往往不能反映一个真实而复杂的外部世界,它反映的是虚拟的现实,是"一种拟态环境"。⑦作

---

① Walter Lippmann, *Drift and Mastery*: *An Attempt to Diagnose the Current Unrest*, Englewood Cliffs, N. J.: Prentice-Hall, Inc., 1961(1st edition, 1914), p. 59.

② Ibid., p. 54.

③ Brian Van De Mark, "Beard on Lippmann: The Scholar vs. the Critic", *The New England Quarterly*, vol. 59, no. 3, 1986, p. 403. 笔者注:1913 年成为《新共和》编辑,倡导进步主义;1922 年,李普曼成为《纽约世界报》编辑,1931 年为《纽约先驱论坛报》专栏作家。

④ 对于李普曼告别社会主义的时间点,美国史家威廉·E.洛克滕堡认为应该以 1937 年李普曼的著作《美好社会》(*The Good Society*)的出版作为标志。Walter Lippmann, *Drift and Mastery*: *An Attempt to Diagnose the Current Unrest*, an introduction and notes by William E. Leuchtenburg, p. 3。

⑤ 李普曼的著作 *Public Opinion*,目前国内大体上有四种译法:"舆论""民意""公共/公众意见""公共舆论",参见邵部锴:《"公共舆论"还是"公众意见"? ——兼对 Public Opinion 术语不同翻译的商榷》,《国际新闻界》2009 年第 10 期。尽管有同义反复之嫌,笔者仍倾向于支持该文作者的观点,即采用"公共舆论"的译法。

⑥ Nancy Cohen, *The Reconstruction of American Liberalism*, *1865 - 1914*, Harlow, Essex; New York: Longman, 2001, p. 244.

⑦ Walter Lippmann, *The Public Philosophy*, New Brunswick and London: Transaction Publishers, 1989 (1955 first edition), Introduction by Paul Roazen, pp. xiv - xv.

为《公众舆论》续篇,李普曼 1925 年发表了《幻影公众》,进一步质疑民主政治中民众的作用,"强调普通民众的公民知识水平过于低下以及利益集团与精英阶层实际上决定政治结果的必然性"。① 至此,当他对普通大众在民主政治中的作用不再秉持乐观态度时,其曾经的社会主义理念也就荡然无存了。

综上,笔者认为:李普曼曾经是一位真诚的社会主义者,只不过他空有"社会主义的拳拳之心,但没有社会主义的头脑",②更缺乏社会主义者坚定的信念。而且,无论是李普曼选择社会主义作为其政治信仰,还是后来的转变,一方面与其政治投机动机密切相关:"由于李普曼不能成为哈佛的局内人,他就要当一个出类拔萃的局外人。他在 1908 年春决定要组织一个社会主义俱乐部,便是朝这一方向努力的一步。"③而当李普曼后来"不再是局外人时,他也就不再是社会主义者了"。④ 另一方面,这与其政治思考中的怀疑主义也有着千丝万缕的联系。李普曼在解释他缘何转变社会主义立场时提到:"在使我离开社会主义观点方面,沃拉斯比任何人对我的影响都大。他越来越频繁地、循序渐进地、语重心长地向我解释他的疑虑,即社会主义如何运作以及人类管理一个庞大社会的力不从心。"⑤当然,对李普曼政治信仰的这种转变及其原因的梳理与分析,我们仅从理性的角度通过文字能否予以完全的展示,笔者也是略有怀疑的。毕竟,一如李普曼所言:"因为一旦你触碰到人们的传记,那种认为政治信仰是由逻辑推理来决定的观念就像遇到刺的气球一样砰然破碎了。"⑥这一点,或许对于分析李普曼自身的政治信仰来说,在某种程度上也是适用的。

本章小结

通过对进步主义思潮与美国社会中主要规制国家观念之争的梳理,我们看

---

① Ben Jackson, "Freedom, the Common Good, and the Rule of Law: Lippmann and Hayek on Economic Planning", *Journal of the History of Ideas*, vol. 73, no. 1, 2012, pp. 49 - 50.

② Craufurd D. W. Goodwin, *Walter Lippmann: Public Economist*, Cambridge, Massachusetts: Harvard University Press, 2014, p. 11.

③ [美]罗纳德·斯蒂尔著:《李普曼传》,于滨等译,北京:新华出版社,1982 年,第 51 页。

④ 同上书,第 53 页。

⑤ Oral History Collection ("The Reminiscences of Walter Lippmann" in Yale Lippmann Collection), p. 40, quoted from Ronald Steel, *Walter Lippmann and the American Century*, New York: Vintage Books, 1980, p. 28.

⑥ Walter Lippmann, *A Preface to Politics*, Ann Arbor: The University of Michigan Press, 1962 (1st edition, 1913), pp. 162 - 163.

到:面临着工业资本主义之恶,大体来说,进步主义者大都不同程度反对自由放任主义的学说,主张对工业资本主义,特别是大企业进行规制。就规制国家的不同观念而言,以塔夫脱为首的保守主义者强调进行在现有宪政秩序与法律框架下进行低度的司法规制国家形态;以德布斯为首的社会党人则推出了激进的全面规制乃至直接控制的社会主义版本的规制国家愿景;罗斯福等人则提出了行政规制主导的、以规制垄断为核心的、新国家主义的规制国家前景;威尔逊则针锋相对地提出了以规制竞争为核心的、有利于有待成功之人的新自由的规制国家未来。通过进步主义社会学家爱德华•A. 罗斯的社会控制论,我们能够清楚地看到,被视为必要之恶的国家观如何转向为积极的善的国家观,进而引领了规制国家的到来;通过沃尔特•李普曼从社会主义者转向进步主义者,而后继续右转,成为后来称之为的"法团自由主义者"的经历,大体上反映了进步主义本身具有复杂多变与边界模糊的特点;换言之,进步主义思潮是介于自由放任主义与社会主义之间的一条中间道路,可以向左转,比如后来的沃尔特•韦尔从进步主义者转向了社会党人,亦可向右滑落,变为道德学家与法团自由主义者。①

---

① 赵辉兵:《美国进步主义政治思潮与实践研究》,北京:中国社会科学出版社,2013 年,第 135;155 页。

第 4 章

进步主义运动与规制国家
实践的兴起（1877—1917）

"钟声在抽泣,到处是那突然的噩耗,

睡觉的人被惊醒,人们是一条心,

（他们十分清楚那黑暗中传来的消息,

他们在胸中、脑中充分地回答、响应了那悲哀的钟声,）

那充满激情的敲打和铿锵声——从城市到城市,联合在一起,

震响着,传播着,

一个国家在黑暗里的心声。"

——沃尔特·惠特曼:《钟声在抽泣(1881 年 9 月 19—20 日)》①

"国家制定的每一条法律都表明了人性中的一件事实,如此而已。"

——拉尔夫·华尔多·爱默生:《历史》②

通过上一章进步主义思潮与规制国家观念的兴起,我们从理论思想与意识形态层面考察了(社会政治思潮层面上的)进步主义运动与(观念层面上的)规制国家的兴起过程。然而,更为重要的是,进步主义运动与规制国家的兴起始终是同内战后美国的经济发展、社会变迁与美国人的现实生活密切联系在一起的。诚如恩格斯所言:"对现存社会制度的不合理性和不公平、对'理性化为无稽,幸

---

① [美]沃尔特·惠特曼:《钟声在抽泣(1881 年 9 月 19—20 日)》,载自惠特曼:《草叶集》,赵萝蕤译,上海:上海译文出版社,1991 年,第 865 页。

② [美]拉尔夫·华尔多·爱默生:《历史》,《爱默生随笔全集》,蒲隆译,北京:北京理工大学出版社,2015 年,第 9 页。

福变成苦痛'的日益觉醒的认识,只是一种征兆,表示在生产方法和交换形式中已经不知不觉地发生了变化,适合于早先的经济条件的社会制度已经不再同这些变化相适应了。"①接下来,我们将着手从社会运动与规制国家实践的角度,分阶段地梳理进步主义运动与规制国家实践的兴起。

第1节　进步主义运动与规制国家实践的初兴（1877—1900）

> "那个年代不只有自信、纯真、舒适、稳定、安全与和平。所有这些品质当然都存在。人们的确对价值和标准更有信心,对人类的未来更有希望,这一点上,可以说比今天的人更纯真,但他们的生活并非更平静、舒适——少数特权阶级除外。而我们却错误地认为,怀疑、恐惧、骚动、抗议、暴力和仇恨是不存在的。"
>
> ——巴巴拉·W.塔奇曼②

经过内战与重建,那个曾经一再阻碍联邦权力与反对美国体系的民主党,因为是叛乱的政党而俯伏倒地,声名狼藉;战后共和党的霸权则为美国的第二次工业革命与城市-工业社会的到来铺平了道路。对此,美国学者沃尔特·迪安·伯纳姆一针见血地指出:"无论在何处,工业化的起飞阶段,无论是由资本家还是由人民代表来管理,都会是个残忍和剥削的过程。在这一阶段,一个至关重要的功能性政治要求就是提供恰当的隔断,使工业化的精英免受大众压力的影响,并且防止他们被那些受到资本积累伤害的联盟取而代之。……近年来,发展中国家中间,往往依赖强制性更弱的方式,诸如非威权主义个人独裁的一党制来满足隔

---

① 恩格斯:《社会主义从空想到科学的发展》,中共中央马克思恩格斯列宁斯大林著作编译局编,《马克思恩格斯选集》,第3卷,北京:人民出版社,1995年,第741页。
② 〔美〕巴巴拉·W.塔奇曼著:《骄傲之塔:战前世界的肖像,1890—1914》,陈丹丹译,北京:中信出版社,2016年,前言,第1页。

断的要求。19 世纪的欧洲工业化精英们获得了大量的隔断方式就是通过其持久存在的种种封建模式，不仅包括通过社会威慑，并且特别是通过将投票权限定为社会的中上层来实现。"①不少学者认为，美国的现代化属于一个例外，没有经历这个"残忍和剥夺的过程"。然而，美国学者理查德·富兰克林·本塞尔否认这种例外：实际上在美国 19 世纪后期的现代化过程中，南部和部分西部的农民、工人以及黑人、华人、印第安人等少数族群都在一定程度上沦为现代化的牺牲品。②而美国之所以能够相对顺利地度过工业化起飞阶段的危机，很大程度上也与内战后共和党成功地为经济发展打造了有效的政治框架有关，进而顶住了来自民主党人与造反的第三党运动的挑战；而这个政治框架是基于三大战略：即支持工业的关税保护、拥护国际金本位制和一个不受规制的全国市场。③具体来说，高关税的政策造就了一个"关税政策利益复合体"（tariff policy complex），借此共和党这个经济发展政策代理人的群众基础得以扩大和巩固，例如关税收入中很大一笔款项用于单方补偿性支付给北方的退伍老兵这个共和国大军的利益集团；而关税保护也有利于生产羊毛的农民。这样，共和党打造了一个拥护其经济发展战略的政治同盟军。④由此，关税保护就构成了其经济发展之三足鼎中的一足，通过这一政治的"剩余价值"来构建起金本位制和不受规制的全国市场。⑤而对南方民主党人与南方农业地区所付出牺牲的补偿之一就是重建后期南方白人重新恢复了其在南方的主导地位，进而变相地牺牲了黑人、华人等少数族群与弱势群体的利益。

　　然而，无论如何，在这个代表制的国家里，那些"受到资本积累伤害"的人们还是表达了他们强烈的不满，掀起了渐成深广的进步主义运动的浪涛。当然，在进步主义运动的初兴阶段似乎只是几条抗议与不满的汩汩溪流。对此，斯蒂芬·斯科夫罗内克写道："法院与政党国家的凯旋来自重建时期的政治。随着内战期间非常的制度机器被弃置一旁，美国政府继续恢复到正常的运行模式。这不是退回到内战前美国解决治理问题的办法，而是将这种解决办法发扬光大。

---

① Walter Dean Burnham, "The Changing Shape of the American Political Universe", *American Political Science Review*, vol. 59, no. 1, 1965, p. 24.

② Richard Franklin Bensel, *The Political Economy of American Industrialization*, 1877 - 1900, Cambridge: Cambridge University Press, 2000, p. xxi.

③ Ibid., p. xviii.

④ Ibid., p. xix.

⑤ Ibid.

19 世纪后期见证了早期美利坚国家这一独特组织最为淋漓尽致的展现。然而，与此同时，社会与经济的重大变迁对这一组织的适切性提出了严重的质疑。"①

一、 农民运动与规制国家的初兴

在工业化的大潮中，最先感受到威胁与重大冲击的就是美国南部和西部的农民，其中，"中西部和靠近城市市场的农民成功地适应了新的经济环境，并没有太多的不满"。② 对此，美国学者詹姆斯·T. 安德森写道："尽管农场主以个人主义而闻名于世，但他们不得不转而寻求政府来解决这些真实或想象的不公。在1870 至 1900 年间，要求经济规制的呼声大多来自农场主，特别是南部和西部的农场主。"③

1. 农民的抗议运动及其成就

自 1867 年作为美国邮政局雇员的奥利弗·哈德逊·凯利（Oliver Hudson Kelley）等人于首都华盛顿创立格兰其（Grange，即农民协会，其正式的名称是：Order of Patrons of Husbandry，即农牧业保护协会）④开始，到 1900 年为止，不满的农场主先后发起了四场社会运动：19 世纪 70 年代主要集中在中西部的农民掀起了格兰其运动，维护了许多州限定铁路运费最高价格的法律，帮助许多农民建立了合作组织，诸如商店、谷仓与磨坊厂等；19 世纪 60 年代末到 80 年代末的绿背纸币运动，呼吁联邦政府采取量化宽松的增加纸币流通量的通货膨胀的

① Stephen Skowronek, *Building a New American State： The Expansion of National Administrative Capacities, 1877 - 1920*, Cambridge：Cambridge University Press，1982，p. 39.

② ［美］加里·纳什等编著：《美国人民：创建一个国家和一种社会》，下卷，刘德斌等译，北京：北京大学出版社，2008 年，第 572 页。

③ James E. Anderson, *The Emergence of the Modern Regulatory State*, Washington，D. C.：Public Affairs Press, 1962, p. 6. 笔者注：出于便于理解的需要，国内大多翻译为"农民"，在这里我们是将两者互为通用的，后面不再说明。

④ 笔者注：该协会 1867 年 12 月 4 日，在美国农业部下属的普及园艺总监威廉·桑德斯（William Saunders，Superintendent of Propagating Garden）的办公室创立，创始人除凯利和桑德斯外，还包括阿龙·B. 格罗申、威廉·M. 爱尔兰、约翰·R. 汤普逊、弗兰西斯·麦克道尔、约翰·特林布尔、卡罗琳·霍尔（Aaron B. Grosh，William M. Ireland，John R. Thompson，Francis McDowell，John Trimble，Caroline Hall），共 8 人，其中霍尔为助手；根据其官网，格兰其是 National Grange of the Order of Patrons of Husbandry 的简称。"格兰其"的本义就是谷物、谷仓或农庄。参见："The Founders of National Grange of the Order of Patrons of Husbandry"，retrieved from https://www. nationalgrange. org/about-us/history/，at August 3,2021；"grange"，retrieved from https://www. thefreedictionary. com/grange，at August 14,2021.

货币政策,该运动在 1878 年国会中期选举中,将大多数来自中西部州的农民代表送入国会;19 世纪 80 年代在中西部和南部大受欢迎的农民联盟(Farmer's Alliance)提出债务减免、加大政府管制铁路运费的力度以及组建合作社性质的谷仓、农业设备工厂以及银行等主张;19 世纪 90 年代在南部、中西部和西部趋于鼎盛的平民党运动,要求政府实施金银复本位制(即自由铸造银币)增加货币供给、征收个人收入累进所得税、铁路国有化、严格限制移民、直选参议员、低关税等主张。①

其主要成就体现为:在 1867 年,格兰其首次在全国层面为妇女选举权发声;1870 年帮助美国黑人建立了第一家全国性质的农民组织;1875 年,格兰其采用了肇始于 1844 年英国罗虚代尔公平先锋社首创的罗虚代尔规则,成功地在地方、州和全国建立彼此联系的合作社组织;1877 年芒恩诉伊利诺伊州案的判决保护了农民的利益。此后在 1887 至 1900 年间又争取了一系列保护农民与消费者政治经济权益的立法:1887 年的《哈奇法》规定在州级农业学院建立农业“试验站”;同年,州际商业委员会建立;1889 年农业局由司局级升格为部级;1890 年通过了《谢尔曼反托拉斯法》;1894 年国会通过了《所得税法》。②

2. 芒恩诉伊利诺伊州案、州际商业法、谢尔曼反托拉斯与规制国家初兴

在渐趋强劲的农民抗议运动的压力下,国家不得不做出某种回应。而政府的政策很大程度上也决定着进行经济、政治与社会活动的框架。尽管在这些领域中存在着很广泛的激烈争议与斗争,但它还是可以选择支持或限制各行各业中人的行为,无论是劳动者、生产规划者、销售者,还是消费者,即可以通过行政、立法与司法权力规范与约束人们的社会经济生活与政治活动。有鉴于此,美国学者埃米特·S.雷德福(Emmette S. Redford)说道:“无论是亚当·斯密,还是马克思,都不是美国发展进程的先知,汉密尔顿、杰斐逊和麦迪逊才是:前两者看到国家会繁荣强大起来;后者宣布规制‘形形色色、相互干扰的利益团体是现代

---

① Price Fishback et al., eds., *Government and the American Economy: A New History*, Chicago and London: The University of Chicago Press, 2007, p. 256.

② “What is the Grange? Order of Patrons of Husbandry”, retrieved from http://orgrange.org/what-is-the-grange/, at August 4, 2021;王希:《原则与妥协:美国宪法的精神与实践》,北京:北京大学出版社,2014 年,第 449 页。笔者注:在 1895 的波拉克诉农民贷款和信托公司一案中,最高法院宣布《所得税法》违宪。

立法的主要任务’。"①内战以来的美国的经济发展与社会变迁使得美国联邦政府无可避免地要承担起规制各种利益团体的任务。托马斯·本德写道："在 19世纪中期的每一块大陆上，'联邦危机'越发变得显而易见，同时，这场危机也被视为'现代政治史上的一个转折点'。那一时期的确是一个瞬息万变的时刻，当时通信、运输和行政管理上的新技能变得触手可及，工业化也令各类经济活动发生了转型，并且现代民族-国家也正在寻找有效的运转形式。"②

（1）芒恩诉伊利诺伊州案

1877 年，美国最高法院审理的"芒恩诉伊利诺伊州"案在现代规制国家兴起的历史上有着开启新篇章的重要地位。该案缘于美国农民协会即格兰其在1871 年所施加的压力；在格兰其运动的压力下，许多中西部州通过了限制私人公司收取农产品的存储与运输费用最高价格的法律。而芝加哥的芒恩与斯科特谷物存储公司(Chicago grain warehouse firm of Munn and Scott)则违反了格兰其法。因此，该公司不服，一纸诉状上诉到了最高法院，认为伊利诺伊州的规制因未经法律的正当程序而剥夺财产的行为违宪。③首席大法官莫里逊·雷米克·韦特(Chief Justice Morrison Remick Waite)代表多数审理法官申明：此类对私人财产的使用权，乃至使用的价格之规制，并不违背正当程序。他说道："因此，当一个人将其财产用于一种公众有其利益在其中的用途当中之时，实际上，他就向公众授予了使用其利益的权利，而且为了公共利益，必须接受公众控制其所创造利益的范围。"④韦特认为，纵然只有国会有权规制州际商业，但是在没有损害联邦管制权力的情况下，一个州是有权根据公共利益采取行动的。⑤一些学者认为，这个里程碑性的判决"确立了政府作为一项制度除了旨在保护公民权利外，还要推进公民的经济福利"；与此同时，它"允许通过规制进行转移支付令受

① James E. Anderson, *The Emergence of the Modern Regulatory State*, Washington, D. C.: Public Affairs Press, 1962, Introduction by Emmette S. Redford, p. v.

② ［美］托马斯·本德著：《万国一邦：美国在世界历史上的地位》，孙琇译，北京：中信出版社，2019 年，第167 页。

③ "Munn v. Illinois", retrieved from https://www.britannica.com/event/Munn-v-Illinois, at August 4,2021.

④ Bernard Schwartz (ed.), *The Economic Regulation of Business and Industry: A Legislative History of U. S. Regulatory Agencies*, vol. 1, New York and London: Chelsea House Publishers, 1973, p. 18.

⑤ "Munn v. Illinois", retrieved from https://www.britannica.com/event/Munn-v-Illinois, at August 4,2021.

益老兵的数量增加的同时,也为财政部直接将收入转移给人口中的亚群体奠定了正当性"。① 简言之,该案成为后来维护联邦规制该领域的依据,也是美国政府规制学说赖以存在的基石。②不过,许多学者也认为该案所带来的正面影响并不明显,而且,随着经济领域中立法活动的增强,来自商业利益集团的阻力也越来越大,各种涉及侵犯法律正当程序的财产诉讼案不断递交到了法院。作为回应,法院也开始以正当程序条款对各州的行动进行实质性与程序性的限制。也就是说,法院时而维护州的规制权利,但更多时候则维护商业利益群体的诉求。③

（2）州际商业委员会的创立

而针对农民运动提出的规制铁路的问题,则明显越过了州界,需要联邦进行规制。当然,值得一提的是,不仅农民和托运人对规制铁路公司施加了压力,实际上,一些外围的小企业,也对大公司的扩张采取了防御手段,即一些贸易协会也推动了监管铁路行业与限价的联邦立法。④而铁路行业,甚至是大铁路企业对联邦规制铁路也起到了重要的影响,因为"股票市场热烈赞同立法",而"铁路股价的模式表明,资本市场相信联邦监管在程序上要比州监管简单,联邦监管可能帮助铁路部门在制定长途运费上形成共谋"。⑤ 而且,实际上在州际商业法通过之前,各州铁路委员会已运行于 24 个州和 1 个领地中。⑥

州	日期	州	日期	州	日期
新罕布什尔	1844 年	威斯康星	1874 年	阿拉巴马	1881 年
康涅狄格	1853 年	明尼苏达	1874 年	纽约	1882 年
佛蒙特	1855 年	密苏里	1875 年	堪萨斯	1883 年

---

① Randall G. Holcombe, *From Liberty to Democracy*: *The Transformation of American Government*, Ann Arbor: The University of Michigan Press, 2002, pp. 151 - 152.

② Bernard Schwartz (ed.), *The Economic Regulation of Business and Industry*: *A Legislative History of U. S. Regulatory Agencies*, vol. 1, p. 18.

③ James E. Anderson, *The Emergence of the Modern Regulatory State*, Washington, D. C. : Public Affairs Press, 1962, p. 33.

④ ［美］马克·艾伦·艾斯纳著:《规制政治的转轨》,尹灿译,北京:中国人民大学出版社,2014 年,第 32 页。

⑤ ［美］费希拜克等著:《美国经济史新论》,张燕等译,北京:中信出版社,2013 年,第 245 页。

⑥ Bernard Schwartz (ed.), *The Economic Regulation of Business and Industry*: *A Legislative History of U. S. Regulatory Agencies*, vol. 1, New York and London: Chelsea House Publishers, 1973, p. 55.

续表

州	日期	州	日期	州	日期
缅因	1858 年	加利福尼亚	1876 年	密西西比	1884 年
俄亥俄	1867 年	弗吉尼亚	1876 年	内布拉斯加	1885 年
马萨诸塞	1869 年	艾奥瓦	1878 年	科罗拉多	1885 年
伊利诺伊	1871 年	南卡罗来纳	1878 年	达科他领地	1885 年
罗德岛	1872 年	佐治亚	1879 年		
密歇根	1873 年	肯塔基	1880 年		

在 1868 年至 1887 年间,向国会提交的有关联邦规制铁路的法案有 150 多项。第一个取得了一定进展的此类提案是由来得克萨斯州民主党人众议员约翰·里根(John Reagan)提出的。[①]里根提案于 1878 年在众议院通过了,但胎死于一个参议院的委员会。此后直至 1886 年,里根每年如一日地想方设法不断提交这项法案。里根法案禁止各种歧视与回扣行为;也包括禁止互保联营(pooling)与长途短途区别对待条款(long-and-short-haul clause);要求铁路运费要发布公告;而且提出了各种惩罚措施。但它并没有提出创建任何规制委员会,只是建议依靠法院来强制执行。

等到了 19 世纪 80 年代,参议院也开始关注铁路问题。1883 年参议院来自伊利诺伊州的共和党人参议员谢尔比·卡洛姆(Shelby M. Cullom)也提交了一项带有一家联邦规制委员会的法案。卡洛姆法案不像里根法案那样,带有具体的禁止条文,而是更多地确立了普遍性标准,并提出交由拟议的委员会进行管理。由此,并不禁止互保联营,但强调唯有在委员会的监管下,达成的互保联营协定才是合法的。卡洛姆法案于 1885 年 1 月获得参议院通过。[②]但是,参议院要求建立一个联邦规制委员会,众议院则强烈反对。由此,众议院和参议院都否决了对方的法案,结果造成了两院僵局。在立法机构的领袖看来,打破僵局的机会十分渺茫。[③]

然而,这一局面因 1886 年 10 月 25 日最高法院的一项判决而峰回路转。该

---

① Bernard Schwartz (ed.), *The Economic Regulation of Business and Industry: A Legislative History of U. S. Regulatory Agencies*, vol. 1, New York and London: Chelsea House Publishers, 1973, p. 18.

② Ibid.

③ Ibid.

案就是沃巴什、圣路易与太平洋铁路公司诉伊利诺伊州案（*Wabash*，*St. Louis and Pacific Railway Co. v. Illinois*）。联邦最高法院判定：一部州法规想要规制其州界内属于州际商业一部分的运输公司的铁路运费是无效的；即便是运输公司的一部分完全在其州内，而且尽管在该问题上并没有联邦法规存在，但对运输公司的原点与终点的规制均已超出一州之界的商业，这被认为是一项联邦专属的职能。最高法院将该问题直接指向国会，说道："如果要从根本上确立的话，此类规制必须具有普遍的全国性，而不能将其安全无虞地移交给地方进行治理与规制，我们认为这一点是再明白不过的。"①

既然全国铁路运量的四分之三具有州际性质，如果铁路需要宏观规制的话，那么国会就理应依据宪法赋予的权力对州际商业进行规制。正如罗伯特·E. 库什曼（Robert E. Cushman）所述："沃巴什判决产生了有人称之为绝对律令的图景。其对国会领导人所产生的适时效应依然存疑；但它明显令联邦规制成为迫不及待之事；而 1887 年州际商业委员会在几个月后就通过了。"②沃巴什判决不久，参众两院投票成立了协商委员会，它受命解决卡洛姆法案与里根法案的冲突，进而达成妥协。通过接受里根法案中严格的反互保联营的禁止条款以及其他一些条款，解决了双方的分歧；它不仅接受了独此一家而别无分店的专门委员会作为执法机构，同时也在有关更加灵活的长短线条款上达成了一致。作为一项普遍性的主张，协商委员会接受了大量里根法案中的实质性条款以及卡洛姆法案中的行政管理机制。这意味着经过卡洛姆长期的努力，他终于成功地建立了规制铁路的委员会。对今天的观察家来说，这是 1887 年州际商务法最为重要的成就：国会首次通过审议创建了一家进行行政规制的联邦机构，后来 1887 年州际商业法以卡洛姆法而著称于世。③

1887 年州际商业法开启了联邦行政规制的进程。它基本上折衷了当时激进派与保守派的观点。和许多妥协类似，结果是在实践上并没有什么效果；然而，该法基于两点原因十分重要：一是联邦权威在该领域中的申张；二是通过一个规制委员会来实施此类联邦权威。④尽管该委员会权威的种种局限，多年以来

---

① Bernard Schwartz (ed.)，*The Economic Regulation of Business and Industry：A Legislative History of U. S. Regulatory Agencies*，vol. 1，New York and London：Chelsea House Publishers，1973，p. 309.

② Ibid.

③ Ibid.

④ Ibid.，p. 18.

阻碍了其有效规制的职能,但这只是暂时的;当这些权力被认为是联邦监管计划必不可少的一部分之时,后来也就被赋予了其必要的权力。①

(3)《谢尔曼反托拉斯法》

1890 年通过的《谢尔曼反托拉斯法》是美国第一部联邦反托拉斯法,这既与农民运动的施压有关,也同那些低效率、卖高价的小石油公司同相对高效率、低价格的大型石油公司的竞争有关。那些无力与美孚石油公司和其他大公司正面竞争的小公司"转而寻求政治支持,并获得了强大同盟者的支持:俄亥俄州参议员约翰·谢尔曼"。② 这些小石油公司希望谢尔曼制定针对大型企业,特别是使用油罐车运输公司的反托拉斯立法,最终,该法案以《1887 年州际商业法》修正案的形式出现,并宣布:针对使用油罐车或液压罐车(tank or cylinder cars)运输其商品的承运人,任何给予后者特殊折扣价格的铁路公司"都将是违法的"。③

后来的历史研究表明,《谢尔曼反托拉斯法》并没有降低大型企业的盈利能力,也没能降低消费者的支付价格,反倒是加速了大企业的形成,因为这部法律早期在解散工会方面发挥了更加积极的作用,而不是解散经济上的托拉斯企业。通过联邦与州反托拉斯立法的比较可知,"州法律在定义违法行为上比谢尔曼法严格、激进得多",使得一些评论家认为,"大企业也许欢迎谢尔曼法,因为它们将联邦法律视为削弱州法律的工具"。④ 然而,无论如何,通过独立规制委员会,联邦规制州际商业的这一权力已然确立了;无疑,这些法律促成了美国现代规制国家的初步兴起。实际上,随着后来联邦规制权力的不断扩大与集权,进而形成了某种乾纲独断的裁断权与国家自主性,这一定是当时大多数推动联邦规制经济的人们所没有预见到的,也是不愿意见到的。对此,罗伯特·希格斯写道:"尽管拥护平民主义以及其他扩张联邦政府经济权力计划的人们数以百万计,但大多数美国人——显然包括大多数的农场主和工人——反对此类改革。"⑤

---

① Bernard Schwartz (ed.), *The Economic Regulation of Business and Industry*: *A Legislative History of U. S. Regulatory Agencies*, vol. 1, New York and London: Chelsea House Publishers, 1973, p. 19.

② [美]费希拜克等著:《美国经济史新论》,张燕等译,北京:中信出版社,2013 年,第 246—248 页。

③ Price Fishback et al., eds., *Government and the American Economy*: *A New History*, Chicago and London: The University of Chicago Press, 2007, p. 270.

④ [美]费希拜克等著:《美国经济史新论》,张燕等译,北京:中信出版社,2013 年,第 250 页。

⑤ Robert Higgs, *Crisis and Leviathan*: *Critical Episodes in the Growth of American Government*, Oxford: Oxford University Press, 1987, p. 83.

二、 工人运动与规制国家的另一副面孔

当1877年格兰其运动的抗议在最高法院的司法规制(即芒恩诉伊利诺伊州案)中得到了积极的回应之时,铁路工人们则在1877年"掀起了19世纪首次也是最猛烈的全国范围内的罢工运动"。[①] 此次罢工的根本原因是1873年迁延日久的经济大萧条造成的,导火索是巴尔的摩与俄亥俄铁路公司(Baltimore and Ohio Railroad)在8个月内第二次宣布削减工资。因此,1877年7月16日该铁路公司在西弗吉尼亚的马丁斯伯格(Martinsburg)火车站的工人们针对公司降薪10%的规定,宣布除非公司收回降薪的决定,否则所有该站的600列左右的火车都不准出站。[②]该罢工迅速波及该公司主干线的芝加哥和匹兹堡火车站,也影响到了宾夕法尼亚铁路公司(Pennsylvania Railroad);等到7月底,整个美国东北部的城市在不同程度上受到冲击。对此情况,鉴于州与地方的民兵在一定程度上同情罢工的铁路工人,所以未能成功驱散罢工人,令其返回工作岗位。直至拉瑟福特·海斯总统命令联邦军队介入,才将罢工镇压下去。部分原因在于联邦军队,相对而言更加职业化,能够服从命令,听指挥。[③]

1877年铁路大罢工的溢出效应之一就是推动了联邦军队的职业化进程。本来随着内战与重建的结束,联邦军队的人数在逐渐下降:联邦军队在1865年据说约有100万人;1866年限制为5.4万人;1869年4.5万人;1870年3万人;1874年招募了2.5万士兵和2,161名军官。[④]日益增长的阶级冲突与国际资本对外扩张则推动了军队的复兴。而此时西点军校(West Point)的教授厄普顿(Emory Upton)就发起了一项军队职业化的计划:主张建立一个一体化、中央控制、专业指导的军事组织。[⑤]在北方的城市里,罢工使得民兵(citizen soldier)与职业军人的传统比照发生了大翻转。芝加哥论坛报(*Chicago Tribune*)称赞正规

---

① [美]加里·纳什等编著:《美国人民:创建一个国家和一种社会》,下卷,刘德斌等译,北京:北京大学出版社,2008年,第602页。

② "Great Railroad Strike of 1877", retrieved from https://www.britannica.com/topic/Great-Railroad-Strike-of-1877, at August 5, 2021.

③ Ibid.

④ Stephen Skowronek, *Building a New American State:The Expansion of National Administrative Capacities, 1877 - 1920*, Cambridge: Cambridge University Press, 1982, pp. 76 - 87.

⑤ Ibid., pp. 87 - 90.

军,批判宪政的条条框框(formalities)阻碍了劳资纠纷中的立即复工,并要求正规军驻扎在各大城市,而这些地方本来是州和地方军队的聚集地。该文章支持正规军发展为"全国警力"(national police force),因为民兵证明其更多是社会的一分子,而现在又必须控制社会。不像业余人员,正规军"不谈政治、和工会或公司没有附属关系"。因此,正规军才是国家独立且强大的军事力量。[1]简言之,大罢工的后续影响之一就是使得正规军职业化的事业得以继续推进。[2]

　　另一方面,1877年铁路工人大罢工也表明了工人力量与工人组织正在成长起来。1866年全国劳工联盟(National Labor Union)建立;1869年神圣劳工骑士团(Noble and Holy Order of the Knights of Labor)秘密成立,1879年该组织活动开始公开化;1886年美国劳工联合会(American Federation of Labor)成立;1892年,西部矿工联盟(Western Federation of Miners)成立;1893年,尤金·维克多·德布斯(Eugene Victor Debs)组建了美国铁路工会(American Railway Union)。这些组织领导了1886年芝加哥和平抗议引发的芝加哥干草市场惨案(Haymarket Affair, also called Haymarket Riot or Haymarket Massacre,又称秣市事件、秣市骚乱或秣市惨案),1892年爱达荷州银矿工人罢工、1892年霍姆斯台德罢工(Homestead Strike)和1894年普尔曼罢工(Pullman Strike)。不过,同欧洲工业国家的工人运动相比,"美国工人运动明显是失败的"。[3] 因为这些罢工"与广泛传播的中上阶级的信念相抵触,在他们看来工会和工人的要求是非美国性的。许多人声称接受工人组织,但却不承认工会应参与经济决策";而当罢工发生时,"各州和地方的政府和法院都支持他们镇压工人运动的行为"。[4]

　　造成19世纪后期美国工人运动频发、结果惨烈以及较少得到多数民众与政府支持的原因是多方面的。首先,19世纪后期的移民潮与黑人奴隶的解放加剧了劳工市场的竞争,不利于工人运动的开展;其次,等级严明的公司体制加剧了劳资矛盾;第三,劳资冲突发生时,劳资双方很难达成妥协,前者强调维护自身经济权利与体面生活的迫切性,后者则既质疑工会作为个体工人代表的正当性,也

---

[1] Stephen Skowronek, *Building a New American State*：*The Expansion of National Administrative Capacities*，*1877-1920*，Cambridge：Cambridge University Press, 1982, p. 100.

[2] Ibid.，p. 107.

[3] [美]加里·纳什等编著:《美国人民:创建一个国家和一种社会》,下卷,刘德斌等译,北京:北京大学出版社,2008年,第606页。

[4] 同上书。

对工会挑战其管理自身财产权与签约事务特权极为不满。尽管法院"普遍认为工会仅仅是维持生存与集体谈判的活动并不违法,但一些重要的法律问题依然悬而未决,特别是涉及允许罢工、罢工纠察以及经济抵制限度的法律问题"。① 伴随着多变的经济与法律环境,工人与雇主们经常用自己的手段解决问题,双方都想要以牺牲对方来达成自身的目标。19世纪末20世纪初的欧洲访客看到:"美国的工业纠纷是直接开战,没有互谅互让的空间,没有一方面是服从的传统,或另一方是仁慈与责任的传统来缓解。"② 当心意已决的双方拒绝让步之时,频繁的暴力行为就会随之而来。"在没有规章制度的情况下,唯有武力能够解决冲突。而且……那一代的美国劳资冲突是最为暴烈的。"③ 对此,美国学者桑德斯分析道:"资本家的抵制力是所有力量当中更为强而有力的,因为北方工业劳工运动没能从根本上挑战公司政治在其当地的霸权。这一失败有许多因素,联邦主义、移民、司法干预、保守的领袖、内部思想的分歧以及其他因素,都弱化了劳工组织的力量。"④

因此,工业资本主义带来经济发展与社会变迁的同时,作为上层建筑的国家、联邦政府与主流的意识形态未能跟得上前者的速度与节奏,这种脱节的结果就是面对劳资冲突,美国政府缺乏有效的法律救济途径。因而,当劳资冲突演化为罢工与暴力活动之时,唯有诉诸赤裸裸的强行镇压了,而这本来是社会各方都不愿意看到的结果。在1877年铁路大罢工发生后,"联邦政府在主要城市建立了军营,以保证再次发生劳工骚乱时军队可以随时调动,这样,国家力量将不是用来保护处于困境中的前奴隶们,而是用来保障财产权"。⑤

三、 中产阶级领导的进步主义运动与规制国家的初兴

尽管此时的不少中产阶级美国人反对政治改革,"但是城市的腐败、贫困和劳工的暴力行为使许多中产阶级不得不关注他们曾经厌恶的政治,他们担心不

① Robert Higgs, *Crisis and Leviathan: Critical Episodes in the Growth of American Government*, Oxford: Oxford University Press, 1987, p. 91.

② Ibid.

③ Ibid.

④ Elizabeth Sanders, *Roots of Reform: Farmers, Workers and the American State, 1877 - 1917*, Chicago and London: The University of Chicago Press, 1999, p. 4.

⑤ [美]埃里克·方纳著:《美国历史:理想与现实》,王希译,北京:商务印书馆,2017年,第776页。

参加政治演说对于美国人的道德准则会有负面影响"。①

　　1873年12月15日,在纽约弗雷德尼亚镇(Fredonia),一群浸礼会女信徒组建了基督教妇女禁酒联合会(Women's Christian Temperance Union,简写:WCTU);1874年8月召开了第一次全国代表大会;弗朗西斯·威拉德(Frances Willard)在1879至1898年间担任基督教妇女禁酒联合会主席,领导着当时全国这个最大规模的妇女组织。威拉德强调:"我们白丝带女性(White Ribbon Women,笔者注:白丝带是该联合会的会徽与象征)的使命就是女基督徒们联合起来,为和平与纯洁而战,为保护和提升我们的家园而战。"②在1886年以前,该组织强调"酗酒会导致贫困和家庭暴力",但此后则强调"贫困、失业和恶劣的工作条件导致了酗酒"。威拉德本人在1887年加入劳工骑士团后,开始带领基督教妇女禁酒联合会进行"救助工人——特别是女工和童工——的工作"。③

　　威拉德表明,自己之所以是一位基督教社会主义者,"是因为她相信耶稣的道德准则也适用于经济生活";不少牧师也强调富人要发挥财富的力量,"多行善事"。④对此,大企业家安德鲁·卡耐基宣扬财富的福音,他相信"富人应该拿出他们的部分财富帮助他们的'穷人兄弟'",为此,他"在美国的大小城市建造了几百所图书馆,许多图书馆现在还在开放着,在晚年他还非常关注世界的和平"。⑤卡耐基的财富福音思想主要观点如下:第一,财富集中造成贫富差距扩大是文明进步的必然代价,不要力图改变造成现有财富集中的制度,而是要充分利用该制度所创造的巨大财富盈余;第二,富人和企业对社会有着不可推卸的责任;第三,剩余财富的最佳用途是富人们"生前通过适当的运作用于造福公众的事业",富人们要秉持"拥巨富而死者以耻辱终"的观念;最后,公益捐助的最佳去处是建大学,办免费公共图书馆,建立或扩建医院、医学院、实验室以及减轻人的病痛的机构,建立公园、美化环境,建公共游泳池以及捐赠教会。⑥1867年,银行

① [美]加里·纳什等编著:《美国人民:创建一个国家和一种社会》,下卷,刘德斌等译,北京:北京大学出版社,2008年,第619页。

② "History of the WCTU", retrieved from https://www.wctu.org/history, at August 5,2021.

③ [美]加里·纳什等编著:《美国人民:创建一个国家和一种社会》,下卷,刘德斌等译,北京:北京大学出版社,2008年,第619页。

④ 同上。

⑤ 同上。

⑥ 资中筠著:《财富的责任与资本主义的演变:美国百年公益发展的启示》,上海:上海三联书店,2015年,第333—337页。

家乔治·皮博迪(George Peabody)"出资专用于发展南方的教育,以此促进南北战争后南北和解与破坏严重的南方地区的复兴"。1882年成立的斯莱特基金则"重点资助黑人教育"。①这些基金会"创立了现代大基金会的模式,使相对零散的捐赠演变为合理化、组织化和职业化的公益事业,把探索社会问题的根源和辅助弱势群体更多地建立在科学的、理性的基础上,而不是主要诉诸仁爱和利他主义"。②

不少中产阶级改革之士颇为认同威拉德的主张,他们"向往一个合作而非竞争的社会","希望工业和城市生活也应用耶稣的教义"。③有感于进步与贫困的反差,珍妮·亚当斯、埃伦·盖茨·斯塔尔(Ellen Gates Starr)等人1889年在芝加哥创建了赫尔馆(Hull House)。④珍妮·亚当斯在1894年普尔曼大罢工发生不久后写道:

> "1894年夏,生活在芝加哥的我们都遭遇到了一幕生活的大剧(drama),它浓缩了、同时也挑战了我们生活于其下的社会伦理,因为这一系列不同寻常的事件放逐了美好时代的善良品性,后者为劳资关系局势的丑陋遮蔽了起来。这个夏天令人震惊的经历,野蛮的杀戮本能唤起双方的阶级对立以及由此产生的猜疑与憎恨,有时似乎表明我们能够从这堂伦理大课中学到的所有教训就是,我们所有的希望就是,唯有忍耐。在一个文明的共同体中此种暴怒与骚乱无法证明还存在着调解与管控手段的空间。这个夏天芝加哥每一位有公益精神的公民们都感受到了这一局面所带来压力与困惑,而且不禁扪心自问:'这场社会失序于我而言有多少责任?为了阻止此类暴烈恶意的上演,我们能够做些什么?'
>
> 如果说那些高瞻远瞩之士的心中还存有宽容的责任的话,它理应让我们去思考这场社会大灾难,不单单是从法律层面,也不仅仅是从社会层面,而且还要从最终决定这些事件背后深刻的人类动机层面去深思熟虑。"⑤

---

① 资中筠著:《财富的责任与资本主义的演变:美国百年公益发展的启示》,上海:上海三联书店,2015年,第24页。

② 同上书,第24页。

③ [美]加里·纳什等编著:《美国人民:创建一个国家和一种社会》,下卷,刘德斌等译,北京:北京大学出版社,2008年,第621页。

④ "Hull House", retrieve from https://www.nps.gov/places/hull-house.htm, at August 5, 2021.

⑤ Jane Addams, "A Modern Lear", retrieved from https://www.digital.janeaddams.ramapo.edu/items/show/8932, at August 5, 2021.

亚当斯给出的答案"惟有忍耐",切不可等闲视之,此语出自《圣经·新约·哥林多前书》第 13 章:

> "我现今把最妙的道指示你们。
>
> 我若能说万人的方言,并天使的话语,却没有爱,我就成了鸣的锣、响的钹一般。我若有先知讲道之能,也明白各样的奥秘、各样的知识,而且有全备的信,叫我能够移山,却没有爱,我就算不得什么。我若将所有的周济穷人,又舍己身叫人焚烧,却没有爱,仍然与我无益。
>
> 爱是恒久忍耐,又有恩慈;爱是不嫉妒,爱是不自夸,不张狂,不做害羞的事,不求自己的益处,不轻易发怒,不计算人的恶,不喜欢不义,只喜欢真理;凡事包容,凡事相信,凡事盼望,凡事忍耐。
>
> 爱是永不止息。先知讲道之能,终必归于无有,说方言之能,终必停止,知识也终必归于无有。我们现在所知道的有限,先知所讲的也有限,等那完全的来到,这有限的必归于无有了。我作孩子的时候,话语像孩子,心思像孩子,意念像孩子;既成了人,就把孩子的事丢弃了。我们如今仿佛对着镜子观看,模糊不清(注:"模糊不清"原文作"如同猜谜"),到那时,就要面对面了。我如今所知道的有限,到那时就全知道,如同主知道我一样。
>
> 如今常存的有信,有望,有爱;这三样,其中最大的是爱。"①

珍妮·亚当斯把现代大公司的负责人或雇主与工人或雇员的关系类比于李尔王(King Lear)与其子女的关系,即父女或父子关系。李尔王的父爱一如雇主对雇员的爱是有差别的;而真正的爱本应是大爱,是无差别的、平等的、雨露均沾的、无疆的。以亚当斯为首的这些中产阶级从事社区服务的改革人士的精神某种程度上就是为了践行这种基督教的原则与精神,在这一点,她(或他)们与那些以社会控制、隔离与驱逐为务的社会改革人士是有重大区别的。无论是她们所从事的城市管家运动,还是州与全国层面的公共卫生与环境保护运动、保护劳工运动等都体现了一种以城市、州、国家、社会为更大的家园与家庭的原则与精

---

① 《圣经·新约·哥林多前书》(中英对照　和合本　新修订标准版),南京:中国基督教三自爱国运动委员会,2000 年,第 305 页。

神。①比如,致力于城市改革的芝加哥女性俱乐部(Chicago Woman's Club)的信条就是"人类之事,我都关切"(Humani nihil a me alienum puto)。②该语出自古罗马戏剧家普布利乌斯·泰伦提乌斯·阿非尔(Publius Terentius Afer)之口,却更多地表达了"我们这些未来的 20 世纪之赤子对人类生活与努力的同情,尤其是对愈加深广的人类苦难的同情"。③ 该俱乐部在组建的过程中拟议设立家园、教育、慈善与改革四大委员会。④这种女性政治文化"植根于齐家(domesticity)的思想观念,并涉及'家园'(home)边界的持续外化与拓展。女性通过自愿行动而力行社会政策。她们采取将关注点径直转移到特定问题并通过各种非正式渠道来施加影响力的方式,从事某种利益集团政治"。⑤ 其改革精神与行动在一定程度上应了老子的一句话:"非以其无私邪? 故能成其私。"⑥在这种社会改革的过程中,这些女性获得了种种机会,实现了自我价值。不过,这也使得她们逐渐失去了"发挥某种积极的道德影响力并推进社会政策的能力"。⑦ 当然,这是后话了。

1893 年,26 岁的女护士丽莲·沃尔德(Lillian Wald)愤慨于纽约下东区肮脏卧室内躺着的、因无力支付治疗费而被医院抛弃的一位濒死的年轻母亲的遭遇,创立了亨利街社区服务中心(House on Henry Street)。⑧同赫尔馆一样,这些社区服务中心的主要目的是"为了帮助移民家庭,特别是帮助妇女改变欧洲大陆乡村妇女生育、照顾孩子、操持家务的生活方式,以适应美国的城市生活"。她们为工作的移民女性提供照顾孩子等日托服务,"提供学习缝纫、做饭、营养学、

---

① Paula Baker, "The Domestication of Politics: Women and American Political Society, 1780 - 1920", *The American Historical Review*, vol. 89, no. 3,1984, pp. 620 - 647.

② Henriette Greenebaum Frank, Amalie Hofer Jerome eds., *Annals of the Chicago Woman's Club for the First Forty Years of Its Organization*, 1876 - 1916, Chicago: Chicago Woman's Club, 1916, p. 12.

③ Ibid.

④ Ibid., p. 16.

⑤ Paula Baker, "The Domestication of Politics: Women and American Political Society, 1780 - 1920", *The American Historical Review*, vol. 89, no. 3,1984, p. 647.

⑥ (汉)河上公注:《老子》,上海:上海古籍出版社,2016 年,第 15 页。

⑦ Paula Baker, "The Domestication of Politics: Women and American Political Society, 1780 - 1920", *The American Historical Review*, vol. 89, no. 3,1984, p. 647.

⑧ Ellen M. Snyder-Grenier, *The House on Henry Street: The Enduring Life of a Lower East Side Settlement*, New York: Washington New Books, 2020, Introduction.

健康保健和英语的机会；他们通过建立运动俱乐部和咖啡屋，使年轻人远离酒吧"。① 第二个目的是为那些受过教育而又无用武之地的知识女性提供有意义的工作；第三是收集数据，将贫穷的状况公之于公，以便激发立法改革。②

此外，还有许多中产阶级市民组织，包括志愿者组织、各类俱乐部、市民团体、环境组织等，"发起了一场城市社会运动（the City Social Movement），即一场主要关注隐藏于城市问题之外的关乎社会和经济不公正的运动"。③ 诸如城市管家运动、城市美化运动、公共卫生运动等。

在政治领域，中产阶级展开了为女性争取选举权的斗争与文官制度改革运动，这两者在不同程度上都与中产阶级改革家们希望将移民与城市老板从政府中驱逐出去有关。④因为"中产阶级的评论家们在多年里把下层阶级的投票权看作是对民主的主要挑战。几乎所有 19 世纪的解决办法都把白人兄弟会当作是改善民主制度性能的已知的和现成的手段：压制天主教徒、禁酒、制定文官考试制度等"⑤。新一代的女性争取选举权运动的领袖们认为：移民和前奴隶们获得了选举权乃是一种考虑不周的结果，现在"将选举权赋予本土出生的白人妇女可以帮助抵消北部那些'愚昧无知的外国选民'拥有的选票力量以及在南部发生第二次重建的潜在危险"。⑥ 对于造成这种情形的原因美国学者罗伯特·H. 威布认为，这与美国内战后的工业化一同出现的"一个由三个阶级组成的冲突性的但非革命性体系"有关，即"一个阶级控制着国家的制度和政策，一个控制着地方事务，还有一个地位低于前两者的阶级，这个阶级的工作报酬最低，环境最不稳定——用我提出的术语就是，一个全国性的阶级，一个地方中产阶级和一个下层阶级。"而在这个阶级体系中，前两者"依靠等级制度去控制下层阶级"。⑦

---

① ［美］加里·纳什等编著：《美国人民：创建一个国家和一种社会》，下卷，刘德斌等译，北京：北京大学出版社，2008 年，第 622 页。
② 同上书。
③ 李婷：《美国进步主义时期城市公共卫生改革中的女性——以城市环境卫生为视角》，《四川师范大学学报（社会科学版）》2020 年第 2 期，第 147 页。
④ ［美］加里·纳什等编著：《美国人民：创建一个国家和一种社会》，下卷，刘德斌等译，北京：北京大学出版社，2008 年，第 617 页。
⑤ ［美］罗伯特·H. 威布著：《自治——美国民主的文化史》，李振广译，北京：商务印书馆，2006 年，第 186 页。
⑥ ［美］埃里克·方纳著：《美国历史：理想与现实》，王希译，北京：商务印书馆，2017 年，第 824 页。
⑦ ［美］罗伯特·H. 威布著：《自治——美国民主的文化史》，李振广译，北京：商务印书馆，2006 年，第 132 页。

这一时期中产阶级取得的主要成就更多是在市和州层面,在联邦层面取得的重大进展之一就是 1883 年国会通过了《彭德尔顿法案》,规定实行功绩制,联邦部门 1/10 的工作人员要通过考试进行招录。自 1865 年以来,文官制度改革的呼声就不断高涨,重建时期格兰特政府的腐败丑闻不断,更是令自由派共和党人于 1872 年高举文官制度改革的旗帜。为此,他们不惜与主流派共和党人分道扬镳。前文有关自由派共和党人和一部分民主党人在文官制度改革方面达成了共识:"对黑人参政更是充满恐惧,担心美国政治落入不懂政治、头脑简单、易为政治野心家利用的群氓手中。"①1881 年 7 月 2 日,一位名叫查尔斯·吉托(Charles Guiteau)的律师在求职未遂后向总统詹姆斯·加菲尔德连开两枪,并兴奋地说:"我就是死忠派(Stalwart),现在阿瑟是总统了。"受到致命枪伤的加菲尔德因医生无法确定射入脊骨子弹的位置,经过 2 个多月的折磨,于 1881 年 9 月 19 日因感染与内部大出血而离世。②加菲尔德因恩荫制而身亡和继任总统切斯特·阿瑟的推动,连同此前改革派发起的社会运动,最终促使国会在 1883 年通过了《彭德尔顿文官制度改革法》(The Pendleton Civil Service Act)。③1884 年美国分类考绩的联邦文职人员为 13,780 人;1887 年为 19,345 人;1900 年为 94,893 人。④在州层面,第一个给予妇女选举权的是怀俄明州(1890 年),此后在 1893 年和 1896 年,又有科罗拉多州、犹他州和爱达荷州给予本州成年妇女公民以选举权。⑤简言之,面对着工业化转型过程中动荡不安的失序局面,中产阶级改革人士纷纷建立起各种志愿组织,行动起来,为 20 世纪初进步主义运动的全面兴起准备了条件。

四、 社会福音运动与规制国家的初兴

进步主义者从事社会政治改革的动力,一方面是来自进化论、遗传学、优生学等科学的进展,另一方面则更多受到力图基督化工业社会的社会福音运动的

---

① 王希:《原则与妥协:美国宪法的精神与实践》,北京:北京大学出版社,2014 年,第 329 页。
② "James A. Garfield", retrieved from https://www. history. com/topics/us-presidents/james-a-garfield, at August 7, 2021.
③ 王希:《原则与妥协:美国宪法的精神与实践》,北京:北京大学出版社,2014 年,第 329 页。
④ U. S. Bureau of the Census, *Historical Statistics of the United States*, *Colonial Times to 1970*, Part 1, Washington, D. C.: Government Printing Office, 1976, pp. 1102 - 1103.
⑤ 王希:《原则与妥协:美国宪法的精神与实践》,北京:北京大学出版社,2014 年,第 374 页。

激励。传统的清教本来是抵制来自进化论等科学知识的传播的,因为科学挑战了过去坚信不疑的《圣经》中的观点。例如,地质学家查尔斯·赖尔(Charles Lyell)认为地球的存在时间要远远早于《圣经》所讲的创世时间;而查尔斯·达尔文的进化论无疑挑战了神创世界论。[①]作为回应,出现了一种新的基督教观念体系,它倡导不要咬文嚼字地从本本主义出发理解《圣经》,而是强调人之初性本善。在社会福音派看来,《圣经》是一项社会记录,其神学体系的基石是"登山宝训"(the Sermon on the Mount),认为社会改革是穷人自救的前提条件。因此,人的堕落与腐化很大程度上是罪恶的社会秩序拒绝给予选择美好行为所需教育与机会的结果。社会福音派由此得出结论,建立起最低的生活标准是帮助人们改恶从善所必要的条件。[②]简言之,此前的宗教复兴运动一再强调个人得救,社会福音运动则强调要先创造个人得救的社会条件与环境,也就是鲁迅先生所说的未有天才之前,先要在做好土方面下功夫,"譬如想有乔木,想看好花,一定要有好土;没有土,便没有花木了"。[③]

社会福音运动"始于 19 世纪 70 年代,在 80 年代取得了长足进展,在最后十年里趋于成熟"。[④] 在这三十年里,该运动全神贯注于自由放任资本主义的伦理问题;其主要特征是"重点强调拯救社会,而不是救赎个人"。[⑤] 基督教公理会牧师华盛顿·格拉登(Washington Gladden)在许多著作中讨论了"劳资双方就工资等问题进行谈判和保护公司的利益的做法";浸礼会牧师沃尔特·劳申布施(Walter Rauschenbusch)则在《基督教与社会危机》(*Christianity and the Social Crisis*)和《基督化社会秩序》(*Christianizing the Social Order*)中批判了资本主义和教会对社会经济问题的冷漠,提出了有关社会公正的进步思想与福利社会的构想;1896 年查尔斯·谢尔登(Charles Sheldon)的小说《追随他的脚步》(*In His Steps*)则向当时的人们发出了"如果是耶稣,他会怎么做?"的工业社会之天问。[⑥]宗教界社会福音运动对自由放任主义伦理的批判无疑在很大程度上激励

---

① Price Fishback et al. , eds. , *Government and the American Economy*: *A New History*, Chicago and London: The University of Chicago Press, 2007, p. 264.

② Ibid.

③ 鲁迅:《鲁迅全集》,第 1 卷,北京:人民文学出版社,2005 年,第 174 页。

④ Sidney Fine, *Laissez Faire and the General-Welfare State*: *A Study of Conflict in American Thought*, *1865 - 1901*, Ann Arbor: The University of Michigan Press, 1956, p. 170.

⑤ Ibid.

⑥ [美]加里·纳什等编著:《美国人民:创建一个国家和一种社会》,下卷,刘德斌等译,北京:北京大学出版社,2008 年,第 622 页。

了进步主义运动与规制国家在 20 世纪初的全面展开。

五、 强制、隔离与驱逐：进步主义运动与规制国家的另一面

在进步主义运动与规制国家兴起的过程中，强制、隔离与驱逐始终伴随着自愿、平等与融入。

1. 强制同化的进步：印第安人与《道斯法》

在强制方面，内战后印第安人的命运无疑是最明显的证明。随着西进运动的不断推进，美国政府自 19 世纪 60 年代开始"大规模武力征服，大约经过 20 余年时间，彻底打败境内所有土著部落"[①]。这就为美国政府推行强制同化政策提供了有利条件，许多美国人与几乎所有的官员都认为，"联邦政府应该说服或者强迫大平原印第安人交出他们绝大部分的土地，并放弃他们的宗教、公社化的财产、游牧的生活和性别关系"，取而代之的则是"基督教的信仰、私有财产制度、在保留地上的小农生产"以及男主外女主内的男耕女织式的田园生活。[②]与此同时，一批热心印第安人事务的白人，"特别是知识阶层和慈善活动家，对保留地制度的弊病深为不满，主张进行改革"[③]。这些自称"印第安人之友"的改革派们在 1879 年于波士顿建立了"印第安人保护委员会"，1882 年在费城建立了"印第安人权利协会"，1883 年费城建立了"全国妇女印第安人协会"，出版刊物《印第安人之友》，1885 年组建了"全国保卫印第安人协会"。这些组织的活动主要集中在宣传和游说国会两大方面，其基本观点代表的是某种"社会进化论、文化优越论和人道主义的混合物"，主要目标就是"打破保留地和部落制，尽快完成印第安人的'美国化'，把他们最终改造成美国公民"[④]。

这些改革派的主张得到了联邦政府的回应，1879 年内政部长卡尔·舒尔茨提出了解决印第安人问题的一个方案，强调"定居生产、非部落化教育、土地私有化和公民权"。[⑤]在参议院印第安人事务委员会主席亨利·道斯（Henry L. Dawes）等人的推动下，1887 年 2 月通过《道斯法案》。这项私有化的份地制法

---

① 李剑鸣著：《文化的边疆：印第安人与白人文化关系史论》，天津：天津人民出版社，1992 年，第 95 页。
② ［美］埃里克·方纳著：《美国历史：理想与现实》，王希译，北京：商务印书馆，2017 年，第 760—761 页。
③ 李剑鸣著：《文化的边疆：印第安人与白人文化关系史论》，第 96 页。
④ 同上书，第 96—97 页。
⑤ 同上书，第 98 页。

"将几乎所有印第安人的土地分解,划分成一块一块的农场份地,分配给印第安人的家庭,剩余的出售给白人买主。凡是接受农场土地和'接受文明生活习惯'的印第安人将成为拥有平等权利和资格的美国公民"①。在 1887 年,印第安人握有 1.38 亿英亩土地,结果在此后的"半个世纪中,他们丧失了其中的 8600 万英亩土地"②。另一方面,"随着'美国化'运动的兴起,非部落化教育也假强制手段全面推行。美国政府制订系统的教育计划,以保留地寄宿学校、保留地外寄宿学校和体力劳动学校组成印第安人教育体系,同时选拔出色的土著学生送入公立学校乃至大学深造"③。在 1877 年时,建立了 48 所印第安人寄宿学校,学生 3,598 人,以后逐渐增长,至 1900 年时已达到 153 所,学生 21,568 人。④这种非部落化教育在印第安人的部落社会与印第安人文化方面达到改革派的预期目标;其溢出效应是促成了印第安人民族意识的形成,就文化征服的目标来说,则是明显的失败。值得特别提及的是,印第安学生入学造成的亲子骨肉分离、严格的学校军事化管理、对学生身心的控制与改造、身负两种冲突的文化的"边际人"困境等往往与改革者的初衷背道而驰。⑤

2. "隔离但平等"的黑人

重建结束后的南部政治是由一个"商人、种植园主和商业企业家组成的政治联盟"来控制的,他们自称为"救赎者",即"他们将南部从所谓坏政府的恐怖和'黑人统治'之下拯救了出来"⑥。这些南方的新政府强化了对轻罪的惩罚力度,许多黑人因此锒铛入狱,而南部监狱将一部分判刑的罪犯,其中大部分是因轻罪入狱的黑人,出租给私人企业使用。这种使用罪犯进行劳动的制度在重建后的南方比较盛行。⑦具有讽刺意味的是,这些救赎者们恰恰是利用了美国宪法修正案第十三条中提及的例外情况,"不论奴隶制还是非自愿劳役,除非作为对已通过正当程序判刑的罪犯的处罚,不得存在于联邦境内及其管辖的任何地方"⑧。

在 1890 至 1906 年间,所有南部州都制定了法律或修改宪法的相关条款来

---

① [美]埃里克·方纳著:《美国历史:理想与现实》,王希译,北京:商务印书馆,2017 年,第 761 页。

② 同上书,第 761 页。

③ 李剑鸣著:《文化的边疆:印第安人与白人文化关系史论》,天津:天津人民出版社,1992 年,第 114 页。

④ 同上书,第 116 页。

⑤ 同上书,第 124—135 页。

⑥ [美]埃里克·方纳著:《美国历史:理想与现实》,王希译,北京:商务印书馆,2017 年,第 803 页。

⑦ 同上书,第 804 页。

⑧ 《联邦宪法修正案》,[美]亚历山大·汉密尔顿,詹姆斯·麦迪逊,约翰·杰伊著:《联邦论:美国宪法述评》,尹宣译,南京:译林出版社,2016 年,第 634 页。

剥夺黑人选举权,主要手段是缴纳人头税、识字水平测试以及"祖父条款",即"免除内战前(那时在南部只有白人才能投票)有资格投票的人的后代履行新投票规定的义务"。① 而此类剥夺黑人选举权的行为却被视为净化政治的"良治"手段。与此同时,自 19 世纪 90 年代种族隔离制度在南部开始普遍施行。1896 年在普莱斯(或译为"普莱西")诉弗格森案(*Plessy v. Ferguson*)中,最高法院以 7∶1 的绝对多数票判决:路易斯安那州法律并不违宪,因为"只要隔离的设施是'分离而平等的',它们就不构成对任何人的歧视"。② 法官亨利·比林斯·布朗(Henry Billings Brown)在写多数意见时认为:《分离车厢法》(Separate Car Act)并没有违反原告所主张的该法违犯宪法第 14 条修正案,因为宪法第 14 条修正案"仅仅旨在维护黑人与白人之间的法律平等,而不是他们之间的社会平等"。而且"如果某个种族在社会上低于其他种族的话,美利坚合众国宪法也无法将他们之间的关系拉平"。因此,《分离车厢法》是旨在维护"公共和平与良好秩序",是对立法机关警察治安权(police power)的"合理"运用。③大法官中唯一持不同意见的是约翰·马歇尔·哈伦(John Marshall Harlan),他认为在铁路乘客车厢中将黑人和白人分离开来的法律,因其预先假定黑人是劣等种族,该法就强行加入了奴役黑人的印记,因而违反了宪法第 13 条修正案,进而侵犯了黑人与白人的自由权与活动自由的权利;这种基于种族的专断原则来规制公民权利的法律是不得人心的,是对宪法第 14 条修正案同等法律保护条款的法律平等原则的公然违背,而"我们的宪法是色盲的"。④

3. 驱逐与限制政策下的美国华人

在内战后南方获得解放的黑人奴隶和国外移民潮的双重压力下,白人劳工大多对二者持排斥与限制的态度,特别是针对文化传统、语言风俗习惯与盎格鲁-撒克逊白人清教徒文化有别的移民。而这种反移民的本土主义运动与反前黑人奴隶的社会运动往往也得到了来自科学领域的支持,特别是来自优生学与种

① [美]埃里克·方纳著:《美国历史:理想与现实》,王希译,北京:商务印书馆,2017 年,第 808 页。

② 同上书,第 810 页。笔者注:该书认为是 8∶1 多数票,不过也有说法认为是 7∶1,因 9 位法官中有 1 人未投票。此处采纳了后者的说法,可参见:"Plessy v. Ferguson", retrieved from https://www.britannica.com/event/Plessy-v-Ferguson-1896, at August 7,2021。

③ "Plessy v. Ferguson", retrieved from https://www.britannica.com/event/Plessy-v-Ferguson-1896, at August 7,2021.

④ "Plessy v. Ferguson", retrieved from https://www.britannica.com/event/Plessy-v-Ferguson-1896, at August 7,2021;[美]埃里克·方纳著:《美国历史:理想与现实》,王希译,北京:商务印书馆,2017 年,第 810 页。

族科学研究的拥护。比如,担心美国白人会在外来移民压力下不断遭到弱化,进而造成"种族自杀"的忧虑,其中不乏进步主义理论家,诸如美国著名社会学家爱德华·A.罗斯等人。罗斯正是因为其排外主义、平民主义与进步主义杂糅的立场而在 1900 年 11 月 12 日被斯坦福大学解聘的。当时斯坦福大学实际控制者是珍妮·莱斯罗普女士,即斯坦福夫人,其丈夫利兰·斯坦福于 1893 年死后,她在此后的 12 年里,成为斯坦福大学的唯一理事。她认为:"罗斯结交了旧金山的政客,鼓动他们邪恶的激情,在人和人——所有劳动者,上帝眼中平等的人——之间划分了界限,实际上是支持社会主义最低劣、最可耻的因素……我必须承认我讨厌罗斯教授参与政治事务,我认为他不应该留在斯坦福……上帝不允许斯坦福大学支持任何种类的社会主义。"①

自 1850 至 1906 年间,美国爆发了近 200 次驱逐华人的事件;自 19 世纪下半叶开始,排华运动在加州爆发,波及的地区有俄勒冈、华盛顿、科罗拉多、犹他、亚利桑那、佐治亚等州;1849 至 1902 年间,洛杉矶至少发生了 302 起私刑案,亚裔受害人达 200 多名。及至 19 世纪 70、80 年代经济危机到来时,华人劳工更是成了替罪羊,遭到了种族主义者、失业老兵、欧洲移民的联合打压。1871 年,在洛杉矶爆发了对华人的大屠杀,或许是该市有史以来最严重的私刑案。在这种民间排华运动的压力下,加利福尼亚州政府在 1850 年开始征收外国矿工税,打击所有外国矿工;1862 年征收针对华工的警务税。②一般认为,美国国家层面上的排华政策,始于 1875 年国会通过的《佩奇法案》(the Page Act),它意味着美国第一次采取了联邦层面上规制移民的政策,禁止任何不受欢迎的移民进入美国,而这也是迈向排华法的重要一步。其中,不受欢迎的移民包括:任何即将来美的契约劳工、将会从事卖淫行当的亚洲妇女以及在母国被认为是罪犯的人。继而,1879 年国会通过了《十五乘客法案》(The Fifteen Passenger Bill),规定任何船只每次运到美国的华人不得超过 15 人;1881 年美国批准了 1880 年中美两国签订的《安吉尔条约》(the Angell Treaty),在美方压力下,清廷同意美国政府暂停而不是禁止华工赴美;《1882 年排华法》(the Chinese Exclusion Act)则将美国联邦层面的排华政策推向高潮,规定除属于豁免之列的商人、学生、教师、游客与外交

① "Mrs. Stanford to Jordan", May 9,1900,引自 J. L. Stanford, Address, 1903, pp. 9 - 10,转引自[美]劳伦斯·维赛著:《美国现代大学的崛起》,栾鸾译,北京:北京大学出版社,2011 年,第 423 页。
② [美]琼·菲尔泽著:《驱逐:被遗忘的美国排华战争》,何道宽译,广州:花城出版社,2016 年,译者前言,第 10—11 页。

官外,禁止所有的华人劳工入境;1888 年《斯科特法》(the Scott Act)禁止合法华工再度入境美国,取消以前签发的所有"返回许可证"(certificates of return);1892 年,《吉尔里法》(the Geary Act)再度授权《1882 年排华法》延期 10 年,并否认华人移民拥有依据人身保护令而申请保释的权利。1894 年的《葛礼山-杨儒条约》(Gresham-Yang Treaty),清政府同意禁止华人移民美国并执行《吉尔里法》,以此换取美国政府重新接纳在美居住的华人。①

一如美国现代化进程中的弱势群体印第安人、黑人与墨西哥人,镀金时代的在美华人也不可避免地沦为其现代化进程中的牺牲品。"紧随着西部的领土扩张、对土著美国人土地的强征、对非裔美国人的奴役,以及对墨西哥人的征服运动,反华运动的话语与政治接踵而至。排斥华人移民是美国种族压迫与隔离的区域历史的'自然'演进。"②对此,美国学者丹尼尔·J. 蒂奇纳(Daniel J. Tichenor)认为:1865至 1877 年间,联邦政府进行了激进的重建,国家主义得以扩张,而到了 1877 年以后这种激进主义政治遭到了激烈的反对,两党都选择了不同程度支持自由放任主义。因此,联邦政府需要借助多种形式的国家干预来扩张其民族国家的权威与范围,而排华为此提供了规制国家扩张的绝好的机会。③通过排斥华人,树立"他者",增强民族国家与种族认同,美国联邦政府的权威得到了极大的扩张。

与此同时,以《1882 年排华法》为代表的一系列排斥、限制华人移民的法律也导致了美国移民规制的急剧变迁,为 20 世纪制定的一系列旨在核查新移民与控制其国内有潜在危险的移民的政策打下了基础。可以说,该排华法"重新界定了美国政治、种族、阶级关系、性别关系、民族认同以及联邦政治在规制移民方面的作用。结果就是:为了保护美国白人,反对'不受欢迎的'外国人,这个国家采取了构筑与守卫国门的政策"。④ 及至 20 世纪 30 年代,对移民进行检查、要求提

① "H. Res. 683-Expressing the Regret of the House of Representatives for the Passage of Laws that Adversely Affected the Chinese in the United States, Including the Chinese Exclusion Act", retrieved from https://www. congress. gov/bill/112th-congress/house-resolution/683/text? __cf_chl_jschl_tk_ _ = pmd _ cb5e59e25a972f36009adf77628d40bb3c1ca79a-1628324120-0-gqNtZGzNAg2jcnBszQni, at August 7,2021.

② Erika Lee, *At America's Gates*: *Chinese Immigration During the Exclusion Era*, *1882 - 1943*, Chapel Hill and London: The University of North Carolina Press, 2003, pp. 29 - 30.

③ Daniel J. Tichenor, *Dividing Lines*: *The Politics of Immigration Control in America*, Princeton: Princeton University Press, 2002, p. 16; pp. 87 - 88.

④ Erika Lee, *At America's Gates*: *Chinese Immigration During the Exclusion Era*, *1882 - 1943*, Chapel Hill and London: The University of North Carolina Press, 2003, pp. 40 - 46.

供护照及其他文件证明、对移民的监督与量刑以及对违法移民的驱逐都成为执行美国法律的标准程序。

简言之,通过对美国社会中"他者"文化与群体的强制同化、剥夺与隔离、驱逐与限制,以种族科学、文明与进步的名义,变相地给予了规制国家介入美国社会经济与政治生活当中的可乘之机。

六、 知识分子引领的进步主义运动与规制国家的初兴

知识分子在进步主义运动与规制国家初兴的过程中,无疑发挥了十分重要的引领作用。实际上,早在内战前,一批知识分子与贵族精英就在美国革命以及随后的国家发展与政治运行的过程中发挥了不可替代的作用。内战后的美国更是出现了一批新兴的知识分子阶层(intelligentsia),他们在进步主义运动与规制国家建设的过程中发挥了急先锋的作用。[1]他们"主要立足于一个充满生机的专业部门和一个新兴的大学部门。这些知识人支持重建政府运作模式,以创建一个'果断、高效、持久'(finish, efficacy, and permanence)的行政领域为中心"。[2] 他们认为以普世取向的、按部就班的科层化官僚体制来取代法院与政党式国家,"不仅全国政府控制的各项新能力可以用来维系社会秩序,而且也可以在重要的国家事务中,将新型专业人才的影响力加以制度化"。[3]

在内战结束后的美国逐渐形成了专业人士阶层(professional classes)的比较稳固的基础。这在很大程度上源于公司资本主义迅速发展所带来的社会分工的专业化与科层化。这些知识分子是专业认同与目的感最为鲜明的群体。1870年纽约市律师协会(New York City Bar Association)建立;1874年芝加哥律师协会(Chicago Bar Association)建立;1878年美国律师协会(American Bar Association)建立。在 1865 年,绅士改革者们加入到了"社会科学家"小群体中,联手建立了美国社会科学协会(American Social Science Association)(ASSA)。在接下来的数十年里,美国社会科学协会在社会科学的各个专业领域中催生了许多专业学会。与之并驾齐驱的是在军界。海军官员们在 1873 年建立了美利

---

① Stephen Skowronek, *Building a New American State*: *The Expansion of National Administrative Capacities*, *1877 - 1920*, Cambridge: Cambridge University Press, 1982, p.42.

② Ibid.

③ Ibid.

坚合众国海军研究中心（United States Naval Institute）；陆军将官则在 1878 年建立了兵役研究所（Military Service Institution）①。而"这些专业化运动（professionalization movements）与美国政府的各种结构性改革之间形成了一种领导与支持之间密切的联系，这标志着可供选择的另一个统治阶层力图以自己的形象重塑国家的努力"。②

在 19 世纪后期，这个新兴的专业人士阶层的政治取向是攻击"政党专权"（despotism of party）和"职业政客的寡头统治"（oligarchy of professional politicians）。新生代的公共政论家、编辑与政治评论家声称有识之士皆应反对政党机器，并要在政府中大力复兴道德政治。他们认为现有的美国政党体制是不利于"良政"（good government）的，因为他们是在无知的选民的基础之上飞黄腾达的，他们不讲原则，全面排斥优秀人才的影响力。③

他们曝光并批判美国原有的政党型政府的腐败无能，不能适应新的社会经济形势。通过报纸杂志，诸如《大西洋月刊》（Atlantic Monthly），《世纪》（Century），《论坛》（Forum），《哈泼斯周刊》（Harper's Weekly），《民族》（Nation）和《北美评论》（North American Review），他们营造了一个知识分子的共同体或"文人共和国"；通过这些全国论坛，他们"可以表达并探讨积极的具体制度改革建议"。④ 借此他们联合起来，"形成了一种政治上进取且具有专业权威的话语，适时地支持了行政改革计划"。⑤ 最后，他们致力于构建一种新型政治的正当性，并提出了种种规制美国工业社会的方案。文官制度改革无疑是以律师、记者、学者与牧师为代表的中产阶级推动的规制工业社会的解决方案。不过，文官改革并没有取代原有的国家，而只是作为原有国家的拼图，进而成为了政党与商业利益迅速扩张的推手；文官委员会在这一时期的美国政治格局中只是一种新美国的象征，"政党和恩荫政治依然是政治精英关注的中心，在民政事务中相较于功绩制具有优先权"。⑥

---

① Stephen Skowronek, *Building a New American State：The Expansion of National Administrative Capacities，1877 - 1920*, Cambridge：Cambridge University Press，1982，p. 43.

② Ibid.

③ Ibid.

④ Ibid. , p. 44.

⑤ Ibid.

⑥ Stephen Skowronek, *Building a New American State：The Expansion of National Administrative Capacities，1877 - 1920*, Cambridge：Cambridge University Press，1982，pp. 52 - 83.

与此同时,进步主义的社会思想家与文学家们纷纷提出了各种解决工业社会问题,完善资本主义的解决方案。而仅自 1886 年秣市事件(the Haymarket riot)到 1896 年共和党人威廉・麦金莱当选总统的 10 年间,美国就涌现了 100 多部乌托邦小说。"它们成为了对社会焦虑与政治期望的一种前所未有的文学表达形式。这一文学事件是紧锣密鼓地呼应了工业、农业与女权主义为争取改革所进行的激烈斗争。"①他们纷纷在寻找一种自由放任的、个人主义的工业资本社会的可能替代形式或完善方案。在 19 世纪最后 30 多年里在许多经常参加演讲的作家中,有 4 个人值得特别关注:"第一位是举世闻名,近乎受到举世艳羡的塞缪尔・L. 克莱门斯(Samuel L. Clemens),即'马克・吐温'。第二位是乔治・华盛顿・凯布尔(George Washington Cable),一位南方作家,因描写了新奥尔良克里奥尔人的生活而在当时备受瞩目。第三位是爱德华・贝拉米,因其乌托邦小说《回顾》而为人所称颂。最后一位是旧金山的先知,伟大的单一税论者亨利・乔治。"②有关这些致力于描写未来而关注当下的拟乌托邦(The Pseudo-Utopias)③作品所产生的时代背景大致如下:在此前 250 年里作为化解美国发展中产生的社会弊病与冲突的安全阀的边疆自 1890 年起正在逐渐消失;劳资关系进入到了一种临界状态;工人阶级开始在一定程度上具有了阶级意识;鉴于农产品价格持续下跌,债台不断高筑的西部和南部农民要求救济的呼声持续不断;作为舶来品的马克思主义的原理尽管不符合美国人的脾气与秉性,但 1877 年社会主义工党在美国建立了;1880 至 1890 年间,能够识文断字的读者群体不断增加。④

1. 亨利・乔治的《进步与贫困》

1879 年,在 19 世纪 50、60 年代的加利福尼亚做过反奴隶制报纸编辑的亨利・乔治出版了《进步与贫困》,其引起的公众关注"可能超过美国历史上任何其

---

① Jean Pfaelzer, *The Utopian Novel in America*, *1886 - 1896*: *The Politics of Form*, Pittsburgh: University of Pittsburgh Press, 1984, p. 3.

② Mary Graham, "The Protests of Writers and Thinkers", in Paul H. Boase ed. , *The Rhetoric of Protest and Reform*, *1878 -1898*, Athens, Ohio: Ohio University Press, 1980, p. 295.

③ 笔者注:所谓的"拟乌托邦"意思是指当下的社会已经处在了最后战胜贫穷、人人平等、充分自由的美好社会的前夜,而现在的"我们还有点欠发达,秩序也有点混乱",在此种情况下需要对现有社会进行改革与修正。参见:[美]乔・奥・赫茨勒著:《乌托邦思想史》,张兆麟等译,北京:商务印书馆,1990(第一版1923 年),第 219,246 页。

④ Allyn B. Forbes, "The Literary Quest for Utopia, 1880 - 1900", *Social Forces*, vol. 6, no. 2,1927, pp. 180 - 181.

他的经济学著作"。①

在该书中,亨利·乔治提出的问题就是:在这个"以生产财富能力的巨大增加为特征"的世纪里,何以"无数次的发明和无数次的创造既没有减轻最需要休息的那些人的劳累,又没有为穷人带来富足"? 由此,解开"贫困与进步的这种形影相随"这个"我们时代的难解之谜"就是乔治在该书中所要完成的终极任务。②乔治首先用近一半的篇幅讨论了工资与资本、人口与食物、分配规律、物质进步对财富分配的影响以及工业萧条的原因等问题,批驳了古典政治经济学理论;然后指出当时流行的消灭贫穷办法之不足,诸如节约政府开支、教育工人阶级勤俭劳作、工人联合起来争取高工资、劳资合作、政府干预、普遍分配土地;最后指出,真正的救济办法是消除贫困的根源,即土地垄断,"必须以土地公有制取代土地私有制",就是要"取消除地价税外的全部税收",即单税制,"用征收土地增值税的方式来取代所有其他形式的税收"。③

可以说,如果乔治的主张真正推行开来的话,那么,第一受益群体将会是城市劳工,第二受益群体则是农民,毕竟"'对土地价值征税'将使较重的税收负担被限定于地价高昂的城市,乡村地区的税负因此变轻"。④尽管其给出的最终办法可能有点过于天真,但该书对古典政治经济学说与工业社会不平等状况的批判与揭露,无疑撼动了自由放任资本主义的理论基石,也在一定程度上变相地普及了马克思主义,推动了美国的工人阶级运动与进步主义运动。对此,我国著名学者资中筠评价道:"他所提出的'单一税'制,一度成为美国一派政见,尽管过于理想化,未有可能实施,但他的很多论点还是带有开创性,故而是进步主义思潮的先驱。"⑤

2. 爱德华·贝拉米的《回顾》与国家主义运动

在《进步与贫困》发表近 10 年后,1888 年爱德华·贝拉米的《回顾》问世。《回顾》以文学的形式批判了资本家统治的现代工业社会的六宗罪:第一,工人

① ［美］埃里克·方纳著:《美国历史:理想与现实》,王希译,北京:商务印书馆,2017 年,第 779 页。
② ［美］亨利·乔治著:《进步与贫困》,吴良健等译,北京:商务印书馆,1995 年,第 11—17 页。
③ 同上书,第 278,341 页;［美］埃里克·方纳著:《美国历史:理想与现实》,王希译,北京:商务印书馆,2017 年,第 779 页。
④ 王禹:《19 世纪晚期美国农民对"乔治主义"的接受与扬弃》,《四川大学学报(哲学社会科学版)》,2021 年第 2 期,第 92 页。
⑤ 资中筠著:《20 世纪的美国》,北京:商务印书馆,2018 年,第 47 页。

"令人蒙羞的依附地位";第二,为分配产品而实施的问题百出的竞争手段造成了
财富的巨大浪费;第三,一群游手好闲者——地主、资本家等当下的劫掠者犹如
寄生虫;第四,可怕单调繁重的苦工;第五,巧取豪夺;第六,分配不均,朱门酒肉
臭,路有冻死骨。[①]由此,他规划了中产阶级心目中的工业社会与国家:在没有暴
力流血和社会舆论成熟的情况下,"全国工商业不再由少数属于私人的、不负责
任的大公司或辛迪加,以追逐私利为目的地任意经营,而由一个唯一代表人民的
辛迪加来经营,为全体人民谋福利。也就是说,国家组织成为一个大的企业公
司,所有其他公司都被吸收进去。它代替了一切其他资本家,成为唯一的资本
家,它是独一无二的雇主,并吞了所有以前较小的垄断组织,成为最后一个垄断
组织。它的利润和各种节余由全体公民共同享受。这个'大托拉斯'的出现结束
了一般托拉斯的时代"。[②] 其管理也十分简单,就是所有都由年龄在 21 到 45 岁
之间的健康公民组成的工业大军来完成,公民也就是工人根据天赋特长,"按照
生产的需要,被分配到各部门中去";45 岁以后的公民"都可以自由地从事他在
学术或艺术上感兴趣的事情,或他所爱好的娱乐活动,而勿需为经济担
忧"。[③] 而以往"只限于维护和平、保护人民、反对公共的敌人,就是说,只限于具
有军队和警察的权力"的国家,现在"政府职权扩大到如此程度",是由"为了所有
阶级的共同利益——富有的和贫穷的、有文化的和无知的、老人和青年、虚弱的
和强壮的、男人和女人的共同利益"而组建的国家党管理着;这个"宏大完美的国
家"是个大家庭,"一个充满生命力的结合体,一种共同的生活,一株参天的大树。
这棵树的叶子就是它的人民,叶子从大树的脉络获得养料,从而又哺养着大
树"。[④] 可以说,贝拉米勾勒了他心目中的迎合了中产阶级口味的规制国家,"他
设想未来的国家行政机构与生产管理系统是统一的,十大生产部门以及各部门
所属行业的负责人,也都是代表国家的官吏"。[⑤] 而基于的原则是科层体系的现
代大公司的理性主义模式。关于贝拉米的规制国家理念,他后来在两次演讲中
予以了说明:第一次演讲是 1889 年 5 月 31 日在波士顿浸礼会翠蒙堂(Tremont

[①] E. Douglas Fawcett, "'Looking Backward' and the Socialist Movement", *The Theosophist*, 1890, p.
389.

[②] [美]爱德华·贝拉米著:《回顾》,林天斗等译,北京:商务印书馆,1997 年,第 45 页。

[③] [美]爱德华·贝拉米著:《回顾》,第 49 页;[美]纳尔逊·曼弗雷德·布莱克著:《美国社会生活与思想
史》,下册,许季鸿等译,北京:商务印书馆,1997 年,第 187 页。

[④] [美]爱德华·贝拉米著:《回顾》,林天斗等译,北京:商务印书馆,1997 年,第 47,182 页。

[⑤] 同上书,序言,第 iv 页。

Temple)，贝拉米发表了题为"金权政治还是国家主义?"(Plutocracy or Nationalism—Which?)的演讲，他攻击了竞争制度，认为它不符合基督精神，不利于适者生存，造成了生产浪费，分配不公；对穷人或中产阶级来说，是存在着不回到这种残酷无情的竞争制度之可能的；其理念可简化为服务于所有公民的股份公司式国民政府。他强调其提议的社会主义社会有着真正的经济平等，方法上是渐进的，有助于保护弱者，尤其是妇女和儿童。[①]第二次演讲是"国家主义——原则与目的"(Nationalism—Principles，Purposes)，1889 年 10 月 19 日为国家主义俱乐部周年纪念所作。他提出，考虑到财富是一种权力，而财富的集中已然造成了美国生活中平等的消逝，反过来它产生了政治腐败、朱门酒肉臭路有冻死骨、垄断与每况愈下的小商人与农场主。为了人民平等之故，贝拉米主张铁路、电话与电报业务、快运公司与煤炭开采的国有化；呼吁电、供暖与有轨电车的市政化。贝拉米解决社会政治不平等的办法就是社会军事化，即所有的服务均由国家评级，由低到高，不能无故推卸责任，废除童工，规制移民，支持男女绝对平等，禁酒，所有财产公共所有。[②]

　　《回顾》问世不久就在美国促成了著名的国家主义运动(Nationalist Movement)。该运动按照贝拉米在书中所宣扬的方针进行经济改革；它有自己的期刊：《国家主义者》(The Nationalist)和《新国家》(The New Nation)，而且得到了当时许多有识之士的支持，"即便在当时完成其计划的时机还不成熟，但作为一场教育运动其所发挥的持续性影响是罕有其匹的"[③]。贝拉米的《回顾》不仅促成了各地贝拉米俱乐部的纷纷组建，而且也影响到了人民党的成立及其政纲的确立。面对 19 世纪 80、90 年代混乱无序的工业世界，他力图为美国人，特别是中产阶级人士，"找到一个鼓舞人心的办法，以便应对劳资冲突、工人备受盘剥、财富分配不均、经济恐慌与萧条以及一种确保人人的'生命、自由与追求幸福'的政体能够在欧洲获胜而在美国得以维系"[④]。就贝拉米对进步主义运动与

---

① Mary Graham，"The Protests of Writers and Thinkers"，in Paul H. Boase ed.，*The Rhetoric of Protest and Reform，1878 - 1898*，Athens，Ohio：Ohio University Press，1980，p. 309；Edward Bellamy，*Edward Bellamy Speaks Again*!，Kansas City，Missouri：The Peerage Press，1937，pp. 33 - 51.

② Ibid.，pp. 53 - 71.

③ Edward Bellamy，*Edward Bellamy Speaks Again*!，Foreword by R. Lester McBride，p. 12.

④ Sylvia E. Bowman ed.，*Edward Bellamy Abroad：An American Prophet's Influence*，New York：Twayne Publishers，1962，p. 29.

规制国家所做出的贡献而言,可能更多的就在于其所拥护如下理念:民族国家 (nation-state)、社会福利制度、集权的科层制与工业大军。[①]当然,赞扬贝拉米者 有之,认为他对自由放任的资本主义进行了民主主义与进步主义的祛魅,是后来 民主改革与民主社会主义的先驱;批评者亦有之,批评他在社会主义的两个灵 魂——民主主义与威权主义——之间更倾向于后者,甚至是后来现代极权主义 的先驱。[②]

　　需要提及的一点是,但凡意欲同情的真了解贝拉米之哲学者,必须既要论其 世,又要知其人。贝拉米之所以能够体察 19 世纪后期美国资本主义社会之恶, 进而以一种大我的人类合作与无我的精神触动了美国乃至世界上许多国家读者 的心灵,不仅与他对工业社会之恶的鞭挞有关,也和他 1850 年出生于一个浸礼 会牧师家庭有关,更同其在 1870 年失去了对基督教的信仰而在 24 岁时—— 1874 年——形成的一种普世博爱的精神与信仰有关。[③]他在《圆融一体的信仰》 (*The Religion of Solidarity*)中写道:

　　　　"人的双重人生,个人的与非个人的;个体的与全体的,对理解人性与人 类命运之谜大有助益。

　　　　……

　　　　不消说,我们栖居在逼仄的个人生命之窟(narrow grotto of the individual life)中,个人生命被看作是陌生的、天使般的访客,沿着光束所奋 力去的那个方向,我们不能相信:头顶上的宇宙就是我们要去栖居的世界, 而个性之窟不过是个工作坊。

　　　　……

　　　　圆融一体的信仰是我所发现的唯一合理的道德本能哲学。大公无私与 甘于自我牺牲是道德的本质。依照绝对的个人主义理论,大公无私是疯狂 的;但依照二重生命的理论,生命的圆融一体性(the life of solidarity,或可 译为"生命的合一性")是恒久的,个体性是转瞬即逝的;无私只是牺牲小我

① David D. W. Wang, "Translating Modernity", In David E. Pollard ed. , *Translation and Creation*: *Readings of Western Literature in Early Modern China*, *1840 - 1918*, Amsterdam and Philadelphia: John Benjamins Publishing, 1998, p. 310.

② Henry F. May, "Authoritarian Socialism in America: Edward Bellamy and the Nationalist Movement by Arthur Lipow (book review)", *The American Historical Review*, vol. 88, no. 1,1983, p. 195.

③ Sylvia E. Bowman ed. , *Edward Bellamy Abroad*: *An American Prophet's Influence*, pp. xxi - xxiv.

成就大我,甚至是明显合理的,合乎哲学的进程的,更不消说是一种秘而不宣的冥思。

……

人是个人与非个人存在的集合体,表明存在一种更高级的存在方式或至高的存在方式(superior beings or Supreme Being),一种与作为个人的人类完全不同的存在……"①

那些批评贝拉米的人在读到了上述文字不知会作何感想,对此笔者更倾向于认为:贝拉米国家主义的起源不仅更多地缘于美国基督教复兴运动,更是出自贝拉米的一颗关切社会与政治上受苦受难的人们之心。②

3. 伊格内修斯·唐纳利的《凯撒纪念碑》与平民主义的规制国家

在《回顾》问世两年之后,伊格内修斯·唐纳利(Ignatius Donnelly)的《凯撒纪念碑》(*Caesar's Column*)则以反乌托邦小说形式表达了对19世纪末美国社会政治深度的关切。在19世纪最后的25年里,"预测社会冲突或将为一种新的和谐社会秩序所取代,或将导致人类的彻底毁灭"的乌托邦小说或末日灾难小说盛极一时,达150部以上,而《凯撒纪念碑》只是其中之一。③这些小说的核心都在于表达了对社会冲突、阶级斗争与日益集中的资本权力的担忧。

唐纳利在19世纪中后期美国的社会政治改革运动中发挥着重要作用。1863至1869年当过美国国会议员;19世纪70年代以前是一位共和党人,此后参与第三党运动,为小农场主与工人代言;他做过数年明尼苏达州农民联盟(State Farmers' Alliance of Minnesota)的会长;1876年担任全国反垄断代表大会(National Anti-Monopoly Convention)的主管(presiding officer);1900年被提名为人民党副主席。④

《凯撒纪念碑》以书信体形式叙述了因阶级战争引发的20世纪末文明衰落的故事。叙述者与亲历者是加百列·韦尔特斯坦(Gabriel Weltstein),他是来自

① Edward Bellamy, *The Religion of Solidarity* (With a Discussion of Edward Bellamy's Philosophy by Arthur E. Morgan), Yellow Springs, Ohio: Antioch Bookplate Company, 1940, pp. 16;21;36;42.

② Henry F. May, "Authoritarian Socialism in America: Edward Bellamy and the Nationalist Movement by Arthur Lipow (book review)", *The American Historical Review*, vol. 88, no. 1,1983, p. 195.

③ [美]埃里克·方纳著:《美国历史:理想与现实》,王希译,北京:商务印书馆,2017年,第779页。

④ Allyn B. Forbes, "The Literary Quest for Utopia, 1880 - 1900", *Social Forces*, vol. 6, no. 2,1927, p. 184.

非洲联邦的乌干达邦的一名小羊毛商人,来纽约是为了免受大羊毛商帮的勒索而亲自来联系制造商。①他见证了一个科技高度发达的城市工业社会。②他无意中救了一个纽约的假乞丐马克西米利安·佩蒂翁(Maximillian Petion),后者的职业是律师,实则是反叛组织的头目之一。③故事的一方是犹太人组成的金融寡头,在那时所有的社会控制机构都落入这些寡头们的手中,并无情地剥削着人民;这个城市中有7成的人民忍饥挨饿,缺衣少食。④另一方是面有菜色、愤愤不平且野蛮凶残的无产阶级,隶属于秘密的国际组织——毁灭兄弟会(Brotherhood of Destruction),马克西米利安就是其中一员;他们想方设法要通过武力一举推翻现有的秩序,因为上流社会可以变革这个世界,他们却毫无作为;而底层人们将要变革这个世界,却无能为力。在这样一种形势下,必须要启动克伦威尔式斗争,不破不立。⑤故事的高潮是毁灭兄弟会买通雇佣军造反成功后,昔日作威作福的统治者们被迫自行堆好柴堆,然后被施以火刑;鉴于杀人如麻,处理尸首一度成了严重的卫生问题,为此,革命领袖凯撒·洛梅利尼(Caesar Lomellini)突发奇想,命令将尸首叠在一起浇上水泥,垒砌起了一座高耸云天、如埃及金字塔般伟大的纪念碑,以示埋葬现代文明之意。⑥然而,革命后谣言四起,猜疑丛生,凯撒也为暴民杀害,纪念碑周围暴民们点燃了狂欢的篝火,无知、激情、猜疑、野蛮、犯罪肆虐于欧美。⑦

　　逃回非洲后,加百列·韦尔特斯坦在马克西(Max,即马克西米利安)的帮助下成功建立了共和国。在拟议的理想国的构建中,"政府——全国、州级和市级——是人类种族的未来之关键"。⑧ 他们建立了共和政体,取消了政党分肥;实行普遍义务教育,不识字者没有投票权;国有化所有交通、通讯、矿藏,废除了利息制度,违者重罚;政府分为三个部,第一个是生产者部,主要由工人、农场主和技工选出管理者;第二个是商贸部,主要由商人、制造业主和从事贸易人员构成;第三个是规模最小的文化部,主要由作家、记者、艺术家、科学家、哲学家和文

---

① Ignatius Donnelly, *Caesar's Column*: *A Story of the Twentieth Century*, Chicago: F. J. Shulte & Company, 1891, p. 30.
② Ibid., pp. 9 – 22.
③ Ibid., pp. 29 – 31.
④ Ibid., pp. 36 – 41.
⑤ Ibid., pp. 77 – 79.
⑥ Ibid., pp. 305 – 329.
⑦ Ibid., pp. 330 – 349.
⑧ Ibid., p. 129.

学家等组成,并选出其代表。三个阶级之间能够达成理性的共识。政府是致力于简朴目的的工具,用来确保所有勤劳公民既拥有自由,也拥有知书达理的头脑、幸福安乐的家庭、衣食丰足和安居乐业。政府规制不同行业劳动者的人数;只有小额的银币在流通,发行纸币仅仅是用作偿债,纸币发行是量入为出的;土地和金钱的拥有量有最高限额,只是拿来使用的;除非是为了盖房子,否则份地不许销售等。简言之,他们复兴了杰斐逊式民主共和国。①

作者在《致公众》的前言中预先表明了其立场,作者并非是一位无政府主义者,也无意致力于暴民的革命,而是为了让权势者警醒:"我力图向有才干者、有钱者与有权者宣讲伟大的真理:对同胞们的苦难视而不见、对伟大的民吾同胞的精神纽带(the great bond of brotherhood)这一基督教的基石漠不关心并盲目、野蛮与自甘堕落地只知崇拜财富必然——只要给予足够的时间和压力——最终会颠覆社会,并摧毁文明。"②作为共和国的有识之士应该直面工业社会的惨淡现实:"今日世界,喧嚣着要行动,而不是信条;要面包,而不是教条;要慈善,而不是仪式;要仁爱,而不是智识。"③

简言之,通过《凯撒纪念碑》,唐纳利既表达了大灾难将至的社会忧惧心理,也扼要地表达了平民主义的规制国家理念。对此,在1891年以人民党人身份当选美国国会参议员的威廉·A. 佩弗尔(William A. Peffer)写道:"摧毁了金权(money power),就敲响了拿粮食和其他日用品进行赌博者的丧钟;因为这就粉碎了世上最坏之人的业务,也就扳倒了这些赌徒们的支柱。在消去那些较为庞大的贪赃枉法者与以权谋私者(spoilsmen)的权势后,剪除那些小喽啰的羽翼就较为容易了。一旦清除了那些扼住国家命脉咽喉之人,那些寄生虫就很容易清理了。"④而佩弗尔提出的救济办法与唐纳利的大同小异,核心就是消灭金权势力,特别是那些集中化的金融势力,国家采取一系列扶植生产者阶层——农场主、技工与制造业主——的举措,在实际政治中实行更高的标准,劳动利润所得

---

① Ignatius Donnelly, *Caesar's Column*: *A Story of the Twentieth Century*, Chicago: F. J. Shulte & Company, 1891, pp. 350 – 367.

② Ibid. , p. 3.

③ Ibid. , p. 4.

④ William A. Peffer, *The Farmer's Side*: *His Trouble and Their Remedy*, New York: D. Appleton and Company, 1891, p. 273;[美]理查德·霍夫斯达特著:《改革时代——美国的新崛起》,俞敏洪等译,石家庄:河北人民出版社,1989年,第53页。

均等化,公共设施公有化等。①

4. 莱斯特·沃德的改良式达尔文主义

莱斯特·弗兰克·沃德(Lester Frank Ward, 1841－1913)早年当过兵,干过财政部的文职工作;而后进入大学深造,先后拿到文学学位、法学和医学学位、植物学、化学和解剖学联合领域的硕士学位;之后进入美国地质调查局工作,成为地质学家与古生物学家;最后进入布朗大学任教,做过美国社会学学会第一任会长,成为美国社会学领域的开先河者。其著述等身:《动态社会学》(Dynamic Sociology,1883),《文明的精神因素》(The Psychic Factors of Civilization,1893),《社会学大纲》(Outlines of Sociology,1898),《理论社会学》(Pure Sociology,1903),《应用社会学》(Applied Sociology,1906)。②自封为"人类进步的使徒"的沃德,相信"专家提供社会立法需求建议之下的民主政府所具有的'科学'规划之效能","预见并拥护福利国家的到来,他称之为'社会政体'(sociocracy),是社会所有、社会治理、社会受益的治理模式"。③ 作为"19 世纪最后 20 年里最伟大的美国社会学家与美国社会学的真正创立者",沃德"削弱了斯宾塞式消极无为(do-nothing)的社会哲学,并为积极有为国家打下了科学基础"。④

沃德虽然深受进化论的影响,但他"否定斯宾塞以生物进化论为基础的个人主义学说,反对把环境当作一个不可改变的自然规律加以接受,坚决主张从社会角度改变人类环境"⑤。他批评早期社会科学家对心理学的忽视,强调社会学应建立在"理性的人的行动"的基础之上,因为基于竞争的社会法则是不健全的,人类向来有着合作的本能与传统,而"文明是通过合作与竞争之间卓有成效的相互作用而创造出来的"⑥。沃德认为,不受规制的竞争或许是动物

① William A. Peffer, The Farmer's Side: His Trouble and Their Remedy, p. 272.
② [美]纳尔逊·曼弗雷德·布莱克:《美国社会生活与思想史》,许季鸿译,上册,北京:商务印书馆,1994 年,第 196—197 页。
③ Henry Steele Commager, Lester Ward and the Welfare State, Indianapolis and New York: The Bobbs-Merrill Company, Inc., 1967, Preface by Leonard W. Levy, p. v; Edward C. Rafferty, Apostle of Human Progress: Lester Frank Ward and American Political Thought, 1841－1913, Lanham: Rowman & Littlefield Publishers, Inc., 2003.
④ Sidney Fine, Laissez Faire and the General-Welfare State: A Study of Conflict in American Thought, 1865－1901, Ann Arbor: The University of Michigan Press, 1956, p. 253.
⑤ 李颜伟:《知识分子与改革:美国进步主义运动新论》,北京:中国社会科学出版社,2010 年,第 119 页。
⑥ [美]纳尔逊·曼弗雷德·布莱克:《美国社会生活与思想史》,上册,北京:商务印书馆,1994 年,第 197 页。

进化的原则或"动物经济学",但"这绝非是人类社会或'人类经济学'的典范"。即便社会发展与进步会受到各种自然力的影响,但它依然仰赖"对个人的干预而不是自然的、无限渐进地演化"。因此,国家与政府必须"插手社会变迁或是干预那些危及民族国家四分五裂的猖獗发展所带来的损害"。①

政府与国家的关系一如个人与社会的关系,国家就是整个社会秩序的集合体;政府是由各种规章、制度与司局组成的公共体制,它要组织并协调各种知识用以指引并管控更大的社会秩序的进步。在这一过程中,社会需要发展出"社会智识"(social intellectual),即我们现在所说的智库;其智识成果既出自美国地质调查局(United States Geological Survey),劳动统计局(Bureau of Labor Statistics),史密森学会(Smithsonian Institution)等公共研究部门,也来自全国地理学会(National Geographic Society),华盛顿人类学会(Anthropological Society of Washington)等私人组织。②

沃德揭露了大企业要求自由放任政策的虚伪,"政府的保护总是存在的,就看政策对谁有利,大力宣扬放任主义的人正是最受政府保护的那一阶层"。事实上,"政府干预与自由主义没有矛盾,一定程度的集体主义和个人主义也没有矛盾,相反,真正的个人自由只有国家在社会强势阶层和弱势阶层之间起调节功能时才能实现"。③ 在他看来,"个人主义造成了各种人为的不平等,而社会主义致力于创造人为的平等,而社会政体既承认各种自然的不平等,也将会取消各种人为的不平等。在个人主义体制下唯有才智之人、狡诈之人或幸运之人才能获益,社会主义赋予所有人平等的利益,而社会政体则根据功绩授予利益并坚持将机会平等作为论功行赏的手段"。④

考虑到通过教育可以改进人类智力,进而引导社会演变的情况,首先就"应该创造受教育机会平等的条件,通过普及和发展教育对社会进行根本性的改良"。⑤ 他甚至提议"建立一所国立大学,传授政府科学与技艺,培养的研究

① Edward C. Rafferty, *Apostle of Human Progress: Lester Frank Ward and American Political Thought, 1841 - 1913*, Lanham: Rowman & Littlefield Publishers, Inc., 2003, p. 9.

② Ibid.

③ 资中筠:《20 世纪的美国》,北京:商务印书馆,2018 年,第 49 页。

④ Sidney Fine, *Laissez Faire and the General-Welfare State: A Study of Conflict in American Thought, 1865 - 1901*, Ann Arbor: The University of Michigan Press, 1956, p. 263.

⑤ 资中筠:《20 世纪的美国》,北京:商务印书馆,2018 年,第 50 页。

生可以入职联邦政府的行政管理岗位"。① 由此,个人自由、社会进步与国家发展形成并行不悖的局面。沃德在社会学领域所产生的影响如此之大,以至于一时间形成了"学者们不归于萨姆纳就归于沃德旗下"的非杨即墨的局面。②

一言以蔽之,"农场主、劳工、单一税论者(Single Taxers)、国家主义者(Nationalists)、社会主义者、考克西派(Coxeyites)、反垄断者以及社会服务工作者(social workers),他们都准备动用国家实行改革,他们认为这对实现其自身的最佳利益是必要的,或者是对推动他们所认为的公共福利(general welfare)是必要的"。③ 也就是说,针对自由资本主义之恶与自由放任主义之弊,美国社会各阶层中的一部分代表纷纷提出了批判、限制、改造,乃至反对自由资本主义与自由放任主义的理论主张与社会运动,设计了不同程度国家干预的规制国家主张。在这些原初的进步主义运动的推动下,美国的各级政府,特别是国会与最高法院,甚至包括行政部门在一定程度上也采取了立法规制、司法规制与行政规制的行动,为 20 世纪初进步主义运动与规制国家的全面推进修直了道路。

尽管这一时期拥护平民主义以及其他扩张联邦政府经济权力计划的人们数以百万计,但大多数美国人——显然包括大多数的农场主和工人——反对此类改革。④其他领域的社会运动也依然需要"沉默的大多数"参与到这场运动之中来。就这一时期美国联邦政府机构与职能发展而言,在 19 世纪中期就业已存在的各个行政部门大多新增了职责。"8 家内阁级别行政机构中的 6 家——国务院、财政部、陆军部、海军部、邮政总局以及司法部——早在 1800 年以前就已经建立,并在 20 世纪继续存在。第 7 家是创立于 1849 年的内政部。"⑤农业部组建于 1862 年,不过直到 1889 年才提升到部级,这是内战后数十年来创建的独一无二的部级行政机构。"在 19 世纪 80 年代,两个独立的委员会——文官委员会和

---

① Sidney Fine, *Laissez Faire and the General-Welfare State: A Study of Conflict in American Thought, 1865 –1901*, p. 258.
② 资中筠:《20 世纪的美国》,北京:商务印书馆,2018 年,第 50 页。
③ Sidney Fine, *Laissez Faire and the General-Welfare State: A Study of Conflict in American Thought, 1865 –1901*, Ann Arbor: The University of Michigan Press, 1956, p. 168.
④ Robert Higgs, *Crisis and Leviathan: Critical Episodes in the Growth of American Government*, Oxford: Oxford University Press, 1987, p. 83.
⑤ Cindy Sondik Aron, *Ladies and Gentlemen of the Civil Service: Middle-Class Workers in Victorian America*, New York and Oxford: Oxford University Press, 1987, p. 69.

州际商业委员会——与一个非部级行政机构劳工局(Department of Labor)成为
了行政机构的一部分。"①当然,整个 19 世纪这些行政机构依然要细分为数不尽
的司局,每个司局负责该机构的一个方面。例如,在财政部的各个司局中包括 6
个审计室(auditor's offices),2 个监理署(comptroller's offices)以及 1 个海关
署。内政部包括各式各样的司局,比如土地总局、年金局(Pension Bureau,或译
为"福利局"),专利局、印第安人事务处等。②

　　然而,"在大多数情况下,政府对呼啸盘旋而来的激进之风依然保持着安静
的无动于衷的态度。地方政府支撑着警察、法院、学校与街道的运转;一些大一
点的城市增加了污水处理与公共供水的工作。联邦政府支付退伍老兵津贴与内
战国债的利益;维系着微量的军队;邮递工作;通过名目繁多的赠与与销售的方
式,公共土地不断减少;保持高关税,征收很少的消费税;并继续执行通货紧缩的
金融政策,其手段就是在 1865—1878 年间保持战前金本位的比价,在 1878 年后
继续维系金本位及其比价"。③

第 2 节　进步主义运动与规制
国家实践的凯旋(1900—1917)

　　　　"此时此刻,我们正在经历一场伟大的骚动不安时期——社会的、政治
　　的以及工业的骚动不安。

　　　　就其对未来最为重要的意义来说,它不仅仅表明生活抗争的骚动不安,
　　不仅仅是对无法避免的不平等状况的愤愤不平,更是一颗谋求改善个人与
　　民族国家之雄心壮志的悸动不已。

① Cindy Sondik Aron, *Ladies and Gentlemen of the Civil Service*:*Middle-Class Workers in Victorian
　America*, New York and Oxford:Oxford University Press, 1987, p. 69.

② Ibid.

③ Robert Higgs, *Crisis and Leviathan*:*Critical Episodes in the Growth of American Government*,
　Oxford:Oxford University Press, 1987, p. 82. 笔者注:一些学者认为,"知识分子"译为"知识人"更为
　准确与中立,毕竟"分子"有政治倾向,在此,笔者大多数情况下沿用了习惯的说法,偶尔也使用"知识
　人"的表述。

就这场举国骚动不安而言,其表现为愤愤不平于罪恶,矢志于惩处工业
与政治中的作恶者,诚挚地迎接一种健康生活的到来。"

——西奥多·罗斯福,1906 年①

"国民生活的基石是而且永远必定是每位公民高尚的个人品格。"

——西奥多·罗斯福,1906 年②

　　1901 年 9 月 6 日,美国总统威廉·麦金莱参加纽约州布法罗市(Buffalo)召
开的泛美博览会时遭到无政府主义者列昂·佐尔戈斯(Leon Czolgosz)的暗杀,
8 天后终因伤势过重辞世。③然而,麦金莱只是"在 1914 年之前的 20 年内遭到暗
杀"的六位国家元首中的一位。④佐尔戈斯"这位对无政府主义理论所知最少的
杀手完成了一次影响最深远的行动"。⑤ 布法罗市的枪声带来的深远影响之一
是,"不管它的行动是多么自我局限,梦想是多么不切实际,无政府主义狠狠地将
社会两大分野间的斗争戏剧化。在特权的世界里,它唤醒了社会良知;在抗议的
世界里,它传递能量给工团主义,在工会组织的权力斗争中加入了暴力和极端的
元素"⑥。实际上,麦金莱之死分化的不仅仅是有权有势者的特权世界与无权弱
势者的抗议世界,更重要的是它由此更多地唤醒、凝聚了介于上层与底层之间的
中产阶级人士。他们在选举政治十分胶着与势均力敌的情况下所投下的选票将

---

① Theodore Roosevelt,"The Man with the Muck-rake (April 14,1906)", retrieved from https://www. americanrhetoric. com/speeches/teddyrooseveltmuckrake. htm, at August 10,2021; Michael McGerr, *A Fierce Discontent：The Rise and Fall of the Progressive Movement in America，1870 - 1920*，New York：Free Press，2003, title page.

② Theodore Roosevelt,"The Man with the Muck-rake (April 14,1906)", retrieved from https://www. americanrhetoric. com/speeches/teddyrooseveltmuckrake. htm, at August 10,2021.

③ 李剑鸣:《伟大的历险——西奥多·罗斯福传》,北京:世界知识出版社,1994 年,第 117 页;[美]巴巴拉·W. 塔奇曼著:《骄傲之塔:战前世界的肖像,1890—1914》,陈丹丹译,北京:中信出版社,2016 年,第 98 页;"State of the Union Address：Theodore Roosevelt (December 3, 1901)", retrieved from https://www. infoplease. com/primary-sources/government/presidential-speeches/state-union-address-theodore-roosevelt-december-3-1901, at August 9,2021;"Message of the President (December 3, 1901)", retrieved from https://history. state. gov/historicaldocuments/frus1901/message-of-the-president，August 10,2021。

④ [美]巴巴拉·W. 塔奇曼著:《骄傲之塔:战前世界的肖像,1890—1914》,陈丹丹译,北京:中信出版社,2016 年,第 56 页。

⑤ 同上书,第 98 页。

⑥ 同上书,第 105 页。

具有四两拨千斤的乾坤扭转之功。与之密切相关的就是,这一事件也使得改革的力量与保守的力量更加泾渭分明起来。对此,当时著名的实用主义哲学家威廉·詹姆士(William James,1842—1910)就对人类进行了两分:他将人分类"柔性的"与"刚性的";前者是柔性的,理性主义的(根据原则而行),理智主义的,唯心主义的,乐观主义的,有宗教信仰的,意志自由论的,一元论的,武断论的;后者则是刚性的,经验主义的(根据事实而行),感觉主义的,唯物主义的,悲观主义的,无宗教信仰的,宿命论的,多元论的,怀疑论的。^①事实上,这种两分法能在《圣经》中找到詹姆士灵感的源头,比如在《出埃及记》中多次重复出现类似的字句:"法老心里刚硬"(Still Pharaoh's heart was hardened),"法老心里刚硬"(so Pharaoh's heart remained hardened)。^②与心肠刚硬的人相对的则是心肠柔软的人。例如,我们上文提到过珍妮·亚当斯面对心肠刚硬的普尔曼卧铺车厂经理们的绝不参与仲裁的官方声明与罢工工人们的愤愤不平之时的无奈与无力,反而坚定了进步主义者改造社会的决心就是一例。此外,发生在美国第八大城市布法罗市的枪声表明了城市是不安全的,阶级冲突距离中产阶级并不遥远。对此,美国学者巴巴拉·W.塔奇曼写道:

> "从 19 世纪进入 20 世纪的人们,运输、交流、生产、制造及武器研制的能力却因为机器的能量而翻了几千倍。工业社会给予人新的能量和新的领域,但与此同时也累积了新的压力:贫富差距拉大,人口不断增长、城市拥挤,阶级、群体间矛盾激化,人与自然分离,个体工作缺乏满足感。科学给予人新的福祉与新的眼界,却带走了对上帝的信仰和对所知体系的不确定性。尽管世纪末(fin de Siècle)常常意味着颓废,但实际上,世纪之交的社会却迸发着新的张力和累积的能量。"^③

而对 19 世纪末 20 世纪初工业资本主义社会下底层人民处境的同情、社会各阶层、尤其是中产阶级对这些"新的压力"的忧惧以及"当(麦金莱)总统在生死

---

① [美]威廉·詹姆士著,陈羽纶　孙瑞禾译,《实用主义:一些旧思想方法的新名称》,北京:商务印书馆,1979 年,第 9—10 页。

② 《圣经·旧约·出埃及记》(中英对照　和合本　新修订标准版),南京:中国基督教三自爱国运动委员会,2000 年,第 93—105 页。

③ [美]巴巴拉·W.塔奇曼:《骄傲之塔:战前世界的肖像,1890—1914》,陈丹丹译,北京:中信出版社,2016 年,第 2—3 页。

未卜之时,经历了这些黑暗日子的所有人痛彻心扉,举国悲惊交集"①,这三种社会心理的结合在很大程度上将19世纪后期各个领域中展开的社会政治改革的思潮与运动的小溪汇聚了起来,掀起了更为深广的争取社会公正与进步的社会运动的浪涛。

一、进步主义社会运动的全面迸发

西奥多·罗斯福在1901年12月3日首次向国会递交的国情咨文中写道:"当我们从一个人转向整个民族国家之时,其造成的伤害如此之大,足以唤起我们最为沉重的忧虑,要求我们采取最为明智与果敢的行动。"②这一点,对于19世纪后期以来一直致力于争取社会公正与进步的进步主义者来说,无疑既是一种警示,也是一种激励。然而,对此罗斯福总统写道:任何一种想象得到的理论都不会把谋杀总统的原因归结为对"社会秩序'种种不公平'的抗议";"他不是社会或政治不公的牺牲品";认为佐尔戈斯的行为是"纯粹堕落的犯罪行为""所有犯罪记录中卑劣至极的行为"和"反对整个人类种族的犯罪"。③罗斯福这些措辞的表达,其所透露出的、更为真实的信息应该是:这不仅仅是堕落的、卑劣至极的犯罪行为,反人类罪行,更是对社会不公的抗议与控诉。这无疑给当时进步主义者的社会主义运动注入了更大的动力。对此,1906年4月14日罗斯福向从事黑幕揭发运动的记者们发表的演讲应该说表达了其更为真实的想法,一定程度上也反映了进步主义运动的本质:"就其对未来最为重要的意义来说,它不仅仅表明生活抗争的骚动不安,不仅仅是对无法避免的不平等状况的愤愤不平,更是一颗谋求改善个人与民族国家之雄心壮志的悸动不已。"④

进入到20世纪的进步主义运动并非是新事物,一方面,它们是19世纪后期

---

① "State of the Union Address: Theodore Roosevelt (December 3,1901)", retrieved from https://www. infoplease. com/primary-sources/government/presidential-speeches/state-union-address-theodore-roose velt-december-3-1901, at August 9,2021; "Message of the President (December 3,1901)", retrieved from https://history. state. gov/historicaldocuments/frus1901/message-of-the-president, August 10, 2021.

② Ibid.

③ Ibid.

④ Theodore Roosevelt, "The Man with the Muck-rake (April 14,1906)", retrieved from https://www. americanrhetoric. com/speeches/teddyrooseveltmuckrake. htm, at August 10,2021.

以来社会改革运动的继续与发展,尤其是越发地从市、州层面走向全国;另一方面,作为社会运动的进步主义运动与作为政治运动与政治改革的进步主义运动越来越水乳交融和密不可分。易言之,进步主义运动与规制国家日益显示出其"社会中的国家"的特征来,以至于后来的史学家在进行研究时,将二者往往等同于社会运动,进而造成了 20 世纪 70、80 年代以来"找回国家"研究取向的兴起。此外,随着进步主义政治改革日益引人瞩目,而社会运动则显得相形见绌了。当然,造成这种情况出现的原因也在于两大政党日益在不同程度上接过了第三党运动中的改革议题与主张,一如 1905 年初平民主义运动领导人与美国民主党领袖威廉・詹宁斯・布赖恩抱怨西奥多・罗斯福"从民主党的纲领中提取了许多内容。罗斯福反唇相讥,说那些条款在布赖恩手里毫无用处,因为他永远也不会处于一个能够实现这些条款的职位之上"①。而且,许多进步主义者从社会运动中脱颖而出,或成为政治家,身居要职;或成为政府决策的智囊;或进入公共事业部门,成为进步主义事业的坚定支持者。有关进步主义政治的复杂面相通过著名的进步主义政治家罗伯特・M. 拉福莱特所领导的威斯康星州的进步主义运动及其悖论可见一斑:进步主义运动与规制国家之间存在着复杂的彼此借重而又内在紧张的关系。②

在 20 世纪如西奥多・罗斯福高举新国家主义和伍德罗・威尔逊擎起新自由般的政治家有之;走上街头游行,要求拥有选举权的女权主义者有之;力劝上流家族,通过捐资于慈善事业进行自救的钢铁大亨安德鲁・卡耐基式识时务者有之;珍妮・亚当斯般娴静刚毅地打破芝加哥市郊的社会边界,去改善并革新其初来乍到的新移民生活的社区服务者有之;如嘉莉・纳辛(Carry Nation)般要砸烂酒馆沙龙,以免酗酒而在德行上大发雷霆之怒者有之;如林肯・斯蒂芬斯般揭发黑幕者有之;如爱丽丝・汉密尔顿般关爱工人者有之;如"战斗的鲍勃"罗伯特・M. 拉福莱特(Robert M. La Follette)般在州层面推行"威斯康星理念"者有之;如吉福德・平肖(Gifford Pinchot)般保存自然资源者有之;如约翰・杜威般推行以学生为中心的进步主义教育改革者有之。③

---

① 李剑鸣:《伟大的历险——西奥多・罗斯福传》,北京:世界知识出版社,1994 年,第 185 页。

② 王禹:《"大佬"拉福莱特与"进步主义运动"的悖论》,《四川大学学报(哲学社会科学版)》2018 年第 3 期。

③ Michael McGerr, *A Fierce Discontent:The Rise and Fall of the Progressive Movement in America, 1870 - 1920*, New York:Free Press, 2003, pp. xiii - xiv;[美]加里・纳什等编著:《美国人民:创建一个国家和一种社会》,下卷,刘德斌等译,北京:北京大学出版社,2008 年,第 670—700 页。

对此,美国学者迈克尔·麦戈尔写道:"进步主义者推出了异常广泛的议事日程,其范围远不止于控制大商业,脱贫致富(amelioration of poverty)以及通过改变性别关系、重塑家庭、约束娱乐休闲以及实施种族隔离来净化政治。进步主义者不仅想要动用国家来规制经济,更为惊人的是,他们还想要改造其他的美国人,以其自身的中产阶级形象重塑纷争不已、语言驳杂的美国人。"①为了打造"威廉·詹姆斯(William James)不无嘲讽但又恰如其分地称之为的'中产阶级的天堂'",进步主义者发起了四大战役:改造其他阶级的美国人;消弭阶级冲突;规制大商业;并将社会分而隔离之。②这四大战役中,第二、三项行动,我们并不难理解,无论是在美国通史,还是专门史中都能看得到,因此,笔者在此不再赘述。感兴趣的读者,可以参考杨生茂和陆镜生先生的《美国史新编》、李剑鸣教授的《大转折的年代——美国进步主义运动研究》、李颜伟的《知识分子与改革:美国进步主义运动新论》等,当然也可阅读埃里克·方纳的《给我自由! 一部美国的历史》下卷(修订版的中译书名为《美国历史:理想与现实》),塞缪尔·埃利奥特·莫里森、亨利·斯蒂尔·康马杰与威廉·爱德华·洛伊希滕堡的《美利坚共和国的成长》下卷,加里·纳什等学者编著的《美国人民:创建一个国家和一种社会》下卷等。

笔者主要根据美国学者迈克尔·麦戈尔的研究成果,拟对第一大战役,即改造其他阶级美国人和第四大战役"将社会分而隔离之"(to segregate society,或译为"隔而分立之",或许,将分离、分立、隔离,合三为一地解读,更有助于我们的理解。或许理解为"分而治之"未尝不可)或竖起"隔离之盾"(the shield of segregation)进行简要的解释。③无论是改造其他阶级美国人,还是将社会分而隔离之,很大程度上都同进步主义者持有的新拉马克论有关,即"相信环境与文化能够修正遗传。尽管随着时间的推移,各种族可能会误入歧途并走向衰落,但想必他们也存在着改进的可能"④。比如,西奥多·罗斯福就是一位新拉马克论者。罗伯特·拉福莱特也认为,"许多犯罪直接源于社会的罪恶与不公"⑤。许多进步主义者相信西蒙·佩顿的"人的力量胜过遗传"的人定胜天论,他们主张

---

① Michael McGerr, *A Fierce Discontent: The Rise and Fall of the Progressive Movement in America*, *1870—1920*, p. xiv

② Ibid., pp. xiv - xv.

③ Ibid., pp. xv; 182.

④ Ibid., p. 194.

⑤ Ibid., p. 81.

"人类可以主动对其环境做出回应，随着人的周边环境变了，人也会改变①"。换句话说，他们相信近朱者赤，近墨者黑的道理。基于此，他们致力于改造其他阶级美国人的使命，力图像杜甫那样"再使风俗淳"：从睦邻安置之家运动到反酗酒、反卖淫嫖娼、反离婚运动；从改造城市环境的城市管家运动到改善乡村的乡村生活运动；从维护工人权益，改善工人工作环境到保护女工与童工、让适龄儿童接受教育等运动。②

　　第四大战役是竖起隔离之盾。进步主义者"很少反对将美国人不断分化成分而治之的文化集群（separate enclaves）"③。竖起隔离之盾表明进步主义者在对改造其他阶级美国人保有乐观主义的同时，也带有很强的现实主义感知与讳莫如深的悲观主义；"他们感到有些社会差别假以时日也无法消除。而且他们相信有些差别根本就无计可消除"④。因此，为了给他们及其孩子创造一个安全社会，"进步主义者转而将隔而离之作为一种暂停危险的、无力阻止的社会冲突的路径之一"⑤。面对诸如黑人和印第安人等弱势群体，他们葆有同情怜悯之心，与其让他们遭受南方暴民的私刑与种种暴力行径、白人军队的驱逐、屠杀与灭绝，"进步主义者退而求其次，将隔离作为维护更为弱势群体的手段"；"不像其他一些美国人，出于愤怒、仇恨和白人团结起来的愿望而拥护隔离"，他们的态度夹杂屈尊俯就、司空见惯与悲天悯人；他们晓得隔离对弱势一方来说意味着"更少权力、更少财富、更少机会，更少受到教育、更少医疗保障、更少受到尊重"，但他们认为"隔离使得改革得以继续，在隔离之盾的护佑下，改造美国人的大业可以安稳推进。不过，这种代价也是巨大的"⑥。当然，在笔者看来，这也未尝不是一种以空间换时间无奈的现实之举，至少为后来的 20 世纪 60、70 年代的美国少数族裔争取公民权运动提供了可能。对此，我们可以去了解当时黑人领袖之一的布克·华盛顿（Booker T. Washington，1856 - 1915）的渐进主义政治理念与策

---

① Michael McGerr, *A Fierce Discontent：The Rise and Fall of the Progressive Movement in America*, *1870—1920*, pp. 80 - 81.

② Ibid., pp. 77 - 117.

③ Ibid., p. 183.

④ Ibid.

⑤ Ibid.

⑥ Ibid., pp. 183 - 184.

略,即"黑人应在对白人现状慢慢适应的过程中走向进步"。① 全国有色人种协
进会的建立和塔斯基吉师范与工业学院(Tuskegee Normal and Industrial
Institute)的创建都是这种"主张社会公正的白人进步团体和有胆有识的黑人领
袖合作的"结晶。②而这四大战役无论如何都不能完全指望志愿组织的集体力量
与个人的壮志凌云就能实现,必须要有政府的干预,可以说,规制国家的系统推
进是进步主义大业不可或缺的组成部分。

二、 规制国家的系统推进

佐尔戈斯的暗杀行为引发的深远影响之二,"这是作为个体的人的最后一声
呼喊,为了个人自由的最后一次群众运动,为了不受管制的生活的最后一次期
待,冲着步步逼近的国家挥动的最后一个拳头。不久之后,国家、政党、工会、组
织就要包围过来了"③。而随着麦金莱于 1901 年 9 月 14 日的离世,一个"伟大的
进步主义者"副总统西奥多·罗斯福继任总统,或用参议员马克斯·A. 汉纳
(Marcus A. Hanna)的话说,现在"那个该死的牛仔"成了总统,规制国家就"包
围过来了"。④反讽的是,有着无政府主义之父称号的皮埃尔-约瑟夫·蒲鲁东
(Pierre-Joseph Proudhon,1809 - 1865)尽管未能在有生之年见证现代规制国家
的到来,却对其形态从否定的角度进行了或许是最为全面、简洁、有力的描述。
在他看来,

> "被政府统治就是被没有智慧和美德的人看管、检查、监视、管理、训导、
> 说教、控制、支配、审查。就意味着每一个动作和交易都要注册、盖章、缴税、
> 获取专利、许可、评估、测定、惩戒、矫正、遭遇挫败。以巩固福利为借口,政

---

① [美]加里·纳什等编著:《美国人民:创建一个国家和一种社会》,下卷,刘德斌等译,北京:北京大学出
　版社,2008 年,第 695 页。

② [美]加里·纳什等编著:《美国人民:创建一个国家和一种社会》,下卷,第 695 页;张聚国:《杜波依斯与
　布克·华盛顿解决黑人问题方案比较》,《南开学报》2000 年第 3 期。

③ [美]巴巴拉·W. 塔奇曼著:《骄傲之塔:战前世界的肖像,1890—1914》,陈丹丹译,北京:中信出版社,
　2016 年,第 105 页。

④ Theodore Roosevelt, *Social Justice and Popular Rule*: *Essays*, *Addresses*, *and Public Statements
　Relating to the Progressive Movement*, New York: Arno Press Inc. , 1974, Introduction by Herbert
　Knox Smith, p. xi; Michael Schaller, Virginia Scharff and Robert D. Schulzinger, *Coming of Age*:
　American in the Twentieth Century, Boston and New York: Houghton Mifflin Company, 1998, p. 62.

府统治被利用、垄断、侵占、掠夺,然后,稍微有点抗议或抱怨,当事者就会遭到罚款、骚扰、诽谤、殴打、恫吓、缴械、审判、谴责、入狱、处死、绞喉、遣返、贩卖、背叛、欺诈、蒙蔽、暴打、凌辱。这就是政府,这就是它的公正,它的道德。"①

关于规制国家的兴起,美国学者罗伯特·希格斯的评价则显得更为积极:

"进步主义时代最为深远的进展呈现出了两种相互关联的形式:一个是体制进展,另一个是意识形态进展。在体制进展中,联邦储备委员会(Fed)的创建与宪法第十六条修正案的核准影响深远,其直接影响一般,是比较轻微的,但因其巨大的潜力——人们很难想象没有个人收入所得税与中央银行的1913年以来的美国历史是何种模样。这一时期,其他体制进展同样重要,但是所有这些体制进展如果同该时期发生的意识形态转型相比的话,则显得黯然失色。那些老平民主义者们必定会欣喜于这种巨大的转变。不仅他们最为珍视的几条建议得以立法实施,更为重要的是,他们所祈求的一个积极有为的政府的驾临得到了一锤定音式的应答。"②

根据普莱斯·费希拜克的研究,20世纪初进步主义时代各级政府都不同程度扩大或新增了权力。

在州层面规制经济的主要政策变革有:对盲人进行经济救助、禁烟、禁酒、扩大雇主对工伤事故的责任、制定女工的最低工资标准、工作时限、补助带孩子的寡妇、工伤赔偿、建立管理劳工政策的工业委员会。③

全国层面规制经济的主要政策变革有:在反垄断方面,国会通过了《赫伯恩法》(1906)、《曼-埃尔金斯法》(1910)和《克莱顿反托拉斯法》(1914),创建了联邦贸易委员会(1913);建立了联邦储备委员会(1913);通过了第16条和18条宪法修正案,征收个人收入所得税和禁酒;《安德伍德关税法》降低了关税(1913年);

---

① [美]巴巴拉·W.塔奇曼著:《骄傲之塔:战前世界的肖像,1890—1914》,陈丹丹译,北京:中信出版社,2016年,第58页。

② Robert Higgs, *Crisis and Leviathan: Critical Episodes in the Growth of American Government*, Oxford: Oxford University Press, 1987, p. 121.

③ [美]费希拜克等著:《美国经济史新论》,张燕等译,北京:中信出版社,2013年,第268页。

加强肉类、食品、药品监管的《肉检法》和《纯净食品和药品法》(1906);铁路工人8 小时工作制的《亚当森法》(1916),《公务员退休法》(1920),《联邦雇主责任法》(1908),《谢泼德-托尔母婴法》(1920);《纽兰兹垦荒法》(1903)以及建立征集和宣传矿山安全信息的机构、限制移民、联邦调解劳资纠纷等一系列立法与政策。[1]

在州和全国层面政治政策的变革主要有:妇女拥有选举权和直选参议员的宪法第 17 和 19 条修正案;地方层面,市政委员会制和市政经理制。[2]

根据美国学者伊丽莎白·桑德斯的研究,在平民主义运动或 19 世纪后期进步主义运动的推动下,反映了平民主义议程的主要进步主义立法有:第一,在交通运输领域,1910 年通过了《曼-埃尔金斯(规制铁路运价)法》[Mann-Elkins (Railroad Rate Regulation) Act],1913 年的《(铁路)估价法》[Valuation Act (for Railroads)],1913 年国会废除联邦商业法院(Abolition of Commerce Court)[3],1916 年《航运法》(Shipping Act);第二,在贸易领域,1913 年《安德伍德关税法》(Underwood Tariff Act);第三,在税收领域,1913 年《个人所得税法》(Income Tax Act)和 1916 年《税收法》(Revenue Act);第四,在银行与信贷领域,1913 年《联邦储备法》(Federal Reserve Act)和 1916 年《联邦农业信贷法》(Federal Farm Loan Act);第五,在反垄断领域,1914 年《克莱顿反托拉斯法》(Clayton Antitrust Act);第六,在商品交易、存储以及定级方面,1914 年《棉花期货法》(Cotton Futures Act)、1916 年《仓库法》(Warehouse Act)、1916 年《谷物标准法》(Grain Standards Act);第七,在基础设施领域:1914 年《史密斯-利弗农业推广法》(Smith-Lever Agricultural Extension Act),1916 年《班克海德-沙克尔福特援建公路法》[Bankhead-Shackleford("Good Roads") Act];第八,在劳工领域,1912 年《劳埃德-拉福莱特法》(Lloyd-La Follette Act)(邮政雇员拥有建立组织的权利),1912 年《八小时工作制法》(Eight-Hour Act)(联邦雇员)、

---

① [美]费希拜克等著:《美国经济史新论》,张燕等译,北京:中信出版社,2013 年,第 267 页。

② Price Fishback et al. , eds. , *Government and the American Economy: A New History*, Chicago and London: The University of Chicago Press, 2007, p. 292.

③ 笔者注:联邦商业法院,1910 年塔夫脱执政期间国会通过立法建立了联邦商业法院,有权复审州际商业委员会的决定。因其多次否决州际商业委员会的法令,因而遭到许多国会议员的反对,在伍德罗·威尔逊总统的支持下,于 1913 年 12 月 31 日废止了联邦商业法院。See "Commerce Court, 1910 - 1913", retrieved from https://www.fjc.gov/history/courts/commerce-court-1910-1913, at August 11,2021; Elizabeth Sanders, *Roots of Reform: Farmers, Workers and the American State, 1877 - 1917*, Chicago and London: The University of Chicago Press, 1999, pp. 173 - 174。

1913 年《杂项拨款法》(Sundry Appropriations Act)(未经司法部同意不得起诉工会),1914 年《克莱顿法》(劳动条款),1915 年《拉福莱特海员法》(La Follette Seamen's Act),1916 年《童工法》(Child Labor Act)即《基廷-欧文法》(Keating-Owen Act),1916 年《工伤赔偿法》(Workmen's Compensation Act),1916 年《亚当森八小时工作制法》(Adamson Eight-Hour Act)。[1]

除了规制经济、社会与政治的立法外,19 世纪后期通过的两项极为重要的立法,即《州际商业法》和《谢尔曼反托拉斯法》的有效实施与立法强化也是发生在 20 世纪初。[2]特别是在塔夫脱与威尔逊执政期间,"自 1909 年众议院成功反对议长约瑟夫·坎南(Joseph Cannon)直到 1916 年底,一个大部分成员是农业地区的民主党员组成的改革联盟主导了国会"。[3] 这些农业地区的议员同不断扩张的北方城市的民主党团队和中西部与西部持不同政见的共和党人群体结成了联盟,使得前者"能够控制联邦政府并在全国政治进程中实施其广泛的政策议程,多年以来缓慢渗透的规制提案得以成功立法"。[4]

可以说,在 20 世纪初,强化了对铁路、钢铁、石油等大企业的规制,建立了公司局,调查和监督大企业;通过立法与行政规制,保护了消费者,诸如食品、药品等;建立了联邦储备体系,维护了"银行系统的灵活性与安全性";"1916 年启动了给农场主的低息贷款计划,授权动用联邦资金进行研究与教育,破天荒地确立了援助农业的方针";在劳工事务方面,"依然摇摆于自由放任与规制国家"之间,其最终的决定权往往握在最高法院的手中,即便如此,"到了 1917 年,最高法院甚至接受了一项俄勒冈的法律,普遍限制各行各业中的劳动时间以及一部国会有关铁路工作进行强制性仲裁的法律"。[5]至此,交通运输、银行、反托拉斯、竞争行为、农业以及消费者保护全都成为了联邦立法规制的对象。[6]而立法规制的实施往往要依靠规制委员会,"第一家全国性规制委员会建立于 1887 年;然后,在1913 年到 1916 年间,相继建立了联邦储备委员会(Federal Reserve Board),联

① Elizabeth Sanders, *Roots of Reform: Farmers, Workers and the American State, 1877 - 1917*, Chicago and London: The University of Chicago Press, 1999, p. 174.

② Ibid. , p. 173.

③ Ibid.

④ Ibid.

⑤ James E. Anderson, *The Emergence of the Modern Regulatory State*, Washington, D. C. : Public Affairs Press, 1962, Introduction by Emmette S. Redford, p. vii.

⑥ Ibid.

邦贸易委员会(Federal Trade Commission),联邦航运委员会(United States Shipping Board)以及关税委员会"。①

　　就规制国家形成的进程而言,在 1877 年,最高法院的"芒恩诉伊利诺伊"案率先启动了规制国家的进程,中经 1887 年的《州际商业法》和 1890 年的《谢尔曼反托拉斯法》,"在西奥多·罗斯福总统执政期间步伐逐渐变快而到了伍德罗·威尔逊总统任内则如离弦之箭"。② 及至 1918 年,在"哈默诉达根哈特"案(Hammer v. Dagenhart)中最高法院似乎要说:"该收手了。"③在该案中,最高法院以 5:4 的微弱多数票裁决:因为童工在各州内,属地方事务,商业条款没有授予国会规制各州内童工,所以禁止在州际贸易中销售 14 岁以下儿童生产的产品的《基廷-欧文法》超出了联邦权威并意味着对州权的侵犯,各州有权决定地方的劳动状况。④

　　综上,从 1877 至 1900 年规制国家零敲碎打、修修补补的阶段到 1900 至 1917 年间系统推进阶段,现代规制国家逐渐兴起。一方面,在联邦政治中,"一个紧紧围绕着恩荫委任程序的国家重新调整为以功绩制原则为中心"的新美国;到 1920 年前后,联邦行政系统中超过 70％的文官实行功绩制,在组织、程序与思想上新美利坚国家更多地起到了决定性作用。⑤另一方面,在商业规制与重组领域,"国家主义取代了地方主义;体系化取代了碎片化;行政的灵活机动取代了法律的形式主义;专家式管理者取代了政治鼓动家;规制取代了警戒;公共金融家取代了私人盈利者。总之,全国行政机构逐渐取代了处处受制的法院与政党,在程序上改变了美国政府的组织、制度与观念的架构。州际商业委员会体现了一种新式政府合作,救济了'无人照管的社会',建立了'一套更加井井有条的规制体系'"。⑥

本章小结

　　通过对 19 世纪后期 20 世纪初进步主义运动与规制国家兴起的梳理,在

---

① James E. Anderson, *The Emergence of the Modern Regulatory State*, Washington, D. C.: Public Affairs Press, 1962, Introduction by Emmette S. Redford, p. viii.

② Ibid., p. viii.

③ Ibid.

④ "Hammer v. Dagenhart", retrieved from https://www.britannica.com/event/Hammer-v-Dagenhart, at August 11, 2021.

⑤ Stephen Skowronek, *Building a New American State: The Expansion of National Administrative Capacities*, 1877 - 1920, Cambridge: Cambridge University Press, 1982, pp. 209 - 210.

⑥ Ibid., p. 283.

1877 至 1900 年的第一阶段内,针对自由资本主义之恶与自由放任主义之弊,美国社会各阶级中的一部分代表纷纷提出了批判、限制、改造,乃至取代自由资本主义与自由放任主义的理论主张与社会运动,设计了不同程度国家干预的规制国家主张。在这些原初的进步主义运动的推动下,美国的各级政府,特别是国会与最高法院,甚至包括行政部门在一定程度上也采取了立法规制、司法规制与行政规制的行动,特别是 1877 年的"芒恩诉伊利诺伊州案"、1887 年的《州际商业法》和 1890 年的《谢尔曼反托拉斯法》,为 20 世纪初进步主义运动与规制国家的全面推进修直了道路,为下一阶段的进步主义框定了许多政策议程。进入 20 世纪初的第二阶段,佐尔戈斯的枪声激起了进步主义运动的全速推进,以中产阶级为首的进步主义者发起了四大战役:改造其他阶级的美国人;消弭阶级冲突;规制大商业;并将社会分而治之。而这些中产阶级打造"人间天堂"的计划很大程度上要有赖于积极有为国家的介入,在罗斯福、威尔逊等一批进步主义政治家的策动下,规制国家得以全面推进,建立了一批规制委员会,交通运输、银行、反托拉斯、竞争行为、农业以及消费者等领域都成为了联邦规制的对象。在自由放任主义与社会主义之间,进步主义者走出了一条中间道路,"借助民主和政府的力量对工业化时期的不同利益群体之间的关系做出了一种调整",在很大程度上修正了自由竞争式资本主义恶性发展的负面影响,恢复了市场的"自由"与"秩序","启用了宪法导言中'公共福利'(general welfare)和'正义'(justice)两条原则","改变了传统的限权政府观,将政府引入了市场,永久性地扩大了政府(尤其是联邦政府)在管理市场、干预经济、保护公共福利方面的职责范围,迫使其成为一种有道德和正义感的、协调和化解利益冲突的管理机制,而总统在联邦三权中开始扮演非常重要的角色"。[1] 当然,不必过于高估这一时期规制国家的兴起,毕竟"在这个时代里,最高法院手里拿着'规制货仓'的钥匙。其权力在于最高法院有权解释宪法与其他法律。通过审判案件时的判决来落实这种权力,内在于法官判决时的附带意见之中的方式,最高法院可以影响或管控规制立法的本质与流速"。[2]

---

[1] 王希:《原则与妥协:美国宪法的精神与实践》,北京:北京大学出版社,2014 年,第 375 页。

[2] James E. Anderson, *The Emergence of the Modern Regulatory State*, Washington, D. C.: Public Affairs Press, 1962, p. 32.

结语

进步主义运动与规制国家兴起的双重遗产

"历史是这样创造的：最终的结果总是从许多单个的意志的相互冲突中产生出来的，而其中每一个意志，又都是由于许多特殊的生活条件，才成为它所成为的那样。这样就有无数相互交错的力量，有无数个力的平行四边形，由此就产生出一个合力，即历史结果，而这个结果又可以看作一个作为整体的、不自觉地和不自主地起着作用的力量的产物。因为任何一个人的愿望都会受到任何另一个人的妨碍，而最后出现的结果就是谁都没有希望过的事物。所以到目前为止的历史总是像一种自然过程一样地进行，而且实质上也是服从于同一运动规律的。但是，各个人的意志——其中的每一个都希望得到他的体质和外部的、归根到底是经济的情况（或是他个人的、或是一般社会性的）使他向往的东西——虽然都达不到自己的愿望，而是融合为一个总的平均数，一个总的合力，然而从这一事实中决不应作出结论说，这些意志等于零。相反地，每个意志都对合力有所贡献，因而是包括在这个合力里面的。"

——恩格斯[①]

"你们不要论断人，免得你们被论断。

因为你们怎样论断人，也必怎样被论断；你们用什么量器给人，也必用

---

① 恩格斯著：《恩格斯致约·布洛赫（1890年9月21［—22］日）》，中共中央马克思恩格斯列宁斯大林著作编译局编，《马克思恩格斯选集》，第4卷，北京：人民出版社，1995年，第697页。

什么量器量给你们。为什么看见你弟兄眼中有刺，却不想自己眼中有梁木呢？"

——《圣经·新约·马太福音》①

1917 年 4 月，随着美国介入第一次世界大战，尽管进步主义运动与规制国家因战时需要而迎来了其巅峰时刻，但"战争以及由此带来的一系列消极影响最终葬送了进步主义运动"与规制国家。②在美国学者艾伦·道利（Alan Dawley）看来，进步主义者不仅发起了四大战役，还打响了"变革世界"的第五大战役，"既要同困扰自身社会的种种罪恶做斗争，还要改善更为广大的世界"。③他们不仅要改造家、市、州与国家，还要变革天下。他们拥有着一种"新国际主义"（new internationalism）或称之为"进步国际主义"（progressive internationalism）的精神，"要联合各国人民，致力于世界和平与社会正义"。④这一点在威尔逊的十四点计划与威尔逊主义（Wilsonism）中体现得清清楚楚；当然，为了世界和平与正义，进步主义者之间在第五大战役问题上也存在着激烈的冲突，即以威尔逊为首的战争进步主义者与以珍妮·亚当斯、罗伯特·拉福莱特、威廉·詹宁斯·布赖恩为首的和平进步主义者。⑤例如，1915 年 6 月，时任美国国务卿的布赖恩因主张和平解决欧洲战争（即第一次世界大战）的主张得不到威尔逊总统的支持，愤而辞职。⑥再如，珍妮·亚当斯和拉福莱特在 20 世纪 20 年代进步主义大潮退去之后，依然矢志于守护和平式进步国际主义。⑦

然而，甚至是早在 1914 年一战爆发之时，进步主义运动与规制国家在某种程度上就因为进步主义者注意力转向国际关系与外交领域而开始衰落了；1917年美国介入一战，几乎耗尽了进步主义者的全部能量与激情。1919 年的禁酒令

---

① 《圣经·新约·马太福音》（中英对照　和合本　新修订标准版），南京：中国基督教三自爱国运动委员会，2000 年，第 11—12 页。

② 赵辉兵：《美国进步主义政治思潮与实践研究》，北京：中国社会科学出版社，2013 年，第 220 页。

③ Alan Dawley, *Changing the World: American Progressives in War and Revolution*, Princeton, NJ.: Princeton University Press, 2003, p. 1.

④ Ibid., p. 7.

⑤ 有关威尔逊主义，可参见：杨春龙：《冷战后美国关于威尔逊外交的史学研究述评》，《世界历史》2009 年第 5 期；马建标：《塑造救世主："一战"后期"威尔逊主义"在中国的传播》，《学术月刊》2017 年第 6 期。

⑥ 欧阳惠：《伟大的平民：威廉·詹宁斯·布赖恩研究》，长沙：湖南人民出版社，2012 年，第 264—265 页。

⑦ Alan Dawley, *Changing the World: American Progressives in War and Revolution*, Princeton, NJ.: Princeton University Press, 2003, p. 7.

更多是出于一种"反德情绪",1919 年妇女赢得的选举权更多是为了中和"海外归来男兵在选举中所带来的'外国'影响"。移民限制的法令进一步强化,"限制性法令向东欧和南欧移民关闭了进入美国的大门"。共和党人也重新控制了国会,开始恢复"常态"。在亨利·卡伯特·洛奇(Henry Cabot Lodge)等保守主义者与孤立主义者的领导下,美国参议院拒绝批准《凡尔赛条约》,反对加入国联;为此威尔逊在 1919 年因中风而一病不起,黯然心碎地在 1924 年离开了人世。①强调政治与行政分立的"行政式国家的主权学说很大程度上受 19 世纪后期德国政治理论的影响",此时出于反德的战争宣传需要,"带有浓厚的德国色彩的国家学说以及美国是泛日耳曼(或雅利安)文明的一部分的种族观念逐步从美国社会政治中淡出,及至'1920 年开始,政治学刊物和教科书不再提美国的政治制度源于德国的观点,只剩下嘲笑它的份了'"。②特别是 1917 年俄国发生了十月革命与由此引发美国的"红色恐慌"以及前所未有的排外运动使得建构在一种公众情绪上的进步主义运动与规制国家"随着战后的反动,那种情绪烟消云散了"。③而这种公众情绪、现实需要以及由此带来的思想风向的转变要等到下一次危机之"东风"的到来才能夯实规制国家的根基。诚如赫伯特·胡佛所言,"每一场集体主义革命骑的都是紧急情况这匹特洛伊木马"④。随着进步主义运动与规制国家的淡去,也到了对其进行总结的时刻了。无论是出于"位卑未敢忘忧国,事定犹须待阖棺"的现实关怀,还是本着"书生轻议冢中人,冢中笑尔书生气"的历史态度,对 1877 年至 1917 年这 40 年来进步主义运动与规制国家的兴起总要评点一番,哪怕是难免隔阂肤廓之论与画蛇添足之嫌,毕竟"述而不作,信而好古"是史学应有之义,终归"古人作事无巨细,寂寞豪华皆有意",历史人物也免不了"功首罪魁非两人,遗臭流芳本一身"。对此,李剑鸣教授亦深有感慨:"中国人研究外国史,正好比是'隔岸观景',由于距离遥远,所看到的一切都难免不甚真切。……何况对岸的景色早已不复存在,必

---

① Lewis L. Gould, *America in the Progressive Era*, *1890 - 1914*, London and New York: Longman, 2001, pp. 77 - 78.

② 赵辉兵:《美国进步主义政治思潮与实践研究》,北京:中国社会科学出版社,2013 年,第 222 页;[美]奥伦:《美国和美国的敌人:美国的对手和美国政治学的形成》,唐小松等译,上海:上海人民出版社,2004年,第 63 页。

③ [美]理查德·霍夫斯达特著:《改革时代——美国的新崛起》,俞敏洪等译,石家庄:河北人民出版社,1989 年,第 235 页。

④ Herbert Hoover, *The Memoirs of Herbert Hoover*: *The Great Depression*, *1929 -1941*, New York: The Macmillan Company, 1963, p. 357.

须借助想象才能浮现。"这就难免"误认为天上的浮云为天际的树林",摆脱不了"有时自以为是'知',实际上却只是另一种形式的'困'而已"的认知上的"洞穴假象"。①

一、 进步主义运动与规制国家之功

进步主义运动与规制国家这两把社会运动与政府规制的"扫帚"的确足够强大与恢弘,在 40 年间里,进步主义者扫家园,管市政,经州务、理国事,乃至要平天下,极大地推进了美国从传统农业社会向现代工业社会的现代化转型,奠定了现代美国的社会、经济、政治与文化的根基。就其理想与行动而言,称其为"二次建国"或"第二次美国革命"似乎也不为过。具体来说,进步主义者主要取得了以下成就:

首先,经济上,以往的自由放任的资本主义发展模式经历了重大的调整,政府尤其是联邦政府"开始干预经济运作与规范社会中的个人与公司的行为"。②通过国会立法,美国创立了州际商业委员会、联邦储备委员会、联邦贸易委员会、联邦航运委员会以及关税委员会,极大地扩张了联邦政府规制经济的权力,实现了对交通运输、银行、反托拉斯、竞争行为、农业以及消费等领域的规范与约制,这就为后来的罗斯福新政、公平施政、新边疆、伟大社会等改革政策的实施提供了历史先例与制度框架。美国学者詹姆斯·E. 安德森写道:"对另一代领导人来说,在 20 世纪 30 年代以此基础搭建立法框架将会变得轻而易举。"③

第二,政治上,最大的贡献就是规制国家,它们通过渐进增量改革的方式,建构了一个现代的新美利坚国家,在 19 世纪政府权力处处受制的"法院与政党式"国家中植入了政府适度集权、积极有为的规制国家,进而推进了美利坚国家的民主化与

---

① 李剑鸣:《隔岸观景》,北京:社会科学文献出版社,2012 年,自序,第 1—2 页。笔者注:弗朗西斯·培根认为:人之所知就是"他在事实中或思想中对自然进程所观察到的那样多,也仅仅那样多;在此以外,他是既无所知,亦不能有所作为"。而洞穴假象指的是基于个人感知造成的假象,"因为每一个人(除普遍人性所共有的错误外)都各有其自己的洞穴,使自然之光曲折和变色"。正如赫拉克利特所说,"人类致知于诸多小而私的世界当中,而不是致知于一个广大或共同的世界当中"。[英]培根著:《新工具》,许宝骙译,北京:商务印书馆,1986 年,第 7;20 页;Francis Bacon, *The New Organon*, Lisa Jardine and Michael Silverthorne ed., New York: Cambridge University Press, 2000, p. 41。

② 赵辉兵:《美国进步运动研究评述》,《史学集刊》2006 年第 1 期,第 93 页。

③ James E. Anderson, *The Emergence of the Modern Regulatory State*, Washington, D. C.: Public Affairs Press, 1962, Introduction by Emmette S. Redford, p. viii.

专业化进程。①进步主义者创制了一整套民主机制与联邦管理机构,建立或加强了许多联邦管理机构,行政机构改革得到进一步深化。许多改革措施有力地削弱了政党决定政治议程的能力,利益集团开始兴起。比如,通过直接初选制,人民可以在不同层级的选举中自主选择候选人;通过创制权可以提出立法议案;通过罢免权可以驱逐不受欢迎的官员;藉由复决权可以将特定的问题交付选民表决。城市与州的治理方式也出现了新气象如城市经理制、委员会制的兴起。进步主义还造就了一个强有力的现代总统职位与联邦政府。与此同时,它也部分地促进了国会与最高法院运作方式的转变,以适应新的政治、经济与社会变迁。②借用兰德尔·霍尔库姆的观点,就是美国政治完成了从自由政治向民主政治的转型:自此以后,美国的民主不仅仅是一种政治制度,是一种治理手段,而且也是治理的目的本身。③

第三,社会上,提供了一系列规范与约束社会与个人行为的法律规章、政治机制以及社会救济体制。从禁酒、禁烟运动到反卖淫嫖娼、反童工、反离婚运动,从睦邻安置之家、城市管家运动到社会福音运动。无论进步主义者的理想与取得的成效之间存在着多大的落差,但这些改革理念、机制与做法为后来的改革者提供了经验与教训,有助于框定后续改革的方向与边界。

最后,或许,也是最为重要的遗产就是进步主义运动与规制国家兴起留下的进步主义意识形态及其传统,或被称为"进步自由主义"或"现代自由主义"。其核心部分是进步主义的民主与自由的理念以及政府应该致力于增进公民经济福利的观念,迄今为止在美国政治生活中仍然存在着,而且这些思想"牢牢地被确立为美国政府的基本原则"。④学者詹姆斯·T. 克洛彭堡写道:"政治的进步往往是以讽刺而不是凯旋作为注脚的,因为社会民主和进步主义理论中激进的动力在一定程度上已经渗入到政治进程当中,而这种动力使得建立在不同原则基础之上的福利资本主义体制得以永世长存。"⑤此外,它作为一种文化进步主义或

① Stephen Skowronek, *Building a New American State*: *The Expansion of National Administrative Capacities*, *1877 - 1920*, Cambridge: Cambridge University Press, 1982, pp. 285 - 286.
② 赵辉兵:《美国进步主义政治思潮与实践研究》,北京:中国社会科学出版社,2013 年,第 228—229 页。
③ Randall G. Holcombe, *From Liberty to Democracy*: *The Transformation of American Government*, Ann Arbor: The University of Michigan Press, 2002, p. 180.
④ Ibid.
⑤ James T. Kloppenberg, *Uncertain Victory*: *Social Democracy and Progressivism in European and American Thought*, *1870 - 1920*, New York and Oxford: Oxford University Press, 1986, p. 11.

左翼自由主义仍然存在着,在维护美国公民权益,限制与抗议资本主义造成的种种不平等与不公正,促进健全的公民社会等方面发挥着不可替代的作用。[1]对此,美国学者罗伯特·希格斯意味深长地说道:"这一时期,其他体制进展同样重要,但是所有这些体制进展如果同该时期发生的意识形态转型相比的话,则显得黯然失色了。"[2]而像格罗弗·克利夫兰那样"尽管人民支持本政府,但本政府不应当支持人民"的总统此后恐怕是再也无法遇见了,惟留空谷余音,想必也没有几个人能听得见了。[3]纵然听到了,更多的可能是换来冷讥热讽罢了。

然而,在那样一个人们对工业社会及其未来充满恐惧、无知、怀疑、踌躇、不安、愤懑、无助乃至绝望的转型时刻,进步主义为无所适从的人们送来了希望与光亮,可谓功莫大焉。美国学者约翰·怀特克莱·钱伯斯二世(John Whiteclay Chambers II)说道:"进步主义时代最为重要的福音之一就是假以合适的环境并坚守对自身及其命运的信心,美国人民是能够极大地改善其人生与社会的质量的。这带来的是希望的福音,而不是愤世嫉俗与绝望无助的消息;而且事实上,这或许就是进步主义时代最大的遗产。"[4]

二、 进步主义运动与规制国家之过

尽管审慎之原则告诫史学工作者,下笔之时,惟怀一颗敬畏历史之心,时刻战战兢兢、如临大敌、如履薄冰,毕竟一字之褒贬,介于华衮与斧钺,但还是免不了要做一番无法周全的、自以为是的"书生轻议"。

第一是傲慢。进步主义者以为能够尽扫天下,视规制国家为一种理想的治理形式。殊不知,如果以《史记·货殖列传》中提到的治理形式为标准的话,即"故善者因之,其次利道之,其次教诲之,其次整齐之,最下者与之争",那么,作为"整齐之"的规制国家不过是倒数第二差的治理形式,很难称得上是良政,更不要

---

① Jeffrey C. Issac, *The Poverty of Progressivism: The Future of American Democracy in a Time of Liberal Decline*, Lanham: Rowman & Littlefield Publishers, 2003, p. 2.

② Robert Higgs, *Crisis and Leviathan: Critical Episodes in the Growth of American Government*, Oxford: Oxford University Press, 1987, p. 121.

③ Robert Higgs, *Crisis and Leviathan: Critical Episodes in the Growth of American Government*, p. 84; "February 16, 1887: Veto of Texas Seed Bill", https://millercenter. org/the-presidency/presidential-speeches/february-16-1887-veto-texas-seed-bill, at August 1, 2021.

④ John Whiteclay Chambers II, *The Tyranny of Change: America in the Progressive Era, 1900 - 1917*, New York: St. Martin's Press, 1980, p. 250. 笔者注:"二世"即"第二代"之意。

说是理想国了。这或许在一定程度上解释了青年时期李普曼的政治哲学转向，即从一位进步主义者到20世纪20、30年代转变为一位道德学家，不再致力于构筑"伟大社会"，转而寻求"美好社会"（good society）。①

　　第二是痴迷。进步主义者过度执着于国家规制的手段，而逐渐丢失了"因之"和"教诲之"的方法，以致在实际的改革与治理当中混淆了法律与道德之间的界限，将二者混为一谈。联邦层面上的禁酒令无疑是这方面最为典型与惨痛的教训。因禁酒这项"神圣试验"而引发的"暴力犯罪、官商勾结和贪污腐化"等严重问题大大偏离了改革的初衷，也出乎进步主义者的预料。②爱默生说道："万物都是双重的，一重反对另一重。……你若把一条铁链拴在一个奴隶的脖子上，它的另一头就自动缠在你自己的脖子上。"③当进步主义者把规制国家引入到了美国社会政治生活中来，也就难免要吞下规制国家不断扩张的权力之苦果了。

　　第三是贪婪。贪恋于物质的进步，而物质的增长必定有极限。进步主义者批驳了古典政治经济学，不认可马尔萨斯主义，过度相信"人的力量胜过遗传"的人定胜天论，过分发展了人类征服和改造自然的能力。进步主义从中短期来看似乎是收益明显，然而现在回望，则发现进步主义十分功利与短视，人类与地球为此付出的代价极其昂贵。进步主义者们就像坐井观天的"蛙人"，以为蓝天就如井口那般大。进步主义者相信通过市场与规制的手段能够实现"物质福利的快速增长与公平分配的目标"，然而"人口持续的爆炸式增长与能源消耗的指数级增加"使得目前人类的经济发展模式与高消耗的生活方式越来越难以维系。④国外学者柯克帕特里克·塞尔（Kirkpatrick Sale）草拟了一份发达工业社会危机清单，其中写道：

　　　　"濒危的生态，无法补救的大气与海洋污染，人口过剩，世界范围的饥

---

① 笔者注："good"之上有比较级"better"，最高级"best"，也就是说，比美好或好社会更好佳的是良好社会或次优社会，比之更好的是优秀社会或理想中的大同社会。1929年李普曼出版了《道德序论》（A Preface to Morals），对现代伦理进行了重新评估；1937年发表了《美好社会》（The Good Society）批评了罗斯福新政。可参见：赵辉兵：《美国进步主义政治思潮与实践研究》，北京：中国社会科学出版社，2013年，第153—154页。

② 郭九林著：《美国市民与禁酒》，厦门：厦门大学出版社，2012年，第184页。

③ ［美］拉尔夫·华尔多·爱默生著：《补偿》，《爱默生随笔全集》，蒲隆译，北京：北京理工大学出版社，2015年，第71页。

④ Eisuke Sakakibara, "The End of Progressivism: A Search for New Goals", *Foreign Affairs*, vol. 74, no. 5, 1995, pp. 8；11.

荒,资源枯竭,环境性疾病,正在消失的荒野,不可控的技术,水、空气与食品的化学毒化,陆地与海洋濒临灭绝的物种。

对权威的日益加深的怀疑,对现有制度的不信任,家庭纽带的断裂,共同体的衰落,对宗教承诺的侵蚀,对法律的蔑视,对传统的忽视,伦理道德的混乱,文化上的无知,艺术上的混沌,以及审美的不确定性。

日益堕落的城市,大都市的蔓延,令人窒息的贫民区,过度拥挤,交通堵塞,无法遏制的浪费,烟雾与煤灰,无力偿付的预算,不合格的学校,日益增多的文盲,日益下滑的大学标准,非人性化的福利制度,警察的野蛮,过度拥挤的医院,阻塞的法院日程,非人性的监狱,种族的不公,性别歧视,贫困,犯罪,恣意破坏公共财产,以及恐惧。

孤独感,无力感,不安全感,焦虑,社会反常状态,厌倦,迷乱,异化,粗野,自杀,精神疾病,酗酒,吸毒,离婚,暴力以及性功能障碍,这些都在增长。

政治疏离与不满,官僚政治的僵化,行政低效,立法无能,司法不公,受贿与腐败,镇压机器的使用,权力的滥用,无法消除的国债,两党制的瓦解,国防超支,核扩散,军备竞赛与武器出售,核灭绝的威胁。

……"①

而事实上,这份 1982 年的危机清单还遗漏了许多西方发达工业社会的危机,如"艾滋病带来的健康危机,以及对工业化危机在生态方面的特殊细化",比如"同温层臭氧损耗,酸雨,森林滥伐,二氧化碳'温室效应'或全球变暖"。②包括肆虐于当下的新冠疫情,无不是"整个地球生态环境不断恶化的一个缩影,是人类活动水平逐渐逼近或超出生态负荷承载限度的一个表现而已"。③ 对此,现任联合国秘书长安东尼奥·古特雷斯(António Guterres)就联合国政府间气候变化专门委员会(Intergovernmental Panel on Climate Change,IPCC)在 2021 年 8 月 9 日所发布的有关地球气候变暖速度远超预期的报告指出:人类环境的红色警报已经发出,"警钟震耳欲聋,而且证据无可辩驳:来自燃烧化石能源的温室气

---

① [美]卡西奥拉著:《工业文明的衰亡:经济增长的极限与发达工业社会的重新政治化》,余灵灵等译,重庆:重庆出版社,2015 年,第 7—8 页。

② 同上书,第 8 页。

③ [美]梅多斯等著:《增长的极限》,李涛等译,北京:机械工业出版社,2013 年,邱绍良所作推荐序,第 VI 页。

体排放与森林砍伐(deforestation)正在窒息我们的星球,并置数以十亿计的人民于直接的危险境地"①。当2020年5月25日,美国黑人乔治·弗洛伊德(George Floyd)遭到以德雷克·肖万(Derek Chauvin)为首的四位美国警察暴力执法时,他临终前喊出了20多次"我不能呼吸"(I Can't Breathe)。②反讽的是,美国的这套现代的警察体制与队伍,当然也包括现代化的美国军队,恰恰是兴起于进步主义时代,也是进步主义运动与规制国家的不可或缺的一部分。③根据我国学者吴必康与谢闻歌的研究,美国第一支职业警察队伍始建于1838年,经过近40年的发展,到1877年,美国建立起了现代警察体系,"19世纪80年代,首先在工业化的北方,又开始建立国民警卫队,作为控制劳工运动和骚动的重要手段。到1892年,全国都建立了国民警卫队"。④2019年12月以来逐渐肆虐于全球的新型冠状病毒感染则让受到病毒攻击的人类不能呼吸。如果反向思考的话,这何尝又不是戡天役物的现代西方进步主义精神与实践以及由此带来的改造与征服自然的活动引发的恶果呢? 人与自然的和谐发展毕竟是人类命运共同体的应有之义。对此,恩格斯语重心长地讲道:"但是我们不要过分陶醉于我们人类对自然界的胜利。对于每一次这样的胜利,自然界都对我们进行报复。每一次胜利,起初确实取得了我们预期的结果,但是往后和再往后却发生完全不同的、出乎预料的影响,常常把最初的结果又消除了。……因此我们每走一步都要记住:我们统治自然界,决不像征服者统治异族人那样,绝不是像站在自然界之外的人似的,——相反地,我们连同我们的肉、血和头脑都属于自然界和存在于自然之中的;我们对自然界的全部统治力量,就在于我们比其他一切生物强,能够认识和正确运用自然规律。"⑤一如恩格斯所言,规制国家在初期时的确励精图治,然而在中后期则往往遭到利益集团的俘获,变得越来越具有自主性与专断性,愈加臃

---

① "Guterres: The IPCC Report is a Code Red for Humanity", retrieved from https://unric. org/en/guterres-the-ipcc-report-is-a-code-red-for-humanity/, at August 12,2021.

② "George Floyd Told Officers 'I Can't Breathe' More than 20 Times Before He Died, Transcript Reveals", retrieved from https://people. com/crime/george-floyd-transcript-i-cant-breathe-20-times/, at August 12,2021.

③ Stephen Skowronek, *Building a New American State*: *The Expansion of National Administrative Capacities*, *1877 - 1920*, Cambridge: Cambridge University Press, 1982, pp. 85 - 112,212 - 247.

④ 吴必康主编:《美英现代社会调控机制——历史实践的若干研究》,北京:人民出版社,2002年,第226—227页。

⑤ 恩格斯:《自然辩证法(节选)》,中共中央马克思恩格斯列宁斯大林著作编译局编:《马克思恩格斯选集》,第4卷,北京:人民出版社,1995年,第383—384页。

肿与低效,进而"常常把最初的结果又消除了"。

第四是嗔怒,动辄嗔怒,愤愤不平,进而相信通过多数决之民主与法律就可以解决他们所遇到的真正的与想象中的所有问题。爱默生写道:"共和国有许多青年公民,他们相信:是法律创造了城市;他们相信:政策和生活方式的重大改变,以及居民的职业、贸易、教育和宗教都可以通过投票决定;他们相信:任何措施,尽管荒唐可笑,只要能够获得足够的赞同使之成为法律,都可以强加在一个民族头上。然而,只有贤者懂得:愚蠢的立法不过是一条沙结的绳,拧一下就会荡然无存。"①这一点,从内战前的戒烟与戒酒运动到内战后的禁烟与禁酒运动,从内在节制的戒酒(Temperance)到外在强制的禁酒(Prohibition)的转向足以说明了进步主义运动与规制国家内在的缺陷与过犯。而目前美国社会中屡禁不绝的警察暴力执法、过度执法问题,其意识形态与政治体制的基础都可以从进步主义运动与规制国家的兴起中寻找到源头与答案。

第五是嫉妒而不宽容。西奥多·罗斯福总统在1906年时向黑幕揭发者发表的演说,我们不妨将其视为某种劝诫与批评:"读到第8诫'不可偷盗'(Thou shalt not steal)之时,它既不能解读为'不可偷盗富人',也不能解读为'不可偷盗穷人',它只能简单直接地解读为'不可偷盗'。"②现今的美国领导人与对外政策打着进步、民主和自由的旗号,满世界寻找和制造敌人,殊不知,他们像西奥多·罗斯福所说的那样,在不断地拾起世界各地的"粪",装入其"背篓"之中时,这些"捡粪人"既无消化之能,本身亦是污秽竟然不知,由此早已变得臭气熏天了。此时的他们早已将《马太福音》中"你们不可论断人,免得你们被论断"的谆谆教诲抛之九霄云外了。对此,"见贤思齐焉,见不贤而内自省也"未尝不是根治进步主义的嫉妒之心的良药。

第六是异化。规制国家本来是出于人类特别是进步主义者之手,是一个人造的利维坦,是作为调和日益尖锐的社会冲突而出现的"第三种力量",是社会自身无力调和内在的社会矛盾的结果。它"似乎站在相互斗争着的各阶级之上,压制它们的公开的冲突,顶多容许阶级斗争在经济领域内以所谓合法形式决出结

---

① [美]拉尔夫·华尔多·爱默生:《政治》,《爱默生随笔全集》,蒲隆译,北京:北京理工大学出版社,2015年,第359页。

② Theodore Roosevelt, "The Man with the Muck-rake (April 14,1906)", retrieved from https://www.americanrhetoric.com/speeches/teddyrooseveltmuckrake.htm, at August 10,2021.

果来"。① 这种异化横向地看,即就那个时代而言,体现为进步与落后、文明与野蛮、福祉与灾祸、自由与压迫的如影随形。以内战后西进运动中印第安人土地的不断流失或是进步主义运动中推出的《道斯法》为例,对白人来说的进步、文明与福祉,对印第安人来说却绝对是退步、野蛮与灾难。爱默生警示道:"没有一种善是最终的;一切都是最初的。社会的善就是圣徒的恶。我们对改革产生恐怖,就是因为我们发现必须把我们的善行,或者我们敬重的东西,扔进已经吞噬了我们从前的恶行的同一个坑里。"②这种异化纵向地看,时过境迁,其弊端体现得尤为明显。1955 年美国学者马弗·H. 伯恩斯坦(Marver H. Bernstein)的一项研究表明:美国独立的规制委员会都有一个自然的生命周期,都要经历创生期、青年期、成熟期与老年期。首先,当规制的改革呼吁赢得了立法认可之时,是为创生期。在改革动力的推动下,创建了委员会。而在其青年期,在为公众利益而战时,活力四射。时光荏苒,这些委员会一如人类,开始失去了青年的朝气,而行政上的进取心也被司空见惯所取代。进入成熟期的规制机构成为了满足于经济现状的建制派。那些受规制者不再努力反对规制,相反他们转而不辞辛劳地去控制规制机构。这时,规制机构的心态是相安无事。成熟期的规制机构越来越倾向于将"公共利益"与受规制群体的利益等量齐观,看成是一回事。对于老年阶段的问题是:"谁来管一管规制者?"美国体系给出的答案似乎往往是:那些受他们规制的群体。③可以说,美国的规制国家与大政府到 20 世纪 80 年代以来日益变成了一个问题,甚至成为了问题本身,它日益"变成了一种无法控制的力量。人类的智慧在自己的创造物面前感到迷惘而不知所措了"④。这也就是一些美国学者所担心的"托克维尔的梦魇"的关键所在。对此,李剑鸣教授也认为,尽管进步主义思潮为"进步主义改革的国家干预提供了理论依据",但它大大背离了"美国自由主义传统",给后来的美国社会带来了十分严重的危害。⑤

---

① 恩格斯:《家庭、私有制和国家的起源》,中共中央马克思恩格斯列宁斯大林著作编译局编:《马克思恩格斯选集》,第 4 卷,北京:人民出版社,1995 年,第 169 页。
② [美]拉尔夫·华尔多·爱默生:《圆》,《爱默生随笔全集》,蒲隆译,北京:北京理工大学出版社,2015 年,第 199 页。笔者注:"恐怖"应作"恐惧"解。
③ Bernard Schwartz (ed.), *The Economic Regulation of Business and Industry: A Legislative History of U. S. Regulatory Agencies*, Vol. 1, New York and London: Chelsea House Publishers, 1973, pp. 10 – 11.
④ 恩格斯:《家庭、私有制和国家的起源》,中共中央马克思恩格斯列宁斯大林著作编译局编:《马克思恩格斯选集》,第 4 卷,北京:人民出版社,1995 年,第 179 页。
⑤ 李剑鸣:《隔岸观景》,北京:社会科学文献出版社,2012 年,第 86 页。

当然,19世纪后期到20世纪初的美国规制国家就如一头骆驼,它的头和一条腿已经伸进了美国社会政治生活的帐篷之中,然而,其在美国无所不在的影响力与渗透力在等待着另一场重大的危机时刻与一个重量级政治人物的到来。

爱默生写道:"这个人的心灵写出了历史,这个人的心灵又必须阅读历史。斯芬克斯必须解她自己的谜。如果全部历史体现在一个人身上,那么全部历史就需要从个人经历的角度来解释了。我们一生中的时时刻刻与千秋万代都息息相关。"①丢掉"近世涂民耳目"的进步幻象,节制"耳目欲极声色之好,口欲穷刍豢之味,身安逸乐,而心夸矜势能之荣"②,更少指望外在的、有为的国家规制,更多回归道德与心灵的自觉与内省,做一位21世纪忧天悯人、民胞物与的"杞人"吧! 这或许是本课题能够给出的一点并非可有可无的建议。

---

① [美]拉尔夫·华尔多·爱默生:《历史》,《爱默生随笔全集》,蒲隆译,北京:北京理工大学出版社,2015年,第5—6页。
② (汉)司马迁著:《史记·货殖列传第六十九》,北京:中华书局,2006年,第751页。

参考文献

一、英文著作、论文

（一）原始文献

1. Adam Smith, *An Inquiry into the Nature and Causes of the Wealth of Nations*, Chicago: University Press of Chicago, 1977;

2. Arthur Harrison Cole ed., *Industrial and Commercial Correspondence of Alexander Hamilton: Anticipating His Report on Manufactures*, Chicago: A. W. Shaw Company, 1928;

3. Arthur M. Schlesinger, Jr. ed., *History of U. S. Political Parties*, *vol. 1*, *1789 – 1860 From Factions to Parties*, New York: Chelsea House Publishers, 1973(含大量美国各政党纲领、代表大会政党领袖演说);

4. Arthur M. Schlesinger, Jr. ed., *History of U. S. Political Parties*, *vol. II*, *1860 – 1910*, *The Gilded Age of Politics*, New York: Chelsea House Publishers, 1973(含大量美国各政党纲领、代表大会政党领袖演说);

5. Arthur M. Schlesinger, Jr. ed., *History of U. S. Political Parties*, *vol. III*, *1910 – 1945*, *From Square Deal to New Deal*, New York: Chelsea House Publishers, 1973(含大量美国各政党纲领、代表大会政党领袖演说);

6. Benjamin Parke De Witt, *The Progressive Movement: A Non-Partisan, Comprehensive Discussion of Current Tendencies in American Politics*, Seattle and London: University of Washington Press, 1968(1915 1st edition);

7. Bernard Schwartz (ed.), *The Economic Regulation of Business and Industry: A Legislative History of U. S. Regulatory Agencies*, Vol. 1 - 3, New York and London: Chelsea House Publishers, 1973(含有大量国会规制经济的立法文献);

8. Bruce M. Stave ed., *Socialism and the Cities*, New York: Kennikat Press, 1975(含美国实政社会主义方面原始文献);

9. Carl Resek ed., *The Progressives*, Indianapolis and New York: The Bobbs-Merrill Company, Inc., 1967(含大量节选的原始文献);

10. Edward Alsworth Ross, *Changing America: The Studies in Contemporary Society*,

New York: Century Co., 1912;

11. Edward Alsworth Ross, *Foundations of Sociology*, New York and London: The Macmillan Company, 1925 (1st edition 1905);

12. Edward Alsworth Ross, *Sin and Society: An Analysis of Latter-Day Iniquity*, Boston and New York: Houghton Mifflin Company, 1907;

13. Edward Alsworth Ross, *Seventy Years of It: An Autobiography*, New York; London: D. Appleton-Century Company, 1936;

14. Edward Alsworth Ross, *Social Control: A Survey of Foundations of Order*, New York: The Macmillan Company, 1901;

15. Edward Alsworth Ross, *The Social Trend*, New York: The Century Co., 1922;

16. Edward Alsworth Ross, *What is America?*, New York: The Century Co., 1919;

17. Edward Bellamy, *Edward Bellamy Speaks Again!*, Kansas City, Missouri: The Peerage Press, 1937;

18. Edward Bellamy, *The Religion of Solidarity (With a Discussion of Edward Bellamy's Philosophy by Arthur E. Morgan)*, Yellow Springs, Ohio: Antioch Bookplate Company, 1940;

19. Elizabeth Cobbs Hoffman, Edward J. Blum, Jon Gjerde eds., *Major Problems in American History*, Volume I: To 1877, *Documents and Essays*, Boston: Wadsworth, Cengage Learning, 2012(含有原始文献);

20. Henriette Greenebaum Frank, Amalie Hofer Jerome eds., *Annals of the Chicago Woman's Club for the First Forty Years of Its Organization*, 1876 - 1916, Chicago: Chicago Woman's Club, 1916;

21. Herbert Croly, *Progressive Democracy*, New Brunswick and London: Transaction Publishers, 1998(1st edition, 1914);

22. Herbert Croly, *The Promise of American Life*, New York: The Macmillan Company, 1914(1st edition, 1909);

23. Herbert Hoover, *The Memoirs of Herbert Hoover: The Great Depression, 1929 - 1941*, New York: The Macmillan Company, 1963;

24. J. Allen Smith, *The Spirit of American Government: A Study of the Constitution: Its Origin, Influence and Relation to Democracy*, New York: The Macmillan Company, 1907;

25. Ignatius Donnelly, *Caesar's Column: A Story of the Twentieth Century*, Chicago: F. J. Shulte & Company, 1891;

26. Jane Addams, *Twenty Years at Hull-House, with Autobiographical Notes*, New York: The Macmillan Company, 1927;

27. John Morton Blum (ed.), *Public Philosopher: Selected Letters of Walter Lippmann*, New York: Tricknor & Fields, 1985;

28. Leon Fink ed., *Major Problems in the Gilded Age and the Progressive Era: Documents and Essays*, Boston and New York: Houghton Mifflin Company, 2001(含原始文献);

29. Louis D. Brandeis, *Other People's Money, and How the Bankers Use it*, New York: Frederick A. Stokes Company Publishers, 1914;

30. Madison Grant, *The Passing of the Great Race, or the Racial Basis of European History*, New York: Charles Scribner's Sons, 1936(Fourth Revised Edition, 1ˢᵗ edition, 1916);

31. Margaret Sanger, *The Pivot of Civilization*, Oxford: Pergamon Press, 1969 (1ˢᵗ edition, 1922);

32. Pope Leo XIII, *Rerum Novarum: Encyclical Letter of Pope Leo XIII on the Condition of Labor*, New York: The Paulist Press, 1939(1ˢᵗ edition, 1891);

33. Richard T. Ely, *Ground Under Our Feet: An Autobiography*, New York: The Macmillan Company, 1938;

34. S. J. Duncan-Clark, *The Progressive Movement: Its Principles and Its Programme (with an Introduction by Theodore Roosevelt)*, Boston: Small, Maynard & Company, 1913;

35. Ronald J. Pestritto ed., *Woodrow Wilson: The Essential Political Writings*, New York: Lexington Books, 2005(含节选的原始文献);

36. Theodore Roosevelt, *Social Justice and Popular Rule: Essays, Addresses, and Public Statements Relating to the Progressive Movement*, New York: Arno Press Inc., 1974;

37. Thomas Paine, *Common Sense*, San Diego, CA.: ICON International, Inc., 2005;

38. U. S. Bureau of the Census, *Historical Statistics of the United States, Colonial Times to 1970*, Part 1, Washington, D. C.: Government Printing Office, 1976;

39. United States Congress and National Archives and Records Administration, *Records of the Field Offices for the State of Louisiana, Bureau of Refugees, Freedmen, and Abandoned Lands, 1863 - 1872*, Washington, D. C.: United States Congress and National Archives and Records Administration, 2004;

40. Walter E. Weyl, *The New Democracy: An Essay on Certain Political and Economic Tendencies in the United States*, New York: Harper & Row, Publishers, 1964 (1ˢᵗ edition, 1912);

41. Walter Lippmann, *A Preface to Politics*, Ann Arbor: The University of Michigan Press, 1962(1ˢᵗ edition, 1913);

42. Walter Lippmann, *Drift and Mastery: An Attempt to Diagnose the Current Unrest*, Englewood Cliffs, N. J.: Prentice-Hall, Inc., 1961(1ˢᵗ edition, 1914);

43. Walter Lippmann, *The Public Philosophy*, New Brunswick and London: Transaction Publishers, 1989 (1955 first edition);

44. William A. Peffer, *The Farmer's Side: His Trouble and Their Remedy*, New York: D. Appleton and Company, 1891;

45. Bernard J. Stern (ed.), "The Ward-Ross Correspondence, 1891 - 1896", *American Sociological Review*, vol. 3, no. 3,1938(莱斯特·弗兰克·沃德与爱德华·A. 罗斯在1891 至 1896 年间通信汇编);

46. Charles M. Hollingsworth, "The So-Called Progressive Movement: Its Real Nature, Causes and Significance", *The Annals of the American Academy of Political and Social Science*, 1912, vol. 43, no. 1;

47. Nathaniel Bacon, "Nathaniel Bacon ESP'R His Manifesto Concerning the Troubles in

Virginia", *The Virginia Magazine of History and Biography*, vol. 1, no. 1, 1893;

48. Peter S. Grosscup, "The Government's Relation to Corporate Construction and Management", *The Annals of the American Academy of Political and Social Science*, vol. 32, no. 10, 1908;

49. "February 16, 1887: Veto of Texas Seed Bill", https://millercenter. org/the-presidency/presidential-speeches/february-16-1887-veto-texas-seed-bill;

50. "H. Res. 683 — Expressing the Regret of the House of Representatives for the Passage of Laws that Adversely Affected the Chinese in the United States, Including the Chinese Exclusion Act", retrieved from https://www. congress. gov/bill/112th-congress/house-resolution/683/text? _ _ cf _ chl _ jschl _ tk _ _ _ = pmd _ cb5e59e25a972f36009adf77628d40bb3c1ca79a-1628324120-0-gqNtZGzNAg2jcnBszQni;

51. Jane Addams, "A Modern Lear", retrieved from https://www. digital. janeaddams. ramapo. edu/items/show/8932;

52. "Second Inaugural Address of Andrew Jackson, Monday, March 4, 1833", retrieved from https://avalon. law. yale. edu/19th_century/jackson2. asp;

53. "State of the Union Address: Theodore Roosevelt (December 3, 1901)", https://www. infoplease. com/primary-sources/government/presidential-speeches/state-union-address-theodore-roosevelt-december-3-1901;

54. Theodore Roosevelt, "The Man with the Muck-rake (April 14, 1906)", retrieved from https://www. americanrhetoric. com/speeches/teddyrooseveltmuckrake. htm;

55. "Thomas Jefferson Second Inaugural Address", retrieved from https://avalon. law. yale. edu/19th_century/jefinau2. asp;

56. "The Declaration of Sentiments and Resolution", retrieved from https://www. womenshistory. org/resources/primary-source/declaration-sentiments-and-resolution;

57. William Howard Taft, "Address Accepting the Republican President Nomination", https://www. presidency. ucsb. edu/documents/address-accepting-the-republican-presidential-nomination-0;

（二）其他英文著作、论文等

英文著作类

1. Alan Brinkley, *The Unfinished Nation: A Concise History of the American People*, New York: McGraw-Hill Education, 2015;

2. Alan Dawley, *Changing the World: American Progressives in War and Revolution*, Princeton: Princeton University Press, 2003;

3. Arthur A. Ekirch, Jr. , *Progressivism in America: A Study of the Era from Theodore Roosevelt to Woodrow Wilson*, New York: New Viewpoints, 1974;

4. Arthur S. Link and Richard L. McCormick, *Progressivism*, Wheeling, Illinois: Harlan Davidson, Inc. , 1983;

5. Barry D. Riccio, *Walter Lippmann—Odyssey of a Liberal*, New Brunswick and London: Transaction Publishers, 1996;

6. Beryl Satter, *Each Mind a Kingdom: American Women, Sexual Purity, and the New Thought Movement, 1875 - 1920*, Berkeley, Los Angeles, London: University of

California Press，1999；

7. Brett Flehinger, *The 1912 Election and the Power of Progressivism: A Brief History with Documents*, Boston and New York: Bedford/St. Martin's, 2003；

8. Brian N. Fry, *Nativism and Immigration: Regulating the American Dream*, New York: LFB Scholarly Publishing LLC, 2007；

9. Charles Forcey, *The Crossroads of Liberalism: Croly, Weyl, Lippmann, and the Progressive Era, 1900-1925*, New York: Oxford University Press, 1961；

10. Charles R. McCann, Jr., *Order and Control in American Socio-Economic Thought: Social Scientists and Progressive-Era Reform*, London and New York: Routledge, 2012；

11. Charles Wellborn, *Twentieth Century Pilgrimage: Walter Lippmann and the Public Philosophy*, Baton Rouge: Louisiana State University Press, 1969；

12. Christian Wolmar, *The Great Railroad Revolution: The History of Trains in America*, New York: Public Affairs, 2012；

13. Cindy Sondik Aron, *Ladies and Gentlemen of the Civil Service: Middle-Class Workers in Victorian America*, New York and Oxford: Oxford University Press, 1987；

14. Craufurd D. W. Goodwin, *Walter Lippmann: Public Economist*, Cambridge, Massachusetts: Harvard University Press, 2014；

15. D. Steven Blum, *Walter Lippmann: Cosmopolitanism in the Century of Total War*, Ithaca and London: Cornell University Press, 1984；

16. Daniel Aaron, *Men of Good Hope: A Story of American Progressives*, New York: Oxford University Press, 1961；

17. Daniel J. Tichenor, *Dividing Lines: The Politics of Immigration Control in America*, Princeton: Princeton University Press, 2002；

18. Daniel R. Carpenter, *The Forging of Bureaucratic Autonomy: Reputations, Networks, and Policy Innovations in Executive Agencies, 1862-1928*, Princeton and Oxford: Princeton University Press, 2001；

19. Daniel R. Ernst, *Tocqueville's Nightmare: The Administrative State Emerges in America, 1900-1940*, Oxford: Oxford University Press, 2014；

20. David E. Pollard ed., *Translation and Creation: Readings of Western Literature in Early Modern China, 1840-1918*, Amsterdam and Philadelphia: John Benjamins Publishing, 1998；

21. David P. Thelen, *Robert M. La Follette and the Insurgent Spirit*, Boston: Little, Brown, 1976；

22. Dennis J. Mahoney, *Politics and Progress: The Emergence of American Political Science*, Lanham: Lexington Books, 2004；

23. Edward C. Rafferty, *Apostle of Human Progress: Lester Frank Ward and American Political Thought, 1841-1913*, Lanham: Rowman & Littlefield Publishers, Inc., 2003；

24. Edward J. Erler, Thomas G. West and John Marini, *The Founders on Citizenship and Immigration: Principles and Challenges in America*, Lanham: Rowman & Littlefield

Publishers, Inc. , 2007;

25. Eldon J. Eisenach ed. , *The Social and Political Thought of American Progressivism*, Indianapolis and Cambridge: Hackett Publishing Company, Inc. , 2006;

26. Elizabeth Sanders, *Roots of Reform: Farmers, Workers, and the American State*, *1877 - 1917*, Chicago & London: The University of Chicago Press, 1999;

27. Ellen M. Snyder-Grenier, *The House on Henry Street: The Enduring Life of a Lower East Side Settlement*, New York: Washington New Books, 2020;

28. Eric Foner, *Free Soil, Free Labor, Free Men: The Ideology of the Republican Party before the Civil War*, Oxford and New York: Oxford University Press, 1995;

29. Erika Lee, *At America's Gates: Chinese Immigration During the Exclusion Era*, *1882 -1943*, Chapel Hill and London: The University of North Carolina Press, 2003;

30. Frances Fox Piven and Richard A. Cloward, *Poor People's Movements: Why They Succeed, How They Fail*, New York: Vintage Books, 1979;

31. Francis Bacon, *The New Organon*, Lisa Jardine and Michael Silverthorne ed. , New York: Cambridge University Press, 2000;

32. Frank Bourgin, *The Great Challenge: The Myth of Laissez-Faire in the Early Republic*, New York: Harper & Row, Publishers, 1990;

33. Frank Tariello, Jr. , *The Reconstruction of American Political Ideology*, *1865 - 1917*, Charlottesville: University of Virginia Press, 1982;

34. Frederick F. Blachly and Miriam E. Oatman, *Federal Regulatory Action and Control*, Washington, D. C. : Brookings Institution, 1940;

35. Gabriel Kolko, *Railroads and Regulation: 1877 - 1916*, New York: W. W. Norton & Company, 1970(1st edition 1965);

36. Gabriel Kolko, *The Triumph of Conservatism: A Reinterpretation of American History, 1900 - 1916*, New York: Free Press, 1963;

37. Gerald Berk, *Louis D. Brandeis and the Making of Regulated Competition, 1900 - 1932*, Cambridge, New York: Cambridge University Press, 2009;

38. Giandomenico Majone, *Regulating Europe*, London and New York: Routledge, 1996;

39. Heather Lehr Wagner, *The History of the Democratic Party*, New York: Chelsea House Publishers, 2007;

40. Henry Steele Commager, ed. , *America in Perspective*, New York: Mentor Books, 1964;

41. Henry Steele Commager, *Lester Ward and the Welfare State*, Indianapolis and New York: The Bobbs-Merrill Company, Inc. , 1967;

42. Hiroshi Okayama, *Judicializing the Administrative State: The Rise of the Independent Regulatory Commissions in the United States, 1883 - 1937*, London and New York: Routledge, 2019;

43. Howard Gillman, *The Constitution Besieged: The Rise and Demise of Lochner Era Police Powers Jurisprudence*, Durham and London: Duke University Press, 1993;

44. J. Franklin Jameson, *The American Revolution Considered as a Social Movement*, Princeton: Princeton University Press, 1967;

45. James C. Scott, *Weapons of the Weak*: *Everyday Forms of Peasant Resistance*, New Haven and London: Yale University Press, 1985;

46. James E. Anderson, *The Emergence of the Modern Regulatory State*, Washington D. C. : Public Affairs Press, 1962;

47. James T. Kloppenberg, *Uncertain Victory*: *Social Democracy and Progressivism in European and American Thought*, *1870 - 1920*, New York and Oxford: Oxford University Press, 1986;

48. James W. Fesler, *The Independence of State Regulatory Agencies*, Chicago, Illinois: Public Administration Service, 1942;

49. James Weinstein, *The Corporate Ideal in the Liberal State*, *1900 - 1918*, Boston: Beacon Press, 1968;

50. Jason R. Jividen, *Claiming Lincoln*: *Progressivism*, *Equality*, *and the Battle for Lincoln's Legacy in Presidential Rhetoric*, Dekalb: Northern Illinois University Press, 2011;

51. Jean Pfaelzer, *Driven Out*: *The Forgotten War against Chinese Americans*, Berkeley, Los Angeles, London: University of California Press, 2008;

52. Jean Pfaelzer, *The Utopian Novel in America*, *1886 - 1896*: *The Politics of Form*, Pittsburgh: University of Pittsburgh Press, 1984;

53. Jeffrey C. Issac, *The Poverty of Progressivism*: *The Future of American Democracy in a Time of Liberal Decline*, Lanham: Rowman & Littlefield Publishers, 2003;

54. Joel S. Migdal, *State in Society*: *Studying How States and Societies Transform and Constitute One Another*, Cambridge: Cambridge University Press, 2004;

55. John D. Buenker, *Urban Liberalism and Progressive Reform*, New York: Scribner's, 1973;

56. John D. Hicks, *The Populist Revolt*: *A History of the Farmers' Alliance and the People's Party*, Minneapolis: The University of Minnesota Press, 1955 (1931 1ˢᵗ edition);

57. John Gerring, *Party Ideologies in America*, *1828 - 1996*, New York: Cambridge University Press, 1998;

58. John Goldberg, *Liberal Fascism*: *The Totalitarian Temptation from Mussolini to Hillary Clinton*, New York: The Doubleday Broadway Publishing Group, 2007;

59. John Howard Smith, *The First Great Awakening*: *Redefining Religion in British America*, *1725 - 1775*, Madison: Fairleigh Dickinson University Press, 2015;

60. John Marini and Ken Masugi, *The Progressive Revolution in Politics and Political Science*: *Transforming the American Regime*, Lanham: Rowman & Littlefield Publishers, Inc. , 2005;

61. John Whiteclay Chambers II, *The Tyranny of Change*: *America in the Progressive Era*, *1900 - 1917*, New York: St. Martin's Press, 1980;

62. Julius Weinburg, *Edward Alsworth Ross and the Sociology of Progressivism*, Madison: The State Historical Society of Wisconsin, 1972;

63. Karen Pastorello, *The Progressives*: *Activism and Reform in American Society*, *1893 -*

1917, Chichester, West Sussex: Wiley Blackwell, 2014;

64. Katherine Benton-Cohen, *Inventing the Immigration Problem: The Dillingham Commission and its Legacy*, Cambridge, Mass.: Harvard University Press, 2018;

65. Lewis L. Gould, *America in the Progressive Era, 1890 - 1914*, New York: Pearson Education Limited, 2001;

66. Lynn Hunt ed., *Eroticism and the Body Politic*, Baltimore and London: The Johns Hopkins University Press, 1991;

67. Marc Allen Eisner, *Regulatory Politics in Transition*, Baltimore and London: The Johns Hopkins University Press, 2000;

68. Marc Allen Eisner, *The American Political Economy: Institutional Evolution of Market and State*, New York and London: Routledge, 2011;

69. Marc Stears, *Progressives, Pluralists, and the Problems of the State: Ideologies of Reform in the United States and Britain, 1909 - 1926*, Oxford and New York: Oxford University Press, 2002;

70. Martin J. Sklar, *The Corporate Reconstruction of American Capitalism, 1890 - 1916: The Market, the Law, and Politics*, New York: Cambridge University Press, 1988;

71. Marver H. Bernstein, *Regulating the Business by Independent Commission*, Princeton: Princeton University Press, 1955;

72. Maureen A. Flanagan, *American Reformed: Progressives and Progressivisms, 1890s - 1920s*, New York: Oxford University Press, 2007;

73. Max Shulman and J. Chris Westgate eds., *Performing the Progressive Era: Immigration, Urban Life, and Nationalism on Stage*, Iowa City: University of Iowa Press, 2019;

74. Melvin G. Holli, *Reform in Detroit: Hazen S. Pingree and Urban Politics*, New York: Oxford University Press, 1969;

75. Michael E. McGerr, *A Fierce Discontent: The Rise and Fall of the Progressive Movement in America, 1870 - 1920*, New York: Free Press, 2003;

76. Michael Friedman etc., *Outline of U. S. History*, Bureau of International Information Programs, U. S. Department of State, 2011;

77. Michael Mann, *The Sources of Social Power, vol. 1, A History of Power from the Beginning to AD 1760*, Cambridge: Cambridge University Press, 2012;

78. Michael Mann, *The Sources of Social Power, vol. 2, The Rise of Classes and Nation-States, 1760 - 1914*, Cambridge: Cambridge University Press, 2012;

79. Michael Mann, *The Sources of Social Power, vol. 3, Global Empires and Revolution, 1890 - 1945*, Cambridge: Cambridge University Press, 2012;

80. Michael Moran, *The British Regulatory State: High Modernism and Hyper-Innovation*, Oxford: Oxford University Press, 2003;

81. Michael Schaller, Virginia Scharff and Robert D. Schulzinger, *Coming of Age: American in the Twentieth Century*, Boston and New York: Houghton Mifflin Company, 1998.

82. Morton Keller, *Regulating a New Economy: Public Policy and Economic Change in*

America, *1900 - 1933*, Cambridge, Massachusetts and London, England: Harvard University Press, 1990;

83. Nancy Cohen, *The Reconstruction of American Liberalism*, *1865 - 1914*, Chapel Hill &. London: The University of Northern Carolina Press, 2002;

84. Nell Irvin Painter, *Standing at Armageddon: The United States*, *1877 - 1919*, New York and London: W. W. Norton &. Company, 1987;

85. Nell Irvin Painter, *Standing at Armageddon: A Grassroots History of the Progressive Era*, New York and London: W. W. Norton &. Company, 2008;

86. Paul H. Boase ed. , *The Rhetoric of Protest and Reform*, *1878 - 1898*, Athens, Ohio: Ohio University Press, 1980;

87. Paul S. Boyer, *Purity in Print: Book Censorship in America from the Gilded age to the Computer Age*, Madison, Wisconsin: The University of Wisconsin Press, 2002;

88. Price Fishback et al. , eds. , *Government and the American Economy: A New History*, Chicago and London: The University of Chicago Press, 2007;

89. Randall G. Holcombe, *From Liberty to Democracy: The Transformation of American Government*, Ann Arbor: The University of Michigan Press, 2002;

90. Randall G. Holcombe, *Political Capitalism: How Economic and Political Power is Made and Maintained*, New York: Cambridge University Press, 2018;

91. Richard Franklin Bensel, *The Political Economy of American Industrialization*, *1877 - 1900*, Cambridge: Cambridge University Press, 2000;

92. Richard Hofstadter, *The Age of Reform: From Bryan to F. D. R.* , New York: Knopf, 1955;

93. Richard Hofstadter ed. , *The Progressive Movement*, *1900 - 1915*, Englewood Cliffs, N. J. : Prentice-Hall, 1965;

94. Richard L. McCormick, *The Party Period and Public Policy: American Politics from the Age of Jackson to the Progressive Era*, New York and Oxford: Oxford University Press, 1986;

95. Richard Rorty, *Achieving Our Country: Leftist Thought in Twentieth-Century America*, Cambridge, Massachusetts and London: Harvard University Press, 1998;

96. Robert E. Cushman, *The Independent Regulatory Commissions*, New York: Oxford University Press, 1941;

97. Robert F. Zeidel, *Immigrants*, *Progressives*, *and Exclusion Politics: The Dillingham Commission*, *1900 - 1927*, DeKalb: Northern Illinois University Press, 2004;

98. Robert H. Wiebe, *The Search for Order*, *1877 - 1920*, New York: Hill and Wang, 1967;

99. Robert Higgs, *Crisis and Leviathan: Critical Episodes in the Growth of American Government*, Oxford: Oxford University Press, 1987;

100. Robert L. Church and Michael W. Sedlak, *Education in the United States: An Interpretive History*, New York: Free Press, 1976;

101. Rodney P. Carlisle, *Handbook to Life in America*, *vol. 5*, *The Age of Reform*, *1890 - 1920*, New York: Fact on File, Inc. , 2009;

102. Ronald J. Pestritto, *Woodrow Wilson and the Roots of Modern Liberalism*, Lanham: Rowman & Littlefield Publishers, Inc. , 2005;

103. Ronald Steel, *Walter Lippmann and the American Century*, New York: Vintage Books, 1980;

104. Russel B. Nye, *Midwestern Progressive Politics: A Historical Study of Its Origins and Development*, *1870 - 1950*, East Lansing: Michigan State College Press, 1951;

105. Samuel DeCanio, *Democracy and the Origins of the American Regulatory State*, New Haven and London: Yale University Press, 2015;

106. Samuel P. Hays, *The Response to Industrialism*, *1885 - 1914*, Chicago: The University of Chicago Press, 1956;

107. Scott C. James, *Presidents*, *Parties*, *and the State: A Party System Perspective on Democratic Regulatory Choice*, *1884 - 1936*, Cambridge: Cambridge University Press, 2000;

108. Sean H. Mcmahon, *Social Control & Public Intellect: The Legacy of Edward A. Ross*, New Brunswick (U. S. A.) and London (U. K.): Transaction Publishers, 1999;

109. Sheldon Hackney, *Populism to Progressivism in Alabama*, Princeton, N. J. : Princeton University Press, 1969;

110. Shelton Stromquist, *Reinventing "The People": The Progressive Movement*, *the Class Problem*, *and the Origins of Modern Liberalism*, Urbana and Chicago: University of Illinois Press, 2006;

112. Sidney Fine, *Laissez Faire and the General-Welfare State: A Study of Conflict in American Thought*, *1865 - 1901*, Ann Arbor: The University of Michigan Press, 1956;

113. Sidney M. Milkis and Jerome M. Milieur (eds.), *Progressivism and the New Democracy*, Amherst: University of Massachusetts Press, 1999;

114. Stephen Skowronek, *Building a New American State: The Expansion of National Administrative Capacities*, *1877 - 1920*, Cambridge: Cambridge University Press, 1982;

115. Sylvia E. Bowman ed. , *Edward Bellamy Abroad: An American Prophet's Influence*, New York: Twayne Publishers, 1962;

116. Thomas S. Leonard, *Illiberal Reformers: Race*, *Eugenics*, *and American Economics in the Progressive Era*, Princeton and London: Princeton University Press, 2016;

117. William E. Leuchtenburg (ed.), *The Unfinished Century: American Since 1900*, Boston: Little: Brown and Company, 1973;

118. William E. Nelson, *The Roots of American Bureaucracy*, *1830 - 1900*, Cambridge, Massachusetts and London, England: Harvard University Press, 1982;

119. William L. O'Neil, *The Progressive Years: America Comes of Age*, New York: Dodd, Mead, 1975;

120. William Strauss and Neil Howe, *Generations: The History of America's Future*, *1584 - 2069*, New York: William Morrow and Company, Inc. , 1991;

121. Zester and Marilyn J. Hatfield, *Progressivism: Our Road to Serfdom: Arise America:*

Rebuild Your God-Given Capitalist Foundations, Bloomington: Trafford Publishing, 2010;

论文等类

1. James E. Anderson, "The Emergence of the Modern Regulatory State: A Study of American Ideas on the Regulation of Economic Enterprise, 1885 – 1917", The Dissertation of the University of Texas, 1960;

2. Allyn B. Forbes, "The Literary Quest for Utopia, 1880 – 1900", *Social Forces*, vol. 6, no. 2, 1927;

3. Ben Jackson, "Freedom, the Common Good, and the Rule of Law: Lippmann and Hayek on Economic Planning", *Journal of the History of Ideas*, vol. 73, no. 1, 2012;

4. Brian Van De Mark, "Beard on Lippmann: The Scholar vs. the Critic", *The New England Quarterly*, vol. 59, no. 3, 1986;

5. Craufurd D. Goodwin, "The Promise of Expertise: Walter Lippmann and the Policy Science", *Policy Science*, vol. 28, no. 4, 1995;

6. Dan McLaughlin, "Party of Lincoln: How Republicans Became it, Why They Remain it", *National Review*, vol. 73, no. 3, 2021;

7. Daniel T. Rodgers, "In Search of Progressivism", *Reviews in American History*, vol. 10, no. 4, 1982;

8. David H. Rosenbloom, "Constitutional Perspective on Public Policy", *Policy Studies Journal*, vol. 16, no. 2, 1987;

9. E. Douglas Fawcett, "'Looking Backward' and the Socialist Movement", *The Theosophist*, 1890;

10. Edward L. Glaeser and Andrei Shleifer, "The Rise of Regulatory State", *Journal of Economic Literature*, vol. 41, no. 2, 2003;

11. Eisuke Sakakibara, "The End of Progressivism: A Search for New Goals", *Foreign Affairs*, vol. 74, no. 5, 1995;

12. George Stigler, "The Theory of Economic Regulation", *The Bell Journal of Economics and Management Science*, vol. 2, no. 1, 1971;

13. Heather A. Haveman et al. , "The Winds of Change: The Progressive Movement and the Bureaucratization of Thrift", *American Sociological Review*, Vol. 72, No. 1, 2007;

14. Heather Cox Richardson, "Abraham Lincoln and the Politics of Principle", *Marquette Law Review*, vol. 93, no. 4, 2010;

15. Henry F. May, "Authoritarian Socialism in America: Edward Bellamy and the Nationalist Movement by Arthur Lipow (book review)", *The American Historical Review*, vol. 88, no. 1, 1983;

16. J. O. Hertzler, "Edward Alsworth Ross: Sociological Pioneer and Interpreter", *American Sociological Review*, vol. 16, no. 5, 1951;

17. James C. Mohr, "Academic Turmoil and Public Opinion: The Ross Case at Stanford", *Pacific Historical Review*, vol. 39, no. 1, 1970;

18. James M. Beeby, "'Equal Rights to All and Special Privileges to None': Grass-Roots Populism in North Carolina", *The North Carolina Historical Review*, vol. 78, no.

2,2001;

19. John Gerring, "A Chapter in the History of American Party Ideology: The Nineteenth-Century Democratic Party (1882 - 1892)", *Polity*, vol. 26, no. 4,1994;

20. Julia Black, "Tensions in the Regulatory State", *Public Law*, no. 1,2007;

21. Leonard C. Crouch, "Judicial Tendencies of the Court of Appeals During the Incumbency of Chief Judge Hiscock", *Cornell Law Quarterly*, vol. 12, no. 2,1927;

22. Matthias Gross, "When Ecology and Sociology Meet: The Contributions of Edward A. Ross", *Journal of the History of the Behavioral Sciences*, vol. 38, no. 1,2002;

23. Michael Mann, "Infrastructural Power Revisited", *Studies in Comparative International Development*, vol. 43, no. 3 - 4,2008;

24. Michael Mann, "The Autonomous Power of the State: Its Origins, Mechanism and Results", *European Journal of Sociology*, vol. 25, no. 2,1984;

25. Michael Moran, "Understanding the Regulatory State", *British Journal of Political Science*, vol. 32, no. 2,2002;

26. Paula Baker, "The Domestication of Politics: Women and American Political Society, 1780 - 1920", *The American Historical Review*, vol. 89, no. 3,1984;

27. Peter G. Filene, "An Obituary for 'The Progressive Movement'", *American Quarterly*, vol. 22, no. 1,1970;

28. Richard B. Russell, "The Future of the Democratic Party", *The Georgia Review*, vol. 7, no. 2,1953;

29. Robert L. Rabin, "Federal Regulation in Historical Perspective", *Stanford Law Review*, vol. 38, no. 5,1986;

30. Samuel Fleischacker, "Adam Smith's Reception among the American Founders, 1776 - 1790", *William and Mary Quarterly*, vol. 59, no. 4,2002;

31. Thomas C. Cochran, "The 'Presidential Synthesis' in American History", *The American Historical Review*, vol. 53, no. 4,1948;

32. Walter Dean Burnham, "The Changing Shape of the American Political Universe", *American Political Science Review*, vol. 59, no. 1,1965;

33. William Murphey, "Theodore Roosevelt and the Bureau of Corporation: Executive-Corporate Cooperation and the Advancement of the Regulatory State", *American Nineteenth Century History*, vol. 14, no. 1,2013;

34. Allen C. Guelzo, "Abraham Lincoln or the Progressives: Who was the Real Father of Big Government?", (special report), no. 100, 2012, https://www. heritage. org/political-process/report/abraham-lincoln-or-the-progressives-who-was-the-real-father-big-government;

35. Herman Belz, "Abraham Lincoln and the Natural Law Tradition", http://www. nlnrac. org/american/lincoln;

36. Joe Biden, "Inaugural Address by President Joseph R. Biden, Jr. , January 20,2021", https://www. whitehouse. gov/briefing-room/speeches-remarks/2021/01/20/inaugural-address-by-president-joseph-r-biden-jr/;

37. Johnathan O'Neill, "Constitutional Conservatives in the Progressive Era: Elihu Root,

William Howard Taft, and Henry Cabot Lodge, Sr.", no. 5, 2013, retrieved from http://report. heritage. org/mapT-05;

38. Joshua L. Rosenbloom, "The Colonial American Economy", Economics Working Papers: Department of Economics, Iowa State University, retrieved from https://lib. dr. iastate. edu/econ_ag_workingpapers/1;

39. Joshua L. Rosenbloom, "Colonial America", in Claude Diebolt, Michael Haupert (eds.), Handbook of Cliometrics, https://doi. org/10. 1007/978-3-030-00181-0_60;

40. "Abraham Lincoln: President of United States", https://www. britannica. com/biography/Abraham-Lincoln/Leadership-in-war;

41. "Commerce Court, 1910 – 1913", retrieved from https://www. fjc. gov/history/courts/commerce-court-1910-1913;

42. "Edward Alsworth Ross", the website of American Sociological Association, retrieved from: http://www. asanet. org/about/presidents/Edward_Ross. cfm;

43. "George Floyd Told Officers 'I Can't Breathe' More than 20 Times Before He Died, Transcript Reveals", retrieved from https://people. com/crime/george-floyd-transcript-i-cant-breathe-20-times/;

44. "Great Chelsea Fire of 1908", retrieved from https://en. wikipedia. org/wiki/Great_Chelsea_fire_of_1908;

45. "Great Railroad Strike of 1877", retrieved from https://www. britannica. com/topic/Great-Railroad-Strike-of-1877;

46. "Guterres: The IPCC Report is a Code Red for Humanity", retrieved from https://unric. org/en/guterres-the-ipcc-report-is-a-code-red-for-humanity/;

47. "Hammer v. Dagenhart", retrieved from https://www. britannica. com/event/Hammer-v-Dagenhart;

48. "History of the WCTU", https://www. wctu. org/history;

49. "Hull House", https://www. nps. gov/places/hull-house. htm;

50. "illiberal", https://www. merriam-webster. com/dictionary/illiberal;

51. "illiberalism", https://www. merriam-webster. com/dictionary/illiberalism;

52. "James A. Garfield", https://www. history. com/topics/us-presidents/james-a-garfield;

53. "Munn v. Illinois", https://www. britannica. com/event/Munn-v-Illinois;

54. "Plessy v. Ferguson", https://www. britannica. com/event/Plessy-v-Ferguson-1896;

55. "The Founders of National Grange of the Order of Patrons of Husbandry", retrieved from https://www. nationalgrange. org/about-us/history/;

中文著作、论文
(一) 中译著作
1. 《圣经》(中英对照 和合本 新修订标准版),南京:中国基督教三自爱国运动委员会,2000 年;

2. [古希腊]柏拉图著:《柏拉图全集》,王晓朝译,中卷,北京:人民出版社,2018 年;

3. [古希腊]柏拉图著:《理想国》,顾寿观译,长沙:岳麓书社,2010 年;

4. [奥]斯蒂芬·茨威格著:《人类群星闪耀时:十四篇历史特写》,舒昌善译,北京:生活·读书·新知三联书店,2017 年;

5. [德]W. 桑巴特著:《为什么美国没有社会主义》,赖海榕译,北京:社会科学文献出版社, 2003 年(1906 年第一版德文);

6. [德]卡尔·冯·克劳塞维茨著:《论战争的性质》,时殷弘译,北京:中译出版社,2010 年;

7. [德]斐迪南·滕尼斯著,林荣远译,《共同体与社会:纯粹社会学的基本概念》,北京:商务 印书馆,1999 年(第一版为 1887 年);

8. [德]沃尔夫冈·希弗尔布施著:《铁道之旅:19 世纪空间与时间的工业化》,金毅译,上海: 上海人民出版社,2018 年;

9. [法]爱弥尔·涂尔干著:《实用主义与社会学》,渠东译,上海:上海人民出版社,2005 年;

10. [法]费尔南·布罗代尔著:《论历史》,刘北成等译,北京:北京大学出版社,2008 年;

11. [法]卢梭著:《论人类不平等的起源和基础》,邓冰艳译,杭州:浙江文艺出版社,2015 年;

12. [法]尚-雅克·卢梭著:《社会契约论》,高黎平译,香港:商务印书馆,2017 年;

13. [法]托克维尔著:《论美国的民主》,下卷,董果良译,北京:商务印书馆,2002 年;

14. [法]托克维尔著:《论美国的民主》,董果良译,北京:商务印书馆,2017 年;

15. [法]托克维尔著:《政治与友谊:托克维尔书信集》,黄艳红译,上海:上海三联书店, 2010 年;

16. [美]E. A. 罗斯著:《社会控制》,秦志勇等译,北京:华夏出版社,1989 年;

17. [美]J. 布卢姆等著:《美国的历程》,下册,第一分册,戴瑞辉等译,北京:商务印书馆, 1988 年;

18. [美]阿瑟·林克,威廉·卡顿著:《一九○○年以来的美国史》,上册,刘绪贻等译,北京: 中国社会科学出版社,1983 年;

19. [美]埃里克·方纳著:《19 世纪美国的政治遗产》,王希编译,北京:北京大学出版社, 2020 年;

20. [美]埃里克·方纳著:《第二次建国:内战与重建如何重铸了美国宪法》,于留振译,北京: 商务印书馆,2020 年;

21. [美]埃里克·方纳著:《给我自由:一部美国的历史》,王希译,北京:商务印书馆,2010 年;

22. [美]埃里克·方纳著:《美国历史:理想与现实》,王希译,北京:商务印书馆,2017 年;

23. [美]埃里克·方纳著:《美国自由的故事》,王希译,北京:商务印书馆,2002 年;

24. [美]埃里克·纳尔逊著:《王权派的革命:美国建国的一种解读》,吴景键译,北京:中国政 法大学出版社,2019 年;

25. [美]埃文斯,鲁施迈耶,斯考切波编著:《找回国家》,方力维等译,北京:生活·读书·新 知三联书店,2009 年;

26. [美]爱德华·贝拉米著:《回顾》,林天斗等译,北京:商务印书馆,1997 年;

27. [美]艾伦·布林克利著:《美国史(1492—1997)》,邵旭东译,海口:海南出版社,2009 年;

28. [美]奥伦著:《美国和美国的敌人:美国的对手和美国政治学的形成》,唐小松等译,上海: 上海人民出版社,2004 年;

29. [美]巴巴拉·W. 塔奇曼著:《骄傲之塔:战前世界的肖像,1890—1914》,陈丹丹译,北京: 中信出版社,2016 年;

30. [美]查尔斯·A. 比尔德,玛丽·R. 比尔德著:《美国文明的兴起》,许亚芬译,北京:商务 印书馆,2010 年;

31. [美]查尔斯·博哲斯著:《美国思想渊源:西方思想与美国观念的形成》,符鸿令,朱光骊 译,太原:山西人民出版社,1988 年;

32. [美]查尔斯·蒂利著：《社会运动，1768—2004》，胡位钧译，上海：上海人民出版社，2009 年；

33. [美]查尔斯·蒂利著：《政权与斗争剧目》，胡位钧译，上海：上海人民出版社，2012 年；

34. [美]多萝西·罗斯著：《美国社会科学的起源》，王楠等译，北京：生活·读书·新知三联书店，2019 年；

35. [美]费希拜克等著：《美国经济史新论》，张燕等译，北京：中信出版社，2013 年；

36. [美]弗里茨·斯特恩著：《非自由主义的失败：论现代德国政治文化》，孟钟捷译，北京：商务印书馆，2015 年；

37. [美]戈登·S. 伍德著：《美国革命的激进主义》，傅国英译，北京：商务印书馆，2011 年；

38. [美]哈茨著：《美国的自由主义传统：独立革命以来美国政治思想阐释》，张敏谦译，北京：中国社会科学出版社，2003 年；

39. [美]汉密尔顿，杰伊，麦迪逊著：《联邦党人文集》，程逢如等译，北京：商务印书馆，2004 年；

40. [美]亨德里克·威廉·房龙著：《人类的故事》，邓嘉宛译，天津：天津人民出版社，2017 年；

41. [美]亨利·乔治著：《进步与贫困》，吴良健等译，北京：商务印书馆，1995 年；

42. [美]亨利·斯蒂尔·康马杰著：《美国精神》，杨静予等译，北京：光明日报出版社，1988 年；

43. [美]亨利·梭罗著：《瓦尔登湖·论公民的不服从义务》，鲍荣，何栓鹏译，北京：北京时代华文书局，2013 年；

44. [美]霍夫斯达德著：《美国思想中的社会达尔文主义》，郭正昭译，台北：联经出版事业公司，1982 年；

45. [美]加里·M. 沃顿，休·罗考夫著：《美国经济史》，王珏译，北京：中国人民大学出版社，2018 年；

46. [美]加里·纳什等编著：《美国人民：创建一个国家和一种社会》，刘德斌等译，北京：北京大学出版社，2008 年；

47. [美]杰克·A. 戈德斯通：《国家、政党与社会运动》，章延杰译，上海：上海人民出版社，2015 年；

48. [美]卡西奥拉著：《工业文明的衰亡：经济增长的极限与发达工业社会的重新政治化》，余灵灵等译，重庆：重庆出版社，2015 年；

49. [美]凯斯·R. 桑斯坦著：《权利革命之后：重塑规制国》，钟瑞华译，北京：中国人民大学出版社，2008 年；

50. [美]拉尔夫·沃尔多·爱默生著：《爱默生随笔全集》，蒲隆译，北京：北京理工大学出版社，2015 年；

51. [美]朗费罗著：《朗费罗诗选：英汉对照》，杨德豫译，北京：外语教学与研究出版社，2013 年；

52. [美]劳伦斯·维赛著：《美国现代大学的崛起》，栾鸾译，北京：北京大学出版社，2011 年；

53. [美]理查德·霍夫斯达特著：《改革时代——美国的新崛起》，俞敏洪等译，石家庄：河北人民出版社，1989 年；

54. [美]林·亨特著：《法国大革命时期的家庭罗马史》，郑明萱等译，北京：商务印书馆，2008 年；

55. [美]林恩·亨特著:《全球时代的史学写作》,赵辉兵译,郑州:大象出版社,2017年;

56. [美]罗伯特·K.默顿著:《社会理论和社会结构》,唐少杰等译,南京:译林出版社,2008年;

57. [美]罗伯特·瑞米尼著:《美国简史:从殖民时代到21世纪》,朱玲译,杭州:浙江人民出版社,2015年;

58. [美]罗伯特·H.威布著:《自治——美国民主的文化史》,李振广译,北京:商务印书馆,2006年;

59. [美]罗恩·彻诺著:《汉密尔顿传》,张向玲等译,杭州:浙江大学出版社,2018年;

60. [美]罗纳德·斯蒂尔著:《李普曼传》,于滨等译,北京:新华出版社,1982年;

61. [美]马克·艾伦·艾斯纳著:《规制政治的转轨》,尹灿译,北京:中国人民大学出版社,2014年;

62. [美]马克·C.卡恩斯,约翰·A.加勒迪著:《美国通史》,吴金平等译,济南:山东画报出版社,2008年;

63. [美]曼塞尔·布莱克福德著:《美国小企业史》,刘鹰译,杭州:浙江大学出版社,2013年;

64. [美]梅多斯等著:《增长的极限》,李涛等译,北京:机械工业出版社,2013年;

65. [美]纳尔逊·曼弗雷德·布莱克著:《美国社会生活与思想史》,上册,许季鸿等译,北京:商务印书馆,1994年;

66. [美]纳尔逊·曼弗雷德·布莱克著:《美国社会生活与思想史》,下册,许季鸿等译,北京:商务印书馆,1997年;

67. [美]乔·奥·赫茨勒著:《乌托邦思想史》,张兆麟等译,北京:商务印书馆,1990(第一版1923年);

68. [美]乔·古尔迪,[英]大卫·阿米蒂奇著:《历史学宣言》,孙岳译,上海:格致出版社,2017年;

69. [美]乔尔·S.米格代尔著:《社会中的国家:国家与社会如何相互改变与相互构成》,李杨等译,江苏人民出版社,2013年;

70. [美]乔纳森·休斯,路易斯·P.凯恩著:《美国经济史》,北京:北京大学出版社,2011年;

71. [美]琼·菲尔泽著:《驱逐:被遗忘的美国排华战争》,何道宽译,广州:花城出版社,2016年;

72. [美]塞缪尔·埃利奥特·莫里森,亨利·斯蒂尔·康马杰,威廉·爱德华·洛伊希滕堡合著:《美利坚共和国的成长》,南开大学历史系美国史研究室译,天津:天津人民出版社,1980年;

73. [美]斯坦利·L.恩格尔曼,罗伯特·E.高尔曼主编:《剑桥美国经济史:漫长的十九世纪》,第2卷,王珏等译,北京:中国人民大学出版社,2018年;

74. [美]斯文·贝克特著:《棉花帝国:一部资本主义全球史》,徐轶杰,杨燕译,北京:民主与建设出版社,2019年;

75. [美]托马斯·本德著:《万国一邦:美国在世界历史上的地位》,孙琇译,北京:中信出版社,2019年;

76. [美]托马斯·杰斐逊著:《杰斐逊选集》,朱曾汶译,北京:商务印书馆,2017年;

77. [美]托马斯·潘恩著:《常识》,何实译,北京:华夏出版社,2003年;

78. [美]威廉·伯恩斯坦著:《伟大的贸易:贸易如何塑造世界》,郝楠译,北京:中信出版社,2020年;

79. [美]威廉·加里森著:《威廉·加里森选集》,杜华译,武汉:武汉大学出版社,2018 年;

80. [美]威廉·詹姆士著:《实用主义:一些旧思想方法的新名称》,陈羽纶等译,北京:商务印书馆,1979 年;

81. [美]沃尔特·惠特曼著:《草叶集》,赵萝蕤译,上海:上海译文出版社,1991 年;

82. [美]沃浓·路易·帕林顿著:《美国思想史》,陈永国等译,长春:吉林人民出版社,2002 年;

83. [美]伍德罗·威尔逊著:《美国宪制政府》,宦盛奎译,北京:北京大学出版社,2016 年;

84. [美]西奥多·罗斯福著:《罗斯福自传》,范斌珍译,天津:天津人民出版社,2017 年;

85. [美]小艾尔弗雷德·D. 钱德勒著:《企业规模经济与范围经济:工业资本主义的原动力》,张逸人等译,北京:中国社会科学出版社,1999 年;

86. [美]小阿瑟·施莱辛格著:《美国民主党史》,复旦大学国际政治系编译,上海:上海人民出版社,1977 年;

87. [美]亚历山大·汉密尔顿,詹姆斯·麦迪逊,约翰·杰伊著:《联邦论:美国宪法述评》,尹宣译,南京:译林出版社,2016 年;

88. [美]约翰·菲尔林著:《美利坚是怎样炼成的:杰斐逊与汉密尔顿》,王晓平等译,北京:商务印书馆,2015 年;

89. [美]约翰·罗德哈梅尔选编:《华盛顿文集》,吴承义等译,沈阳:辽宁教育出版社,2005 年;

90. [美]约翰·F. 沃克;哈罗德·G. 瓦特著:《美国大政府的兴起》,刘进等译,重庆:重庆出版社,2001 年;

91. [美]亚伯拉罕·林肯著:《林肯选集》,朱曾汶译,北京:商务印书馆,2013 年;

92. [美]詹姆士·O. 罗伯逊,《美国神话美国现实》,贾秀东等译,北京:中国社会科学出版社,1990 年;

93. [美]詹姆斯·C. 斯科特著:《弱者的武器》,郑广怀等译,南京:译林出版社,2007 年;

94. [英]艾伦·麦克法兰著:《现代世界的诞生》,管可秾译,上海:上海人民出版社,2013 年;

95. [英]安东尼·吉登斯,菲利普·萨顿著:《社会学基本概念》,王修晓译,北京:北京大学出版社,2019 年;

96. [英]彼得·伯克著:《历史学与社会理论》,李康译,上海:上海人民出版社,2019 年;

97. [英]培根著:《新工具》,许宝骙译,北京:商务印书馆,1986 年;

98. [英]格雷厄姆·沃拉斯著:《政治中的人性》,朱曾汶译,北京:商务印书馆,1996 年;

99. [英]迈克尔·曼著:《社会权力的来源. 第 2 卷. 阶级和民族国家的兴起(1760 −1914)》,陈海宏等译,卷上,上海:上海人民出版社,2016 年;

100. [英]托马斯·霍布斯著:《利维坦》,黎思复,黎廷弼译,北京:商务印书馆,2020 年;

101. [英]维尔著:《宪政与分权》,苏力译,北京:生活·读书·新知三联书店,1997 年;

102. [英]亚当·斯密著:《国富论》,胡长明译,重庆:重庆出版社,2015 年;

103. [英]亚当·斯密著:《国富论》,杨敬年译,下册,西安:陕西人民出版社,2010 年;

104. [英]亚当·斯密著:《看不见的手》,马睿译,香港:商务印书馆(香港)有限公司,2017 年;

105. [英]朱利安·威尔森著:《两个人改变世界:卫斯理兄弟传》,吴慧晶译,北京:东方出版社,2018 年;

106. 《马克思恩格斯全集》,第 15 卷,北京:人民出版社,1963 年;

107. 中共中央马克思恩格斯列宁斯大林著作编译局编:《马克思恩格斯选集》,第 3、4 卷,北京：人民出版社，1995 年。

（二）中文著作

1. 鸠摩罗什等著：《佛教十三经》，北京：中华书局，2010 年；
2. 荀子著：《荀子新注》，北京大学《荀子》注释组注释，北京：中华书局，1979 年；
3. （汉）河上公注，严遵指归，（三国）王弼注：《老子》，上海：上海古籍出版社，2013 年；
4. （汉）司马迁：《史记·货殖列传第六十九》，北京：中华书局，2006 年；
5. （清）孔尚任：《桃花扇》，（清）云亭山人评点，上海：上海古籍出版社，2016 年；
6. 爱新觉罗·毓鋆：《毓老师说论语》，陈絅整理，石家庄：花山文艺出版社，2019 年；
7. 郭九林：《美国市民与禁酒》，厦门：厦门大学出版社，2012 年；
8. 洪朝辉：《社会经济变迁的主题——美国现代化进程新论》，杭州：杭州大学出版社，1994 年；
9. 侯波：《学术与政治：美国进步时代专家参政现象（1900—1920）》，北京：中国社会科学出版社，2020 年；
10. 黄贤全，王孝询：《美国政治与政府调控——美国历史评述》，北京：中国社会科学出版社，2008 年；
11. 蒋保：《世界历史文献选读》，合肥：合肥工业大学出版社，2019 年；
12. 李剑鸣：《大转折的年代——美国进步主义运动研究》，天津：天津教育出版社，1992 年；
13. 李剑鸣：《隔岸观景》，北京：社会科学文献出版社，2012 年；
14. 李剑鸣：《"克罗齐命题"的当代回响：中美两国美国史研究的趋向》，北京：北京大学出版社，2016 年；
15. 李剑鸣：《美国的奠基时代（1588—1775）》，北京：中国人民大学出版社，2010 年；
16. 李剑鸣：《伟大的历险——西奥多·罗斯福传》，北京：世界知识出版社，1994 年；
17. 李剑鸣：《文化的边疆：印第安人与白人文化关系史论》，天津：天津人民出版社，1992 年；
18. 李剑鸣：《学术的重和轻》，北京：商务印书馆，2017 年；
19. 李庆余等著：《美国现代化道路》，北京：人民出版社，1994 年；
20. 李世安：《一只看得见的手：美国政府对国家经济的干预》，北京：中国当代出版社，1996 年；
21. 李颜伟：《知识分子与改革：美国进步主义运动新论》，北京：中国社会科学出版社，2010 年；
22. 梁茂信：《都市化时代：20 世纪美国人口流动与城市社会问题》，长春：东北师范大学出版社，2002 年；
23. 梁茂信：《美国史研究的传承与创新：纪念历史学家丁则民诞辰百年论文集》，北京：中国社会科学出版社，2019 年；
24. 刘绪贻，李世洞主编：《美国研究词典》，北京：中国社会科学出版社，2002 年；
25. 鲁迅：《鲁迅全集》，第 1 卷，北京：人民文学出版社，2005 年；
26. 陆镜生：《美国社会主义运动史》，天津：天津人民出版社，1986 年；
27. 马骏等主编：《美国进步时代的政府改革及其对中国的启示》，上海：格致出版社，2010 年；
28. 欧阳惠：《伟大的平民：威廉·詹宁斯·布赖恩研究》，长沙：湖南人民出版社，2012 年；
29. 任东来等：《在宪政舞台上——美国最高法院的历史轨迹》，北京：中国法制出版社，2007 年；

30. 任东来,胡晓进等著:《谁来捍卫法治:10位最有影响力美国大法官的司法人生》,北京:中国法制出版社,2019年;

31. 石庆环:《二十世纪美国文官制度与官僚政治》,长春:东北师范大学出版社,2003年;

32. 谭克虎:《美国铁路业管制研究》,北京:经济科学出版社,2008年;

33. 《西方政治思想史》编写组:《西方政治思想史》,北京:高等教育出版社,2011年;

34. 萧功秦:《危机中的变革:清末现代化进程中的激进与保守》,上海:上海三联书店,1999年;

35. 肖华锋:《美国黑幕揭发运动研究》,上海:上海三联书店,2007年;

36. 王涵:《美国进步时代的政府治理(1880—1920)》,上海:上海社会科学院出版社,2013年;

37. 王锦瑭,钟文范,李世洞:《美国现代大企业与美国社会》,武汉:武汉大学出版社,1995年;

38. 王绍光:《美国进步时代的启示》,北京:中国财政经济出版社,2002年;

39. 王书丽:《政府干预与1865—1935年间的美国经济转型》,北京:人民出版社,2009年;

40. 王希:《原则与妥协:美国宪法的精神与实践》,北京:北京大学出版社,2014年;

41. 王晓德:《美国文化与外交》,北京:世界知识出版社,2000年;

42. 王旭:《城里城外》,厦门:厦门大学出版社,2019年;

43. 吴必康:《美英现代社会调控机制——历史实践的若干研究》,北京:人民出版社,2002年;

44. 吴泽霖:《社会约制》,上海:世界书局,1930年;

45. 杨长云:《公众的声音:美国新城市化嬗变中的市民社会与城市公共空间》,厦门:厦门大学出版社,2010年;

46. 杨国赐:《进步主义教育哲学体系与应用》,台北:水牛出版社,1988年;

47. 杨念群:《中层理论:东西方思想会通下的中国史研究》,北京:北京师范大学出版社,2016年;

48. 杨生茂,陆镜生主编:《美国史新编》,北京:中国人民大学出版社,1990年;

49. 余志森:《崛起和扩张的年代,1898—1929》,北京:人民出版社,2002年;

50. 原祖杰:《进步与公正:美国早期的共和实验及其在工业化时代遭遇的挑战》,北京:中国社会科学出版社,2020年;

51. 张红凤,杨慧等著:《西方国家政府规制变迁与中国政府规制改革》,北京:经济科学出版社,2007年;

52. 张少华:《美国早期现代化的两条道路之争》,北京:北京大学出版社,1996年;

53. 张友伦等:《美国的独立和初步繁荣(1775—1860)》,北京:人民出版社,2002年;

54. 张友伦,李剑鸣主编:《美国历史上的社会运动和政府改革》,天津:天津教育出版社,1992年;

55. 赵辉兵:《进步主义政治思潮与实践研究》,北京:中国社会科学出版社,2013年;

56. 竺乾威,马国泉:《公共行政学经典文选》(英文版),上海:复旦大学出版社,2000年;

57. 资中筠:《20世纪的美国》,北京:商务印书馆,2018年;

58. 资中筠:《财富的责任与资本主义的演变:美国百年公益发展的启示》,上海:上海三联书店,2015年;

(三)论文

1. 别红暄:《对社会中心主义理论范式的彻底清算——埃里克·A.诺德林格的国家自主性理论评析》,《理论月刊》2016年第9期;

2. 曹海军:《"国家学派"评析:基于国家自主与国家能力维度的分析》,《政治学研究》2013年

第 1 期;

3. 程文进:《美国政府与公司关系的历史演变(美国建国——20 世纪 30 年代)》,《北京社会科学》1999 年第 4 期;

4. 董瑜:《1819 年经济危机与美国政治文化的变动》,《史学集刊》2017 年第 6 期;

5. 董瑜:《美国建国初期商业公司引发的争论及其意义》,《四川大学学报》(哲学社会科学版)2015 年第 6 期;

6. 董瑜:《商业公司的建立与美国建国初期政治文化的转型》,《中国社会科学》2015 年第 6 期;

7. 公敬之:《华尔特·李普曼》,《世界知识》1962 年第 9 期;

8. 韩铁:《试论美国公司法向民主化和自由化方向的历史性演变》,《美国研究》2003 年第 4 期;

9. 郜书锴:《"公共舆论"还是"公众意见"?——兼对 Public Opinion 术语不同翻译的商榷》,《国际新闻界》2009 年第 10 期;

10. 黄冬娅:《比较政治学视野下的国家分殊性、自主性和有效性》,《武汉大学学报》(哲学社会科学版)2009 年第 4 期;

11. 黄冬娅:《国外比较政治学研究的发展及其内在逻辑》,《中山大学学报》(社会科学版)2009 年第 3 期;

12. 景跃进:《"行政"概念辨析——从"三权分立"到"政治与行政二分法"》,《教学与研究》2003 年第 9 期;

13. 克琪:《帝国主义谋士的自白和哀鸣——评李普曼的〈冷战〉和凯南的〈美国对外政策的现实〉》,《读书》1959 年第 13 期;

14. 乐山:《李普曼——美国资产阶级的策士》,《新闻业务》1961 年第 3 期;

15. 李婷:《美国进步主义时期城市公共卫生改革中的女性——以城市环境卫生为视角》,《四川师范大学学报(社会科学版)》2020 年第 2 期;

16. 李新廷:《社会中心主义·国家中心主义·政党中心主义——西方比较政治学研究视角的演进与中国关照》,《国外理论动态》2016 年第 2 期;

17. 梁大伟:《论 19 世纪末 20 世纪初美国社会主义运动的历史性转折——以 1877 年铁路工人大罢工为中心的考察》,《社会主义研究》2016 年第 4 期;

18. 马建标:《塑造救世主:"一战"后期"威尔逊主义"在中国的传播》,《学术月刊》2017 年第 6 期;

19. 彭小瑜:《美国神父约翰·瑞安关于家庭生活工资的思想》,《世界历史》2010 年第 3 期;

20. 齐文颖:《关于培根"起义"的提法问题》,《史学月刊》2008 年第 2 期;

21. 乔耀章:《行政学美国化:理论支点及其引发的批评与启示——为纪念伍德罗·威尔逊〈行政学研究〉发表 120 周年而作》,《湘潭大学学报》(哲学社会科学版),2007 年第 5 期;

22. 荣剑:《马克思的国家和社会理论与改革》,《马克思主义研究》1987 年第 1 期;

23. 沈玉龙,沈天骄:《爱丽丝·汉密尔顿:美国职业卫生之母》,《自然辩证法通讯》2017 年第 4 期;

24. 史焕高:《权力与国家:评迈克尔·曼〈社会权力的来源〉》,《政治与法律评论》2011 年第 1 期;

25. 宋雅琴:《美国行政法的历史演进及其借鉴意义——行政与法互动的视角》,《经济社会体制比较》2009 年第 1 期;

26. 王衡:《超越"左"与"右"——国家自主性视角下的美国进步主义运动》,《天津行政学院学报》2013 年第 4 期;

27. 王禹:《19 世纪晚期美国农民对"乔治主义"的接受与扬弃》,《四川大学学报》(哲学社会科学版)2021 年第 2 期;

28. 王禹:《"大佬"拉福莱特与"进步主义运动"的悖论》,《四川大学学报》(哲学社会科学版)2018 年第 3 期;

29. 杨春龙:《冷战后美国关于威尔逊外交的史学研究述评》,《世界历史》2009 年第 5 期;

30. 杨光斌:《被掩蔽的经验 待建构的理论——社会中心主义的经验与理论检视》,《社会科学研究》2011 年第 1 期;

31. 张聚国:《杜波依斯与布克·华盛顿解决黑人问题方案比较》,《南开学报》2000 年第 3 期;

32. 张梦中:《美国公共行政学百年回顾》(上),《中国行政管理》2000 年第 5 期;

33. 张荣苏:《论英国现代税收制度的确立》,《江苏师范大学学报》(哲学社会科学版)2020 年第 1 期;

34. 赵辉兵:《美国进步运动研究评述》,《史学集刊》2006 年第 1 期;

35. 赵辉兵:《美国进步主义运动研究中的新趋势》,《学海》2015 年第 5 期;

36. 赵辉兵:《沃尔特·韦尔的新民主政治思想初探》,《当代世界社会主义问题》2012 年第 1 期;

37. 赵辉兵,姜启舟:《林·亨特与当代西方史学转向》,《史林》2017 年第 1 期;

38. 赵辉兵,杨洁:《论青年李普曼的社会主义思想及其转向——桑巴特之问的美国回响》,《大庆师范学院学报》2019 年第 5 期;

39. 郭晓燕:《美国进步主义时期联邦政府的制度建设》,中国人民大学硕士学位论文,2004 年;

40. 邹大千:《美国进步主义时期的政府管制研究》,东北财经大学硕士学位论文,2012 年;

41. 方堃:《论美国独立管制委员会的兴衰》,华东师范大学博士学位论文,2012 年;

42. 王涵:《美国进步时代的政府治理:1890—1920》,复旦大学博士学位论文,2009 年;

43. 王玮:《美国进步主义时代政府改革研究》,东北财经大学博士学位论文,2012 年。

后记

本书的写作大体上始于 2016 年申报的课题《进步主义运动与美国规制国家的兴起研究》，中经 7 年的文献阅读、整理与思考，终于要与各位见面了。

在写作的过程中，经历了初期网上线下找资料，天南海北淘文献，中期白灯下屏幕前的枯坐，而后终能在遥想神游的作用下一挥而就。书中尚有许多未尽我意与力所不及之处，敬请读者诸君指正。

本书的选题、思路与框架得到了复旦大学李剑鸣教授和顾云深教授的悉心指教与点拨，也汲取了江苏师范大学张文德教授、张秋生教授、宋严萍教授、蒋保教授的宝贵建议；在资料的搜集过程中，得到了天津师范大学姜启舟副教授、东北师范大学杨洁博士的慷慨援手；在书稿校对环节，三联书店郑秀艳编辑、东北师范大学杨洁博士、江苏师范大学世界史专业硕士研究生尤旭东、汪若冰、王允波、刘晓娜、冯启迪、韩宇哲、杨梦田、杨博骅、焦秀丽都付出了许多默默的辛勤劳动；在书稿出版方面，不仅郑编辑为之付出了巨大的精力，做了许多十分重要的工作，而且江苏师范大学历史文化与旅游学院由张文德教授领衔的世界史学科点为本书的出版提供了资助。渤海大学历史文化学院的温荣刚教授也在工作与生活方面给予了我莫大的鼓励与支持。当然，作者本人能够拥有更为充裕的时间，安安静静地进行写作与科研，是离不开家人的默默奉献与无私支持的。凡此种种，尚未尽者，一并表示衷心的感谢：一路走来，有你们的相伴相助，幸甚至哉！

至于书中的内容与观点，难免有许多不尽人意之处，必定会有不同的声音，真诚欢迎诸君批判与指正。然而，就写作的初衷而言，更多的是希望：能够从美国史的研学中回归我们所栖息的世界与我们自身的大地。就当下的史学研究而言，姑妄言之：或许，穷古今之变者多，究天人之际者少；探理之人多，明道之士寡。辨异者多,求同者希。北海若曰:"以道观之,物无贵贱;以物观之,自贵而贱;以俗观之,贵贱不在己。"黄帝曰:"失道而后德,失德而后仁,失仁而后义,失义而后礼。礼者,道之华而乱之首也。"或许,我们所处的人间世就是后礼的时代吧。

"舟遥遥以轻飏,风飘飘而吹衣。"人生逆旅,愿诸君乘风破浪,得大自在。

图书在版编目(CIP)数据

进步主义运动与美国规制国家的源与兴/赵辉兵著. —上海：
上海三联书店,2024.5
ISBN 978－7－5426－8304－5

Ⅰ.①进…　Ⅱ.①赵…　Ⅲ.①新自由主义(经济学)②国家
行政机关—行政管理—政治制度史—研究—美国
Ⅳ.①F091.352②D771.29

中国国家版本馆 CIP 数据核字(2024)第 101381 号

进步主义运动与美国规制国家的源与兴

著　　者 / 赵辉兵

责任编辑 / 郑秀艳
装帧设计 / 一本好书
监　　制 / 姚　军
责任校对 / 王凌霄

出版发行 / 上海三联书店
　　　　　　(200041)中国上海市静安区威海路 755 号 30 楼
邮　　箱 / sdxsanlian@sina.com
联系电话 / 编辑部：021－22895517
　　　　　　发行部：021－22895559
印　　刷 / 上海惠敦印务科技有限公司

版　　次 / 2024 年 5 月第 1 版
印　　次 / 2024 年 5 月第 1 次印刷
开　　本 / 710 mm×1000 mm　1/16
字　　数 / 320 千字
印　　张 / 23.25
书　　号 / ISBN 978－7－5426－8304－5/K·784
定　　价 / 98.00 元

敬启读者,如发现本书有印装质量问题,请与印刷厂联系 021－63779028